全球化和知识化时代的

经 济 学

〔韩〕宋丙洛 著

金东日 译

商务印书馆

2003年·北京

송병락 지음

글로벌·지식·경제시대의

경 제 학

博英社，2001.2

本书根据博英社 2001 年版译出

中文版序言

美国芝加哥大学的诺贝尔经济学奖获得者罗伯特·福格尔教授说，到公元1750年为止，中国远远领先于西欧发达国家。那么，从那时开始，西欧发达国家是如何超过了中国呢？有两个原因。一是发明了能够把人力、资源、技术及资本聚集到生产目的上的叫做株式会社的企业组织；二是发明了这些株式会社能够很好地生存和发展的环境，即资本主义（市场经济）体制。也就是说，西方一有这两种发明，其经济就能够突飞猛进地发展，从而超过了中国。

从不久前开始，中国也做好了这两个方面，于是正以世界上最快的速度实现经济发展。在当今世界261个国家中，在经济增长率方面没有一个国家能够走在中国前面。根据世界银行的统计，在考虑到物价水平的国民总收入方面，中国现在已经大大超过了日本，是仅次于美国的世界第二大经济大国。如果以这种趋势继续发展，中国在不久的将来会成为世界第一经济大国。

今后中国经济是否能够继续发展，将取决于中国能够在多大规模上和多好程度上发展株式会社，以及把作为株式会社活动舞台的市场经济体制发展到什么程度。这对韩国或其他国家来说也一样。不过，在中国翻译出版的美国经济学教科书中，几乎没有或很少涉及有关企业或资本主义体制的说明。而且，美国人从未有过社会主义的经验，因此美国的书籍不怎么涉及资本主义。这本书比较通俗地说明了企业和资本主义。中国由于经历过很长时间的社会主义，因此可以很好地理解市场经济。而且，如果理解好了这一点，今后也将继续高速发展。在中国翻译出版的美国经济学教科书，都是美国式的资本主义经济学。如果不懂得资本主义，那么这些经济原理也难以理解。

由于美国人的基本价值观是个人主义，美国企业也是个人主义的企业。在互相对立或利益冲突的时候,毫不客气地诉诸法律。但是,韩国、中国及日本的基本价值观是共同体主义,因此也常常以集团的方式来办企业。美国的经济学教科书,对韩国或日本的企业集团连提都不提。

根据美国经济周刊《商务周刊》(2002.6.24),韩国三星集团所属三星电子公司在世界100强IT(信息通信)企业中排名第一。日本的丰田汽车属于丰田系列的母公司,它生产世界第一流的汽车。但是,在中国翻译出版的美国经济学教科书,连提都不提有关企业集团的问题。只在韩国和日本存在的被称为综合商社的企业组织也一样。因此,在本书中要尽量详尽地说明这些企业组织。

我们学习经济学的目的,在于强国富民。但是,西方的大多数教科书偏重于图表、数学等手段的概念分析。有关企业或国家经济如何提高国家竞争力并实现其发展的问题,几乎没有什么说明。这也是本书要努力补充的一点。

管理学的鼻祖皮特·德鲁克教授说,在以知识为基础的当今世界上,企业、产业、国家的战略目标应该放在提高全球竞争力方面。那么,如何提高企业和产业的全球竞争力呢?作者曾受到皮特·德鲁克教授、芝加哥大学的诺贝尔经济学奖获得者G.贝克尔教授等人的教导,试图在第10章中加以说明。还有,在提高全球竞争力的观点上,如何诊断中国和俄罗斯等国家现在处于何种状态呢?我在第10章中揭示的全球竞争力模式,将有助于说明这一问题。

看来,比起经济学原理,没有多少更有用的其他知识可学。今后的中国经济发展前景如何,可以说将取决于中国国民理解经济学基本原理的程度,这并不是夸大其词的说法。韩国在经济高速发展的过程中,由于没有理解好经济学基本原理而曾经经受过很大的社会混乱。例如,到20世纪80年代初为止,很多韩国人把企业的利润当做一种罪恶。但是,经过亚洲金融危机后,开始认为没能创利的企业才是不好的企业。在收入分配、企业的作用、政府干预经济等问题上,很多人的认识还处于混乱状态。希望我的《经济学》一书,在中国有助于澄清这些问题。

在英国牛津大学出版社出版的英文版《韩国经济的崛起》(第1版)被

翻译成中文并由北京商务印书馆出版后，从很多中国人那里得到了宝贵的评价和指点。在此，对这些人表示诚挚的谢意。我特别感谢张胜纪和吴衡康两位先生。张胜纪先生还为本书的翻译工作积极筹划。在我的英文版书出版第2版和第3版期间，从很多国家的很多人那里得到了很多书评。其中的很多重要观点，我已尽力反映到即将出版的这一中文版中。在这里，我还要对为本书的中文翻译尽心尽力的南开大学金东日教授表示衷心的感谢。

中国是具有灿烂的历史和传统的伟大国家。我希望中国经济将能够得到继续发展并成为世界第一经济大国，还成为世界中心国家。中国的发展不仅对韩国，而且对全世界的经济发展也很重要。我殷切地希望这本书对此有所贡献。再次为这本书的中文翻译给予热心帮助的诸位表示深切的谢意。

宋丙洛

目　　录

绪　论

> “一切机构，都应该把提高全球竞争力定为战略目标。如企业、学校、医院等任何组织机构，如果跟不上其领域中的领先者所制定的标准，那么在世界任何地方不用说成功，就是连生存也不要指望。”
>
> ——管理学的鼻祖皮特·德鲁克，《21 世纪的管理挑战》

当今世界已进入了全球化、知识化、经济化的时代。作者从很多人那里经常听到这样的抱怨：得不到一本适合这个时代、并能很好地反映我们经济现实的经济学入门书。人们不由提出疑问，自从发生亚洲金融危机以后，很多人经常谈论全球竞争力、财团、企业集团、经济结构、船队式管理、并购(M&A)、多极化、国际货币基金组织、知识化经济、主要交往银行等，为什么韩国的经济学教科书对这些问题没有进行详细的论述？很长时间以来，作者想写一本适合这个时代变化、以我国经济现实为基础，以基本的经济原理为背景、并且能够很好地说明各种现实问题的经济学入门书。这一愿望直到 2001 年才得以实现。任何一个国家的经济，都与其国民的经济知识水平紧密相连。面临着经济战争的时代，希望我们能尽快地把国民的经济 IQ(智商)提高到先进国家的水平。

本书要重点探讨的问题与其他教科书相比在如下 10 个方面上存在着区别，这也基本包括了作为一本经济学教科书所必须涉及的经济学基本原理。

第一，本书尽量通俗地说明了那些在大众媒体上谈论很多，而国内经济学教科书极少涉及的主题。并且在这一过程中对涉及到的政策问题，尽量反映了这一领域中权威人士所作的客观分析及结论。作者在牛津大学出版的《韩国经济的崛起》(*The Rise of the Korean Economy*)的第 3 版时，就从很多外国人那里听到了对韩国经济的有关评论。这本书基本包括了其中的客观评价，也反映了在请教国内外专家的过程中学到的和谈论过的相关内容。

第二，经济学原理虽然很有意思和实用，而且是非常宝贵的知识，但很多人都觉得干燥乏味且难以理解。于是，本书尽量用通俗的语言来说明现实中的经济问题。曾获得诺贝尔经济学奖的道格拉斯·诺斯认为，可以像玩游戏那样享受经济学。而日本东京大学教授西村数男则说，面对 21 世纪，日本人恢复生机的最佳方法，就是好好学习经济学原理。不管世界怎么变化，基本的经济学原理是不会变的。在全球化的竞争时代，能够提高我国的企业、产业、国家等竞争力，从而把我们的生活水平提高到世界先进水平的惟一途径，就是很好地理解和利用经济学原理。因为，经济战争时代的兵法，就是经济学原理。生活在经济战争时代的我们，必须熟悉经济学原理，这是最起码的要求。本书从第 1 章开始，就说明这些经济学原理。事实上，国内有很多经济学教科书，但这些书都把重点放在理论方面，很难通俗地说明现实中的经济问题及其解决方法。如果读者对经济学理论感兴趣，那么最好把这本书和这些书结合在一起去理解有关内容。

第三，本书考察了全球化时代的跨国公司、跨国银行及由它们出资建立的各种机构，如 IMF 等国际机构的作用和影响。韩国国内已经有很多跨国公司和跨国银行，也许一不小心，我们辛苦赚来的钱都会被它们拿走。在世界上，跨国公司最多的国家是美国。在美国，大规模跨国公司以及由它们主导或出钱组织的各种机构和团体（如 IMF 或世界银行）及智囊团，力图说明这些机构如何为它们的利益、国家利益、世界一体化、促进全世界自由企业制度的发展，以及为普及美国经济运行机制而做出艰苦卓绝的努力。我们有必要很好地了解 IMF 制定经济政策的内幕。韩国是世界上处在美、日、中、俄四强中的惟一国家。因此，我们必须了解四强的经济。在全球化的时代，我们有必要以世界经济为背景来把握我们的经济问题，并连接世界经济来把握我们的经济。这些问题将在第 2 章和第 3 章中进行探讨。

第四，世界上很多发展中国家正在学习韩国经济发展模式，试图通过韩国模式来发展本国经济。那么,韩国又应该以哪一个国家当作自己的发展样本,从而发展自己的经济呢?统一后的韩国人口将达到7 000多万,这个数字超过了英国或法国的人口。有人说,韩国应该赶上人口300万的新加坡或人口2 000万的台湾(地区)。这种说法是否正确?将来的韩国,若不了解作为北美中心国家的美国、作为东亚经济大国的日本、作为欧洲中心国家的德国,就不可能生存下去。如果不了解这三个国家,不用说世界经济,就连韩国经济也难以谈论。排除这三个国家,以其他国家为样本制定韩国经济的发展目标,是缺乏说服力的。在我看来,特别要很好地了解作为东西方国家代表的美国和日本。这些内容将在本书的第2章和第11章中进行探讨。

在先进国家,即使是小国也有经济学流派。例如,人口800万的奥地利有主张“自由市场可以自立”的奥地利学派,人口700万的瑞士有洛桑学派,而人口900万的瑞典有斯德哥尔摩学派。但人口比这些国家多得多的韩国似乎并没有经济学派,只有很多认为模仿美国体制就可以发展我国经济的人。因而,我们希望在韩国也能够产生“韩国经济学派”或“汉城经济学派”。

第五,同工业经济相比较要说明知识经济的特征和影响。当今世界已经进入到以知识为基础的时代。主要的生产要素已经并不是劳动、资本、土地等,而是知识。这种资源使用的越多就增加的越多,因此并不受边际效益递减规律的制约,而是受报酬递增规律的影响。知识化时代是工业产品过剩的时代,是无形的投入物占重要地位的时代。这一时代是比以“附存资源”为基础的“比较优势”,以“创造出来的资源”为基础的“竞争优势”占更重要地位的时代。在这一时代,电子商务、知识劳动者、智力产业、网络经济、竞争中的协作、战略性联合等显得尤其重要,而且在这个时代,还发生收入差距扩大和政府职能弱化等很多变化。就是知识这一词汇本身的含义,也正在发生根本性的变化。只有真正懂得这一点才能掌握知识的根本。在知识社会里,由于教育、创造性、灵活性、感性等越来越重要,因此如果搞得好的话,那么教育热情很高、具有丰富的创造性、灵活性及感性的韩国人,也许能够在即将到来的时代中占有重要地位。关于知识经济问题,将在第 4 章中予以说明。

第六,本书说明了在全球化时代韩国根本的经济问题是什么,以及将发生何种变化的问题。如果说在选举上政治家们所需要的“弹药”是金钱,那么在世界经济战争时代我们所需要的弹药应该说是作为世界货币的美元。很多国家之所以遇上金融危机,就是因为这种弹药不足。虽然最近我国的经济如此艰难,但之所以并没有再次发生金融危机,就是因为我们储存了很多外汇。即使我们把经济结构调整的再好,如果半导体一个项目的出口搞不好,我们马上就会遭遇经济危机。还有,如果出口比进口少,也会发生问题。在经济战争时代,经济结构调整的目标,最终是提高赚取美元的能力。美元的作用真是举足轻重!在地球上的 229 个国家中,约有 200 多个国家之所以不能摆脱落后面貌的原因,就是缺乏赚取美元的能力。那么,由谁去赚取美元呢?在有些国家,即使由政府直接出面走私或出售军火,也没能赚得美元。是由具有全球竞争力(GC:global competitiveness)的企业去赚取。所谓发达国家,就是这些企业多的国家。

对我们来说,现在最重要的根本经济问题,就是提高韩国企业和产业及国家的全球竞争力。但是,不少经济学教科书认为,经济稳定或收入分配才是最重要的问题。麻省理工学院的保罗·萨缪尔森教授说,如果国家经济得到稳定,宏观经济学就没有什么可做的事情,而提高企业或产业的微观经济方案就会显得很重要。也就是说,只有在国家的全球竞争力得到增强而经济发展很好的时候,真正意义上的经济稳定或收入分配才能得以实现。我们在讨论各种经济方案的时候,最为重要的就是要把握“根本的经济问题”。这些内容将在第 5 章和第 10 章中予以说明。

第七,本书还详细说明了作为思想的资本主义、作为国家经济系统的资本主义(=市场经济=自由经济)、美国与日本资本主义的区别、市场经济所存在的问题等。朝鲜半岛是世界上资本主义和共产主义对峙最为尖锐的地方。不少人认为,韩国和朝鲜还处在对峙状态,就是因为过去的人们在不怎么理解资本主义和共产主义的情况下,南方站在资本主义行列,而北方站在共产主义行列所造成的。我们应该比世界任何国家的人们更懂得这两种经济体制。而且,我们处在能够清楚地了解这一点的位置上。但是,不少教科书却忽略了这一点。因此,很多人没有很好地理解作为思想的资本主义和作为国家经济系统的资本主义,它们的优点和缺点,以及美日资本主义体系的不同点等。这样,在我国经常,特别是每当政权更迭的时候,总是在意识形态上产生很大的混乱。当今世界已经进入了资本主义系统之间的竞争时代。如果不懂得美日两国的体系,很难同这两个国家进行竞争。在我国,甚至还有不少人主张,应该采纳百分之百的美国方式。是否能够做到这一点呢?还有,这么做是不是值得呢?本书在第6章和其他几个部分将探讨这些问题。

第八,本书要揭示适合我国实际和时代的,并提高企业和产业全球竞争力的方法。美国已经在20世纪80年代组织了由总统主管的竞争力委员会,并做了很多努力要强化其全球竞争力。其结果,美国的全球竞争力已成为世界第一。瑞士在很长一段时间内强化了企业的全球竞争力(正如著名的由IMD,即瑞士的国际管理开发院强烈主张的那样),现在其全球竞争力已成为欧洲第一。但是,我国的很多经济学教科书,对国家竞争力问题还没有涉及到。甚至有人认为,全球竞争力在理论上是不能成立的。这真是令人难以置信的事情。本书要根据世界权威人士的咨询而制定模式,以说明在企业、产业、国家层次上能够提高我们的全球竞争力的方法。这些内容将在第10章中进行讨论。

第九,韩国与日本有很多贸易往来,但从第一个五年计划开始(1962)到现在,韩国连一次贸易顺差都没有出现过。原因是什么呢?为什么我们从其他国家那里艰难赚来的钱却拱手让给日本呢?日本是世界上最大的贸易顺差国,能够产生这种结果的日本企业具有什么特征?美国的一家媒体认为,丰田汽车公司是世界上最受尊敬的汽车公司。这一公司以系列株式会社而著称,这个公司属于三井集团。在日本,还有很多企业属于“最受尊敬的企业”。本书将把日本企业的组织形式同美国企业进行比较,并在此基础上考察韩国企业。

韩国的主要出口产品有半导体、汽车、电子、造船、钢材等,而这些同日本的出口产品几乎一样。就是说,如果不很好地了解日本企业,韩国企业就无法在同日本企业的竞争中占上风。然而，韩国的经济学教科书却对日本的企业、系列株式会社、综合商社、企业集团等问题没有进行任何探讨。对母公司、子公司、姊妹公司、综合商社、世界级的大公司等也一样。哈佛大学管理学院的麦克尔·吉野教授认为，在美国还没有遇见过真正懂得日本企业的学者。韩国的经济学教科书只是把美国企业当作典范，而忽略了日本企业。也就是说，很多美国人说日本企业是在世界上最受尊敬的企业，而我们却对此置之不问。当今世界是经济战争时代，不了解同我国企业进行激烈竞争的日本企业，那么同日本的贸易中所发生的贸易逆差结果，是理所当然的事情了。这些内容将在第 11 章中予以说明。

第十，全球化知识时代，是组织的社会，是系统整体的社会，是激烈竞争的社会。虽然个人也很重要，但团队管理和战略管理更为重要。也就是说，个人的竞争力很重要，但个人所属组织团体的竞争力更重要。我们不仅要了解企业，还要理解各种组织团体的基本管理理论和战略。本书要说明组织团体的最基本的管理理论、系统思想以及管理战略。很多人认为，在管理理论中只要懂得 X 理论和 Y 理论就有很多帮助。在全球化的知识社会中，我们生活在整体性的系统之中。著名的管理学学者皮特·辛格尔在《第五规律》中认为，在未来的组织竞争力中，系统思维方式和系统管理理论将成为核心内容。这些内容将在第 10 章和第 12 章中进行探讨。

在本书的写作过程中，受到了很多人的帮助。首先要感谢详细阅读并提出有益评价的国民大学教授尹铎，淑明大学教授辛赫承，汉城大学教授金仁俊和金完镇。还要感谢平时给我很多教诲的“经济学韩国化研究团队”的西江大学教授金秀龙，SK 会社会长孙吉丞，中央大学教授安忠英，延世大学教授李永善，成均馆大学教授李材雄，韩国外国语大学教授李钟润，韩国经济研究院院长左乘熙。我还拜访了世界顶级学者，并受到他们对韩国国内问题的指点。在此，对这些学者表示感谢。这些学者有：管理学的鼻祖皮特·德鲁克、诺贝尔经济学奖获得者 G. 贝克尔、保罗·萨缪尔森、赫伯特·西蒙、詹姆森·托宾、罗伯特·福格尔等教授。在第

10 章的全球竞争力模式方面，还受到哈佛大学教授伊普俄姆·赛勒和德外伊特·帕金斯，以及哈佛管理学院教授麦克尔·吉野、阿尔弗雷德·钱德勒等人的很多建议。在此，对这些教授表示深深的感谢。我还要感谢汉城大学同事们给予我的支持和帮助。

我还要感谢博英社的黄仁旭、赵成浩、高美景、高景熙、郭勇善、金世益、林健泰、赵洪钟等为这本书付出汗水的各位。最后，写完了这本书以后，觉得又有很多不足之处。真诚地希望各位读者给予批评指正。

公元 2001 年 3 月

作者　谨识

韩国经济增长主要年表

1962	以第一次经济开发五年计划(1962～1966)为契机,开始高速增长。
1963	韩国经济进入起飞阶段,人均 GNP 达到 100 美元。
1969	在国民 GNP 和工业化水平等方面,韩国开始超过朝鲜。
1970	成为新的工业国(NIC)。在 GNP 中,工业(矿业、制造业、建筑业、电力、煤气、供水)的比重超过农业比重。从农耕社会开始进入工业社会。开始进行新农村运动。
1973	发表推动重工业及化学工业计划(其目标为,到 1981 年为止,出口额要达到 100 亿美元,以及人均国民收入要达到 1 000 美元)。1977 年人均国民收入达到 1 000 美元。
1980	经济增长率为－4.3%(第二次石油冲击和世界性的农作物大荒年)。
1985	外债达到最高纪录(468 亿美元)。
1986	国际贸易在历史上第一次转为顺差,顺差持续 4 年。
1988	在 GNP 中,制造业的比重达到顶点,1989 年开始减少。主办汉城奥运会。
1992	从工业化社会开始进入信息社会。在 GNP 中,工业的比重在 1991 年达到最高纪录之后,从 1992 年开始减少。
1995	人均国民收入达到 1 万美元。
1996	加入被世人称为先进国家俱乐部的 OECD。
1997	汽车数量达到 1 000 万台,住宅数达到 1 000 万户,电话用户达到 2 000 万户,加入信用卡行列的人数超过 4 000 万名。
1997	IMF 把韩国分类为先进国家。自从 1965 年以后历时 22 年的驻汉城 IMF 代表事务所关闭。韩国成为 IMF 的毕业生。但是,由于金融危机,IMF 驻汉城代表事务所又重新开办。成为"IMF 再修生"。废除了经济开发五年计划。
1998	经济增长率为－6.7%,失业率从 2.6%增长为 6.8%。
2000	韩国的经济增长率在 1999 年纪录为 10.7%,并重新毕业 IMF。

参 考 文 献

Anderson, Sarah and John Cavanagh, *Field Guide to the Global Economy*, The New press, 2000.

Buchholz Todd, *New Ideas from Dead Economists*, 1997; *From Here to Economy*, 1998.

Drucker, Peter, *Management Challenges for the 21st Century*, 1999.

Drucker, Peter, Isao Nakauchi, *Drucker on Asia*, Butterworth-Heinemann, 1997.

Gillis, Malcolm and others, *Economics of Development*, 4th ed., 1996.

Gregory, Paul, *Essentials of Economics*, 4th ed., Addison-Wesley, 1999.

Heilbroner, Robert and Lester Thurow, *Economics Explained*, 4th ed., 1998.

IMD, *The World Competitiveness Yearbook* 2000, Switzerland, 2000.

Miller, Roger L., D. Benjamin and Douglass C. North, *The Economics of Public Issues*, 12th ed., 2001.

Neef, Dale, ed., *The Knowledge Economy*, 1998; *The Economic Impact of Knowledge*, 1998.

Ormerod, Paul, *The Death of Economics*, 2nd ed., 2000.

Porter, Michael P., *The Competitive Advantage of Nations*, 1998.

Porter, Michael P., H. Takeuchi & M. Sakakibara, *Can Japan Compete*, 2000.

Robbins, Stephen, *Managing Today*, 2nd ed., 2000.

Samuelson, Paul and William Nordhaus, *Economics*, 17th ed., 2001.

Song, Byung-Nak, *The Rise of the Korean Economy*, 2nd ed., Oxford Press, 2000.

World Bank, *World Development Report*, 2000/2001.

World Economic Forum, *The Global Competitiveness Report* 2000, 2000.

한국은행, 「알기쉬운 경제지표해설」, 2000. 6.

第一篇

全球化时代、知识化时代、经济化时代

第一章 不懂经济学原理，能否在无限竞争的时代生存下去？

"在经济问题的范围内，大多数国民的意见往往是错误的。"

——约翰·盖尔布莱斯

"为什么参与经济政策讨论的普通人表现出如此的无知？在看公职人员、电视上的解说员以及新闻媒体谈论经济问题的时候，为什么我很多次都想哭一场？"

——诺贝尔经济学奖获得者罗伯特·索洛

我们要做的事情很多，而且还有很多其他方面的书可供选择，为什么要读有关经济学的书呢？

经济学是关于选择的学问，是为养成合理思考方式的学问。因所选择的专业、职业、储蓄、理财方法等的不同，以至于我们将来的生活会有差异。伟大的经济学家凯恩斯曾经说过："所谓经济学，是在面临经济问题的时候，能够使我们正确地思考并达到正确结论的技术和心理上的工具。"

在美国的一流大学中，为什么经济学一直是最受欢迎的学科？在经济学发达的国家中，还有经济不发达的国家吗？有人说，国民懂得经济规律并很好地遵守经济规律，其国家都已成为先进国家，是不是真的？是不是懂得经济学的人，其生活就一定会更好？请读者们在读本书的过程中思考这些问题。

所谓经济学，是改善和丰富人们物质生活的学问。我们在生活中总是觉得，我们所希望得到的东西很多，但能够实现它的手段却总是有限。这种手段的缺乏必然伴随选择。生活在这种缺乏中的我们，应该怎么办？

最重要的，就是了解并熟悉经济行为。那么，为了解并熟悉经济行为，又该怎么办呢？

基于这些问题，我们现在开始进入经济的世界和经济学的领域。

> "所谓经济行为，是用最小的成本实现我们所希望的，或者说尸一定的成本获得最大效果的活动。"

一提经济学原理，很多人认为太难了。他们认为，经济学是应该由学者们做的事情，与我的日常生活没有关系。但事实并非如此。我们在日常生活中所遇到的很多问题不就是经济问题吗？使人们容易理解这些经济现象的，就是经济学原理。

事实上，比经济学原理更有意思，而且更有用的原理也并不多。当今世界已进入全球化的时代和知识化的时代，这同时也是经济化的时代和经济战争的时代。就是说，不用说那些要走在别人前面的人、要为他人引路的人、在社会各界各层中的领导人，就是连普通的国民也必须很好地懂得经济学原理。

现在开始让我们来考察一下，我们必须很好地懂得的经济学原理。

一、根据需求供给，这才是黄金率

在中央集权制经济条件下，只要好好贯彻中央控制机构的指示或命令就可以，因此只要处理好与中央控制机构的关系就不会有什么差错。但在市场经济条件下，由于存在无数交易者和利益当事人，所以必须处理好与这些有关当事人的关系。因此，我们的讨论就从与此有关的经济学原理开始。

一对夫妇新婚后经常吵架。

妻子认为自己在西餐方面很拿手，觉得丈夫应该多吃西餐。因此，不管丈夫想吃大酱汤还是炒饭，她只根据自己的想法做西餐。于是，在每次吃饭的时候，丈夫的脸色总是不好看。每当看到丈夫的这种脸色，妻子觉得丈夫不认可自己的诚意和手艺，因而妻子在收拾餐桌的时候总不免唠叨几句。这样，这对新婚夫妇经常吵架。

在这个例子中，错误出在哪儿呢？在这里，妻子是饮食的供给者，而丈夫是需求者。但供给者并没有充分考虑到需求者的要求。

我们把需求者替换为国民，而把供给者变为企业来考虑这个问题：在市场经济条件下，如果供给者提供作为需求者的国民所不需要的物品，那么其企业必然亏损；而如果提供的物品是国民所喜欢的，那么这个企业必然赢利。这就是市场经济体制。在共产主义控制经济条件下，需求者是国民，而供给者是国家控制机构。在这种情况下，国民即使不满意由国家控制机构所提供的产品，但在很多情况下只能表示感谢并不得不消费。因为，如果说不愿意，也许会受到某种惩罚。

学生在选择专业的时候，只有选择那些社会所需要的专业，才能在以后的社会生活中选择到好的职业。但是，如果选择了社会需求不大的专业，即使学习很用功，在今后的社会生活中也难免遇到困难。在职业上，如果选择了社会需要的行业，那么这种人将会成功，因此其薪水较高，而且晋级也会很顺利。相反，如果选择了“夕阳产业”，那么即使再怎么努力工作，也会在不久的将来遇到很大的困难。

过去，人们不愿烧煤炭而煤炭产业开始成为夕阳产业的时候，与煤炭相关的企业都受到很大的冲击。正确预见到世界市场上的半导体需求将剧增而开始生产半导体的三星电子，在一段时期有很大的赢利。某一个制鞋企业的老板曾说过，“成功的秘诀就在于，把鞋做得适合人们的脚”。在企业管理上成功的企业家，肯定是很好地懂得“按需供给”这一黄金律的人。

对公司员工来说，很重要的一点就是做好自己的上司所希望的事情。不考虑这一点而要显示惊人能力的人，也许过不了几天就得离开公司了。参加考试的学生也一样，如果弄清楚出题者的意图，就可以很容易地得到较高的分数。

那么，政治家的情况又如何呢？如果政治家做了国民所希望的事情，那么他就可以成为好的领导人。而不顾国民所望，要显示自己的能耐，那么往往会成为无能的政治家而被国民所抛弃。也许这种政治家认为国民的水平低而不能理解自己高尚的政治理想,但真正低水平的人,是连国民的需要是什么都不知道的他本人。

只有认真研究人们的需求并依此生产出好产品的企业才能获得成功,这就是资本主义市场经济的根本。《圣经》上所说的黄金律,即“要做到人们所希望的那样”,这就是作为最重要的市场经济规律,即“供求规律”之核心。如果不懂得这一点而在经济学教科书上读到有关供求关系的说明,就会感到枯燥乏味。市场经济虽然有很多缺点,但它还在继续发展的原因就在于这一黄金律。而在人类社会的未来,资本主义市场经济将会成为基本的经济体制,其原因也在于此。

在市场经济体制下生活的人们,必须站在对方的立场上考虑对方的需求,并在这个前提下做出自己的经济行为。我们应该把这种态度体现在自己的日常生活中。

有一位在社会上很受人们尊敬的著名人士说,在自己说什么话或做出什么行动之前,首先应站在他人的立场上考虑问题。这是因为他懂得黄金律。很多人都说,懂得了这句话的真正含义之后,彻底改变了自己的人生。

二、如果政府不按市场经济规律办事,那么国民就会遭受“市场的报复”

市场经济规律如同万有引力规律一样是确实存在的,而且非常冷酷。即使非常善良的人,只要不顾万有引力定律而从高处跳下去,就会死或受伤。同样,即使再善良的政府,如果其政策违背市场经济规律,那么市场就必然予以报复。不过,受其报复之害的却是国民。即使再善良的国民也难逃其害。果真如此吗?

前几年,韩国政府为了照顾没有私人住宅的平民,规定房产主两年之内不得提高房租。其结果怎么样呢?房产主把不能提高的两年价钱预先定好之后,便与寻租者签订合同。结果,房价暴涨,致使原来作为保护对象的无住宅平民深受其害。

如果把医院的诊察成本或治疗成本控制在依供求关系决定的价格以下，那么会发生什么情况呢？医院通常必须使用以高价购进的先进设备，而且还必须考虑到工会的压力而提高员工的工资。那么，如何解决这些成本呢？

在很多不发达国家，政府把医疗费控制得很低，结果造成了医院大量的不必要的治疗行为。例如，给服药就可以解决病患的人打针，或者让仅打打针就可以解决病痛的患者住院。还有，患者住院之后，给原来进行药物治疗就可以解决问题的患者使用新进的各种尖端医疗设备进行各种检查，甚至动手术。甚至迫使住院一天就可以解决问题的患者住院两天，或让住院一周的患者住院两周。

这样，护士和医院的床位都不够用。因此就从国外引进护士，还得再建一些医院。这样就使患者住院时间延长，因此医院总是满员，而且病情严重的患者也很难碰上好医生。于是，为了让好医生看病，不得不采取送礼等方法。为了照顾生活困难的患者而控制医疗价格的结果，反而给这些患者带来更大的麻烦。

在韩国，就有病重的患者在综合医院要找医术高明的医生很不容易的情况，甚至还出现了不得不待诊几个月的情况。

再有，假如政府向东大门市场或南大门市场的商人征税过多，那么会发生什么情况呢？如果商人们觉得按规定缴税就无法继续做买卖，那么就是冒风险也要偷税漏税。还会做假账，甚至会搞地下买卖。这就导致地下经济的发展。

要把这些进入地下经济的商人转到“地上经济”，惟一的方法就是降低税率。在香港，有一段时期大幅度降低税率，结果，地下经济显著下降。这就是例证。

相反，如果政府征税过高，那么地下经济的规模马上就扩张。税率越高、控制越严的国家，其地下经济的规模必然会越大。不少人认为，由于共产经济是控制经济，因此在这里就不会存在地下经济，其实不然。由于地下经济是因经济控制而产生的，所以广泛存在地下经济的国家往往就是共产主义国家。

房租是住宅服务的价格，医疗成本是医疗服务的价格，而税金是政府服务的价格。

根据供求关系在市场上自行调整的任何商品和服务的市场价格，是所谓国民的心，即“民心”和能力及技术水平的表现。因为，所谓市场价格，是购买者根据自己的收入和取向，而销售者则根据生产技术和生产成本，双方共同决定的。

这种价格叫作“根据供求关系决定的价格”，对此我们将在第7章中详细说明。在某种商品价格的决定上，迄今为止还没有比这个方法更好的方法。在经济规律当中最重要的就是这一规律。我们必须尊重这个规律，如果不顾这个规律，那么就会受到它的惩罚。我们把这称为“市场的报复”。这一报复没有例外。

另一方面，在救济生活贫困国民的借口下，政府如果遏制价格上涨并迫使建筑公司把原价为每坪[①]500万韩元市场价格的房子以150万韩元的价格出售，那么会出现什么情况呢？

把通过抽签得到的房子，以这个价格购买之后马上卖掉，那么就会赚很多钱。就是说，作为推销员的丈夫一生辛辛苦苦才能赚到的钱，妻子通过抽签一瞬间就可以赚到。这样，很多人就不会辛辛苦苦工作并储蓄所赚到的钱，而是要通过抽签的方法一夜之间就可成为大富翁。而且，由于政府通过政策把房价降低了，所以任何人都想通过这一机会分到尽量大的房子。其结果，运气好的独身就可以得到60坪的楼房。这就给国民的居住生活带来很多麻烦。

建筑公司因150万韩元的销价太低而停止建造住房。其结果，会导致住房供给紧缺的局面。在这种情况下，正如在20世纪80年代后期那样，国际贸易年年记录顺差，国民收入剧增，于是对楼房的需求也急剧增加，从而出现房子供给严重不足的现象。

当时，由于房产价格急剧上涨，导致严重的投机倒把现象。这样，政府就急忙发表了200万户住房建设计划。其结果又怎么样了呢？

---

① 坪是韩国土地（房子面积）的度量单位，1坪相当于3平方米。——译者

众多建筑公司在全国各地忙于购买建房用地。这样一来，房地产的价格扶摇直上，几乎每天都有住房介绍所开业。而且，由于建筑业的迅猛发展，建筑工人的工资增长了很多。还有，水泥、钢筋、砂石等一切建筑材料都非常短缺，因而价格暴涨。建材产业和住房介绍所生意兴隆，"一夜暴富者"也出现了很多。于是全国各地到处都是酒店和娱乐场所，人们开始花天酒地地享受起来了。汉城的娱乐性服务行业兴旺起来，很多女性云集到这些很容易赚钱的地方，而不是寻找正当职业。

最为严重的问题是，在这种情况下建起的楼房大多是质量不良的建筑。很多人把不少钱用在维修房屋上，还因房子不结实而提心吊胆地过日子。不仅如此，由于仓促建设住宅楼，在住宅区内没有建好学校、停车场等公共设施，给居民生活带来很大不便。

由此可见，政府出于善良的动机，控制了应由供求规律决定的房地产市场价格，结果却给整个经济带来了极大的危害。换句话说，由于政府违背了供求规律，国民受到了严重的报复，其程度远远超过了人们的想像。

再看一个例子。韩国的贸易赤字在 1996 年超过了 200 亿美元，这种情况一直持续到 1997 年。在这种情况下，如果市场汇率即美元的价格是由市场的供求关系决定的，那么 1 美元应该兑换 1 200 韩元，但政府认为美元价格应该维持在 900 韩元，这样在每次美元上涨的时候政府就把国库中的美元抛出去。于是国库中的美元很快就支撑不下去了。对这种状态感到不安的外国人收回美元贷款，结果导致了金融危机，而美元价格随即上涨两倍。其结果，石油、饲料、钢材、白糖、纸张等进口产品的价格暴涨，而用美元计算的国民收入或财产却暴跌，全国各地都能听到"情况怎么到了这种地步"的叹息声。

其原因可以从几个方面来说明，但有一点很清楚，就是由于政府违背了供求规律，因而国民遭受了极大的"市场报复"。

在如下情况下又会怎么样呢？假如韩国和美国进行经济整合，而美国人大发善心把汇率从 1 200 韩元降到 1 韩元兑换 1 美元，那么会发生什么情况呢？就是说，汇率改为 1 比 1 会发生什么情况呢？如果这样，打工一个月能挣 30 万韩元的学生就会赚到 30 万美元，也许这个学生会大喊万岁。但是，原来5 000韩元一碗的牛肉面就变成5 000美元一碗，而5万韩元一双的鞋就暴涨到5万美元。这么贵的东西谁会买呢？如果是这样，韩国的所有商店和企业也许都会关门。

在东、西德统一的时候，把东、西德马克的兑换比率规定为1比1。虽然东德公民大喊万岁，但东德的企业却在一瞬间全部倒闭了。如果汇率由市场来决定就好了，但由于违背了市场供求规律而人为地规定汇率，就会导致像摧毁东德产业的结果。

能够进行市场交易的任何东西，其价格必须根据供求规律自然决定。这就是自由(市场)经济的最重要的规律。国际货币基金组织对韩国政府提出的最重要的要求，也是政府不要控制价格等干预行为。就是说，必须遵守供求关系这一最基本的经济规律。应该认真思考一下，公务员数量比较少并能够保持很高的廉洁度，而且其待遇也很好的新加坡，为什么市场经济能够运行得那么好。

“迄今为止，没有一个人能使供求规律失效。”

三、交换和贸易是双赢(win—win)的游戏

是不是只有向别人无偿提供金钱或物品才算是助人的行为？给予更多，接受较少，也是一种帮助。那么，进行交换是不是也可以成为帮助别人的事情呢？当然是。

譬如，老张和老郑的土地都适合种粮食和蔬菜。这时候，与其两人各自都种粮食和蔬菜，不如两个人分别种粮食和蔬菜，后者比前者的产量要大得多。把生产的粮食和蔬菜互相交换，对双方都有帮助。

国家间的关系也是这样。各国各自生产自己擅长的商品，也就是生产有比较优势的商品并互相进行交换，这对双方都有好处。这就是所谓“双赢(win—win)游戏”，这就是作为在国际贸易方面基本理论的“比较优势论”之核心。

所谓比较优势理论，就是个人、企业、国家等生产相对便宜的产品，以

此同相对贵的产品进行交换，那么会增加整体的生产量，因此对各自都有利。关于这一点，如果理解机会成本概念的含义，就会更容易理解。

但是，如果老张和老郑把产品专业化，那么重要的是相互之间的信用。说好了各自分别生产粮食和蔬菜并进行交换，但老张做得很认真而老郑做得不好，那么老张会因此吃亏。这样，下次他就会自己直接生产粮食和蔬菜。

弗朗西丝·福山曾在《信任》一书中强调了在现代分工社会中信用的重要性。在没有信用的社会中，很可能有更多的企业重视多样化远甚于专业化。在不发达国家，不能信任其他企业的意图和能力的时候，就会自己生产所需要的各种产品。可以说，这就是在不发达国家中产生企业集团的原因。

韩国的大企业在不大放心把所需产品交给其他企业生产的时候，就自己直接进行这种产品的生产。因此，在一般人看来，这种企业进行的是章鱼爪式的经营。

考虑到这种结果，老张和老郑已经决定互相交换自己所生产的一半产品，那么各自认真工作，并生产更多的产品，这样做对己对人都有利。当代社会是交换社会，是相互依赖的社会。因此，认真地做自己的事情，本身就是有助于他人。

不过，商品的价值会因人而异。不管是什么商品，通过自由交换，让人们拥有自己认为最有价值的商品，这本身也是对双方都有利的事情。

以国土和气候等条件为根据，韩国同美国或中国相比，在棉花、小麦、大豆等大面积耕种的农产品生产方面并不具有比较优势。对韩国来说更为有利的是，我们从这些国家进口这些产品，而主要生产适合于我国国情的工业品，将产品出口到这些国家。因此，选择和生产并出口具有比较优势的产品，同时选择进口他国具有比较优势的产品，这对我国和他国都有利。交换和贸易，就是这种于己于人都有利的事情。在全球化时代，提高国民生活水平的途径，应该在贸易中寻找。只提倡出口，对进口持否定态度的立场，是不正确的。

但是，交换和贸易伴随着成本。为了进行交换，必须寻找交换的对象,进行协商,确定交易,所以需要时间、精力、资源,这种成本称为交易成本。像房产中介商这样的中介,就是起减轻交易成本并承担交易风险的作用。

四、激励(对努力的报偿)要充分!

刻苦学习的学生,应得到更高的分数并能考上更好的学校。勤俭节约的人应该得到更多的利息。敢于冒险而开发新产品的企业,应通过其产品的生产和销售而得到充分的报偿。认真工作的推销员,应得到更多的薪金。

在世界上,成功的企业都是成功地运用激励机制,从而使员工认真工作的企业。世界上的发达国家,是激励机制发达的国家。

激励机制对人就不用说,也非常适合于动物的本能。让海狗或海豚认真表演,其方法就是适当的瞬间提供适当的饲料(激励)。驯兽师也只有在得到充分报酬的时候,才能认真地训练动物。不管是人还是动物,在做出某种行动的时候,总是计算其中的利益关系。在不给海狗或海豚提供报偿的情况下,不能指望它们为观众或动物园做出色的表演。人也一样。在没有提供确实报酬的情况下,不能只根据对企业的爱心或爱国心来指望得到好的效果。不管是公务员、家庭主妇、学生、推销员,只有通过激励机制才能使他们认真努力。百货店的降价销售,也是价格上的激励。

古代的蒙古族之所以在一段时期能够拥有世界上最强大的军队,据说是因为在晋级和赏罚方面彻底实行论功行赏的结果。由于战争中立功的人得到充分的报偿,所以士兵们英勇善战。再强调一下,经济发达国家都是对个人和企业的激励机制很发达的国家。

原社会主义阵营的国家经济走向没落之路,是因为没有激励制度。也就是说,是辛勤的人还是懒惰的人都得到同样待遇的结果。过去的苏联要实现一切人的平等,并给工厂中的所有人以同样的报酬,于是工厂停产了。工厂停产,其经济还能不衰落吗?

不过,美国人重视物质上的激励,但东亚人同时重视非物质性的激励。特别是韩国人很重视象征地位的称呼。也就是说，韩国人既注重薪金的高低，同时也看重“地位”。甚至不管薪金如何，在有的情况下只要提高其地位就可以得到满足。在韩国，曾当过内阁部长或国会议员的人，即使后来不当这些职务也喜欢听到别人叫他“长官”[①]或“议员”。但美国人即使曾当过内阁成员或国会议员，通常直呼其名，并不像韩国人那样看重高的“地位”。

另一方面，通过否定性的刺激也可以达到无形的效果，其典型例子就是对交通违章行为的处罚。挪威是对酒后驾车处罚最严厉的国家。由于处罚严厉，挪威几乎没有酒后开车的司机。

所谓市场经济，就是上述的那样通过报酬充分调动人的积极性，并使任何人都可以增加自己的收入，从而使经济运行更好的体制。

五、只有提高了我的生产性，才能提高我的生活水平和国家的竞争力

“在制定国家政策和发展战略的时候，首先要考虑的一点，就是在世界经济中国家竞争力占有什么地位。”

——皮特·德鲁克

有些中国人以为，在汉城一两天就可以赚到自己现在一个月的工资。因此，千方百计要到汉城来。中国人的低收入是因为低效率。韩国人的平均收入比起瑞典人或卢森堡人，只不过是几分之一。这也是因为韩国人的效率比这些国家人低的缘故。

所谓我国劳动者的人均生产率，就是以总就业人员除国民生产总值的商。这一生产率可以表示为一个就业人员在一个小时或在一年生产的生产率，而把这种生产率用美元来表示，就是韩国的全球竞争力指标。

经济增长取决于就业人数及其生产率的增长程度。在就业者的数量

① 这里所说的“长官”，是对内阁成员的称呼。——译者

一定的情况下，经济增长取决于生产率的增长程度。生产率的增长意味着国家竞争力和国民生活水平的提高。反之，生产率的下降表现在贸易收支上的赤字和外债的增加，它甚至成为金融危机及经济危机的原因。因此，提高每个国民的生产率，既有利于自己，同时也是为国家作贡献的行为。

在提高生产性上，有好几种方法。这不仅是在企业层次上，在国家层次上也有差异。在国家层次上将在第 10 章中与全球化条件下的竞争模式相联系一起讨论，在企业层次上的方法有以下几种：

- 通过教育培训提高劳动力的素质。
- 使用更多更好的生产设备。
- 使用更多的技术。
- 开发更好的管理方法。
- 生产附加价值更高的产品。
- 适当的多种管理、M&A(并购)、战略性合作、形成网络、企业的成长战略等。

一般来说，制造业的生产率比服务业高。不过，在韩国国内生产总产值中，制造业所占的比重从 1988 年就开始减少了。就是说，韩国经济从 1989 年开始进入服务型经济。因此，如果一不小心，就有可能导致整体生产率的下降。

在服务业中生产率特别低的部门有，理发、美容、饮食店、律师、医院等以个人为对象的服务业及公务员。但信息产业、软件产业、国际金融等部门的生产率则比较高。卢森堡的生产率之所以高，是由于卢森堡的国际金融业。我们至少为了不再遭受经济危机，也应该提高自己及其所属组织以及国家和社会等一切生产率。不过，劳动者的生产率主要是通过企业而得到实现，因此可以说企业的意义尤其重要。

生产。我们有必要弄清生产的含义。到海里去捕鱼是不是生产？当然是。到中东去开采石油，或者到东南亚采伐原木等从大自然中获取资源的行为是不是生产？当然是。用这种木材制作桌子，也是生产。夏天制作冬衣之后储备到冬天，也是生产。在衣服上染色，把衣服设计成更漂亮的款式，从而在价格上再加一个零的服装设计工作也是生产。利用资源并制作有利于人的财货或服务就更不用说，提高生产财货或服务以及资源（劳动、资本、土地、企业家的力量）之价值的行为都是生产。

所谓效用（utility），就是表示满足劳动有用性等的经济学专门术语。总之，增加价值的一切行为（附加价值的行为）都是生产。国民全体附加价值之总和，就称为国民生产总值（GNP：Gross National Product）。

价值或效用，可以通过形态、场所、时间、设计、所有者的变化等而增加。因此，如下的活动都是生产活动：

- 从自然界获取原料的行为。
- 根据形态的变化而增加附加价值的行为：如，加工木料制作桌子或用布料制作衣服等。
- 通过所有者的变更来增加附加价值的行为：书桌、书等，是在学生拥有的时候比制造业者拥有的时候更有价值。所以，批发或零售业等也是生产活动。
- 通过空间上的变化来增加附加价值的行为：把蔬菜或水果从生产地运到作为消费地的城市，或者把工业品从城市生产者那里转运到农村消费者那里的运输业也是生产活动。
- 通过变更时间增加附加价值的行为：像水果或花生，因大丰收而在秋天价格暴跌，而在春天，因不能生产而其价格很可能暴涨。但如果把这些在秋天的货品储存起来，那么就可以弥补秋天的暴跌和春天的暴涨。这种行为还可以提高其价格，所以是生产活动。
- 根据设计活动而增加附加价值的行为：通过商品的色彩、款式、设计、包装等活动，把商品变成更漂亮的设计行业或包装业等也增加价值，所以是生产活动。
- 其他：支援各种生产活动的金融、保险、水电、教育训练、技术开发以及与政府行政有关的服务行业也是生产活动。

以上的生产活动，其范围非常广，而且也各种各样。过去的法国重农学派经济学家认为，只有农业才是生产活动，并没有把制造业、商业及服务业等归类到生产活动的范畴之内。过去我国也只重视农业，认为“农为天下之本”，并轻视了工业或商业。由于这种“士农工商”式的思考方式（生产观或产业观），过去我国人民的生活并不富裕。即使现在，一提到生产活动就有不少人只想到制造业，这是错误的想法。自由市场经济是一种多种多样的产业必须充分得到均衡发展的经济。

关于生产活动，可以通过如下的例子来理解。

学习用功的学生由于相应地提高了自己的价值，因此所做的事情就是生产性的行为。如果这样的学生成为具有高超技术的技术员，并就职于汽车公司而制造出性能优异的汽车，那么这个学生就相应地提高了汽车的价值。而使用好车的人又可以更好地工作，所以可以提高自己的价值。如此，生产性活动可以相互促进。如果全体国民从事更加有效率的活动，那么全体国民的价值都会得到提高，因此这种相互促进的作用就更加增强了。

我们常说“能人”。那么，什么样的人是能人呢？

在传统社会中，通常把那些固守传统、遵守道德规范的人称为“能人”。但在知识化社会中，用革新的知识来提高自己的生产性，并以此来提高他人生产率的人才是能人。就是说，能够帮助他人的人才是能人。在世界一体化的无限竞争时代，只有自己具备很高的生产性，才能有助于并能够保护好自我和家人及其所属组织和国家。

六、做好储蓄的人是打好经济基础的人

亚洲金融危机后，曾掀起消除国民生活消费中的泡沫的节约消费运动。只有彻底消除了泡沫以后，其消费状态才会成为有效率的消费生活。

另一方面，也可以说是要多做储蓄的意思。健康的国民经济活动从健康的消费开始，而健康的消费通过彻底的储蓄来实现的。

储蓄在以下几个方面为个人和国家打下坚实的经济基础：

- 节约造成富人，而节制则形成人。储蓄是以节约和节制为前提，这有利于精神健康。
- 节约和节制可以减少各种环境污染物品，因此也有利于环境保护。
- 储蓄是增加财产的途径。
- 在完全消除国民消费生活中的泡沫并进行所需消费品生产的时候，才能提高国家的经济效率。因为如果做到这一点，就会减少低质产品的生产。
- 在我国工业产品中，至少产品平均价格的28%是进口商品。节约消费有助于节约外汇。
- 使国民生活富裕的途径，就是搞好未来的投资，而这种投资资金来自储蓄。仅仅为了以后的海外投资，也必须做好储蓄。
- 所谓储蓄，就是减少现在的消费并增加将来消费的行为。储蓄是为了个人和国家的将来而着想的行为。
- 最大程度地减少消费的人，是真正懂得钱的价值的人，也是身心健康的人。

在凯恩斯学派的储蓄观和政府观方面，需要注意如下问题

为了经济增长，就必须进行更多的投资，而能够做到这一点的途径就是做好储蓄。但凯恩斯对储蓄提出了比较混乱的观点。他认为，收入是由经济增长决定的，因此经济增长自然地增加储蓄。如果储蓄比投资还多，那么经济就会萎缩，这最终导致储蓄的减少。就是说，如果人们通常在经济不景气的时候做更多的储蓄，那么就减少需求，这就加深经济不景气，因此最终导致储蓄的减少。把这种现象称为“节约的悖论”(paradox of thrift)。所以，凯恩斯主张，在经济不景气的时候，政府应该以扩大支出等方法来干预经济。

后来，出现了不少追随凯恩斯上述主张的经济学家。写了经济学教科书的著名经济学家保罗·萨缪尔森是其中的一位。但是,英国的《经济学家》杂志主张,凯恩斯的上述主张在如下两个方面并不正确:

·凯恩斯学派的学者们误导了储蓄的重要性。这种主张成功地把美国变为储蓄率很低的国家,这是一大贡献。他们主张的观点,即储蓄率高就因需求疲软而导致经济不景气的观点是错误的。因为,这种观点没有很好地区分并说明储蓄的长期和短期的影响。

·这一学派促进了政府继续增强干预自由市场经济的行为。政府干预的弊端,在政府控制一切经济的共产主义国家的衰弱中表现得很明显。

以上参见《经济学家》

在储蓄率方面,日本是比西欧任何国家都高的国家,而且经济增长所需要的资金都是由国民的储蓄来解决的。

作为亚洲经济发展的模范国家新加坡,把增加国民的储蓄当作核心政策。通过CPF(Central Provident Fund,中央准备基金)制度,使员工们储蓄每月工资的16.5%,并使雇主以同样的比率储蓄。新加坡人将每月工资的33%储蓄到CPF。这一比率虽然有一些变化,但确实是令人羡慕的储蓄率。台湾的高速经济增长率,也与高储蓄率有很密切的关系。

韩国在经济增长的初期,由于外汇不够而借了很多外币。通过外汇开始了经济增长,而且外汇不足经常成为经济发展的瓶颈。就是说,韩国是外汇的意义很重要的国家。

再怎么强调储蓄的重要性也不为过。上述提高生产率和储蓄的方法,就是使自己和国家的经济得以健康发展的途径。

七、必须做好权衡取舍！

日本人在第一次石油危机(1973)时，曾对国家的未来很悲观。作为能源贫国的日本来说，寻求生活数量上的经济增长已不再可能，所以认为国家政策应转向防止汽车尾气污染等方面，从而提高生活质量。事实上，当时的日本在控制尾气污染方面投资很多，并在技术上曾达到了世界第一。

但自从进入20世纪80年代以来，石油价格继续下降。这样，他们对能源的态度也转向非常乐观的立场。就是说，能源在今后不会成为什么问题，因此日本经济还可以高速发展。能源上的这种乐观态度，在20世纪80年代特别盛行。值得注意的是，日本的泡沫经济现象就是从日本对能源最乐观的1986年开始的。

这种能源悲观论和对能源乐观的立场都是错误的。正确的能源观是对有限能源，即对能源稀缺性的认识。能源稀缺性随着时间的推移而发生变化，所以重要的是正确地判断其变化的程度。

那么，如何正确判断这一点呢？可以说，根据能源价格来判断能源稀缺性程度是最为正确的。任何资源，如果其稀缺性增大，那么其价格就会增高。价格是判断稀缺性程度的最好的指标。人们生活中所必需的，都是稀缺的资源，所以重要的是提高决定其价格的合理性。市场经济所重视的，就是在自由市场中决定的商品价格。

那么，让我们来考察一下资源的稀缺性到底引起什么问题。

稀缺性意味着，用人们的人力和物质资源所能够生产出的财物和服务的量，相对满足无限欲望的要求来说仍缺很多。把它称为“稀缺性定律”。

这一规律同万有引力定律一样，人们的生活不可能脱离这一定律，这一点不管对富人还是穷人都同样适用。时间也是稀缺资源，对此必须经常考虑如何很好地使用。

不过，稀缺性使人们作出选择，把时间或资源用于某种目的，必须抛弃适用于其他目的上的时间或资源。这如同要想学习,就必须抛弃玩;要想玩,则必须抛弃学习一样。因此,重要的是为了得到什么而必须抛弃什么。把这称为“权衡取舍”(trade-off)。把经济学称为选择的学问,理由就在于此。

这里,进一步讨论一下权衡取舍的概念。

想买光盘,必须把钱和光盘交换,即必须进行权衡取舍。放弃一个小时的读书时间来欣赏音乐,那么就是音乐欣赏和读书的权衡取舍。一位农民原来想种谷物,但后来又改种蔬菜,那么为了蔬菜生产而必须抛弃谷物生产。一位家庭主妇,在收入一定的情况下,为了比上个月增加蔬菜方面的消费,必须抛弃肉类或鱼类等方面的消费。又如,在穿衣服的时候为了风度而穿套装,那么必须抛弃以实用为主的休闲装。

如上所述,权衡取舍是在日常生活中任何人都会面临的问题。权衡取舍还与机会成本等问题具有密切的联系,所以理解好这一点是理解根本经济问题的基础。

为了便于理解这一点,用生产可能性的模型来说明。例如,假定在全部动员韩国某一个地方资源的情况下,只生产谷物能生产 10 万吨,而只生产蔬菜能生产 16 万吨。还有,在把这两者同时生产的情况下,需要很多的组合。把所有可能性全部考虑到并用线连接起来,形成如(图 1.1)上的生产可能性曲线。

但是,在这里为了便于讨论,只考虑 A、B、C、D、E 等五种情况。即,我们假定如果生产谷物 2 万吨,那么蔬菜生产为 15 万吨;如果生产谷物为 6 万吨,那么蔬菜为 12 万吨;如果生产谷物为 8 万吨,那么蔬菜为 8 万吨(见表 1.1)。

表 1.1 谷物和蔬菜的生产可能性 (单位:万吨)

组合	A	B	C	D	E
谷物	0	2	6	8	10
蔬菜	16	15	12	8	0

原来只生产蔬菜 16 万吨，但又生产谷物 2 万吨，会发生什么情况呢？必须减少某种程度的蔬菜生产。就是说，必须进行权衡取舍。要减多少呢？就是 1 万吨。在生产蔬菜 15 万吨和生产谷物 2 万吨的情况下，如果要把谷物增加到 6 万吨，即再增加 4 万吨谷物，那么蔬菜生产应该减多少呢？就是要减少 3 万吨蔬菜。如果要把谷物生产从 6 万吨增加为 8 万吨，即要增加 2 万吨谷物，那么应该减少多少蔬菜生产呢？是 4 万吨。如果把谷物生产从 8 万吨再增加 2 万吨，那么必须把蔬菜生产减少 8 万吨。

通过上述例子，我们能了解什么呢？

- 为了增加谷物生产，必须减少蔬菜生产。
- 为了增加一个单位的谷物生产，权衡取舍的蔬菜数量就会相应地增加。把它称为“成本增加定律”。

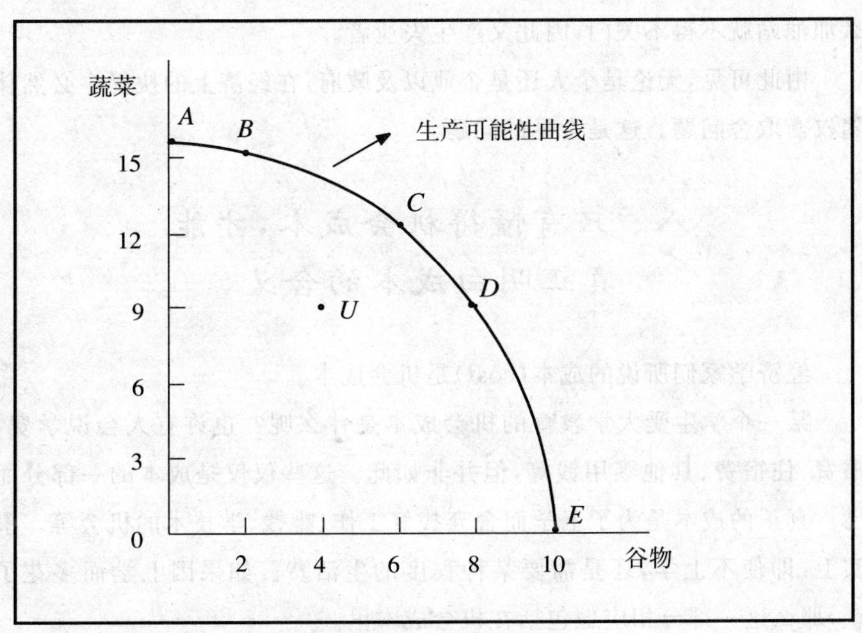

图 1.1　生产可能性曲线

在这里,生产可能性曲线表示什么呢?表示的是①把一定的资源,②在一定的时间内,③用一定的技术,④有效地使用的时候所期待的谷物和蔬菜的最大生产量。在这一曲线以内的任何一点都表示,蔬菜和谷物生产量的组合都是非效率的。这一点表示的生产量比最大的生产量当然少。而曲线以外的某一个点,是不可能生产的量。由此可见,这一曲线表示里边的生产可能领域和曲线之外的生产不可能领域的边界,因此也称为"生产可能性边界"(PPF:Production Possibilities Frontier)。

不仅是个人,国家也经常面临权衡取舍问题。

例如,为了多生产武器,就必须减少民用品的生产。为了多生产消费资料,就必须减少生产资料的生产。为了提高环境质量,必须相应地减少经济增长;而要更快的经济增长,必须牺牲环境质量。效率与公平、通货膨胀与就业率等之间也有类似的关系。如,在由于汇率的提高而必须提高汽油价格的情况下,由于通货膨胀而人为地要降低或遏制汽油价格,那么加油站就不得不关门,因此又产生失业者。

由此可见,无论是个人还是企业以及政府,在经济上的抉择中必然伴随权衡取舍问题。这是常见的问题。

八、只有懂得机会成本,才能真正明白成本的含义

经济学家们所说的成本(cost)是机会成本。

某一个学生受大学教育的机会成本是什么呢?也许有人会说学费、书费、住宿费、其他零用钱等,但并非如此。这些仅仅是成本的一部分而已。真正的成本是为了上学而舍弃找好工作、赚钱、学技术的机会等。事实上,即使不上学,还是需要某种程度的生活费。如果因上学而多花了钱,那么这一部分相应地包括在机会成本里。

比尔·盖茨中止上大学而创建了微软公司。如果他继续上大学,就不能创建这一公司,它的机会成本是巨大的。如果一流运动员为了上大学而抛弃体育,那么大学教育的机会成本将很大。

还有，假如某一个大学对所有学生免费提供学费、住宿费、教材费等，那么对这些学生的教育是不是免费呢？当然不是，因为有机会成本存在。因为，可以把这笔钱用于高科技产业研究所的建设上。某种商品的耗费，就是为生产这一商品而舍弃的生产另一种商品的价值。

现在考虑一下“没有免费的午餐”这句话的意思。

假如，一位家长在汉城的某个高级饭店给孩子买午餐，那么这一午餐是不是没有代价呢？如果他们吃的午餐由外国观光客吃了，那么会产生相应的外汇收入。因此，学生们吃的是贵重的外汇，而不是没有代价。世界上并不存在没有代价的东西。

又假定，一位农民把养牛改为养猪，但正要把养大的猪卖出去的时候，猪的价格暴跌而牛的价格暴涨。那么这位农民养猪的真正成本是什么呢？也许会说是饲料成本，其实不然。实际上是丢失了养牛而可以赚大钱的机会。

如果有一个既有能力当律师又可以当成功企业家的学生，若他当上了律师，那么他的真正成本是什么呢？并不是为当上律师而支出的成本，而是抛弃了成为一个成功的企业家并创造出很多很好的工作岗位，从而能够提高本国国民收入的机会。

在(表 1.1)中，如果把谷物生产从 6 万吨增加为 8 万吨，那么这时所需要的真正成本是多少呢？也许会说谷物增产所需要的劳动力成本、农药费等。但并不仅如此，这时候真正成本是抛弃了能够生产蔬菜 4 万吨的“机会”。也就是说，抛弃能够生产蔬菜 4 万吨的机会，就是增产谷物 2 万吨的机会成本。这种从经济学上看的成本就是机会成本。

再把机会成本的概念进一步说明如下。

假如，邀请美国的著名学者到我国给学生讲课一年，那么应该给多少报酬呢？那位教授要到我国来讲学，那么这位教授必须舍弃在美国能够赚到的高收入。所舍弃的收入就是那位教授的机会成本。因此，必须给那位教授提供相当于这一机会成本的报酬。

公司要继续雇用一个员工，必须给这个员工提供在其他公司那里能够获得的收入，即必须给这个员工提供相当于机会成本的报酬。一个公司要借某个人的资金,那么必须支付相当于这个人借给其他公司时所能得到的利息。

这就是经济学所说的机会成本。把机会成本又称为“经济成本”。在很多情况下,经济成本比我们想像的多得多。

从另一个角度再考虑一下大学教育的成本。

从大学生个人角度看的机会成本如上所述。但从社会角度看这一问题,那么如同建设厂房的成本用于大学教育一样。而且,也可以说把能够同从事企业生产活动的人力用在大学教育方面一样。还有,政府在大学教育监督指导方面花费很多成本。因此,从国家的角度上所考虑的大学教育成本,比从个人的角度所考虑的成本大得多。

在如下情况下又如何呢?

如果小偷偷了某个学生非常珍贵的书,给这个学生带来很大的损失,但这个小偷即使卖了这本书也得不到多大利益。而且,为了卖掉这本书还要花费时间和精力。这种时间和精力可以用于帮助他人或其他具有积极意义的事情上。而且小偷还使国家在抓小偷方面花费很多的警力和预算。在建设和运行法庭及监狱上也要花掉很多预算。如果小偷的数量很多,司法案件就多起来,那么对法官的需要也相应增多,因此而具有世界性的企业家或科学家素质的人才就会走向当检察官或法官的道路。如果小偷数量多,人们就会高筑围墙、设铁丝网、安装警报装置、增加警备人员等,因此会浪费很多经费。所以,从国家经济的角度看,小偷的机会成本是巨大的。

我们正在做什么呢?我们正在做什么事情,并为此正在舍弃什么呢?

九、从边际分析中产生合理行动

在鸡汤店卖的鸡是养了多长时间的?养鸡场是孵化及养了多长时间以后才把鸡出售的呢?在孵化后长大增加的鸡肉价值比给鸡喂的饲料价值更大的时候,养鸡场的主人才会给鸡喂饲料。否则,会马上把鸡全部卖掉。那么,孵化后的鸡活了多长时间呢?

IMF 经济危机前孵化的鸡，大概养 45 天。但是，金融危机之后因饲料价格上涨了，因此养鸡的时间变得更短了。饲料价格越便宜，鸡的寿命就越长。因经济政策的错误而发生的金融危机，使外汇价格暴涨，其危害还涉及这一土地上的鸡。那么，我国应该饲养多少鸡？其他家禽又怎么样？机会成本又是多少呢？

表 1.2　韩国和日本的人口与鸡的数量

	韩国(2001)	日本(2000)
人口数量	4 734 万人	12 693 万人
鸡的数量	10 239 万只	57 100 万只

再举一个家庭主妇日常生活的例子。

对家庭主妇来说，日常的问题大体是比上个月减少多少饮食成本并增加多少文化及娱乐成本，或者是相反的问题等。这只意味着成本的一部分变更，而不是完全减少饮食成本或大幅度增加文化娱乐成本的问题。这种变更只是在现有状态基础上的增减问题，即边际上的调节。在这种调节中所能得到的利益称为“边际利益”(marginal benefit)，为此所需要的成本称为“边际成本”(marginal cost)。在经济行为中，有必要对边际利益与边际成本进行比较。

再举一个航空公司的例子。

假如从汉城飞到洛杉矶需要花费 20 万美元，而乘客平均为 400 名，每人平均成本为 500 美元。因此单程机票的价格定为 500 美元。在飞机座席空缺很多的情况下，如果有人出 400 美元要去洛杉矶，飞机是获利还是赔钱？

在这种情况下，即使让他乘飞机，航空公司只多付饮食费和饮料费就可以。因此，让这位乘客乘机是有利的。

事实上，这就是航空公司根据飞行日期、时间段等而相应调整从汉城到美国的往返机票价格的原因，这是根据飞机运行成本的边际成本。航空公司在承载多少乘客的问题上，计算其中的利益得失。

饭店的买卖也一样。在制作饮食方面所需成本(边际成本)少于卖出去之后所得到的利益(边际利益)的时候,继续营业是有利的。在这两者一样的时候,制作并出售饮食就把利益最大化,因此这也是合理的经济行为。

不管是个人还是企业的经济行为,这种边际分析是合理经济行为的重要前提。

十、在什么情况下以"个人"的逻辑来讨论"国家"经济是不可能的?

"显微镜是在望远镜的尽头开始的。哪一个能看到更为壮观的景象?"

——维克多·雨果

只要我的房子涨价3倍,我就会赚大钱。但是,如果国家整体价格涨3倍,那么由于物价和汇率的暴涨,不要说我个人的经济,连国家的经济也会遭受很大的损失。

如果只有一家农户白菜大丰收,那么这家农户就会赚大钱。但如果所有农户的白菜都大丰收,那么由于白菜价格的暴跌而所有农户都会受损失。不仅如此,由于种白菜而没有种如萝卜、黄瓜等蔬菜,因此其他蔬菜的价格就会暴涨。白菜价格暴跌而其他蔬菜价格暴涨,因此农民就遭受双倍的损失。

如果某个人拥有很多现金,那么他是个大富翁。但是,如果全体国民都拥有很多现金,那么就造成严重的通货膨胀,因此全体国民都受损失。20世纪20年代,德国的通货膨胀相当严重,两张邮票价格甚至达到了一兆马克。虽然当时的德国国民拥有很多现金,但所有的人都非常贫困,不得不过着极不稳定的生活。

20世纪90年代,我国的综合股票指数从700点突然上涨到1 000点,持有股票的人都认为会赚大钱。没出售股票的人们都相信股票上涨,但这不过是不现实的想法而已。有不少人还主张应该由政府以税金全部收回这些股票。

如果所有的人为缴税而卖掉股票，那么股票价格会马上回落到 700 点以下。因此，用税金收回股价上涨所带来的利益，是不现实的想法。

对房地产，也有很多人主张，应该让那些因地价上涨而获利的人们上缴相应的税。但是，如果全体国民为了缴纳上涨的税金而卖掉房产，那么谁会买呢？房产价格马上就会暴跌。

以前，有位国会议员在自己的选区里让农民们养牛，从而使这一选区的农民们赚到了大钱。但是，其他国会议员也都采取了同样的方法，因此牛的价格暴跌而农民深受损失。

教育人力资源部长官可以鼓励某一个学生好好学习并考上一流大学，但他不能对全国的学生都这么讲。因为，那个一流大学的每个系，都是有名额限制的。

因为对自己或几个人的标准看是适合的，所以对整个国家也会适合的想法基本上是错误的。正如在上述例子中所看到的那样，认为对"构成"全体的某一"部分"有利，因此对全体也会有利，把这种错误称为"构成的错误"(fallacy of composition)。在经济问题上，存在很多这种错误的陷阱。

国家经济是巨大的系统，所以必须系统地运行。系统的逻辑与个人的逻辑是不同的。亚洲金融危机之前负责经济政策的人们，并没有具备经济系统的概念。系统快要瓦解了，还说韩国的经济及经济基础非常稳固。如果系统瓦解了，经济危机必然发生。发生经济危机之后，汇率暴涨两倍，可流通的资金不够，因此很多企业倒闭，而且连盈利的企业也倒闭了。个人即使再有能耐，只要经济系统动摇了，就无济于事。

从这种角度出发，我们将在第 10 章，讨论要打造我们自己的坚实而崭新的系统。

个人的生活水平，因其国家走向中央集权制经济还是资本主义经济而存在天壤之别。而且，根据政府如何制定和运行汇率、利率、通货量、税率等政策，也会有很大的差异。如东亚国家出口导向型的经济发展战略，如南美国家进口替代型的经济发展战略，政府的不同经济发展战略会产生不同的结果。韩国人的经济活动不仅受韩国的影响，还受东南亚经济危机、日本的泡沫经济、中国的人民币政策、美国的利率政策等国际环境的影响。

如上所述，在个人层次上和经济整体层次上发生的经济问题，依据其经济问题发生的原因、解决方法、环境因素等不同而有很大的差异。因此，那种认为做好了个人经济，那么国家经济必然会好的想法，只不过是过于简单的推理而已。在国家经济运行得很好、整个经济政策也不错，而且经济环境也有利的时候，如果个人认真工作，那么国家整体的经济才会好。只有个人的合理经济行为和国家的经济系统很好地结合在一起的时候，个人经济和国家经济才能够顺利运行。

十一、发明了株式会社和资本主义，西方才走在了东方的前面

"企业是国家及社会的栋梁。企业花钱是为了创造财富。"

——皮特·德鲁克

发达国家形成企业优先型社会的理由。什么叫企业？在我们的周围，肯定有书店、菜市场、洗衣店、饭店、咖啡店、医院、药店、文具店、百货店等等，这些都是企业。不仅医院、学校、公共汽车或出租车公司是企业，而且韩国电力公司和铁路厅也都是企业。生产对我们必需的任何财货和服务的组织，都是企业。不只是三星、LG、SK、现代、索尼、可口可乐等公司才是企业。

在世界经济战争中要生存下去，必须正确地懂得企业。提高我们生活水平的途径，就是好好地扶持和发展企业。只有各种企业运行好了，才能生产好各种财货和服务。发达国家成为企业优先型社会的理由就在于此。

有一段时期我国的失业人口曾超过100万。而且，每年有21万中专

毕业生、25万多大学毕业生和研究生院的毕业生也要找工作。留学回国的或获得博士学位的人还有不少没找到工作。

政府的工作岗位（即公务员的数量）只有88万个。由于政府今后的发展倾向于小而有效的政府，公务员的数量还要减少。

那么，今后能够创造工作岗位的是谁呢？只有企业。菜店、咖啡店、百货店、饭店、医院等，在创造工作岗位方面是有限度的。能够增加工作岗位的是三星电子（4.1万名）、现代汽车（4.9万名）、LG电子（2.4万名）等株式会社。今后，只有创建更多的这些株式会社并发展这种大型企业，才能产生更多的工作岗位。

在世界上工作岗位最多的公司是沃尔玛百货公司，它有138万名员工。如果我们只要创建一个这样的公司，我们就很容易地解决目前的失业困难。每年应该增加的工作岗位同公务员的数量一样多。我们的社会应该成为企业优先型社会。

应该成为企业优先型社会的理由如下：

- 当今世界是经济战争时代，而实际进行这一战争的是企业，特别是株式会社。
- 以生产为目的，使用韩国的自然资源、人、资本及技术的组织，就是企业。而且，把这些因素结合在一起的，也是企业。
- 韩国在世界上第一次发明了金属活字、测雨器、龟船、可称为国际海运网的张宝皋的青海津、临津江上的悬水桥等。但是，这些杰出的发明没能发展到提高国民生活或国力上的原因是什么呢？就是由于没有企业组织。在这里再强调一次，能够把技术连接到提高国民生活和国力上的，就是企业。

市场经济体制和企业。再好的株式会社，如果把它放在像原苏联东欧等中央集权制国家或者在柬埔寨和索马里等不发达国家，那么它早晚都会倒闭。

足球运动员的个人技术再怎么优秀，如果没有球队就没有什么用。

即使有一支球队，如果没有对手，那也没有什么用。即使有了对方球队，如果没有足球场还是没有用。而且，还要具备教练、足球运动员、训练设施、技术等，并且其质量也要好。单个企业和一个足球运动员一样。只有在球员、球队、对方球队、球场、足球、球鞋等结合在一起的时候，才能称为“足球系统”。

就企业而言，能够形成足球系统所有要素的，就称为市场经济体制。当资本主义思想转换成市场经济体制之后，就掀起了产业革命，而人们的生活也开始好起来了。我们必须加强有关经济体制的理解。关于这一点，将在第10章中说明。

再次强调，即使个别企业在企业层次上做得很好，如果政府在国家层次上助长工会的活动，并把工资提高到比竞争对象国更高的程度，或者把汇率降到很低，从而使出口受到损失，那么这个企业早晚会倒闭。如果过高地提高税金或利息也一样。企业要很好地成长，必须具备相应的条件。能够做到这一点的，只有市场经济体制。因此，只有株式会社发展得很好，并且在市场经济体制也一起得到发展的情况下，国家和国民才能共同富裕。

诺贝尔奖获得者芝加哥大学教授罗伯特·福格尔认为，西方国家开始超过东亚国家(韩、中、日三国)是在1750年左右，其原因就在于发明了如下两种并把这两者予以实用化的缘故。

第一，被称为株式会社的企业组织；

第二，被称为市场经济的经济体制。

事实上，人类在其历史发展中有过很多发明，但如果要举出其中对人类生活产生最大影响的两个发明，那么就是上述这两个。株式会社这棵树，能够成长为开出无数花朵并结出无数果子的巨木。但它的这种成长，需要有一个在水分、土壤、气候等方面的良好的环境条件，可称为其环境条件的，就是称为市场经济体制。

在西方什么时候开始超过东方的问题上，存在两个不同的观点。其中之一，就是认为从亚当·斯密出版《国富论》的 1776 年开始。

这一年又是美国公布独立宣言的年份。不过，这一年也是李氏朝鲜的正祖王成立闺章阁的年份。曾任闺章阁馆长的现汉城大学郑玉子教授认为，正祖王时期的韩国文化比当时的任何西方国家都不落后。

另一个观点是洛伊·乔治在《东西方的钟摆》中所说的 1793 年开始。在这一年，英国大使马噶尔尼访问中国皇帝并献上了礼物，但遭到了拒绝。他认为，从这个时期开始西方就超过东方了。

西方超过东方的年份

1750 年：诺贝尔奖获得者罗伯特·福格尔的主张

1776 年：很多经济学家的观点

1793 年：洛伊·乔治的主张

尽管与足球游戏有很大的区别，市场经济也是一种游戏。市场经济是由全体国民参与的游戏。足球是只使用球、运动服、球门等几种产品的游戏，但市场经济是使用所生产的一切产品的游戏。足球只是一定的运动员在一定的时间内进行，但市场经济游戏是全体国民在一天 24 小时、一年 365 天不断地进行的游戏。从根本上说，市场经济游戏严格地遵守如下两条规则。这两条规则是什么呢？

规则一：彻底保护个人财产，并尽量促进它的扩大。

规则二：通过市场机制来解决经济问题。

为什么要保护私有财产呢？世上有很多认真做有助于他人的工作而赚钱并通过勤俭节约来积攒财产的人。能够促使这些人增加，并使他们过更好的生活，这就是市场经济。

世上也有不少自己不认真工作而要白拿别人东西的人、结婚的时候从新郎或新娘那里获取钱财的人、偷盗的人、以暴力或权力来夺取别人财产的人、诈骗他人的人、剥削国民的领导人等。也有不少看别人的书销售很好就把这本书以自己的名字来出售的人、在他人通过艰苦努力而开发的商品上贴上自己的商标而销售的人、把进口农产品当成国内农产品来出售的人等。

制止这些人做坏事，就是市场经济游戏的第一条规则，即保护私有财产权。在财产权不安全的情况下，人们不想进行任何增殖财产的生产活动。

所谓通过市场经济机制来解决经济问题是什么意思呢?

我们在饭店吃饭或在市场上购买货物的时候，如果真正物美价廉就会很高兴。这时，卖货的人也因为价钱好而高兴，并对客人非常亲切。

有些人用勤俭节约的钱买了楼房，因终于有了自己的房子而非常高兴。而卖房的人以好价钱卖了房子并如意地解决了负担也非常高兴。

所谓通过市场机制解决经济问题，就是使人们能够高兴地做出任何所愿意的交换行为。这是一个如下的交换行为:即并不是不情愿但由于政府的指示而不得不进行的交换，而是让人们根据自己的意愿自由地进行的交换行为。而且消费者也不是因为政府的指示而不得不进行消费，而是让人们自愿地和高兴地进行消费。

如果是这样，生产者就生产消费者所希望的产品。而且由于竞争，尽量会生产价廉的商品。这就是要通过市场机制来解决经济问题的根本宗旨。为了使国民生活得更好，必须严格遵守市场经济的根本规则，这就是市场经济的基本理念。

不管是把资本主义市场经济表述为市场经济，还是自由经济或自由市场经济，最终的目标就是使人们生活得更好。研究市场经济的经济学之根本目的也在于此。就是说，市场经济的目的在于使国民生活过得更好，而研究市场经济根本原理的就是经济学。

在足球比赛中，足球运动员不能用手。在市场经济游戏中，运动员不能把手伸向别人的财产。足球比赛中，运动员是在球场上进行足球游戏，但在市场经济游戏中，国民必须在市场的框架中进行比赛。如果不是这样，就是在场外进行的比赛即地下足球，也就是地下经济。

经济学之所以能够上升为科学的层次，是由于亚当·斯密的《国富论》(1776)。如果简要地说明所谓的科学，就是任何人通过同样的方法进行同样的试验，就可以得到同样结果的理论一般化的工作。

那么，是不是通过斯密在《国富论》中阐述的市场经济的两条规则，即私有财产权的制度保障和根据市场机制来解决经济问题，就可以使任何国家都能够富起来呢？当然是。其根据是什么呢？

英国在《国富论》出版之后很好地遵守了其规则，从而成为世界最初也是最大的富国。美国也充分地利用这一规则，而成为目前世界第一的经济大国。香港也很好地遵守这一规则，因此在一段时期比中国大陆的人均收入高出 30 多倍。日本由于很好地遵循市场规律，在短短时间内就超过了欧洲先进国家。台湾地区和新加坡也实现了惊人的经济高速发展。特别是我国，实现了世界上最快又最持久的高速增长。在迄今为止的人类提高国民生活的一切方法中，最好的就是市场经济体制。

市场经济体制看似很容易理解，其实不然。即使最聪明的人也最难以理解的，就是市场经济体制。为了很好地理解市场经济体制，应该很好地理解支撑它的其他很多原理，首先要理解好在这一章中所阐述的 11 条原理。

无法打胜仗的兵法只能是纸上谈兵。这种兵法只会把无数的士兵陷于死地。无助于企业的健康发展、无助于提高产业竞争力、无助于提高生活水平的经济学，也只能是空谈而已。我们生活在经济战争时代，必须懂得最基本的经济知识。再怎么强调企业和市场经济的重要性，也不为过。因此，在本书，只要有机会就强调这一点。

另外，我们还将在本书的第 6 章系统地考察这一点。当今世界已进入世界一体化的时代。必须很好地懂得世界经济和韩国在世界中的地位，以及韩国要学习的模范国家。要很好地选择模范国家并赶上和超过它，我们应怎么办呢？这些内容我们将在第 10 章中系统地进行讨论。

当今世界已进入全球化时代。我们有必要正确地把握韩国在世界中的地位。

现在就来考察这个问题。

第二章　韩国经济在世界经济中的地位

一、个人经济、国家经济与世界经济是紧密地联系在一起的

我国粮食的68%、能源的97%、大部分的纸浆等，都依赖于进口。由于吃饭、坐车、读书等我们的经济生活本身就会引发进口，我们的生活本身不仅在参与国家经济，而且还参与世界经济。由于朝鲜半岛生产的粮食、能源、矿物资源等很不充足，要实现自给自足是完全不可能的。因此，不得不以进口来弥补这种不足，这就需要很多美元，而这些美元必须以世界为对象赚来。

要面向世界生存下去，必须懂得世界经济及其原理。从今往后，个人经济、国家经济、世界经济等之间的关系将越来越密切。我国是在亚洲对石油和粮食的依赖进口程度最高的国家之一。如果能源或粮食出现危机，将受到严重影响，这是我国的弱点。因此，必须确保石油和粮食方面的长期而稳定的供给源。

当今世界已进入全球化和知识经济的时代(全球经济＋知识经济)。如果我国不能达到发达国家的技术水平，我们就没有办法同发达国家进行竞争。如果在同发达国家的竞争中失败了，就要同不发达国家进行竞争，但要同中国这样的发展中国家进行竞争也并不容易。

中国的劳动力价格特别低，我国无法与之相比。在廉价商品的竞争上，中国比我国在很多方面上拥有优势。我们一方面被发达国家牵制，另一方面又有可能被发展中国家超过。我们应尽早推动发达国家进行的全球化知识革命，从而把我国发展成发达国家。

韩国的经济地位。在地球上共有多少国家呢?世界银行在2001年制定了世界211个国家的统计(《世界发展报告》,2003年版)。不过,在意大利就有圣马利诺和梵蒂冈两个国家。把这些国家都包括在一起,那么全世界的国家达到261个。

所谓发达国家是什么样的国家呢?

世界银行在《世界发展报告》(2003)中,根据人均GNP对世界各国做了如下分类:

低收入国家:745美元以下的国家。

中等收入国家:从746美元到9 205美元的国家。

高收入国家:9 206美元以上的国家。

(韩国为9 400美元)

2001年,世界共有50个高收入国家。其中,OECD会员国一共有23个。发达国家是什么样的国家,又共有多少国家呢?发达国家是OECD会员国,同是又是高收入国家。因此,发达国家共有23个国家。

美国	瑞士	澳大利亚
日本	瑞典	荷兰
德国	西班牙	卢森堡
法国	葡萄牙	爱尔兰
英国	希腊	冰岛
意大利	芬兰	奥地利
加拿大	丹麦	新西兰
=G7(西方7国)	比利时	挪威

以前,把发展中国家(=低收入国家+中等收入国家)称为第三世界,把发达国家称为第一世界,把共产主义国家圈称为第二世界。但现在,第二世界不存在了。在这23个国家中再加上新加坡、以色列、韩国等国家,那么发达国家就增加为26个。

根据韩国统计厅的资料，我国现在向其中的238个国家出口各种商品。我国的经济规模，即GNP在2001年约为4 477亿美元，排世界第13位。约占世界GNP32兆美元的1.4%。2001年的人均GNP，超过了世界银行分类的高收入标准。从人均GNP标准来看，我国是世界第27位，出口规模为世界第12位，占世界总出口的2.3%。

美国和日本的人均GNP超过韩国的3倍。不过，日本自动售货机中卖200日元的咖啡，韩国卖200韩元。所以，按实际购买力来计算，日本的人均收入不到韩国的两倍(参见表2.1)。

表2.1 G7与韩国国民收入比较

			GNP(10亿美元)		人均GNP	
			美元	%	经常	考虑到购买力
G7	G5	美国	9 901	100	34 870	34 870
G7	G5	日本	4 574	46	35 990	27 430
G7	G5	德国	1 948	20	23 700	25 530
G7	G5	法国	1 377	14	22 690	25 280
G7	G5	英国	1 451	15	24 230	24 460
G7		意大利	1 123	11	19 470	24 340
G7		加拿大	662	7	21 340	27 870
		中国	1 131	11	890	4 260
		韩国	448	5	9 400	18 110

资料来源：世界银行，《世界发展报告》，2003。

韩国经济规模比印度尼西亚、马来西亚、菲律宾、泰国等四个国家相加的整体经济规模还大。在经济规模上印度比我们约大10%，而中国比韩国约大2.5倍。如果把我国的经济规模同非洲大陆的55个国家全体的经济规模相比较，那么韩国还是大。

20世纪60年代初以前，由于经济规模非常小，我国对世界经济的影响微乎其微。但现在就不同了。就单个出口产品来说，我国也有在世界市场上占有率最高的产品。亚洲金融风暴以后，不少人把我国和墨西哥相比较。这种情况下最大的差异是什么呢？世界性的大企业在我国有

12 个，而墨西哥只有 2 个。

我们必须懂得世界经济的理由有很多。每年世界贸易总规模大约有 7 兆美元，因此在世界贸易上所需要的钱有这么多就够了。但是，每天在世界金融市场上的美元交易量，即在以钱赚钱方面所需要的货币交易量为 18 000 亿美元，因此在不到 4 天的时间内，世界贸易一年所需要的美元在国际金融市场上就交易完了。

当今世界上，以金融投机为目的的钱比物物交换为目的的钱，数量要多得多。麻省理工学院莱斯特·索洛教授说，“韩国的外汇即使有 1 000 亿美元，也只不过是全世界一天金融交易量的 1/18。如果把一天的工作时间算 9 个小时，这只不过是 30 分钟的交易量。”

韩国股市受美国股市的影响。如果美国提高利率，不仅使美国证券市场萎缩，而且会导致韩国证券市场的萎缩。由此可见，美国经济政策的变化对韩国经济会发生很大的影响。美国经济一咳嗽，韩国经济就会患重感冒。不仅如此，日元的汇率变动及中国经济的变化，也会直接影响韩国经济。

必须懂得美国、日本及德国。在整个世界经济规模约 32 兆美元中，发达国家所占的比重为 81%。在这些发达国家中，其经济规模前 5 位的国家即为 G5(Group of Five：西方五国)，而 G5 占发达国家经济的 3/4 以上。G5 再加上意大利和加拿大的 G7(Group of Seven：西方七国)，那么 G7 占整个发达国家经济的 83%。G5 和 G7 所占的比重如下：

美国	日本	德国	法国	英国	意大利	加拿大
38.8	17.9	7.6	5.4	5.7	4.4	2.6

G5=75.4%（美国至英国）

G7=82.4%（美国至加拿大）

因此，想了解世界经济，首先要了解发达国家的经济。而要了解发达国家的经济，那么必须先了解 G7 经济。不过，其中美、日、德三国经济所占的比重是 64%，所以掌握这三国的经济动向尤为重要。

麻省理工学院莱斯特·索洛教授断言，未来的世界经济是以美国为中心的北美经济、以日本为中心的东亚经济、以德国为中心的西欧经济三足鼎立，而且将来的经济战争也将是这三者之间的战争。为了理解即将说明的韩国模式并设定其战略发展目标，也必须了解这三个国家。

有不少人认为，由于过去十年的经济不景气，日本的经济好像不怎么样。但是，日本的经济规模超过英国的三倍、德国经济的近两倍。即使加上任何两个西欧发达国家的经济之和，也达不到日本经济的规模。

现在美国经济约占世界经济的31%。第二次世界大战之后，美国经济占世界GNP的70%。但作为战败国的日本、德国、意大利等国的经济迅速发展，这一比例到20世纪60年代下降为50%。1971年，美国在世界500强企业中有280家，现在下降到197家。

美国是我国最大贸易国。随着美元汇率的波动，我国的国际收支受到很大影响。美国主要出口电影、音乐、游戏、电视节目、电脑软件、休闲运动等产品。而且，通过哈佛大学、麻省理工学院、斯坦福大学等，向全世界出口教育服务。这种出口就是美国文化的出口，而文化出口同时又是"美国体制"的出口。美国向全世界出口美国体制。我国当然也正在进口它。

那么，能否把美国体制照搬到韩国来呢？这些内容将在本章的后面部分及第11章中进行探讨。

二、必须在四强中求生存的国家

四大强国夹缝中的韩国。我国在世界上是惟一在美、日、中、俄四强夹缝中生存的国家，同时也是邻国市场最大的惟一国家。皮特·德鲁克认为，中国沿海地区的经济规模，正在成为继美日之后世界第三大经济体。不仅如此，我们周边还有迅速发展的东南亚经济圈。

我们必须非常熟悉这四大强国，今后的贸易和经济运行必须考虑这些国家的经济动向。

这四大强国在世界中所占的比重分别为：人口30%，经济规模50%，出口24%等(见表2.2)。美国、日本、中国已成为我国的三大贸易对象国。我国位于世界第二经济大国日本和号称将在21世纪成为世界第一经济大国的中国之间，战略位置非常有利。汉城位于北京一汉城一东京线上的中间位置。

表2.2 韩国、四大强国及世界经济

	人口（百万）	面积（千平方公里）	GNP（10亿美元）	人均GNP（美元）	出口（10亿美元）
1.世界(B)	6 133	133 572	31 500	5 140	6 163
韩国(A)	48	99	448	9 400	151
2.韩国所占比例(A/B)	0.8%	0.07%	1.4%	174%	2.3%
美国	284	9 364	9 901	34 870	731
日本	127	378	4 574	35 990	405
中国	1 272	9 597	1 131	890	266
俄国	145	17 075	253	1 750	103
3.四大强国合计	1 828	36 414	15 859	8 676	1 505
4.四大强国比例	29.8%	27.3%	50.3%	168.7%	24.4%

资料来源：世界银行，《世界发展报告》，2003。

如果很好地利用这种地理经济学上的条件，我们可以享受独一无二的经济特权。相反，如果做不好，其市场就会被最近、又最强的邻国竞争者夺走。

三、韩国是开放经济

韩国经济开放的程度有多大？国家经济整体的开放程度是出口与进口的平均值除以GDP的商。

$$开放程度=\frac{进出口平均值}{GDP}$$

根据这一标准，韩国经济的开放程度是33%，比美、日、德等发达国家还高（见表2.3）。但是，比作为欧洲物流基地的荷兰低，比作为自由贸易港的新加坡低得多。世界第一和第二经济大国的美国和日本的开放程度约为10%，比我国低得多。美日国内经济的重要性较大，而我国则是世界经济的重要性绝对地大。

威廉·鲍莫尔和阿兰·布林德尔在《经济学》（第8版）中指出，相对而言，美国是封闭经济，日本也一样。特别是美国，其国内各种资源极为丰富，因此即使不进行贸易也不会太妨碍其经济发展。也许世界上最能自给自足的国家，就是美国。美国经济的开放程度，20世纪70年代仅为5%。当时的美国经济学教科书没有把贸易当回事，主要研究的是国内经济。但现在的情况有很大变化。

表2.3 韩国和主要国家的经济开放度（2001年）

	GNI（国民总收入）	出口（10亿美元）	进口（10亿美元）	开放度（%）
韩国	447.7	150.7	141.1	33
美国	9 900.7	730.9	1 180.5	10
日本	4 574.2	404.7	350.1	8
中国	1 131.0	266.2	243.6	23
德国	1 948.0	569.6	493.0	27
新加坡	99.4	121.7	116.0	120
荷兰	385.4	229.8	207.9	57
瑞士	266.5	82.1	84.1	32

资料来源：世界银行，《世界发展报告》，2003。

四、韩国是高速发展的国家

国际货币基金组织经济危机之前，我国是世界上经济保持高速增长时间最长的国家。

世界银行在《韩国：向知识经济的转型》报告中认为，韩国在1966～1996年期间，以美元衡量的年平均增长率是6.8%，并于1996年成为发达国家俱乐部成员，即OECD的会员国。英国的《经济学家》杂志指出，韩国是世界上在最短时间内实现最大发展的国家。我国在1999年,经济增长率达到了10.7%,超过了所有中等发展中国家和发达国家的经济增长率。

无论根据GNP还是人均GNP,韩国从1962年的第一个经济开发五年计划(1962～1966)开始,保持了世界上最快的经济增长速度。因此不少人说"韩国的经济增长是压缩发展"(compressed development)。从我国GNP和人均GNP的增长纪录来看,这种说法是真实的。不过,一旦发生国际货币基金组织经济危机,按《经济学家》杂志的评论,"韩国是在最短时间内丢脸最多的国家"。

人均GNP	GNP
100美元(1963年)	20亿美元(1961年)
200美元(1969年)	50亿美元(1968年)
500美元(1974年)	100亿美元(1972年)
1 000美元(1977年)	500亿美元(1978年)
2 000美元(1983年)	1 000亿美元(1986年)
5 000美元(1989年)	2 000亿美元(1989年)
10 000美元(1995年)	4 500亿美元(1996年)
10 500美元(2003年)	5 500亿美元(2003年)

五、台湾(地区)的中小企业型发展战略,是否也适用于韩国?

台湾(地区)由于其规模、国民性、政治背景等原因,是以中小企业型发展途径得到发展的。当今世界已进入全球化时代,大规模的世界性银行和企业互相联合,正在形成更大规模的组织。从规模、地缘政治的位置,以及国民性等来看,我国是否也可以像台湾(地区)那样通过中小型企业发展呢?

现在我们来探讨这个问题。

(1)韩国的主要出口商品是半导体、造船、电子、钢铁、化工产品等,这些都是大企业产品。在日本,规模经济意义很大的这些产品,也是由大企业生产。中小企业在这些产品生产上的竞争力很弱。如果在这些产品的生产上，日本由大企业生产而我国由中小企业生产，那么会产生什么样的结果呢？

中小企业在从事以规模经济为特征的产品生产上，存在局限性。美国的《财富》杂志把韩国的三星电子、SK集团、浦项制铁包括在世界上最受欢迎的企业名单里。这些都是大企业，而且都是从事适于大企业产品生产的企业。在世界最受欢迎的企业名单中，韩国的中小企业连一个也没有。

中小企业如果从事规模经济很重要的产品生产，那么马上就会变成大企业。例如，某一个中小企业如果只购买一架747飞机从事航空业，那么从资产规模上马上就成为大企业。

但是，中小企业有其局限性。汉城到纽约的航班不能用小型飞机。在把中东的石油运到韩国的事情上，大型油船比中小型船舶方便得多。如果像浦项制铁那样的大型制铁会社分解成很多小型炼铁厂，会怎么样呢？

中国在文革期间，以村为单位建设了很多小型炼钢厂，但生产的钢只能全部废弃。为了解决燃料问题而滥伐树林，把山都伐秃了。在规模经济重要的产业上，大企业生产比中小企业更为有利。不顾这种规模经济而把一切行业都要由中小企业来承担的主张，是没有说服力的。

(2)台湾(地区)走中小企业型成长战略的重要原因之一，是因为其地域狭小。推动工业化的时候，台湾地区的人口有原住居民800万和蒋介石带来的80万人，总共880万。

那么，韩国的情况如何呢？韩国现在人口为4 700万，开始推动工业化时也超过2 000万。因此，必须走大国的道路，而且还必须形成大企业。

在能源上韩国也必须进口大量的石油。为此需要大型船舶、大规模的港口、大规模的储藏设施、大规模的化工厂等，也需要大量美元。这样，韩国必须出口可以赚大量美元的半导体、汽车等产品。由此可见，韩国经济需要很多大企业。

当然，这并不意味着只要大企业。要成为大国经济，要形成一个由大、中、小、微小等各种企业均衡和谐得到发展的经济。认为我国应该成为像台湾(地区)那样只有中小企业的国家，这种想法并不正确。

(3)台湾的家族主义。曾在台湾(地区)当过20多年经济官僚的李阔厅(音译——译者)曾说,对台湾(地区)来说,比起资本主义,家族优先的"家族主义"更重要。中国人自古都认为,能够信任的只是家族,尤其是近亲家族。这些人能够做好的企业应该是中小型企业。台湾(地区)的中小企业,如果企业一倒闭,那么整个家族就遭殃。为了整个家族也必须拼命努力。

(4)政治和社会的因素。跟随蒋介石从大陆逃到台湾岛的人,原来的身份主要是军人、政治家、地主等。他们把"反攻大陆"当作其管理的最高目标及最大价值,而对原住居民则鼓励从事农业和中小企业。

(5)当局的政策。由于上述原因,在20世纪60年代初,台湾当局曾正式表明台湾(地区)经济发展战略并不是依靠像三星集团、LG集团、三井集团等那种大企业或企业集团的经济增长,而是主要靠中小型企业来发展经济的政策。

(6)当今世界是全球化的经济时代,任何企业都要面向世界才可以成长为大企业。现在,台湾(地区)的不少企业也做到了这一点,如已经开始生产半导体这种大企业产品。

那么,在发达国家中有没有中小企业型经济呢?有一个国家,这就是意大利。其原因是什么呢?

意大利自1948年重新建国以来,政府更迭多达58次。而且,这个国家是黑社会组织的发源地。在政府不稳定及犯罪率高的国家里,能够信任的只有家族。而家族成员能够管理好的企业只有中小型企业。因此,意大利的主要企业几乎是家族企业。

在罗马长期生活过的某一位同胞曾说,意大利有很多小偷,所以生产锁头的行业全球竞争力就变得很强了。

六、韩国是要模仿其他国家,还是要超越它们?

"发达国家人均收入约3万美元。如果韩国只是简单地跟上这些国家,那么只遵循英美式的经济理论和模式就够了。但是,如果要建设一个超过两三倍于这些国家的发达国家,就不能那么做。必须要制定和形成更好的企业理论和经济模式。”

——SK集团创业者崔钟贤

哪一个国家是世界上国民生活最好的国家？是卢森堡。哪一个民族是在世界上生活最好的民族，同时是我们应该学习的发展典范？看来是犹太人。哪一个国家是世界上最大的经济大国？美国。哪一个国家是世界上国民储蓄最高的国家？日本。哪一个国家是欧洲第一经济大国？德国。哪一个国家将来会成为欧洲中心？也是德国。谁是亚洲第一经济大国？日本。谁是北美第一经济大国？美国。

将来的世界经济会怎样？有人说，将来的世界经济将成为以美国为中心的北美经济圈、以德国为中心的欧洲经济圈、以日本为中心的东亚经济圈等三大经济圈。我们要达到的战略目标，是成为这三大经济圈之中心的美国、德国、日本等三国整合在一起的“假想先进国”。如果不懂得这三个国家，就不能了解世界经济；如果不了解世界经济，就不能形成韩国模式。我们要生存和发展，必须懂得这三大经济圈。

迄今为止，不少人曾谈论过我们应该设定的战略目标(模范国家)，因此在这里讨论一下其主张的妥当性。

政府的某一个官员，在谈到我国制定经济政策和发展战略，以及在国际化和经济体制开发方面的模范国家和地区，提到了新加坡。还有人说，应该用台湾(地区)的模式来发展韩国经济。还有些人谈到应该以瑞士、荷兰、瑞典等为我国的发展模式。这种说法是否正确呢？

新加坡的人口比釜山还少。因此，釜山可以把新加坡当作战略发展目标。新加坡进口饮用水、动物园的鸟、公司经理等等，进口规模比GNP还大。瑞典人口900万，比汉城的人口还少。瑞士的人口是700万，比京畿道还少。因此，京畿道可以把瑞士当作发展样本。瑞士位于德国、意大利、法国中间号称“欧洲之巅”的山区，没有海岸。由于自己的发展模式，已成为最高水准的发达国家。不过，统一后的人口将达到7 000万并作为半岛国家的我国，怎能把瑞士当作发展目标呢？由于台湾(地区)的人口与汉城加上京畿道的人口差不多，所以我国首都圈可以把台湾(地区)

当作发展的战略样本。台湾并不是产品技术的地区，而是工程技术地区。但在工程技术方面，我国胜过台湾（地区）。整个国家要跟上台湾（地区）并不合适。汉城大学的一位教授说，汉城大学在名气上超过台湾大学和新加坡大学，在这种情况下要汉城大学把这些大学当作发展样本，就说不通了。荷兰的人口是1 600多万，也相当于汉城和京畿道两个地方的人口。

我国在人口规模上是大国，所以应该以大国为榜样。这并不是说小国那里没什么可学的。在它们的经济政策和发展战略中，任何有益的东西都可以学。只是说不应该把国家整体发展的方向定位在小国上。在半导体、造船、电子、钢铁、汽车、纤维等方面，我们已经大大超过了像新加坡那样的小国。

我国在出口产品类别方面与日本很相似，因此在世界市场上必须与日本竞争。在过去的一段时期，制定工业化战略时曾把日本当作样本。但是教育制度和军事制度等方面却选择了美国。过去，在我们国家和社会上担任主要角色的专家和各界领导人，基本是在美国或日本受过教育的人。世界上，熟悉美国和日本模式的领导人最多的国家，恐怕就是我国了。我们应该充分利用这一条件和优势。

美国和日本是我们的第一和第二大贸易对象国。今后，如果在不少出口产品上我们不能超过日本，那么将难以生存下去。而且，我们必须很好地了解诸多产业走在日本前面的美国。美国在技术创新方面是世界第一，因此在这些方面我们不能不学习美国。

但是，我们不能照搬美国模式。为什么呢？美国是发行美元的国家。对美国来说，贸易再怎么积累赤字也没有什么问题。如果我们像美国那样运行经济，很有可能像美国那样积累高赤字，这对不能发行美元的我们来说，并没有可应付的方法。

美国拥有世界最具竞争力的大学、不强硬的工会、开放的移民政策、股东支配的企业、激烈的竞争等很多特征和优势。但是，任何优势从另一个角度看也会成为缺点。其理由，就通过美国和日本的比较来考察一下。

如上所述，如果我们实现统一，人口将达到7 000万，这就成为欧洲强国的人口规模。而且，与世界四强有必然的密切联系，因此在地缘政治上具有非常有利的条件。而且由于是半岛国家，进军大陆和海洋都有利。今后可以把韩国经济圈扩大到包括中国和日本的地区。在世界第二大经济国的日本，没有一个民族像我们同胞那样多的生活在那里。号称将在21世纪成为世界第一或第二经济大国的中国，也没有一个发达国家的国民比我们生活在那里的同胞多。在这些方面，我们具备任何发达国家都没有具备的有利条件。

表2.4 日本和美国的差异

日本	美国
1. 世界第二经济大国	1. 世界第一经济大国
2. 世界第一贸易顺差国	2. 世界第一贸易逆差国
3. 世界水平的单一人种社会	3. 世界第一的多人种社会
4. 世界水平的共同体主义国家	4. 世界第一的个人主义国家
5. 拥有世界第一的工程技术	5. 拥有世界第一的产品技术
6. 在地理、文化、人种及历史上与韩国最近的国家	6. 在安保问题上与韩国最密切的国家
7. 世界第一的长寿国	7. 世界上长寿人口最多的国家
8. 世界水平的大企业仅次于美国的国家	8. 世界水平的大企业最多的国家
9. 企业集团最多的国家	9. 独立而个人主义的企业最多的国家
10. 在发达国家中流通结构最复杂	10. 在发达国家中流通结构最简单
11. 在发达国家中自然资源最贫瘠	11. 在发达国家中自然资源最丰富
12. 最拒绝移民的发达国家	12. 接受移民最多的国家
13. 外国人中韩国人最多的国家	13. 德籍外国人最多的国家
14. 通过东亚模式成为发达国家	14. 通过西方模式成为发达国家
15. 发达国家中最大的岛国	15. 发达国家中最大的大陆国家
16. 仅次于美国拥有最多美元的国家	16. 可以印制美元的惟一的国家
17. 地震和台风最多的发达国家	17. 枪支和律师最多的国家
18. 雇主和员工一起支配企业的国家	18. 股东支配企业的国家
19. 韩国的第二大贸易对象国	19. 韩国的第一贸易对象国
20. 重视非正式、非法律性及人际关系	20. 重视正式、契约及非人性化关系
21. 世界制造业最强的国家	21. 世界最大的金融强国

能够把日本的共同体主义和美国的个人主义相结合并同时适用于本

国的国家，就是韩国。韩国位于东西方文化交会的位置上，而且可以把它们结合得很好。韩国又有可以赶上和超过日本的工程技术，同时又是可以最好地引进美国产品技术的国家。我们位于可以把这两国的技术优势结合在一起的位置和立场上。

基于这种观点，可以得出我们应该把整合美国、日本、德国，即以这三个国家整合在一起的"假想国家"为自己的发展样本这样的结论。

任何一个国家要持续发展，必须制定好发展模式。任何国家在资源禀赋、地缘政治上的位置及文化传统等方面都有特点和优劣。只有以此为基础，并开发适合于自己国情的特殊模式，才能获得成功。

我们必须把"整合美国、日本、德国的国家"定位为我国发展战略目标的理由如下：

- 在某种意义上，美国是代表北美、日本是代表东亚、德国是代表西欧的国家。我们如果不懂得这些国家，就不可能很好地开发我们的模式，也就不能懂得世界经济。美国和日本就不用说明了，德国将主导西欧经济。而且德国是欧洲最大的经济大国，对我们来说又是实现统一方面的样本国家。
- 我们之所以不能把这三个国家中的任何一个国家当作发展模式的样本，是因为这些国家虽有很多优点，但也有不少缺点。例如，美国是任何一个公民都可以持枪，而且有很多律师和离婚者的国家，贸易赤字又最高。日本虽然在创新上落后于美国，但是最长寿的国家，而且在发达国家中犯罪率最低。德国因统一之后的后遗症，失业率高达12%。所以，应该把整合这三个国家的"假想发达国家"作为发展战略样本。

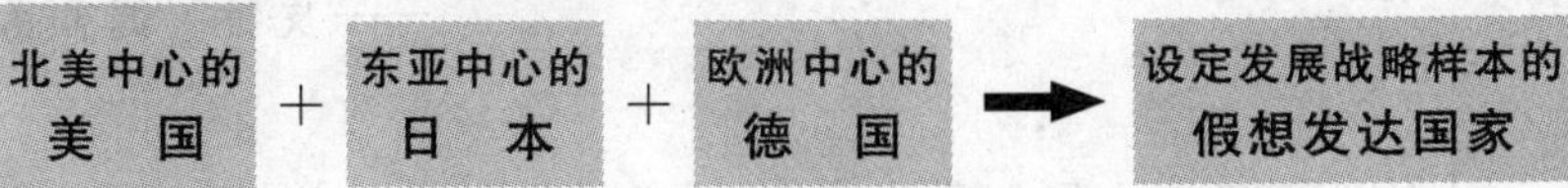

- 如果我们把某一个国家设定为我们国家发展的样本模式，那么我们只能赶上那个国家，而不能超过那个国家。如果我们不想制定

“追赶战略”,而是想制定“超越战略”,则必须吸收这三个国家的长处。只有这样,才能超过这些国家。这种经济战略将在第10章和第11章中重新加以说明。

我们懂得,世界上最富裕的人种是犹太人。美国的唐人街像韩国的东大门市场,非常繁华。犹太城则像碧波利海尔兹(音译——译者)那样是富人们生活的地方。我们要学习的典范人种,当首推犹太人。

最后附加一点说明,国家竞争力方面的世界权威学者哈佛管理学院教授麦克尔·波特在《日本能竞争吗?》一书中,说明了“新的日本模式之必要性”,并强调了如下事实:即以日本特有的共同体主义、很高的教育水平、国民的战略眼光、发展良好的产业组织等优势,有必要重新开发日本教育的模式。他还强调了越过商品质量上的竞争,以“战略和创新”为基础的竞争战略之必要性。

“自信肯定能赢日本”

——三星集团创始人李秉喆

七、最重要的经济主体是企业

“主流经济学不大愿意承认如下事实:经济增长的最好途径,就是发展企业。”

——哈佛管理学院教授托马斯·麦克劳

“企业是社会的栋梁。”

——皮特·德鲁克

大体上把经济主体划分为家庭、企业、政府、海外部门(=外国人)等四种。最近,各种NGO(Nongovernmental Organizations,非政府组织)的影响力也开始增大。国家经济在全球化知识经济以前,政府的作用大而外国人的影响力小,后来企业和外国人的影响力增大了。所谓外国人的影响力,主要是外国企业(包括金融机构)及由他们组织的国际机构(如IMF、WTO等)的影响力。

现在开始来考察一下作为经济主体的家庭、政府、企业等。

家庭。根据统计厅的解释,家庭是"一人或两人以上、以吃饭睡觉进行共同生活的生活单位"。家庭是经济生活的基本单位,经济学家把这称为"家庭"(household)。家庭是在一个家庭里以共同的金融决定而生活的人们共同体。根据2000年的人口调查,我国现有1 432万个家庭,每个家庭的平均人口为3.2人(表2.5)。

家庭数还包括集团(社会设施)家庭。我国的家庭数不仅受自然人口增长的影响,还受单身家庭化的影响。据估计,2002年家庭平均人口可能减少为3.1人,而家庭数可能增加1.5万。还有,单人家庭的比率,在1975～1995年期间从4.2%增加为12.7%。这主要受老龄人口增加的影响。但与美国单人家庭的24%相比,就相当低了。

表2.5 韩国的人口及家庭

	1966年	1995年	2000年
人口	2 919万	4 461万	4 612万
家庭	519万	1 296万	1 432万
住宅	387万	957万	1 149万
家庭平均人数	5.6人	3.4人	3.2人

资料来源:统计厅,《韩国统计年鉴》,2000及《韩国主要经济指标》,2000。

任何人都要生活,所以都是消费者。把劳动和服务卖给企业,作为其代价得到收入的是个人。不过,作为消费生活的单位,一般指家庭,而不是个人。

那么,家庭的经济作用是什么呢?在经济运行的循环过程中,我们可以知道家庭起到如下的作用:

第一,为企业提供人力等资源。

第二,作为代价,从企业那里得到收入并用于生活消费。

家庭如何分配收入和支出，这对经济产生很大的影响。尽管人们只把家庭看做消费单位，其实家庭发挥着更大的作用。就是说，家庭还承担着教育、健康、伦理等功能，因此家庭是培养人力资源的场所。在知识社会，家庭还承担创造知识的功能，因此家庭还发挥生产单位的作用。关于家庭的消费和储蓄，我们将在第 8 章详细讨论。

政府。韩国政府包括总统、立法机构、司法机构、行政机构等中央部门及各级地方政府，以及由它们直接控制的各种组织。如立法、司法、行政等机构中任职的公务员，约有 89 万名。关于政府，将在最后一章详细讨论。

韩国的企业。韩国的企业现在约有 293 万家，在这些企业中工作的人员数约为 1 292 万人。这相当于每 16 人就有一个企业(表 2.6)。美国是每 12 人有一个企业，而日本是每 19 人就有一个企业。

每个企业的人数：韩国 16 人，美国 12 人，日本 19 人

在我国的企业中，87%是员工只有 4 人的微小企业。就是说，大部分企业是微小企业。员工 5 人以上的企业，韩国是 39 万个，日本是 257 万个，即韩国是日本的 1/7。日本虽然在人口上比韩国多 3 倍，但企业的数量比韩国多得多。

表 2.6 韩国和日本的企业规模及数量

员工的数量		韩国(1999)		日本(1996)	
		企业数量(千)	员工数(千)	企业数量(千)	员工数(千)
微小企业	1～4 人	2 538.4	4 509	4 149.8	9 012
小企业	5～49 人	362.6	4 197	2 397.2	30 106
中企业	50～299 人	23.9	2 349	157.9	15 388
大企业	300 人以上	2.4	1 865	12.1	8 275
合　计		2 927.3	12 920	6 717.0	62 781

资料来源：韩国统计厅，《韩国统计年鉴》，2000；日本统计厅，《日本的统计》，2000。

从组织形态上看，我国的企业情况如下。在看这一资料时，请你想一想在我们周围被称为“老板”的人有几个。

个人企业	2 612 千个
公司法人	165
公司以外的法人	79
非法人	71
合　计	2 927 千个

现在来讨论一下企业为什么是最重要的经济主体。

全球化知识社会时代的信息通讯革命，是从企业开始的。世界一体化也是由企业主导的。创造知识的是企业，把它储存起来的也是企业。还有，在知识社会中企业还起着学校的作用。在这个时代，政府的作用日益弱化。其理由在最后一章中说明。当今世界如果不懂得企业，就很难讨论个人的经济、国家的经济，以及世界经济。

能够回答如下问题的人，是已经懂得企业重要性的人。

犹太人为什么给自己的孩子说明企业的重要性？美国的年轻人为什么更愿意当企业管理人，而不是公务员？美国为什么是世界上最容易管理企业的国家呢？英国或美国为什么以低廉的房地产价格来吸引韩国的企业呢？日本为什么成为公司社会了呢？为什么说美国不仅是中小企业的天国，而且也是大企业的天堂？

在美国的硅谷，2000 年初有 20 万名以上的百万富翁，每天还产生 50 名以上的百万富翁。在美国，每年产生 80 万个企业。不过，其中消失 10%（1997 年，新生企业为 79.9 万个，倒闭的企业为 8.3 万个），因此每年增加 70 万个以上的企业。在这一点上，没有一个国家能够匹敌美国。美国是以企业为中心的社会。美国的主要国家政策，常常由担任过企业经理的政策负责人制定，而且为企业而制定政策。美国的对外政策也一样。

大部分中东国家是以宗教为中心的国家，而过去的共产主义国家曾是以共产党员为中心的国家。南美的不少国家,曾经是由通过政变掌权的军人或政客为中心的国家。也有足球运动员最受尊敬的国家。过去的朝鲜王朝是以儒生为中心的国家。

富强的国家是以企业和企业管理人为中心的国家。美国最受尊敬的人,有很多像沃尔德·迪斯尼或比尔·盖茨那样的企业管理人。像捷克或波兰那样受外国侵略很多的国家中,受国民敬仰的是像我国的刘冠舜、安重根那样的民族斗士。

发达国家是培养企业竞争力的国家。曾经获得诺贝尔经济学奖的芝加哥大学教授罗伯特·福格尔,把增强国力的途径概括为两点:

第一,通过军事组织增强国防力量。

第二,通过企业组织增强国家竞争力。

不过,在当今世界的武力战争中,其战争成败的决定因素是尖端高新技术。要想购买和开发高新军事技术,必须以相应的经济力量为后盾,因此国防力量取决于经济力量。而决定经济力量的是企业,实际进行经济战争的也是企业。

瑞典有一家叫埃里克森的世界性的电子公司。因此,外国电子公司不能到瑞典来抬高电子产品的价格,也挤不进瑞典的电子产品市场。在国家竞争力的研究方面,作为世界第一的国家竞争力研究所,即瑞士IMD(国际管理开发院)主张,企业竞争力就是国家竞争力。而且,这一研究所在过去的几十年间一直研究如何强化企业竞争力问题。

在世界上,经济学发达的国家都成了发达国家。瑞士也不例外。在富翁国家瑞士,过去有过洛桑学派。现在的经济学派可以说是以IMD和WEF(世界经济论坛:World Economic Forum)为中心的世界竞争力学派。他们在这一领域的研究上具备世界最强的竞争力。如果过去的经济学派致力于经济理论研究,那么现在的学派则致力于提高全球竞争力,这一学派非常讲究实用主义。

有了软件发明,硬件才能放光彩。人们通常一提到人类发明,就联想到物质上的发明,但比这个毫不逊色的就是株式会社和组织,即软件发明。与产品或机械等发明相比,这些发明可能更重要。只有有了软件发明,硬件发明才能放光彩。硬件和软件的关系,如同酒瓶和酒的关系。应该把这两者都搞好。

西方的各种发明之所以能够联系到国民的日常生活,就是因为企业组织的软件发明。东方人到19世纪中期为止,连企业这种组织的概念都没有。西方能够大大超过东方的重要原因,就是因为它先提出了企业组织和管理概念。

企业能提高人的价值。能够提高国民整体价值的,就是企业。企业使过去只能制作锄头或镰刀的人们能够生产出半导体并赚很多钱。如果企业搞活了,效益也不错,那么个人的收入和价值也会随之得到提高。有些中国人以为,在韩国一两天就可以挣相当于中国一个月的工资。这样,就有不少人要到我国来赚钱。

在日本企业高速增长的时候,学者们只要很好地说明企业案例,就被当作国际性的学者。但是,当日本经济不景气的时候,这些人的权威也随之扫地。如果国内企业发展得好,那么学者和外交官的地位不用说,整个国民的地位也随之提高。

把人、技术、自然、资本设施等组合在一起的,就是称为企业的组织。企业能够把这些因素的力量聚集在一起。正如“珠宝三斗,串起来才是宝贝”那样,把我们的有才华的人力、美丽的自然、杰出的技术等非常好的珠宝,实际串在一起的就是企业。串起来的目的在于生产出好产品。企业组织能够做到自己或少数人不能做到的事情,而且任何事情也都能够做出来。

英国设立东印度公司管理了印度。当时在这一公司的下边,社长和军队司令官一起共事。艾比央矿泉水公司面向世界做矿泉水买卖。莱伊·克劳克设立麦当劳公司,以世界为对象做麦当劳买卖。

企业是产业社会的耕地。在农耕社会里,人们生存的根基是耕地。但在产业社会或知识社会的耕地,是企业。制作人们所需要的各种产品或为人们提供工作的,都是企业。

在朝鲜王朝时代,国家精英们进行腥风血雨的党派之争,也是因为子女在增多,而能够分得的官职有限的缘故。任何国家,如果企业不能创造出工作机会,国家精英们就会为了争夺很少的官职而进行激烈的斗争。

如果企业得不到发展,因组织的僵化使员工们不能得到晋升,这就会产生“人事便秘症”。而且,因担心失去职业而得神经病的人将会越来越多。

企业发展技术并把它实用化。信息革命是由企业主导的革命,因此企业弱小的国家只能处在落后地位。在知识社会中,企业还起着创造知识功能的研究机构的作用。在日本,很多世界级的人才是由企业培养出来的。德国的徒弟制度是通过企业得到实现的。在美国,很多受尊敬的人才也是企业中产生的。在我国,企业培养的世界级的人才也很多。

只有企业得到了发展,文化才能得到发展。据说,日本的企业收藏了近 1/3 的世界印象派画家的画。我国的某一企业集团积极收集了古画,从而杜绝了这些画流向海外,这对韩国美术的发展作出了很大贡献。汉城大学美术学院的一位教授曾评价说,这个企业集团为整个韩国美术的发展也许作出了一半的贡献。国内的职业运动,如果没有企业的积极参与就举步维艰。

日本的照相机制造公司生产出物美价廉的照相机,于是有些日本家庭主妇因业余爱好而成为摄影家。过去的东欧国家,由于没有优秀的照相机公司,连政府高级官员也很难买到像样的照相机。结果,日本家庭主妇的摄影技术比这些人的摄影技术更好。

企业提高国民的能力和价值。因此,越发达的国家,越要更好地发展优秀企业,并为提高其竞争力而作最大的努力。企业是最重要的经济主体。这一事实,如果读一下第 3 章,那么就会更清楚。

毕业生真正能够获得成功的途径是成为企业家。如果成为世界级的企业家,可以说比任何人都成功。因为,在人的能力发挥上使人们感到没有极限的,就是企业。据说,自以为很有能力的人,在自己实际管理企业之后,就能懂得自己的能力多么有限。

那么,我国的企业同其他国家的企业有什么不同呢?下面将考察这一问题。

“毫无疑问,众多竞争企业是国家竞争力的主要动力。”

——瑞士 IMD

八、只在韩国和日本才有的企业，其他国家也有的企业

“我觉得每次到那儿(中国)的时候总能学到点儿什么。再去的时候，我就明白我不知道的有多少。中国太大，很难作出判断，我不知道答案，这也是我退休的原因。也许不是我，而应该由其他人作出判断。”

——GE 会长杰克·沃尔奇

我们处在众多的企业之中，与企业相伴而生活着。那么，企业有哪些类型呢？

(1)根据所有制，是否以营利为目的以及组织形态区分

① 企业根据所有制划分为如下两种：

- 公共企业：如铁路、自来水公司等政府或公共团体所有和管理的企业。
- 私营企业(民间企业)：三星电子、浦项制铁、摆摊卖菜、书店、饭店等由民间所有并管理的企业。

② 私营企业根据是否以营利为目的可分为如下两种：

- 以营利为目的的企业：蔬菜店、饭店、文具店、三星电子等以营利为目的的企业。
- 不以营利为目的的企业：生产教育服务的私立学校，生产宗教服务的教会或寺庙等。

③ 根据组织形态，以营利为目的的企业可以分为如下三种：

- 个人企业：个人开办的医院、生产农产品的农场等。
- 合同公司：合伙医院、合伙律师事务所等。
- 株式会社：三星、SK、LG 等大部分规模比较大的民间以营利为目的的企业。

韩国的商法把公司分为合名公司、合资公司、有限公司以及株式会社等四种,其中前三种是合同公司。

(2)企业根据竞争的程度,可分为完全竞争企业、垄断企业、寡头垄断企业及垄断竞争企业等四种。这是经济学家最为重视的分类。因为,在市场经济中竞争很重要。如果说产业是家庭,那么企业就是家庭成员。如果家庭成员是一个,那么就是垄断企业;三四个或者是少数,那么是寡头垄断企业;如果比较多,是垄断竞争企业;如果非常多,那么是完全竞争企业。

(3)根据企业的规模,可以把企业划分为中小企业和大企业(《中小企业基本法》,1998 年修订)。中小企业和大企业,主要根据员工数和资产总额来划分。这是很多韩国人最关心的企业分类方法。

① 根据员工数量来划分的中小企业

从事矿业的企业员工在 300 人以下为中小企业。

从事制造业的大多数企业员工 300 人以下为中小企业。例外是,纺织业为 600 人、陶瓷业为 700 人、汽车零部件制造业为 1 000人、批发零售业为 20 人、汽车批发业为 50 人等。

② 以资产总额划分

餐饮业:资产总额为 500 亿韩元以下是中小企业。

出版印刷业:资产总额为 700 亿韩元以下是中小企业。

汽车制造业:资产总额为 800 亿韩元以下是中小企业。

(4)高新技术企业。所谓高新技术企业,是把高新技术产业化或把知识产业化的企业。一般来说,这种企业的预期利益或风险度很高。我国《关于培植高新技术企业的特别措施法》,把高新技术企业看成是中小企业。

(5)根据是否具有全球竞争力,分为在特定地区致力于内需产业的饮食店、美容院、小卖点、房产介绍所、洗衣店等“街头型企业”，和在世界市场上同国际企业可进行激烈竞争的“跨国企业”两种。这是瑞士 IMD 所作的分类。跨国企业有：三星电子、LG 电子、可口可乐、IBM、麦当劳、索尼、丰田会社等。这些企业是以世界为舞台，不受国境限制的跨国企业（TNC：transnational corporations）。在这种意义上，也有跨国公司（MNC：multinational coporations）的概念。不过，联合国使用 TNC，而我们有时候把 TNC 称为全球化企业。

(6)根据单种行业和多种行业的分类。

- 单种行业的企业：像可口可乐、麦当劳等单种行业或把单一产品专业化的企业。
- 多种行业的企业：像美国的 GE(通用电气)或韩国的企业集团那样，经营多种行业产品的企业。

上述的企业在世界任何国家都有。现在开始要说明的，主要是在我国和日本才有的企业。

(7)由韩国的公正交易法（等于《关于规制垄断及公正交易的法律》）所定企业。

- 股东会社：通过股票的所有权而主管公司为主要内容。这在其他国家中也有。
- 子公司。受制于股东会社而进行经营活动的企业。这是在韩国和日本等东亚国家很多的企业形态。
- 企业集团。同一个人根据总统命令规定的标准，事实上自主经营的企业之集团。
- 系列会社。两个以上的公司属于同一企业集团，这些公司把对方称为系列会社。
- 大规模企业集团。韩国的很多企业集团，根据资产总额排序有30个企业集团。但例外的是把只经营金融业和保险业的企业集团排除在外。

(8)还有只在韩国和日本的企业吗?

- 综合商社(GTC: General Trading Company):这一类型只存在于韩国和日本。有一段时期,美国和加拿大的公司也试过这种企业形态,但没有获得成功。
- 系列:日本型的企业和产业组织,是企业集团。在韩国也存在。

企业集团、母公司、子公司、系列公司等,在美国很难找到。这些公司在以共同体主义为特征的韩国和日本很多,在印度等不发达国家也有。在美国,很难找到韩国式的企业。这个问题将在第 11 章中讨论。

在美国式的教科书中,并不涉及韩国的公正交易法所定的企业,以及日本的综合商社或系列会社等。从美国经济学的标准来看,诸如综合商社、子公司、系列公司、系列、企业集团等都是被歪曲了的企业。但日本的丰田汽车公司,以这种组织制造出世界第一的汽车。美国的《财富》(2000 年 10 月 9 日)指出,在世界上最受尊敬的汽车公司是丰田公司。

美国是自由竞争的国家,是大、中、小、微小企业公平竞争的国家。在美国,大企业在竞争中摧毁中小企业并不成为问题。在美国,并不存在像我国大企业和中小企业之间的社会不平等。由于不存在企业集团、系列企业、子公司等概念,也不可能产生这些企业所带来的问题。正如男女老少完全平等和独立一样,美国的大中小企业之间也是平等和相互独立的。

经济学家重视的是以市场竞争为标准的企业划分,即完全竞争企业、垄断企业、寡头垄断企业及垄断竞争企业。所以,美国的经济学教科书以这种理论来说明企业。要在美国的经济学教科书中找到韩国型的企业集团或系列企业,那是办不到的。

到现在为止,我们考察了韩国经济在世界中的地位。还说明了不管在什么样的国家,最重要的经济主体是企业。而且,国家在世界中的经济地位主要取决于企业,特别是取决于跨国公司。跨国公司,特别是美国的跨国公司正在主导世界一体化。从现在开始我们来考察这一问题。

第三章　跨国公司主导世界一体化

“经济战争不同于军事战争，它是看不见的。而且，不知道自己是否在进行战争或在战争中正在走向失败。在这一看不见的战争中，任何人都不给战败者提供帮助。”

——李建熙，《李建熙随笔：我们要思考问题来考察这个世界》

最近急速进行的全球一体化，是随着IT(information technology：信息技术)革命和交通技术等的发展而被推动起来的。不过欧洲国家更倾向使用ICT(information and communication technology：信息通讯技术)概念，而不是IT。

麻省理工学院的莱斯特·索洛教授在《全球化：知识经济的产物》中主张，世界一体化是知识经济的产物。

不过，世界一体化又是跨国公司、跨国银行，以及国际机构等积极推动的结果。就是说，这是一个以信息通讯技术革命和知识经济为基础，跨国公司、跨国银行、国际机构等引导的结果。但是，世界上不少非政府组织或国家反对世界一体化。这些组织和国家认为，世界一体化的趋势使具有竞争力的国家发展更快，竞争力弱的国家更加落后。

在美国，跨国公司、由它们组织的团体、由它们成立的智囊团，以及由它们主导成立的国际机构积极支援美国企业进军世界，而且积极推动美国企业投资的国家改革其体制，以便在这些国家建立起完全消除贸易壁垒的自由经济体制。主导世界一体化的，就是美国企业。在推动世界一体化方面，没有一个国家能与美国匹敌。因此，在这里以美国的案例为中心考察这一问题。

首先来考察一下跨国公司。

一、世界跨国公司和全球化趋势

跨国公司(TNC等于全球化企业、多国籍企业)是以世界为对象进行活动的企业。根据联合国的统计,全世界的跨国公司在1970年约为7 000个,但到了2000年增加了5万多个。这些公司的子公司或系列公司的数目,竟达到28万个。沙拉·安德森和约翰·卡巴那赫认为,其中的前200个大企业占世界GNP的1/4,这些企业是推动世界经济的动力。

那么,全球化企业的经营活动和产业的世界一体化是如何进行的呢?可以概括如下:

- 当今世界的趋势是,商品贸易比产品的生产增长更快。这说明海外市场的比重比内需市场更大。可口可乐每年收入的80%来自海外市场上的销售。从韩国跨国公司的出口比重来看,现代重工是83%、LG商社是72%、三星电子为66%等,分别来自各自海外市场上的产品销售。
- 韩国把电子产品出口到美国的同时,从美国又进口这些产品。就是说,"产业间的贸易"在增加。
- 三星电子和LG等跨国公司,在几个国家都拥有自己的生产厂。德国的奔驰汽车公司,组装在几个国家生产的零件,从而生产完整的汽车。由于今后的世界是跨国公司的时代,所以在生产方面逐渐走向整合。
- 以前是公司直接负责建筑物的清洁或饭店的经营,现在越来越多地把这种事情让别人或其他企业负责,把这称为资源外取(outsourcing)。这种资源外取的增多,是世界性的趋势。其对象(别人或企业)也从国内扩大到国外企业。
- 跨国公司海外子公司之间的交易或海外子公司和本公司之间的交易,占越来越多的比重。保罗·库鲁格曼和莫里斯·欧波斯特费尔德在《国际经济学:理论与政策》(第 5 版)中认为,美国收入的一半是通过美国企业之间的交易得到的收入。

- 与商品和服务的交易相比,为了海外的生产而进行的直接投资占更大的比重。瑞士的那斯勒公司 98%的生产能力在国外。丰田公司员工的 70%是外国人。
- 现在的跨国公司在服务行业中也占很大比重。以前主要偏重于银行和保险业,但自从 20 世纪 90 年代开始,也有很多跨国公司从事航空业、信息通讯业、管理咨询业、广告业等。
- 随着信息资料生产的增加,产生了国际知识产权保护、解决专利争端、难以适用禁止垄断法等问题。根据达尔·尼夫在《知识的经济影响》中的观点,在全世界的财货和服务中,8%是非法盗版物。软件产品的非法盗版比率,英国是 43%、日本是 67%、俄罗斯是 94%。但是,还不存在适当地解决这些问题的国际法。其结果,世界市场似乎成为"免费市场"。

那么,在各国企业中,世界性的大企业是什么样的,而且有几个呢?

美国的《财富》杂志很早以前开始每年选定世界性的企业并发表其统计。作为企业和产业问题专家的哈佛管理学院教授阿尔弗雷德·钱德勒说,这 500 家大企业是"世界性的企业",其大部分是跨国公司。

关于其中前 30 位企业的统计在表 3.1 中,而其中包括了不少美国和日本的代表性企业。

很多人相信,自从 20 世纪 90 年代开始,美国企业乘胜前进,而日本企业则走下坡路。从世界 30 家大企业来看,确实有这种倾向。美国从 1999 年的 10 家增加为 12 家,而日本则从 1999 年的 12 家减少为 7 家。不过,拥有世界性大企业的国家主要还是美国和日本。

我们根据表 3.1 中的美、日、德等发达国家的收入、资产、利润、员工的规模等,可以知道几个特点。如,日本企业的主要目标是扩大市场占有率,因此利润的规模相对较少。

世界标准的大企业

① 哪一个国家拥有世界上最大的企业?

答:美国的沃尔玛百货公司。

② 世界上,企业销售额最大的有多少?

答:大约2 198亿美元。

③ 以员工为标准,世界最大的企业是哪一家?

答:是美国沃尔玛百货公司,员工数为138万名。

④ 迄今为止人类所开发的“管理经验”,能管理多大的会社?

答:销售额为2 198亿美元,员工为138万名。

⑤ 韩国有30个企业集团。世界30家大企业是哪些企业?

答:参见表3.1和表3.3。

⑥ 世界30家大企业,哪些国家各占多少?

答:美国12家、日本7家、德国6家、法国2家、英国1.5家(皇家荷兰壳牌集团是英国和荷兰合作的,所以各占0.5家)。

⑦ 能不能说拥有世界性的大企业多,就可以说是更强大的经济大国?

答:根据表3.1,是。即使看世界500家大企业的统计,也是如此。

在跨国公司中,有不少比一般国家的整体规模还大的企业。

美国GM汽车公司的销售额超过1 700亿美元。三星电子2000年度的利润比蒙古、老挝、阿尔巴尼亚、安哥拉等国经济规模的全部总和还大。

表3.2是根据经济规模的顺序来排列的世界国家和企业。但需要注意的是,国家规模是GNP,而企业规模是表示销售额。GNP是附加价值的总和,因此要与企业的规模相比较,应该换算为附加价值并予以表示,而不应该用销售额来表示。但是,很难得到企业的附加价值统计,所以在这里用销售额来表示。一般来说,附加价值只不过是销售额的几分之一。

不过,这么大规模的世界性的大企业,最近又通过M&A(购并)来互相整合，并发展为更大的大企业。

表 3.1 世界 30 家大企业

名次	公司	国籍	收入＝销售额(百万$)	利润(百万$)	资产(百万$)	员工(人)
1	沃尔玛百货公司	美国	219 812	6 671	83 375	1 383.000
2	埃克森公司	美国	191 581	15 320	143 174	97 900
3	通用汽车公司	美国	177 260	601	323 969	365 000
4	BP 石油公司	英国	174 218	8 010	141 158	110 150
5	福特汽车	美国	162 412	(5 453)	276 543	352 748
6	ENRON 公司	美国	138 718	N. A	N. A	15 388
7	戴姆勒克莱斯勒公司	德国	136 897	(592)	184 671	372 470
8	皇家荷兰壳牌集团	荷/英	135 211	10 852	111 543	91 000
9	通用电气公司	美国	125 913	13 684	495 023	310 000
10	丰田汽车公司	日本	120 814	4 925	150 064	246 702
11	花旗集团	美国	112 022	14 126	1 051 450	268 000
12	三菱商社	日本	105 813	481	61 455	43 000
13	三井商社	日本	101 205	442	50 313	36 116
14	CHEVRONTEXACO	美国	99 699	3 288	77 572	67 569
15	TOTAL FINA ELF	法国	94 311	6 857	78 886	122 025
16	日本电气电子公司	日本	93 424	(6 495)	157 550	213 000
17	伊藤忠商社	日本	91 176	241	35 856	36 529
18	安联保险公司	德国	85 929	1 453	839 551	179 946
19	INTL. BUSINESS MACHINES	美国	85 866	7 723	88 313	319 876
20	ING 公司	荷兰	82 999	4 098	627 816	113 143
21	VOLKSWAGEN	德国	79 287	2 610	92 975	322 070
22	西门子公司	德国	77 358	1 856	82 070	484 000
23	住友公司	日本	77 140	361	36 613	30 264
24	飞利浦莫里斯公司	美国	72 944	8 560	84 968	175 000
25	MARUBENI 商社	日本	71 756	(931)	36 259	31 000
26	VERIZON COMMUNICATIONS	美国	67 190	389	170 795	247 000
27	德意志银行	德国	66 839	149	817 556	94 782
28	E. ON	德国	66 453	1 834	88 187	151 953
29	美国电报电话公司	美国	65 834	(1 680)	59 091	891 005
30	AXA 公司	法国	65 579	465	432 362	90 151

资料来源：《财富》杂志，2002 年 7 月 22 日，2001 年标准。括号内的数字是赤字。

表 3.2 按经济规模排名的国家(地区)和企业

名次	国家或企业	规模(亿美元)	名次	国家或企业	规模(亿美元)
1	美国	99 007	26	BP 石油公司	1 742
2	日本	45 742	27	土耳其	1 683
3	德国	19 480	28	丹麦	1 663
4	英国	14 514	29	波兰	1 639
5	法国	13 774	30	福特汽车	1 624
6	中国	11 310	31	挪威	1 606
7	意大利	11 235	32	印度尼西亚	1 447
8	加拿大	6 619	33	ENRON 公司	1 387
9	西班牙	5 869	34	戴姆勒克莱斯勒公司	1 369
10	墨西哥	5 505	35	皇家荷兰壳牌集团	1 352
11	巴西	5 285	36	通用电气公司	1 259
12	印度	4 743	37	南非	1 255
13	韩国	4 477	38	希腊	1 246
14	荷兰	3 854	39	芬兰	1 242
15	澳大利亚	3 833	40	泰国	1 209
16	瑞士	2 665	41	丰田汽车	1 208
17	阿根廷	2 610	42	伊朗	1 129
18	俄罗斯	2 534	43	花旗集团	1 120
19	比利时	2 398	44	葡萄牙	1 092
20	瑞典	2 259	45	三菱商社	1 058
21	沃尔玛百货公司	2 198	46	以色列	1 041
22	奥地利	1 945	47	三井物产	1 012
23	埃克森公司	1 916	48	CHEVRONTEXACO	997
24	通用汽车公司	1 773	49	埃及	994
25	中国香港	1 762	50	新加坡	994

资料来源:世界银行,《世界发展报告》,2003 及《财富》杂志,2001 年标准。

注:国家经济规模是 GNP,企业规模是销售额。

二、韩国的全球化企业

我国也有相当多的全球化企业,其中还有不少中小企业。但是,全球化的大企业只有 12 家。

那么，世界标准的大企业应该是多少资产规模以上呢？《财富》杂志认为，在2001年的时候，销售额应该达到101亿美元以上。根据这一标准，全世界有500家，而韩国有如表3.3中的12家大企业。

那么，公平交易法所定的韩国大规模企业集团，从世界标准的角度来看是何种程度规模呢？

表3.3　韩国的全球化企业

名次	企业	销售额(亿美元)	名次	企业	销售额(亿美元)
1	三星电子	360	7	LG商社	195
2	三星物产	332	8	三星生命	175
3	SK	330	9	SK全球	172
4	现代汽车	309	10	韩国电力	157
5	LG电子	231	11	KT公司	123
6	现代综合商社	217	12	POSCO	102

资料来源：《财富》杂志，2002年7月22日资料。

表3.4　以世界标准来看的韩国企业集团

名次	会社名	销售额(亿美元)	资产	系列公司的数量
1	三星	961	546	63
2	LG	750	411	51
3	SK	400	353	62
4	现代汽车	340	311	25
5	劳迪	115	136	32
6	韩进	108	163	21
合　计		2 674	1 920	254

资料来源：公平交易委员会，汇率为1美元＝1 326.1韩元，以2001年的销售额为标准。

如果把属于三星会社的所有公司当作一个会社，三星集团的销售额为961亿美元，是世界排名第15的大企业。这相当于比日本三菱物产稍小、为丰田汽车的约80％、GM汽车的约55％。

如果把属于韩国的30家大企业集团的各公司当作一个企业，也就是说把一个企业集团当作一个企业，那么在韩国30家大企业集团中能够进入世界级大企业名单上的有6家(见表3.4)。另外的24家不能算是世界性的大企业或大企业集团。

三、由美国企业组织的团体和智囊团

企业组织的团体。拥有全球化企业最多的当然是美国。美国这个国家的主要目标，是促进自由企业经济的发展和提高美国国民及世界市民的福利。但是，全球化企业的基本目标是追求利润，因此并不是首先把它们所在的国家利益当作首要目标，而是首先考虑自己的利益。

在美国，个别的企业就不用说，他们还组成团体和协会直接推动世界一体化。这些协会和团体游说美国国会和政府，使美国政府为美国企业进军世界而采取积极措施。就是说，促使美国政府采取措施使其他国家不采取违反美国企业为促进世界一体化而努力的政策。

由美国企业组织的主要团体如下：

- 美国商会。世界上最大的企业团体，是代表美国企业利益的典型团体。
- 商业圆桌：由《财富》杂志选定的美国 500 家大企业组成的团体。同韩国全国经济人联合会差不多。
- 国际商业协会。是美国全球化企业游说 WTO（国际贸易组织）、ILO（国际劳动协会）、OECD（经济协作开发机构）等国际机构的团体。

由我国企业组织的团体有全国性团体和行业性团体。全国性团体有，由一般工商人士组成的大韩工商会议所、主要由大企业组织的全国经济人联合会、由中小企业组织的中小企业协作组合中央会、以贸易业者为中心组成的韩国贸易协会，以及韩国经营者总协会等。

其中为企业利益进行最为积极活动的是全经联（全国经济人联合会）。商工会议所也像其他国家的商工会议一样进行很多活动。

根据行业设立的团体，也就是由同行业的企业组织起来的组织，如大韩建筑业协会、韩国旅游协会、韩国船主协会等，有很多种。

日本也有很多由企业组织的团体。最重要的和具有代表性的是经团联（经济团体联合会）和日经联（日本经营者团体联盟）。特别是经团联，它不仅代表日本大企业的利益，而且在把自由企业经济体制扎根于日本方面起到了决定性的作用。它在以普通国民为对象进行自由经济教育和活动上的作用也很大。在西方人所说的日本株式会社的活动上，经团联和通商产业省（MTTI）一起起到了中心作用。

企业的智囊团。在美国，不仅由企业组织的团体，而且企业的智囊团（头脑集团）也为企业的利益积极开展游说活动。这些组织还积极推动美国企业向世界进军。具有代表性的企业智囊团如下：

- 美国企业研究所（American Enterprise Institute）。这是由《财富》杂志所选定的美国500家大企业组织的，主要为大企业活动的智囊团。
- 赫里塔戈财团（Heritage Foundation）。主要向美国国会每年提出数百种的各种报告及报告摘要。其中的相当部分，都是为发展自由企业经济的内容。
- 布鲁金斯研究所（Brookings Institution）。是为帮助扩大美国的国家利益、促进自由经济体制的发展、美国企业向世界各地进军而活动的智囊集团。
- 国际经济研究所（IIE：Institute for International Economics）。是为促进自由贸易、消除在国际贸易上的政府干涉、帮助国际贸易组织或北美自由贸易协定（NAFTA）等国际贸易促进机构的设立或提倡而进行活动的智囊团。还写出了不少有关韩国经济或韩国统一问题的报告。

由此可见，美国有很多保护企业利益、促进企业向世界进军、拥护自由经济的智囊团。这些智囊团在提高美国企业的世界竞争力，以及在把美国发展成为世界第一经济大国方面起着决定性的作用。

在韩国，生产性本部、韩国效率协会、自由企业中心等，正在起着作为企业智囊团的作用。

四、跨国银行

把信息技术最先实用化的就是跨国银行，其目的是为了进行以全球为对象的金融活动。现在，世界 100 家大银行承担着世界约 3/4 的金融业务。其中，10 家大银行的作用特别大。

根据 2001 年资产规模，其名次排列如表 3.5。作为世界一流银行的德意志银行的资产，在数字上接近于我国 GNP 的两倍。

美国的大银行（花旗集团、美洲银行、惬意斯曼哈顿、J. P. 摩根等）在泰国、印尼、韩国等国家的经济危机前夕，贷给这些国家约 200 亿美元的资金。因此，有些人批评说，这些银行促进了亚洲金融危机的爆发。

其中的一些银行，虽然借贷国的情况很糟糕，但收回了由国际货币基金协助借给这些国家的相当部分资金。而且，其中也有以高利贷的方式来收回的资金。

除了这些跨国银行以外，美国的缪丘尔基金、年金基金、财团等，也为赚钱而进军世界金融市场。

表 3.5 世界 10 大银行的资产规模

名次	企业	资产额(亿美元)	名次	企业	资产额(亿美元)
1	瑞穗银行	11 417	6	J.P. 摩根(美国)	6 936
2	德意志银行(德国)	8 176	7	美洲银行(美国)	6 218
3	瑞士联合银行(瑞士)	7 549	8	瑞士信贷银行(瑞士)	6 159
4	巴黎国民银行(法国)	7 348	9	荷兰银行(荷兰)	5 319
5	香港上海汇丰银行(英国)	6 959	10	Fortis(比利时/荷兰)	4 300

资料来源：《财富》杂志，2002 年 7 月 22 日，2001 年标准。

人们担心，世界金融市场不是为了方便物物交换，而是变成金融投资机构赚钱的场所，甚至正在成为巨大的“国际金融赌场”。

但是，我国为什么没有能够具备同这些跨国银行相抗衡的银行呢？

很多人认为,政府控制金融是产生这种情况的主要原因。不管怎么说,我国的银行不仅规模小,而且在外国人看来,我国的金融机构在健全性方面有问题。

那么,判断健全性的标准是什么呢?这就是国际清算银行(BIS:Bank for International Settlements)要求其会员国从1992年末开始必须实行的“BIS比例8%以上”。即,各银行在所拥有的资产中,必须保持8%以上的自有资本。只有这样,在健全性方面才能得到国际承认。最近,我国不少银行为了达到这一比例而奔波劳顿。

五、国际机构

美国1929年发生的大萧条危机,像一股强台风那样给欧洲带来了很大的冲击。美国就不用说,欧洲的证券市场都崩溃了,近1/4从业者失去了工作,无数的工厂停产,欧洲各国银行也纷纷倒闭。

遇到这种情况,美国于1930年以有史以来最高的关税率来限制外国产品,也就是采取了保护本国产业的强硬措施。作为世界第一经济大国的美国一采取这种措施,其他发达国家也采取了类似措施。

德国则雪上加霜,由于政府错误的通货紧缩政策,失业者从1930到1932年期间从300万上升到600万。结果,1933年导致了政权更迭,希特勒上台,德国为了自己的利益开始侵略邻国了。

日本为了原料自给自足和经济独立,很早就开始侵略亚洲了,20世纪30年代就占领了满洲。这样,各国的经济民族主义转变为政治民族主义,全世界陷入到第二次世界大战(1939～1945)的漩涡中。

在战争结束的时候,欧洲和日本的产业设施完全被破坏,其主要城市也彻底被破坏了。日本的名古屋因不断的炮击而成为废墟,因此在战后被完全重建。

但是,美国本土没有遭受一颗炮弹,因此产业设施完好无损。而且因战争的特殊时期,经济大危机的后遗症也完全消除,各产业表现出了大景气。美国产业的竞争力反而因第二次世界大战大大提高了。

大战之后，美国的工业生产占全世界的一半，拥有世界4/5的黄金储备。由此可见，美国的经济力量的规模是多么强大。

美国在二战之后为了保持其经济优势，解散了作为战败国的日本和德国的企业集团和大企业。这种行为的表面理由是，这些大企业和企业集团违背民主主义和市场经济的原则。不管怎么说，由于这种时代背景和对外政策的结果，美国在其后的相当一段时期仍然可以保持经济霸权。

进军东德的苏联把主要工厂的设施全部拿走了。在当时的发达国家中，企业集团强大的国家是日本和德国。东京大学的某位教授说，美国解散日本大企业的时候，日本的知识分子每天晚上都聚集在一起表示愤慨并痛苦不已。而且，美国以所谓"佩颇克利普作战"，把德国的很多著名科学家带到美国去了。

不管怎么说，以二战的结束为契机，美国在很多方面占有了能够支配世界经济的资源。于是，美国为了制定由美国主导的世界经济框架，在创立以下三个国际机构方面起了主要作用。

负责生产：世界银行（IBRD或World Bank）

负责贸易：GATT（关税及贸易总协定）

负责金融：IMF（国际货币基金组织）

美国同英国紧密协作，在美国的新翰普顿的布雷顿森林，为了帮助穷国的经济复兴而建立了上述三个机构。

美国首先成立了作为负责生产的国际机构IBRD。其次，为了防止各国因提高进口产品关税而陷入战争的前车之鉴，创立了GATT体制。还为了正确地树立国际金融及通货秩序而设立了IMF。

在这里，我们再仔细考察一下这些机构。

世界银行。世界最大的公共机构是哪一家呢？就是拥有10 000名员工、180多个会员国以及在65个国家中开设办事机构的世界银行。

世界银行并不是以"一国一票"的制度来运行。世界银行的运行方式是，出钱越多，其影响力就越大。就是说，世界银行最终成为由美国和其他富国支配的机构。事实上,在冷战时期,美国在受惠对象上排除了共产主义国家,以这种方式来把世界银行作为自己对外政策活动的一个工具加以充分利用。

世界银行还把支援穷国的发展基金用在促进美国企业的海外投资上。美国财务部的一个高级官员曾承认,与美国提供给世界银行的资金相比,美国从世界银行那里所受的利益更多。萨拉·安德森和约翰·卡巴纳赫说,世界银行贷款给发展中国家的资金之主要受惠者,就是与农业和能源相关的一些美国企业。就是说,世界银行的主要目标,是促进美国企业的海外投资。

世界银行从 1980 年开始向穷国提供结构调整贷款。很多人责难说,这种行为的目的就在于把美国的理想,即把自由企业经济和自由贸易强加于落后国家。在很多情况下,接受这些结构调整贷款的国家,必须接受美国企业在这一国家能够自由投资的条件。

国际货币基金组织。美国主导成立国际货币基金组织的原因主要有两个:一是,如果某一个国家的资金被美元绑着而遇到严重的外汇不足问题,那么国际货币基金组织就帮助这一国家;二是,在穷国因资源价格暴跌等面临严重的外汇不足时,国际货币基金组织提供短期贷款。

但由于美国在 20 世纪 70 年代废除固定汇率制,国际货币基金组织的主要功能也随之发生了变化。这也是从 20 世纪 80 年代开始美国积极推动的事项。

第一,美国的全球化企业或跨国银行在不发达国家的投资受损时,国际货币基金组织就提供帮助。就是说,比起因资源价格暴跌陷入金融危机因而非常需要资金的不发达国家,国际货币基金组织更把帮助的重点放在把资金借贷给这一国家或投资到这一国家的美国银行或美国企业上。

第二,国际货币基金组织以 1980 年墨西哥不能偿还外债为契机,把贷款国借贷资金的条件更改得更为严格。这是为了让借贷国必须偿还所借贷的钱给美国金融机构而作的修正。

六、国际货币基金组织和世界银行的处方是为谁开的?

“最近,美国最重要的出口产品,是美国式的市场资本主义。”

——玛丽娜·惠特曼,《新的世界,新的规则》

世界银行副总裁约瑟夫·斯蒂格利茨曾经很遗憾地说过,国际货币基金组织的处方反而更加深了亚洲国家的经济危机。他曾经毫不犹豫地说:“国际货币基金组织的经济学家们虽然很熟悉那个国家的最高级饭店,但一点儿也不懂那个国家的经济情况”。为什么国际货币基金组织的副总裁会说出这样的话呢?

1997年我国遇到经济危机时,国际货币基金组织对韩国提出了一揽子国际货币基金组织式的政策要求。这些是国际货币基金组织与对墨西哥或泰国等曾经遇到经济危机的国家所开列的方案几乎一样的政策要求。

我国的经济结构同墨西哥或泰国等国家不一样,但为什么国际货币基金组织开列的是同样的政策处方呢?其原因,是因为国际货币基金组织的主要目的如上述那样。即,与其说是救活韩国经济,不如说更重要的是要保护好美国金融机构。

如果打开国际货币基金的政策包裹,就会知道以下几种政策方案。就是说,国际货币基金组织为遇到经济危机的国家所开的政策处方,都是大同小异的以下几种政策处方。

(1)提高利率,以便引进外资

亚洲经济危机前,韩国的法定最高利率为25%,由于国际货币基金组织的要求,这一法定利率被废除了。结果,高利贷者猖獗,债务人被债权人逼债苦不堪言。更为可惜的是,处在新生阶段的债务企业虽然其前景很不错,但由于高利率而倒闭破产。甚至,有很多运行得很不错的企业也纷纷倒闭。结果,全球化企业进军韩国更容易了。

(2)提高汇率增加出口

1997年以前,我国的汇率为1美元兑900韩元,经济危机以后就上升到1 800韩元。因此,外债多的企业为了偿还外债到处奔波。倒闭的企业,以及虽然没有倒闭但处境艰难的企业到处都是。从美国或日本进口先进技术的企业,因缺乏资金而经营艰难。不过,由于汇率提高,以出口为主的企业赚了很多外汇。

由于上述原因,按美元计算的国内人力价格或韩国人的财产减少了。更何况刚发生经济危机经济不景气,房产价格下降了很多,因此每个国民财产至少减少了一半。全体国民承受着严重的被剥夺感。不管怎么说,由于很多国内企业倒闭了,美国TNC和跨国银行打进韩国反而更容易了。

(3)减少政府支出,实行紧缩的财政政策

政府不得不减少保健医疗、福利、教育、环境等几乎整个部门的支出。公务员的工资也减少了很多。因此,这些人的痛苦在社会上随处可见。

(4)开放金融市场

开放金融市场,以便强大的发达国家金融机构和外资自由地进出国内并进行活动,只有这样才能防止金融危机的再次发生,这就是他们的逻辑。但是,这些全球化金融机构,以先进的金融技术轻易地玩弄不发达国家的金融机构。因此很多海外的短期投机性金融机构也进来扰乱了国内金融市场。

我国的证券市价现在也主要取决于外国人的买卖。就是说,在韩国的证券市场上,如果外国人买了,价格就上去;如果外国人卖了,价格就下降。因此,很多人叹息韩国证券市场处在只能靠外国人的尴尬处境。

(5)减少工资,并废除政府的价格补贴政策

如果实施好这种政策,可以给经济生活注入活力,但如果一不小心,就有可能像印尼那样爆发国民暴动。不发达国家的主要产品是农产品,但如果废除对农产品的政府价格补贴政策,就会减少农民收入。还有,减少工资就意味着劳动者收入的减少。在因为汇率暴涨而进口产品价格暴涨的情况下,就会导致劳动者和农民收入的减少,这已成为不少国家发生暴动的原因。

(6)引进美国式的资本主义自由经济体制

也就是说，要开放国内市场，从而使以美国为首的发达国家全球化企业或金融机构可以在国内进行自由竞争。同时，要保障劳动市场的灵活性，从而使它们能够自由自在地雇用或解雇劳动者。如果读了“多边投资协议”，这一点就很清楚了。

当然，通过国际货币基金组织的贷款和一揽子政策而较好地克服了金融危机，并成功恢复经济正常运行的国家也不是没有。但必须记住，比这些国家多得多的不发达国家，由于失业率达到很高的程度，又由于工资大幅度下降，从而老百姓的生活陷入了水深火热之中。

多边投资协议(MAI: Multilateal Agreement on Investment)。这是全球化企业和跨国银行要求各国政府不得对全球化企业的投资进行限制的协议。这一协议的根本宗旨，就是使这些企业自由自在地在世界各地进行投资活动。

不过，全球化企业最近要通过 OECD 达到这种目的，但在 OECD 会员国的很多城市中发生了众多市民团体反对示威，但没有获得成功。现在是通过世界贸易组织或国际货币基金等组织，要把这一意图贯彻下去。

多边投资协议基本内容的核心，就是无论中央政府还是地方政府，在经济活动方面国外企业应该享受国民待遇，同时不能采取限制外国企业的零件或劳动力的一部分必须在国内调动的措施，也不得限制外国资本的移动。这些措施，当然是为了全球化企业和银行的自由经济活动而制定的。

世界贸易组织。关于关税及贸易总协定的首要目的，就是要消除全球化企业在财货和服务的国际移动方面所设置的各种障碍。这当然不是为了增加发展中国家的经济发展和雇用人数而提出的。

不过，虽然这一机构已历经几十年，但世界很多国家仍然没有放松对美国等发达国家企业的出口及全球化企业投资的限制。这样，美国从 20 世纪 80 年代开始在消除贸易壁垒方面下大功夫，建立比关税及贸易总协定更为强有力的机构。作为其结果来登场的，就是世界贸易组织。世界贸易组织于1995年正式代替了关税及贸易总协定。

现在的实际情况是，不少发展中国家和不发达国家担心，自己的国内市场全部都会被全球化企业抢走。

“（由于世界贸易组织）我们已经失去了全部，我们会把头放在断头台上，但要保持我们的尊严。”

——非洲的某一位谈判代表

七、如果没有世界金融知识，那么以实物换取的钱就会全部被夺走

在金融或经济方面，也出现了像超声波医疗机器、互联网、全球定位系统等那样的革命性产品了吗？当然是。发达国家用革命性的金融方法同韩国、泰国、印度尼西亚等国家进行竞争，这些国家当然不是其对手。最终，这些国家都遭受了金融危机。这好比什么都不懂的不发达国家，跳进世界金融赌场，所得的钱被洗劫一空一样。

过去，国际上的资金流动主要是为了贸易；现在，主要是为了钱买卖或进行金融投机。为此，在一天之内交易的资金数量，于2000年的秋天竟达到18 000亿美元。这超过我国GNP的4倍。其中，有关国际贸易及与投资相关的资金的数量，仅仅是其中的1%～2%。世界上三到四天内流动的资金数量，相当于一年的世界贸易量。

这些钱以光的速度流动。如果世界性金融投机者们的心情一变，那么以投机为目的而进入到国内的钱，敲打几次电脑键盘，就会在一瞬间流出去。

金融产业号称是世界第一的信息产业，或21世纪的成长产业。如果不懂得金融产业，就弄不清世界经济。而且，我们通过制造业赚来的钱，也许会被发达国家的金融机构全部夺走。

在知识社会中，最重要的知识之一就是金融知识。将来，金融将经历以下的几种急剧变化：国际传票金融变成电子金融；专业金融变成综合金

融；国内金融业者之间的竞争体制变成同国外企业的竞争体制等。

今后，我们首先要缩小同国际金融大国的金融知识上的差距。而且，必须缩小整体上的金融知识差距。

第四章 知识经济改变经济游戏的规则

"如果排除没有知识的人,那么就没有生活困难的人。掌握知识的人是拥有一切的人。那么,没有知识的人所拥有的,是什么呢?"

——《塔木德》

一、"知识"的含义变得如此不同!

在我们的周围,有一些只懂得常识性的知识却认为无所不知的人,还有很多自认为是最高层次的学者。可是,如果他们所开的车坏了却不能修,掉进水中却不会游泳,当其周围有人得了急症却又不知所措等,那么这些人所具有的知识有什么意义呢?

很久以前,有一个儒生,其夫人晾干的谷子被雨水冲走,却毫不在意地读书写字。甚至,子女在屋中病得快要死了,却也在书房里和朋友们一起写什么"今晚山川更美好"而高谈阔论。

还有,过去有很多自认为儒生的人,一生只是读书而不做其他事情,并在自家的柱子或墙壁上用其他人看不懂的草书写诗而自我陶醉。夫人和家人在烈日下干活,而自己却衣冠楚楚地找朋友,不做其他的事。更有一些人,在深山老林中接受大自然的气息,为感悟深厚的道理而过了一生。还有一些人,认为搞好亲戚朋友之间的关系是最为重要的事情,并把它当作人生的目标,自己却一生都过着贫困的生活。

包括我国在内的东亚国家中,很多信奉道教的人认为,知识的目的是弄明白大自然的道理;而信奉儒教的人认为,能够做到人的内在和外在的自我完善并达到儒教境界,这才是知识的目的。

如果这些人自认为知识分子，那么他们所说的“知识”是什么意思呢？

曾经普及“知识社会”这一概念的皮特·德鲁克认为，无论是东方还是西方，到1750年为止，就是把话说得好或把字写得好当作知识。西方的皮塔格拉斯(Protagoras)就说，知识的目的就在于“使人们懂得把什么话怎么样才能说得好。”这种想法到18世纪中期为止，还在西方世界占统治地位。

1750年以前东西方的知识＝关于“逻辑、语法及修辞学”的知识
＝有关话说得好和字写得好方面的知识

但是，从1750年开始，在知识的含义上出现了革命性的变化。

德鲁克教授认为，从这个时期开始，关于知识目的的看法变为生产更好的产品、开发更好的生产工程和生产工具等。这种知识引起了“工业革命”，而知识本身的进一步发展，引起了“管理革命”。

知识 ➡ 改善产品、生产工程及生产工具 ➡ 工业革命
知识 ➡ 改善作业 ➡ 生产性革命
知识 ➡ 知识本身的改善 ➡ 管理革命

不过，在东亚，直到1750年以后的很长一段时期内，仍把知识的目的当作“提高逻辑、语法、修辞学”。

过去，我国有很多自认为是知识分子的人，以“士、农、工、商”等为顺序来进行思考，从而把那些在成为“士”的道路上有用的知识才当成知识。就是说，把与日常生活或提高技术的活动密切相关的知识都不当作知识。甚至到近代，有些人还把不会更换灯泡当作是很自豪的事情。

与此相反，西方的知识分子则重视怎样把什么商品生产得更好，以及为此在企业或国家层次上怎么办等方面的知识。由于这种在理解知识上的差异，从1750年开始西方大大超过东方了。

韩国到了20世纪60年代，才在知识观上发生了革命性的变化。从

这时候开始，组织好企业并能够做好增产、出口、建设的知识才受到重视。这样，企业和国家的经济才开始发生惊人的变化。

对迎接知识社会的我们来说，必须正确地认识到"什么叫知识?"关于知识的定义，越是不发达的国家，越具有不正确的认识。把有关斗鸡的知识最看重的国家、把有关斗牛或人与牛较量的知识最看重的国家、把考上科举并当官治理老百姓的知识最看重的国家等等，这些国家只能成为不发达国家。有一点很清楚，知识社会是变革和生产发展非常快的社会。因此，在知识社会中，使这种变化成为可能的，才是最重要的知识。

现在，我们常常使用数据、信息、知识等词语。首先要弄清这些词汇的含义。

数据：能够发送并给别人的记号、讯号及资料，都是数据。

信息：任何一个可以数字化的都是信息。即使不能数字化，但只要有助于接送并便于人们的理解而被处理了的材料，就是信息。把书、杂志、音乐、电影、证券市价等称为信息财货。

知识：所接受的人们使用信息并积累的经验或技术。信息本身并不是知识。在知识社会中的知识，是那些使创新和提高生产性成为可能的才是知识。

在这里，通过通俗易懂的例子来说明，在技术创新快速发展的知识社会中知识到底有什么含义。

在世界上，据说把筷子和勺同时使用最快的民族是韩国人。我们还善于使用西餐具。与手的技巧相关的还有，射箭、射击、羽毛球、高尔夫球及其他技巧性项目等，只要制定好体制和战略，韩国人完全可以拿下世界冠军。过去在挑选小鸡上，韩国人也是世界第一。有一段时期，有些人作为挑选小鸡的专家而被邀请到外国并赚了很多钱。但是，美国人发明了辨别公母鸡的机器，这些人中的大多数就只好失业了。

法国政府有一段时期开展过使用法语的运动。还给那些使用法语进行会议发言的教授提供会议补贴。但是，随着互联网的普及，英语的影响力更大了起来,因此最近又开始促进使用英语。巴黎的国际机场采取了使用英语的做法。这些都是因为互联网技术的发展而不得不采取的。

在漆黑的夜晚,飞机是怎样知道自己的位置并调整好方向呢?之所以能够做到这一点,就是因为GPS(global positioning system),即通过人造卫星的"全球定位系统"就可以知道自己位置的系统。这就是高级轿车或飞机、船舶等给地球上空的人造卫星发送信号,人造卫星马上就知道它们现在所处位置的系统。

以前,在全世界只有原苏联和美国有"全球定位系统"。但由于苏联的解体和现在俄罗斯经济的不景气,苏联的就没有了。现在只有美国拥有这一系统。这样,全世界所有国家的飞机,都在美国"全球定位系统"的影响力范围之内。在这种情况下,美国可以操作"全球定位系统"的频率而搞乱任何国家飞机的方向。

前不久,在美国同伊拉克进行的战争中就使用了这种方法,因而伊拉克的飞机就不能起飞。制造"全球定位系统"并实用化,这就是知识。据此可以知道知识的力量有多大。我们必须明白知识的真正含义,正确地懂得知识的含义,这才是知识的根本。

在古代,日本武士在打仗的时候所需要的知识,就是如何更好地使用刀。但是,在1853年访问日本的美国舰队司令员佩里的知识,是关于如何很好地使用自动手枪方面的。结果,武士们屈服于佩里的舰队而开放了国家,并抛弃了自己原来的所有知识。刀法的知识在枪法的知识面前,一瞬间就成为无用之物。

当今世界,已进入知识竞争时代。必须懂得,在无限竞争的时代里,只有有助于创新的知识才有意义。

"统治知识者,才能统治世界。"

——三星集团创始人李秉喆

"在知识社会的无限竞争时代中,不断地创造新知识的企业与不能做到这一点的企业之间的距离,必然会拉大。"

——皮特·德鲁克

二、农耕社会——→工业化社会——→知识化社会

在农耕社会，无论人们在大自然中再怎么努力也可能会饿死。由于很难度过麦口期，所以也把农耕社会称为“麦口期社会”。在树种里，发芽最晚的就是枣树。在枣树发芽的时候，就是麦口期最严重的时候。

农耕社会之后的社会是工业化社会，此后的社会是以服务产业为中心的服务社会。工业化社会的代表性产品是电视，所以也叫做“电视社会”。《后工业社会》的作者丹尼尔·贝尔认为，服务社会也可以称为旅游娱乐社会、休闲体育社会、消遣社会、信息化社会等，但由于信息的绝对重要性，很多人称为信息化社会。不过，各种服务和信息的基础是知识，所以把服务社会也称为知识化社会。知识化社会也是互联网(internet)社会或网络(network)社会，统称“网络社会”。

互联网使无时间差和无空间差的沟通成为可能，从而改变着我们工作的方法、消遣的方法、交往的方式、想问题的方式、企业管理的方法等。知识化社会中的服务，正在发展为互联网服务或电子服务，因此工业地图、社会地图、企业地图等不能不随之发生变化。现在，把沉浸在互联网世界中的年轻人称为N代人。如果把电视社会称为大量生产及大量消费社会，那么网络社会则可以称为专业生产和个性消费社会。

在工业社会中，劳动力、资本、土地是生产的三大要素，因此有形财物很重要。但在知识社会中，知识是主要的生产要素，主要由无形的东西决定大局。三大生产要素只是次要的要素而已。

在这种社会中，财货在其总生产品(＝财货＋服务)中所占的比重正在减少。例如，在半导体和光盘中，自然资源所占的比重还不到30%。70%以上的无形投入物(intangible inputs)，都是设计、技术、顾客管理、商标名、开拓市场的技术、创造力等。

现在，韩国企业在领带、手提包、皮鞋、手表等工艺上，制造得与世界一流企业完全一样。但是，由于商标名或设计的差距，提升不到像世界最高级物品那样的价格。这种价格上的差距并不是因为材料上的问题，而

是因为无形投入物的价格之差。一流画家的昂贵画价,并不是因为材料上的不同,而是因为创造力。电脑软件价格也一样。

> “商品竞争力的要素,可分为企划能力、技术能力、设计能力等三种。过去,这三者之间是相加的关系,但现在却是相乘的关系。就是说,在过去,即使其中的一个要素弱一些,如果其他因素比较强的话,还是可以维持其竞争力。但是,已成为乘法的现在,如果其中的一个要素是零,那么其积就等于零。”
>
> ——三星会长李建熙

知识化社会是感情指数很重要的社会。在这个社会中重要的品质是温和、柔韧、具有人情味的品质。在这种社会中,温和的人、温和的企业、温和的政府、温和的社会、温和的经济政策等,显得格外重要。还有,服务得更好将比生产好产品可能获得更多的利益。

这个世界,钱是无穷无尽的,劳动者大体上也一样。如果企业在国内难以得到员工,那么就可以到国外去搞企业。美国已有100多家企业从印度挖走有关软件开发的人力。印度的人力价格还不到美国人力价格的1/4。

在全球化的知识社会中,企业到世界任何地方都可以制造产品并予以出售。因此,比起确保生产要素,更重要的是能够充分利用这些知识。这里再次强调这一点。

埃维安矿泉水公司,给世界各地的人提供生水而赚钱。这些知识是从哪里来的呢?是不是从我们的金先达[①]那儿学来的?孟加拉国的水资源丰富得叫人们担忧,但为什么不能做矿泉水买卖呢?因为,没有这方面的知识。

换句话说,在知识化社会中,创造财富的主要因素是知识。劳动力和资本受边际收益递减规律的影响,但知识却使用得越多,其价值就增加得越多。就是说,它受边际收益递增规律的影响。因此,只要很好地增加知

① 金先达,是在朝鲜王朝时期传说中用大同江水做买卖的传奇人物。先达,是在封建社会,对中了科举但还没有做官的人的称呼。——译者

识，那么知识化社会就是可以无限地增加财富的社会。

很多在麦口期社会或电视社会中的知识，在互联网社会中已不再是知识了。以上网的方式就可以找到的百科全书式的知识也一样。农耕社会或工业社会中的知识，也许忘得越多，反而会更有利。因为，以前的知识对创造新知识有可能起阻碍作用。所以，有人把知识社会表示为 3－2＝5。这也就是说，如果抛弃了麦口期社会或电视社会的不正确的两种知识，那么 3 就会变成 5。落后于时代的知识，反而可能成为弱点。

管理学的鼻祖皮特·德鲁克在 2000 年已经是 91 岁了，而很多人说他在 90 岁时写的《21 世纪的管理挑战》是最畅销的书。他曾说过如下的话：

"体重 74 公斤的人的身体重量是 70 公斤，而其头脑的重量为 4 公斤。农耕社会主要是使用 70 公斤的社会，而工业化社会主要是使用 70 公斤，但也使用几克头脑的社会。但是，由于知识化社会主要是使用 4 公斤的社会，所以竞争力就取决于把头脑使用得如何。"

换句话说，知识化社会是 4 公斤（头脑）的竞争力时代。麻省理工学院的莱斯特·索洛教授说，以头脑的力量为基础的产业是"智力产业"(brain-power industries)。

也把智力社会称为 3D，即数字（Digital）、脱氧核糖核酸（DNA）、设计（Design）产业社会，或者 3I 社会，即信息（Information）、想像（Idea）、智力（Intelligence）社会。因为，信息、想像、智力在这个社会中非常重要。创立软件银行公司而成为日本第一富翁的孙正义认为，网络社会是如下"三个零的社会"和"三个无限的社会"：

> 三个零的社会：时差为零、信息价值下降为零、可变成本为零
>
> 三个无限社会：使用者无限、创造性无限、共同体无限

知识化社会才刚刚开始，它与工业社会相比具有很多不同的特征。因此，表达这一社会的词汇也很多。不过，在这里我们使用知识化社会或全球化知识社会。

知识社会＝以知识为基础的社会＝全球化知识社会＝信息社会＝知识信息社会＝服务社会＝网络社会＝数字化社会＝3I 社会＝3D 社会＝3 零社会＝3 无限社会

参考一下，孙正义读过 4 000 册书，2000 年 43 岁的他，据说 50 岁时将成为世界上最大的富翁，而且将拥有 800 个公司。他曾经向日本政府说过，给日本所有学生（小学生、中学生、大学生）每人一台电脑，还给所有学生联网。他说，在未来的 5 年内，日本的上网人数将达到 8 000 万，美国的网民将达到 2 亿，而中国的网民将达到 3 亿。他还说工业化时代，美国成为一切产业的中心并主导其发展，但在互联网产业中中国将成为中心。孙正义、比尔·盖茨这样的人，是知识分子的代表。

那么，全球化社会是不是很适合于韩国人的社会呢？

孙吉丞会长强调说，是的。知识社会是知识劳动者带着手机进行活动，因此是灵活性非常重要的游牧民族性质的社会。而韩国民族是骑马民族的后裔，是具有很丰富的灵活性和创造性的民族，因此非常适合于全球化知识社会。很多人持有这种观点。

生产力过剩的时代。工业化社会结束了，知识化社会开始了，这句话意味着什么呢？就是从全世界的角度看，这个社会的工业产品的生产能力不再成什么问题了。

现在的制造业，在汽车、电视、手表、衣服等几乎所有产品的生产上，已经处在生产能力过剩的状态。现在，全世界工业产品的生产能力已经是过剩的时代。前不久，日本的企业，为消除“三大过剩”，即为过剩设备、过剩成本、过剩债务而大伤脑筋。

这里我们看一下过剩生产能力的例子。日本的汽车产业，具有一年能够生产 1 500 万台汽车的能力。但在 1999 年，国内销售汽车只有 400 万台。面临这种情况，IBM、GE、索尼等企业正在宣布从制造业上撤手。

> “销售高质量产品的全球化服务公司，就是 21 世纪 GE 的企业形象。”

——GE会长杰克·沃尔奇

“索尼的最终目标是综合性的娱乐型企业。索尼的对手就是像迪斯尼那样的企业。我们并不把松下或东芝等看成是竞争对手。”

——索尼会长出井伸之

三、知识经济正在改变着什么?

“虽然技术会发生变化,但经济规律不会发生变化。”

——卡尔·沙皮罗 瓦里安·哈尔,《信息规则》

从人类源远流长的历史来看,18 世纪后半叶当英国开始工业革命时,企业或国家经济才真正开始成长。

威廉·鲍莫尔和阿兰·布林德尔在《经济学》(第 8 版)中指出,工业革命以前的欧洲经济增长,在 1500 年间几乎等于零。当时的工业革命是从蒸汽发动机、纤维、制铁三大技术革命开始的。随着时间的推移,引起了更多的技术革命。这三大革命的中心是“蒸汽发动机”。其结果是,英国在世界上第一次成为最强大的国家和最富裕的国家。不过,这里要注意的是,发明(invention)是发现新产品或技能,而创新(innovation)是把发明运用在经济上。

从 18 世纪开始人类所经历的产业革命,可以分为以下四个阶段:

第一次:从 18 世纪 80 年代开始到 19 世纪 40 年代,以蒸汽发动机为中心的工业革命

第二次:从 19 世纪 40 年代到 90 年代,以铁路技术为中心的产业革命

第三次:从 19 世纪 90 年代开始到 20 世纪 50 年代,以电气技术为中心的产业革命

第四次:从 20 世纪 60 年代开始,以信息通讯技术为中心的产业革命

有些人也把第二次和第三次革命合在一起当作一次产业革命。但在这里要把以铁路为中心的产业革命和以电气为中心的产业革命分开。因为当英国最早进行以铁路为中心的产业革命时,就成为了世界第一经济大国。

现在我们正在经历的第四次产业革命,根据莱斯特·索洛教授的观点,是以如下六大新技术为中心:

> 电脑
> 电信
> 微电子
> 生命科学
> 机器人
> 新材料技术

这些技术和相关产业的发展正在形成知识经济。

那么,什么叫知识经济呢?世界银行的报告《韩国——向知识经济转型》作出了如下定义:

> "所谓知识经济,就是企业、组织、个人及共同体等,为了更多的经济发展和社会发展而更有效地创造、获取、使用知识(符号化了的和默认的)的经济。而且,在各种经济活动上有效地应用技术知识、政策知识及社会知识的经济。"

知识经济现在才刚开始,而且与农耕经济和工业经济相比有很多新的特征。因此,对此的称号也很多。

> 知识经济=以知识为基础的经济=全球化知识经济=新经济=网络经济=数字化经济=信息经济=通信技术经济=信息通讯技术经济=透明经济=无摩擦经济=无重量经济=实际时间经济=电子经济

但是，我们在这里主要使用的词汇是，知识经济或全球化知识经济。

我们现在开始考察一下知识经济在哪些问题上发生了变化。

(1)相互联系着的世界，世界市场联结为一个整体。在全球化知识经济中，不仅是产品和服务，而且人、信息、货币等都以很快的速度越过国境，从而使我们生活着的世界成为“更加密切联系的世界”。特别是信息和资金已经成为超国家的，可以自由自在地越过国境。作为世界通用货币的美元尤其如此，美元每年以现金的方式流通 4 922 亿，其中约 3/4 是在美国境外流通。

由于数字化革命消除了时间和空间上的距离感，技术、人力、物质等方面的交换在同时间地进行。因此，世界经济就成为紧密联系着的一个整体，即所谓“网络经济”。电脑互联网形成了使 24 小时的活动成为可能的假想空间。上班时间从“9 to 5”转变为 24 小时制。由于互联网，世界市场超越时空而相互联系在一起。

现在，更多的信息和知识正在数字化。所谓数字化，就是把模拟信号用“0 和 1 的组合”来表现。由于数字化比模拟在以下几个方面更为优秀，所以用数字化来代替模拟。因此，这是世界性的，并促进世界化。

> 光速性：以光速来传达信息
>
> 双向性：使信息的双向沟通成为可能
>
> 无限重复性及再现性：可以无限制地重复并再次使用
>
> 操作并变形的容易性：可以很容易地加工或变形信息

数字化了的信息，在世界任何地方都可以以低廉的价格传播。因此，互联网更便于向全世界传播更多的信息和技术，并把产品市场、劳动力市场、资本市场等以更快的速度全球化。全球化和电脑互联网具有不可分割的关系。

我国的证券市场同纽约证券市场联在一起，因而直接受其影响。日本或英国的证券市场也一样。世界证券市场正在紧密地联系在一起并走向整合。因此，世界级的证券专家们看着世界各地的证券情况进行证券交易。

人与资金自由地越过国境，并把各国的经济制度和规范以全球化的标准同质化。像银行国际清算这样的会计标准也正走向统一。在企业管理方法上，也不得不与世界一流企业制定的规则相一致。全球化知识经济时代是世界经济时代，因此生活在这一时代的我们必须让我们的子女懂得世界经济知识，并提高有关世界经济的智商(IQ)。

但是，全球化并不是要抛弃我们的一切而完全接受外国的东西。对我们来说，重要的是很好地了解韩国人及其文化的特征和优点，并以此为根据接受外国技术和文化来提高我们的竞争力，可以把它称为“韩国化”。

从世界的角度看，我国是一个地区，韩国化是局部化。而且，韩国位于东亚地区的中心，正是处在最充分利用这一地区的位置上。

还有，有必要把西方的文化和技术东亚化。从世界的观点上看东亚化就是地区化。因此，同时搞好全球化、地区化、本土化是很重要的事情。以本土化为基础搞好全球化，同时搞好适合于全球化的本土化。搞好这两个方面的事情，就称为全球本土化(glocalization ＝globalization＋localization)。

“建设联在一起的世界，是 GE 公司 21 世纪的展望。互联网是 GE(通用电气)发展的新的原动力。”

——GE 会长杰克·沃尔奇

“在今后 5 年内，不利用互联网的企业将被淘汰。”

——英特尔会长安德鲁·戈劳伯

“今后，‘小型个人使用的数字化装备’可以连接到我们当中的任何人所希望的任何东西上。”

——哈佛大学教授罗伯特·莱希

(2)信息通讯技术革命的效果影响整个经济领域,因而是广泛的。第一和第二及第三次技术革命,主要影响了工业产品的生产和分配。但是,第四次革命(信息通讯革命或互联网革命)将对金融、保健、教育、行政、设计、流通、批发等国家经济的一切领域发生重大影响,而且不仅对企业,对消费者也会发生很大影响。过去的火车革命对国家经济所发生的影响,无法与信息技术革命的影响相比。铁路只对货物运输产生影响,而信息通讯技术将对整个经济活动产生影响。而且,电脑和通讯设备继续降低价格,从而迅速扩大互联网的普及。这种快速的降价,是史无前例的。

全球化和信息通讯技术相互促进。即,信息通讯技术帮助全球化,而全球化又大大增强信息通讯技术。互联网起着同油价冲击国家经济相反的作用。油价冲击使物价上涨并使经济不景气,但互联网使物价下降并使经济走向景气。从长远观点看,还提高经济增长。这种经济就是新经济。美国在 20 世纪 90 年代的高度发展,就是因为新经济的缘故。

同信息通讯技术一样重要的新技术,就是生命科学技术(BT:bio technology)。这种技术的发展产生出无数的风险企业。在美国,很多风险企业在家庭车库里开始。也就是说,原来存放旧车的车库变成起着想像工厂作用的地方。

美国纽约是很多作家、艺术家、演员集聚的地方。这些人也因为信息通讯技术,正在变成风险企业家或知识劳动者。

> “韩国 20 世纪的十大商品是汽车、方便面、电视、高楼住宅、电话、电脑、烧酒、煤炭、尼龙、信用卡。但是,21 世纪商品的关键是信息、生物、环境、基础设施等。”
>
> ——三星经济研究所

(3)提高市场的效率。信息通讯技术把现在的经济变成几乎完全的自由市场经济。由于互联网的丰富信息、近于零的交易成本、任何人都可以参与的可能性等,促使企业之间的竞争变得越来越激烈。这确实近于完全竞争。互联网还提供新信息系统、新通讯方法、新流通方法等,从而可以变革企业管理方式。

信息通讯技术由于促使企业之间的激烈竞争,可以提高资源使用的效率。互联网提高经济方方面面的效率,当然也提高以制造业为中心的“旧经济”和“烟囱工业”的效率。

- 知识经济在以下方面减少生产成本:互联网使电子商务成为可能,而电子商务消除企业与企业、企业与消费者之间,以及企业和政府之间的中间商。结果,就降低了中间成本和交易成本。而且,由于交易行为公开,所以交易过程透明。正因为这样,也把互联网经济称为“透明经济”或“没有摩擦的经济”。

B2B(business to business) :企业和企业之间的电子商务交易
B2C(business to consumer) :企业和消费者之间的电子商务交易
B2G(business to government):企业和政府之间的电子商务交易

- 减少商品运输成本和销售成本。电子商务可以把各种物资以最低价格并以最低交易成本输送到消费者那里。因此,消费者可以用最低的价格来购买所需商品。
- 可以减少商品库存,因此减少库存成本。
- 可以管理好企业的各交易所。
- 通过“网络的经济性”,减少成本。
- 可以大大减少生产成本。微软公司把超过2 000美元的不列颠百科辞典装在50美元的光盘里出版了。百科辞典的生产成本是300美元,但光盘的生产成本为1.5美元。

可见,互联网交易的增加,大大降低生产和交易成本。因此,新经济促使通货膨胀率保持在低水平上。

(4)互联网增强消费者的重要性。互联网给消费者比生产者以更大的力量。新经济是同时间经济，因此顾客的需求变化马上会反映到企业生产上。还有，互联网使超越国境的交易成为可能。在欧洲，各国为了降低物价而竞相降税。汉城的服装店可以给纽约的律师做衣服。印度的电脑软件制作者，可以给美国硅谷制作软件项目。通过互联网可以产生和移动3C（内容，Contents；团体，Community；商业，Commerce）。

(5)新经济提高不确定性的程度。由于技术剧变、超越国界的投机资金的流动、在全世界层次上的激烈竞争、参与经济游戏者数量的剧增等原因，不确定性的程度大大提高了。由于企业间弱肉强食的日常化，全球化知识经济带有浓厚的"森林经济"（弱肉强食经济——译者）的味道。

不过，即便企业与企业之间的商务交易或企业和消费者之间的商务交易行为再怎么发达，所交换的财货还是工业品或农产品。虽然服务经济时代已经来临，但不能忽视农业或制造业。我们在进入工业化社会的时候，曾经忽略农业而吃过大亏。还有，搞重工业的时候忽略轻工业也吃过大亏。

现在有一种倾向，就是重视服务经济忽略了重工业，这也是一个很大的错误。因为，农耕社会 ——→轻工业社会——→重工业社会——→知识社会的发展，并不意味着前一个社会阶段的重要性就消失。

不过，看来美国仍将主导今后的互联网。因为，在这个方面，美国在全世界投资最多。因此，世界经济也在相当长的时期内，还是很可能由美国来主导。作为世界语的英语将发挥更大的力量，在世界经济中美国所占的比重也将更大一些。

(6)从比较优势到竞争优势（竞争力）时代。过去，国际贸易不多，而且经济活动主要局限在国内的时候，人们主要关心的是如何充分利用所拥有的资源，或者说，资源的分配成为经济学的主要研究对象。因此，把经济学说成是分配资源的学问。

新加坡进口动物园的鸟、喝的水，并设立竹笼工业区而进口外国公司和经理。他们要引进国外资本，从而寻求生存之路。英国首相也直接出面要引进三星会社等外国企业，即积极努力引进外资。美国的州政府也竞相为引进外资而竭尽全力。在全球化时代，引进世界级的企业和国外资源（人力、资本等）也很重要。因此，“引进资源”的经济学就显得重要了。

不过，在世界经济战争时代，虽然比较优势很重要，但竞争优势，即竞争力更为重要。那么，如何增强竞争力呢？

朴世里把自己从国内高尔夫运动员培养成国际运动员。赵秀梅是从国内歌手成为具有世界顶尖高水平的歌唱家。

通过教育和训练把一般资源转化为“专业资源”，或把普通资源培育成“高级资源”，这就是养成竞争优势的途径。所以，在全球化时代，作为“创造资源”的经济学就显得很重要。

比较优势 ⟶ 竞争优势

一般资源 ⟶ 专业化了的资源

普通资源 ⟶ 高级资源

面临全球化并以知识为基础的时代，我们应该把重点放在这种“资源的创造”上。重要的是，所有的人应把自己转换成具备全球竞争力的人才。

资源分配经济学：有效地使用国内既有的资源。

资源掠夺经济学：通过殖民地管理，从其他国家夺取资源。

资源引进经济学：从国外引进外资、劳动者、企业家等到国内来。

资源创造经济学：创造出比较优势就是竞争优势。在知识社会中，重要的是把一般资源转化为高级资源，把普通资源转化为专业化了的资源。因此，在这里教育和培训显得格外重要。

我国的出口产品是半导体、TFT-LCD、电脑等，这些与发达国家基本上差不多。我们并不是从一开始就具备这种比较优势。由于创造出了竞争力，我们在这些产品上可以与发达国家进行竞争。如果没有比较优势，那么就要制造出来或创造出来，这就是竞争优势理论的核心之一。

四、知识劳动者的时代

软件分析家、生命科学研究者、市场专家、设计工程师、法律专家、金融专家、管理评估专家等，是知识劳动者，也把这些人称为金领阶层。

蓝领阶层(blue-collar)：生产劳动者
白领阶层(white-collar)：办公人员
金领阶层(gold-collar)：知识劳动者

劳动者可分为体力劳动者和脑力劳动者。在知识经济中，体力劳动者的比例继续下降，这是因为制造业的比重在下降以及制造业内部的工厂自动化和资源外取等。

知识经济正在变成无重量的经济(weightless economy)。例如，夕阳产业的代表性企业即美国钢铁公司，1980 年的员工为 12 万名，但现在减少到 2 万名。在过去的 30 年中，世界 500 个大企业的实际生产增加 7 倍，但员工却减少了。以后，随着工厂自动化程度的提高及资源外取，无工人工厂将竞相出现。美国的 IBM 公司，已经在德克萨斯州建立了没有工人而完全自动化的手提式电脑工厂。

知识社会的发展取决于知识劳动者的生产性。那么，决定这一生产性的因素都有哪些呢？皮特·德鲁克认为有以下五种：

· 体力劳动者要做的是体力活。在这里的问题是如何做好所定的工作。但是，知识劳动者必须自己找工作去做。在这里的问题是寻找什么样的工作的问题。即,重要的是好好选择工作。

· 体力劳动者被强求提高生产性,但对知识劳动者来说,提高生产性是自己的责任。知识劳动者是独立的,所以必须自己管理自己。体力劳动者被人管理,而知识劳动者则必须做好自我管理。
· 体力劳动者重复同样的事情,但知识劳动者总是寻找并做新的工作。知识劳动者的工作和责任是继续创新。
· 体力劳动者一经学会就可以应用很长时间,但知识劳动者必须把学和教日常化。
· 体力劳动者的生产性主要通过计量的方法来测量,但知识劳动者的生产性必须用质和量两个方面来测量。

不过,大多数知识劳动者既从事知识劳动,同时也从事体力劳动。根据皮特·德鲁克的观点,制作知识劳动的人是知识劳动者,而知识劳动和体力劳动都做的人是技术专家。这些人都有 R&D(研究与发展)工作人员、外科医生、汽车修理工、牙医等很多。这些人在知识劳动者中占有相当多的部分。

把上述关于新经济(全球化的新经济)的主要特征同新经济相比较,如同表 4.1。

五、急速创新的时代,以创新进行竞争的时代

未来学者阿尔文·托夫勒认为,从历史角度上说,人类所经历的技术创新可分为如下三种。他把这称为"第三次浪潮"。

农业革命(公元前 7 世纪):第一次技术革命=第一次浪潮
工业革命(18 ～ 19 世纪):第二次技术革命=第二次浪潮
信息革命(20 世纪后半期):第三次技术革命=第三次浪潮

表 4.1　旧经济和新经济比较

旧经济	新经济
主要产业是烟囱产业	主要产业是 ICT、BT 等产业
同样产品的重复生产很重要	重要的是开发新产品
以价格进行竞争	用创新的产品来进行竞争
主要生产要素是劳动力、资本、土地	主要生产要素是知识
重要的是赋存资源	重要的是创造出来的资源
主要劳动者是生产岗位的劳动者	主要劳动者是知识劳动者
消费者消费企业生产的产品	企业生产的是消费者所希望的产品
公共企业的积极作用很重要	公共企业的积极民营化很重要
在制定企业管理政策和政府的经济政策上,国境很重要	国境的重要性继续在减少
技术发展限制信息的共有	技术发展促进信息的创造、使用及共有
上下关系很重要的硬性组织	温和而具有灵活性的组织很重要
雇佣员工前的训练很重要	员工的继续培训很重要
员工的个人力量很重要	员工之间的团队精神很重要
员工的专业化了的技能很重要	员工的多种能力很重要
稳定的岗位和薪金	不稳定的工作岗位和薪金

自从信息通讯革命开始以后,技术创新以更快的速度进行。主要产品从刚开始生产到普及为止,使用者达到 5 000 万人所需要的时间如下:

收音机38 年
电视　13 年
互联网 5 年

人每小时的运动速度,其技术发展如下:

马车　　　13km/h
蒸汽火车　48km/h(1830 年)
宇宙飞船 28 800km/h(现在)

“摩尔定律”。第一次制造电脑的年份是1946年,1971年发明了微软程序,信息技术革命正式拉开序幕。从此开始,数码技术每18个月提高一倍。把这个现象称为“摩尔定律”。戈登·摩尔是英特尔公司的创始人。

“美特卡夫法则”。根据生产性研究的权威南沃斯顿大学的罗伯特·戈登教授的观点,电脑产业的生产性,从1965到1999年每年增加20%,而电脑的价格每年却以同样的比例下降。现在世界使用互联网的网民是3.5亿人,可望在4年内增加10亿人。网络的价值以网络人数的乘方来增加,人们把这种现象以罗伯特·美特卡夫的名字命名为“美特卡夫法则”。

预计,2010年普通电脑的计算能力,将达到1975年电脑的千万倍。现在装在小型汽车上的电脑计算能力,超过在阿波罗宇宙计划时所使用的高性能电脑的计算能力;而现在2 000美元的手提式电脑的计算能力,则超过1975年1 000万美元的电脑的计算能力。现在通过光缆传输整个大不列颠百科全书的内容,只需要5秒钟。美国电子商务交易的规模,从1995年开始每年平均增长175%(《经济学家》)。

传真机的普及是从1982年开始的,但5年以后的1987年几乎已全面普及。电子邮件也是从1996年开始普及,现在已非常广泛地使用。由于在知识经济中的创新非常快,产品的生命周期也在缩短。如手机,由于刚一出现新产品马上就会出现更好的产品,因此原来的产品就成为旧货。创新产品的价格继续下降,而技术水平则继续上升。

创新的种类。可以把创新分为两种:

- 产品的创新。这是开发全新的产品或对现在生产的产品进行大规模改善的创新。例如,代替有线电话的手机,或对已有手机的大规模改善。
- 过程创新。这是对产品生产过程的创新。例如,原来用手生产汽车改为用机器人来制造汽车,或者把生产汽车的过程从500米缩短为150米等。

在很多产品的生产上，美国是在产品创新上，而日本是在过程创新上各为第一。例如，如果美国发明房子那么大的电脑，日本则把它改为小型化并把它做得更好看，从而占领美国市场。如果美国发明汽车，那么日本人把它做得更好并攻占美国市场。

20 世纪 80 年代，日本企业之所以能够超过美国企业，是因为在过程创新上胜过美国。很多管理学家认为，只要进行产品竞争，那么美国企业就超过日本企业；如果进行过程竞争，那么日本就超过美国。

1853 年，美国佩里舰队之所以令日本武士投降，是因为他的新式自动手枪能够压制日本武士的传统武器——日本刀的缘故。而美国之所以能够在第二次世界大战时期战胜日本，是因为美国拥有导弹、雷达、B-29 战斗机、原子弹等先进武器的缘故。

把原来的打仗方式做得更好人们将其比喻为过程创新，而用新式武器打仗则比喻为产品创新。如果西方人用刀打仗的话，也许到现在还没有赢日本人，反而有可能遭到大惨败。但是，使用了自动手枪，就可以不战而胜。这就是用创新的方法赢得了战争。

同理，如果西方人想通过骑兵打败蒙古族，那么也许到现在还打不过。但如果用机关枪那样的创新武器，情况就变得肯定完全不同。

被称为光盘的创新产品摧毁了录音机产业，汽车使牛马车消失了，廉价而性能好的货车摧毁了铁路货物运输垄断权。煤炭财团的垄断不是被另外一个煤炭企业取代，而是被石油财团摧毁的。玻璃瓶生产公司的垄断权，是被铝制品生产厂家摧毁的。PC 和 Word 程序一出现，打字机产业及其市场就垮了。电唱机唱片的生产厂家是在磁带出现时垮台，而磁带的生产厂家是在光盘出现时垮掉，386 型电脑是在 486 型电脑出现时被淘汰，而 486 型电脑是在 586 型电脑出现时被淘汰的。同样，在战争中，雷达、导弹、飞机等新式武器就会摧毁旧式武器及使用这些旧式武器的军队。创新摧毁垄断，创新产品摧毁旧产品及其生产企业和其产业。进行创新的企业摧毁那些不做创新或者不能做创新的企业。

伟大的经济学家约瑟夫·熊彼特把这种创新性的破坏称为“创造性的破坏”。他说，创造性的破坏才是发展的动力。熊彼特所说的创新有以下五种:即,①新产品;②新市场;③新的生产方法;④新材料;⑤新的生产组织。

创新是企业的最强有力的竞争手段。马克思和恩格斯认为资本主义必然灭亡,而且必须尽快灭亡。作为其替代方案,他们提出了共产主义理论。这就是马克思和恩格斯在其著名的《共产党宣言》中所说的话。但是,他们在这里同时强调,资本主义是划时代地促进发展和创新的经济体制这一事实。

不过,像港口或机场这种社会间接资本设施由谁来创新呢?是由政府或公共团体来做。世界上,有没有创新最好的港口或机场?荷兰人说,自己的阿姆斯特丹港和斯基珀尔机场就是。

事实上,世界上很多港口和机场都以它们为自己的榜样。阿姆斯特丹港是在二战时被德国空军彻底破坏的港口。但战争一结束,荷兰就用最尖端的设施把它建设成为世界第一的港湾。号称世界上最有效率的新加坡倡议机场,就以斯基珀尔机场为榜样。

如此,荷兰人不断地创新港口和机场,为继续成为欧洲的物流基地而努力。而新加坡则努力要把国家整体发展为连接欧洲和亚洲的物流基地和中介港。

促进创新的条件。那么,促进创新的条件是什么呢?可以把这概括为以下三点:

- 企业之间的自由竞争。企业的创新速度取决于企业之间展开竞争的自由程度和激烈程度。为此,必须消除遏制企业竞争的政府规制或习惯,从而保证并促使企业进行自由竞争。
- 可以把企业竞争战略分为价格竞争战略和创新竞争战略。是否能够促进竞争,取决于企业如何选择创新竞争战略。
- 促进创新的有关产业、科学技术、教育等方面的政府政策。前两项是企业层次上的政策,而教育是政府层次上的政策。

六、创新的特征

(1)创新引起创新。全球化知识社会是迅速创新,并引起更多创新的时代。雷达技术的发展导致了原来想都不敢想的外科手术、印刷、光盘、通讯技术等很多技术创新。电脑和互联网技术的发展,使人们能够把更多的信息以廉价的方式更快地处理。一开始是为了更快地计算而制造的电脑,现在正引起书的编辑、商务交易、设计、人的基因研究、教育等很多方面的技术创新。这些是以前连想都不敢想像的。电脑还与电视联系并同互联网技术相结合,促进电子商务。

新产品的出现,不仅促使与旧产品和服务相关的知识成为无用之物,而且促进继续产生新的产业。一般来说,创新成为可能的知识并不是越使用越减少,而是使用产生积累,而积累了知识使更多的创新成为可能。

(2)创新加速生产活动。半导体技术发展为高性能半导体的生产,而高性能半导体的生产又发展为高性能电脑或高性能手机的生产。

(3)创新具有公共财产的特征。像公路、公园等公共财产,即使任何人使用也不会减少或枯竭。而且,也不能让任何特定的人不使用。这就是公共资产的特征。电脑的使用技术或互联网技术,并不因任何一个人的使用而枯竭,也不能不让某一个人使用。

(4)竞争中的协作。虽然开发不少新产品,但实际真正能够商业化的创新即使在美国也只占6%～7%。因此,新产品的开发和商业化总是遇到风险。所以,虽然有一些企业自己搞风险企业,但有时候也同其他企业一起办这种风险企业,开拓新市场也一样。

风险企业:为了把新知识和技术产品化而办的创造性的和冒风险的企业

合作企业:两个或两个以上的企业共同出资而运行的以合资投资形态来办的风险企业

因产品不同,有时需要多种新技术。因此,可以有一个企业集中开发其中的一个技术,而其他的技术让其他企业开发并进行交换。以照相机为例,韩国企业集中开发小型化技术、德国企业集中开发自动镜头技术、美国企业则集中开发光度自动调节技术等,各自都开发后进行交换。把这称为技术交换。我国的电脑公司开发过程革新技术,而美国电脑公司开发产品革新技术并进行交换也属此类。

这种必要性,促使企业在互相竞争(competition)的过程中进行协作(cooperation)。

竞争中的协作 co-opetition＝cooperation＋competition

七、知识经济发展的条件

世界银行在《韩国——向知识经济的转型》一书中指出,要搞好韩国的知识经济,必须具备以下四个方面的条件:

- 经济上和制度上的装置。也就是说,需要有一种以下方面在经济上和制度上的装置,即能够有效地使用原来的知识、创造新知识、解除旧产业的活动、创造出更为有效而新的产业的活动等。
- 有必要培养能够创造并使用新知识、具有很高教育水平并具备企业家能力的人才。
- 需要开发能够有效传达、传播、处理信息,并具有活力的信息基础设施。
- 有效的创新体制。需要有一种同正在增加的世界性知识进行交流、马上能够把握这些新知识、以能够适合于韩国国情的方式来接受这些并能够有效地创造新知识和新技术等的有效体制。

"从自己开始要发生变化。把右手绑着,试着使用左手。除了老婆和孩子以外，全部换掉，然后来看一看会发生什么情况。”

——三星集团会长李建熙

第 二 篇

根本的经济问题及其解决方法

第五章　经济问题要治本

"世界上再没有比贫困更坏的东西。在痛苦中最折磨人的，就是贫困。被贫困折磨的人，似乎世界上的一切烦恼都附在他身上一样。这就像《圣经》里所说的，一切诅咒都粘在他身上。我们的拉比（犹太人的牧师）如是说：如果把世界上的一切痛苦和苦难放在秤的一边，同时把贫困放在秤的另一边，那么贫困比所有的这一切还重。"

——犹太经典 *Exodus Rabbah*

"经济实在是难以捉摸的东西。只靠知识和热忱还不够。"

——前总统朴正熙

一、韩国经济共有几条根？

人的病或经济问题，关键在于寻根并治好它。我国根本的经济问题，即各种经济问题的根是什么呢？一共有几条呢？

在第一次经济发展五年计划（1962～1966 年）刚开始的时候，我国政府认为我国的出路在于积极推动出口导向型工业化政策。但当时有很多人强烈反对。这些人认为，作为农业国的韩国不实行重农政策，而要实行出口导向型的工业化政策是不合理的。他们甚至还说，不了解自己的实际情况而要实行这种政策，本身就是一个根本的问题。

在作者还是大学生的时候，大多数知识分子认为，既没有技术也没有能力的韩国人即使卖掉文化遗产，一年能够出口的也不会超过 1.5 亿美元。

到 1985 年为止，我国的外债一直在增加。当时有很多人认为，债台高筑的韩国经济的根本问题，就是外债。但是，从 1986 年开始连续四年贸易顺差,又说外债不成问题了。

作者写《心的经济学》的时候,很多人认为最根本的问题是企业创造太多的利润,甚至还有一些人敌视企业的利润。到了20世纪80年代后半期,不少人认为我们的根本经济问题是引进了不适合韩国的资本主义。就是说,韩国应该引进社会主义,大学也应大张旗鼓地教马克思主义经济学,那正是前苏联崩溃的前夜。这仿佛是众多的业余证券投资者,在证券暴跌前夕却云集证券市场大规模地购买证券一样。

也有人说,我们的根本经济问题是财团的章鱼爪式的扩张、所有权和经营权的不分离、企业经营上缺乏透明度。也有人说,农民和渔民的欠债、很高的海外依赖程度、金融业的落后等是我们的根本经济问题。

20世纪80年代,因经济长官的不同,有时候我国的根本经济问题是“效率与公平”,有时候又是“发展与稳定”,在根本经济问题的认识上就这么来回摇摆。在不发达国家,在经济长官或政权交替的时候,国家的根本经济问题也随之发生变化,而且经济目标或评价经济的尺度也常常发生变化。这在不发达国家是一个常有的事情。于是,每当政权交替的时候,国民在这个方面的认识也发生混乱。

事实上,在不发达国家中,我们常常看到那些掌权的领导人并不真正理解经济,但却把自己运行的经济称为“新经济”。如果这种领导人掌权,其国家的经济往往被破坏。事实上,所谓的不发达国家可以理解为,领导人不懂得根本经济问题,因而在国家经济政策的方向上来回摇摆的国家。

过去不少中央集权制经济国家的领导人,把经济的根本理解为“共同富裕”,因而致力于平等分配。其结果,分配反而恶化,而全体国民的经济生活则越来越糟。最终,整个国家经济都彻底被破坏了。作为共产主义国家老大哥的苏联,国家本身就消失了。中央集权制经济国家的人们像酗酒者总是寻找酒一样只强调公平的分配。过去不少南美国家的领导人认为,只要多分配给劳动者就可以解决根本问题,并推动了迎合人们的政策,其结果把国家经济都糟蹋了。

我国的不少领导人在20世纪90年代大喊不正确的社会正义,并强迫企业多给劳动者分配利润,从而导致了经济危机。还有很多经济政策的负责人认为,稳定物价是根本问题,他们相信这个问题可以通过紧缩通货解决。这样,他们在继续推动紧缩通货政策的过程中,把利息率提高得比竞争国还高。这样,高利息同高工资一起恶化了韩国企业的收支情况并使证券市场不景气,从而导致了企业在筹措资金上的困难。

为了使国家经济向正确的方向发展,无论国家领导人还是整个国民,首先都要正确认识根本经济问题。

我们的根本经济问题是什么呢?所谓根本经济问题,就是个人或国家最终要解决的问题。那么,现在来考察这些问题。

① 如何把更好的产品制作得更好,而且其价格更低?就是说,怎样才能更有效地利用各种珍贵的资源(提高经济效率)?

② 如何才能更好地分配用珍贵的资源生产的产品(改善分配)?

③ 如何提高韩国经济的全球竞争力,提高韩国人的生产性,从而使他们过得更好(经济增长)?

④ 如何才能享受更稳定的经济生活(经济稳定)?

⑤ 如何才能搞好在全球化时代中的国际经济关系,并更好地解决国际收支问题(改善国际收支)?

⑥ 如何才能把生活质量或环境搞得更好(提高生活的质量)?

作者曾请教过诺贝尔经济学奖获得者麻省理工学院教授保罗·萨缪尔森,"如何区分韩国的根本经济问题?"他回答说,可以从上述的提高经济效率、改善分配、经济增长、经济稳定、改善国际收支、提高生活质量等六个方面来考虑这一问题。我对德瓦伊特·帕金斯哈佛管理学院教授和麻省理工学院管理经济学教授莱斯特·索洛也提了同样的问题,所得到的回答也是一样的。特别是就韩国的统一问题同作者一起写过论文的索洛教授断定,在这六条中,无论是过去和现在,甚至将来的相当时期内经济增长都将成为最重要的根本问题。对此,我也有同感。

我们曾在1998年,亲眼目睹了我国企业丧失全球竞争力,国家经济马上下降到负增长,失业人数剧增,从而分配问题也日趋恶化的惨状。在经济增长顺利的时候,其他根本经济问题也容易解决。

经济增长不仅意味着我们生活的量的增多,更重要的是生活质量的提高。在下面的(图 5.2)用粗线画“增长”和“生活质量”的原因,就是因为其比重大。

由众多的国民所进行的经济活动而产生的根本经济问题,看来并不是一两个,我们必须很好地解决这六个问题。

现在,让我们逐一考察这些问题。

(1)效率问题。无论是家庭主妇还是企业,经常面临的问题就是效率问题。首先在家庭主妇的情况下,每次做饭时的问题,就是如何做好饭菜。

怎么做才能说做得好呢? 不能做家庭成员不喜欢吃的,即使喜欢吃的也不能做得太多,而且还要尽量少花钱。第一,喜欢的饭菜;第二,喜欢的量;第三,以最少的成本来做到这些事情。把这称为“达到效率的条件”。换句话说,这就是最充分地利用所拥有的各种资源的条件。

对一个企业,达到效率的条件也是一样的。即,第一,生产消费者所需要的产品;第二,即使是需要的产品,也要生产所需要的量;第三,用最少的成本来生产。假如一个电脑生产厂家,在不断出现新产品的时候还继续生产旧产品,这是愚蠢的行为。即使是新产品,如果生产太多就不能全部出售,因此也会受损。即便生产需求者所需要的量,但必须比竞争企业价格更低才行。这意味着更少地使用国家的珍贵资源,这即是效率问题。

在生产电脑的时候,在学生、职工、企业等当中以谁为对象来生产,工资或利润怎么定等问题也很重要,这就是分配问题。其中,第一是选择生产品种和生产量的问题,而第二种是选择生产方法的问题。第三是把饭菜做的根据子女的喜好还是自己的喜好,这就是分配问题。因此,美国的很多经济学教科书,就把 what(选择生产产品的种类和数量)、how(选择生产方法)、for whom(选择分配对象)等看做是根本经济问题。

学生的情况也是,弄清楚将来的社会将需要哪一领域之后,选择专业是根本问题(what)。如果选择了社会不怎么需要,或者不适合自己的专业,这也是一个很大的问题。即使选好了专业,但在国内外哪个大学学习、学位要拿到什么程度(学士、硕士、博士),这也是很重要的问题

(how)。还有,在企业、学校、自己、家庭等之间,决定究竟为谁而学习(for whom),这也很重要。

那么企业呢? 有时候,虽然生产技术不错,但没有选好产品种类也会陷入困境。相反,也有生产技术不怎么样,但所选择的产品种类不错而获得成功。学生的情况也这样,即虽然学习不怎么突出,但由于所选择的专业很好也会获得成功。用这种宝贵的资源,把什么产品怎么生产是"资源分配"的问题,这是任何个人、组织、国家都会共同面临的根本经济问题。

不过,经济学家们所说的效率和管理学者们所说的效率之间,存在着一些差异。什么意思呢?

如果我们投资一定量而得到更多的产出,或者在获得同样产出的条件下进行更少的投资,那么就提高了效率。在投入某种物资制作某种产品的时候,效率和效果都很重要。效率是"把事情做得好",而效果是"做正确的事情。"被人们称为管理学鼻祖或管理学发明家的皮特·德鲁克强调,这两者都具有决定性的意义。经济学家们认为在达到了这两者的情况下,才达到了经济效率。

美国印第安人灭亡的原因,实在令人深思。过去,法国和英国为了互相争夺美洲殖民地而进行了生死决战,在这场战争中以英国的胜利而告终。这时候,印第安人站在法国一边。其结果,印第安人的实力大受萎缩。在美国独立战争期间打仗的是英国和美国,这次以英国的失败而告终。而这时,印第安人站在英国人一边。印第安人由此走上了衰落的道路。印第安人也许在"效率"上很好地进行了战争,但在"效果"方面却一败涂地。

效能＝	做正确的事情	＋	把这个事情做得正确
	(效果)		(效率)
	effectiveness		efficiency

再强调一下,把事情做得正确,也就是把某种商品以最小的成本生产,我们称为"效率"。把正确的事情做得正确,或者有效地生产消费者所希望的产品,我们称为"效能"。虽然在英语中效率和效能都用 efficiency

来表示,但在这里我们要区分这两者。

为什么效能是根本的经济问题?

这里介绍以前在报纸上曾经报道过的新闻。

有一个青年,一看到猪价急剧上升,就投资一笔钱开始了养猪业。但到了把养好了的猪要卖的时候,猪价暴跌受了很大损失。他抛弃养猪业并正在过着难熬的日子的时候,又看到白菜价格上涨。这回他贷了一大笔钱大搞白菜生产。但是,当收获白菜的时候又遇到了白菜价格的暴跌,又蒙受很大损失并欠了一大笔钱。

这个青年的根本问题是什么呢?

也许会说一大笔欠债,但并非如此。即使政府替他把债全部还清了,如果他还以同样的方式投资,那么肯定又会欠一大笔债。根本的问题是在猪价上涨的时候选择养猪,而在白菜价格上涨的时候又选择种白菜那样选错生产品种。就是说,这个青年不懂得达到效能的条件。这个青年在养猪过多而应该把宝贵的人力和资金从养猪业中抽出来的时候,把这些资源浪费在养猪业上,因此他犯了"浪费罪"。一大笔债务是"浪费罪"的代价。

由此可见,在自由市场经济条件下,犯浪费罪的人罪有应得地付出了代价。

1965年,大韩民国的最大企业是东明木材。当时,木材厂纷纷转换业务,这个公司反而大规模地扩大其业务。公司在木材加工上浪费很多资源,那么读者们就可以想像到以后这个公司的命运了,这个东明公司整个都消失了。

对有效能的企业来说,选好生产品种、转换好生产品种、搞好多种经营是很重要的。在全球化时代,把国内外需求者希望的产品以最小的成本生产其所需求的量,那么肯定会成为世界级的效能企业。

狭义上的效能＝效率

广义上的效能＝效能

效能又可分为用现在的技术生产好现在产品的“静态效能”，和生产新产品或把以前的产品用新的方法生产的“动态效能”两种。

静态效能：用以前的生产技术有效地生产同样的产品。

动态效能：根据新产品或新的生产方法有效地生产。这在提高全球竞争力方面起着决定性的作用。

(2)改善分配。共产主义制度的产生和衰弱的原因，都是因为分配。过去在我国或中国发生的很多农民起义，也是因为分配不公。盗贼结拜义兄弟并高呼“有福同享，有难同当”，但最后都分崩离析的原因也是分配问题。如果父母对子女或老师对学生过分偏爱，那么就会造成没出息的学生。就是说，关心的分配也很重要。

从社会整体角度上看，只有儒生受重视的社会、中科举才能当官的社会、只有某一个地方或某一所学校的毕业生才能出人头地的社会，都会产生分配问题。正确的分配在任何社会都成为根本的经济问题的原因就在于此。

但是，为什么很多教科书都说只有效能和公平才是根本经济问题呢？

第一是由于上述的那样，这两者是任何经济主体都会面临的根本经济问题。

第二是因为经济学的传统。以前，经济学还致力于分析消费者或生产者等经济主体的合理行为。而在整个经济层次上讨论发展与稳定的经济学，即宏观经济学是从1936年出版的凯恩斯的《通论》开始的。从这个时候开始，才把经济整体的发展和稳定当作根本经济问题来对待。但是，还有很多经济学教科书错误地认为只有效能和公平才是根本经济问题。

(3)经济增长。对家庭主妇来说，虽然有效地使用家庭收入很重要，但同样重要的是增加家庭收入,即增长。企业的情况也一样,与有效能的生产活动同样重要的,是通过开发新产品、开拓新市场等而得到增长。

经济整体的增长也很重要。如果经济整体增长得好,那么经济主体解决问题就相应容易得多。从这一点上说,在长远的观点上应该说最重要的是经济增长。这是以企业和产业的发展为前提。世界银行成立的目的,就在于更好地发展整个世界的经济。

> "我们经过两次革命的原因,是经济的贫困,同时也是要改善这种经济情况的绝大多数国民要求爆发的结果。"
>
> ——朴正熙,《国家与革命及我》

(4)经济稳定。如我们在1980及1998年经历的经济走向萎缩,会产生很多倒闭的企业,也会增加很多失业者。这种问题并不是个别家庭主妇或企业层次上所能够解决的。

在上述情况下,企业或家庭主妇再怎么努力也无济于事。应该杜绝经济整体走向萎缩,这就是经济稳定问题。不仅经济整体的发展才是根本的经济问题,经济稳定也是根本的经济问题。

经济稳定可分为物价稳定、就业稳定,以及国际收支稳定。其中,国际收支稳定是在全球化时代与国家竞争力密切相关,而其重要性日益增强,所以单独予以说明。

首先来考察一下物价稳定。无论东西方还是古今,在经济不稳定的时候,民心也不稳定。物价猛涨,那么钱的价格就相应暴跌,就像自己的财产被盗了一样,给人们一种深深地被剥夺感。

在通货膨胀很严重的时候,有一位韩国教授到南美国家的一个城市,由于在乘坐公共汽车途中票价涨了,因此不得不又再加钱。

这个国家,有一段时期同天气预报一起报道通货膨胀预报。还有这样一段故事。一天早晨,上班的工人们正要认真工作的时候,正好新闻节目报道了今天通货膨胀预测将达100%的消息。工人们马上就要求提高工资100%,并同厂方进行了协商。经过整个上午的协商,终于达成了协议，提高100%的工资，并要完成上午没有做的工作。午饭之后要开始工作，在1点钟的新闻中又有报道说，今天的通货膨胀不是100%，而是预计将达到200%。于是，工人们又重新开始提高工资的谈判。

由此可见，在物价不稳定的条件下，很难正常地进行生产活动。老百姓为了在物价上涨前购买生活必需品到处奔波。整个社会都担心商品紧缺，这又造成投机风气。

第一次世界大战刚结束时，德国曾爆发过严重的通货膨胀，两张邮票的价格甚至达到1兆马克。当时还有这样的故事。勤俭持家的哥哥非常节约用钱，除了购买必需的生活用品外，其余的钱都存到银行。但酒鬼弟弟却用工资整天喝啤酒。不过，通货膨胀很严重，瓶子的价格也上涨了。有一天，兄弟俩一起算了算财产。结果，弟弟喝啤酒后留下的瓶子价格，居然比哥哥存在银行的钱还多。通货膨胀更严重了，即使卖了瓶盖，也比哥哥的银行储蓄多。于是弟弟跟哥哥以教训人的口气说，应该学一学自己生活的智慧。

由此可见，如果通货膨胀严重，那么勤俭持家的人成为傻瓜，在吃喝方面尽情消费的人反而成为有智慧的人，从而造成社会道德和纪纲紊乱的现象。在过去的法国革命时期，企业由于严重的通货膨胀，钱的价格还不如纸的价格。这样街上讨饭的人只要物品，而路人施舍的钱则谢绝了。

通货膨胀严重的情况下，如果失业人数增加，那么社会不稳定因素就会更加严重。现代经济是以货币为媒介的交换经济。如果作为媒介的货币价格不稳定，那么经济体制的解体，并不是什么新鲜的事。

再举一个例子。苏联解体以前，其国家的公务员工资还不到500卢布。但退休以后，还可以得到这个程度的退休金，所以用不着担心老了以后的生活问题。由于最近严重的通货膨胀，1美元兑换5 000卢布，即他们一年的退休金等于1美元。作为认真工作一生的代价——退休金，现在只是废纸而已。

“钱是衡量一切物品价格的尺度。通货膨胀使这种尺度无用。如果通货膨胀严重，那么人们既不相信货币也不相信政府。这样，最终就导致一个互不信任的社会。”

再看一下就业稳定问题。如果经济不景气企业倒闭，那么企业家就彻底完蛋了，员工们也失去工作。这样，不仅生活不稳定，而且还丧失了对社会的归属感。

即使不倒闭，如果企业不继续雇用员工，学校的毕业生就找不到工作。抱着青云之梦走上社会的年轻人将品尝挫折的滋味。据说，人感到最悲哀的时候，就是觉得社会不需要自己的时候。

如果经济停滞（stagnation）和通货膨胀（inflation）同时发生，就称为滞胀（stagflation）。如果滞胀到了严重的程度，通常更换政权。1790年的法国革命、朝鲜王朝末期、4·19革命、10·26事件[①]等都是在这种情况下发生的。希特勒掌握德国的政权和意大利法西斯政权的上台等，都与这种严重的滞胀有密切的关系。

总之，物价稳定和就业稳定是稳定经济社会的根本经济问题。

“在这个世界上，再没有比家庭和工作更重要的。”

——现代集团创始者郑周永

(5)提高全球竞争力和改善国际收支。韩国如果不进口大量的粮食、能源、矿物资源，就很难成为一个过正常日子的国家。因此，韩国需要很多外汇。要么加工进口资源并再次出口，要么必须到海外赚取很多外汇。因此，提高全球竞争力和改善国际收支就成为根本的经济问题。这也是在经历金融危机时，我们曾深深感受到的经验。

像我国这样依赖进口程度很高的国家，很重要的一点是把国际贸易收支维持在顺差的状态。如果长期出现国际贸易赤字，那么与国家整体的生存直接相关的方面会出现严重问题。我国从1963年进入经济高速

① 4·19革命(1960)，是韩国民众(以大学生和中学生为主导)以连续几天的全国性游行示威方式推翻李承晚(韩国现代国家开国总统)独裁政权的革命。10·26事件(1979)，是奠定韩国经济现代化基础的朴正熙总统被自己的亲信所枪杀的事件。——译者

增长期之后，到1985年为止的23年间一直处在赤字状态，这对整个国家来说是一个重大问题。但从1986年开始连续四年创下很多贸易顺差，此后犯了忽视国际贸易赤字问题的错误。最近经受的金融危机，也是因为忽略国际收支的重要性而导致的结果。

(6)生活质量。随着收入的增加，人们对生活质量的关心也随之增加。对于廉价的中国农产品，人们更愿意以高价购买国产农产品的原因也在于此。

过去，由于没有把握好质量关，经常发生因刹车装置失灵伤亡很多人的事故。而且，修车也花很多时间和资金。由于没有制好药，恶化病人病情的情况也发生过不少。20世纪50年代，在我们的生活中有很多臭虫和跳蚤，老百姓的食品也紧缺得很，因而那时韩国人的平均寿命还不到50岁。父母生很多子女，所生子女一半以上通常夭折。

这种情况下，人们的生活质量不可能好。由于连衣服都没有做好，冬天过得非常冷。而夏天别说空调，连电扇都没有，因此过得非常热。那时大部分韩国人，在衣服和表情及行动上，是典型的不发达国家。当时所谓的精英们为购买外国制造的衣服、手表、家用电器等，花费了很多宝贵的外汇。

如果收入很高，但不能喝自来水、垃圾遍地、犯罪和交通事故频繁，那么高收入又有什么意义呢？生活在不良建筑的高楼大厦中，担心房子倒塌而战战兢兢，收入高又有什么意义呢？学生上学要换乘两次车，由于没有活动空间而不能正常发育，这更不能不说是个大问题。由此可见，生活质量在很多层次上是根本的经济问题。

与生活质量相关的问题如下：

- 我们使用的各种财货和服务的质量是不是好？
- 学校、公路、公园等生活条件是不是令人满意？
- 生活环境设施是不是以住宅为中心在空间上配置得很好？
- 是不是很好地免受固体、液体、气体等的环境污染？

· 是不是免受各种犯罪或灾害?

迄今为止,我们考察了六个方面的根本经济问题。这六种根本经济问题,是起因于人的欲望虽然无限,但资源却有限的事实。对此,我们将再次加以说明。

很好地解决根本经济问题的国家是发达国家,而解决不好根本经济问题的国家是不发达国家。那么,读者们能否把不发达国家的特征与根本经济问题相联系加以说明呢?能够做到这一点的人可以被看成是在相当程度上理解不发达国家根本经济问题的人。

那么,所谓不发达国家是什么样的国家呢?

第一,由于经济增长不太好,大多数人的收入水平低生活贫困。

第二,失业者多、通货膨胀严重、整个经济不稳定。

第三,不能完全生产国民所要求的产品,或者即使生产,量不足、质量差,价格高。

第四,贫富差距严重。

第五,国家竞争力弱,因此国际收支处于严重的赤字状态。

第六,各种产品粗糙,居住环境设施恶劣,因此生活质量低。

穷国之所以穷的根本原因在于,国家领导人和国民还不知道根本经济问题是什么。大家现在可以了解朝鲜的根本经济问题及其解决的途径是什么。还可以理解我国经济政策的根本目标是什么。经济政策的目标就是解决这些问题。

二、根本经济问题的特征

· 根本问题的相对重要性会随着经济发展阶段或经济状态而发生变化。例如,在收入水平很低的经济发展初期,经济增长比经济稳定更重要。而且,随着收入水平的提高,生活质量的相对重要性也逐渐加大。如果国际收支逆差,那么其他经济问题的重要性也相应增加。

- 解决根本经济问题是我国经济政策的最终目标。而且,这也成为判断经济成果的标准。如果很好地解决根本经济问题,那么我们的经济运行也会很好。
- 效率和公平是消费者或生产者等"个别经济主体"层次的问题,而发展和稳定是"经济整体"层次上的问题。生活质量问题,是必须在经济主体和经济整体层次上要共同解决的问题。
- 前五个问题是"量"的问题,而最后一个问题是生活的"质"的问题。
- 根本经济问题是互相紧密联系在一起的(见图 5.1 和 5.2)。因此,并不是一个个可以分开解决的问题。解决这种问题,像解答有几个变量的几次方程式解。而且,根本经济问题既可能互相促进,也可能互相冲突。例如,在很多情况下会出现如下的情况,即如果要降低通货膨胀,失业率就会提高;而如果要降低失业率,那么通货膨胀就会提高。这种通货膨胀和失业率反比例关系的理论称为"菲利普斯曲线"。不过,现在的美国,物价下降时,失业率也减少。因此,不少人认为这一理论不再是正确的了。美国经济是由于劳动生产性的提高,因而物价降低的同时雇用也在增加。美国人把这称为新经济。
- 无论哪一个国家的经济问题,最好是在国家经济得到增长的情况下予以解决。在经济增长不太好的情况下,还没有一个国家能很好地解决经济问题。那么,怎样才能使国家经济持续增长呢?为此我们开发的,就是企业和产业的全球竞争力模式(参见第 10 章)。只有经济增长了,我们的生活才能得到提高。经济增长还表明我们的能力或科学技术发展的程度。只有经济增长了,就业机会才会相应地增多,毕业生找工作也更容易一些。从这种意义上看,搞好经济增长比什么都更重要。因此,在图 5.2 中,把经济增长放在第一位。

最近,由于高工资、高利息、高消费等原因,韩国经济的效能下降了,因此国家竞争力也下降了很多。其结果,进口比出口多,国际收支赤字也增加了。与此同时，由于汇率增加进口产品价格剧增，因此加深了通货膨胀。由于实际收入和消费萎缩，经济就不太景气并且失业者也增加了。由此可见，提高效能、国家竞争力、国际收支、经济增长、经济稳定等是密切联系的。在探讨经济问题时，必须同时考虑这六项标准。

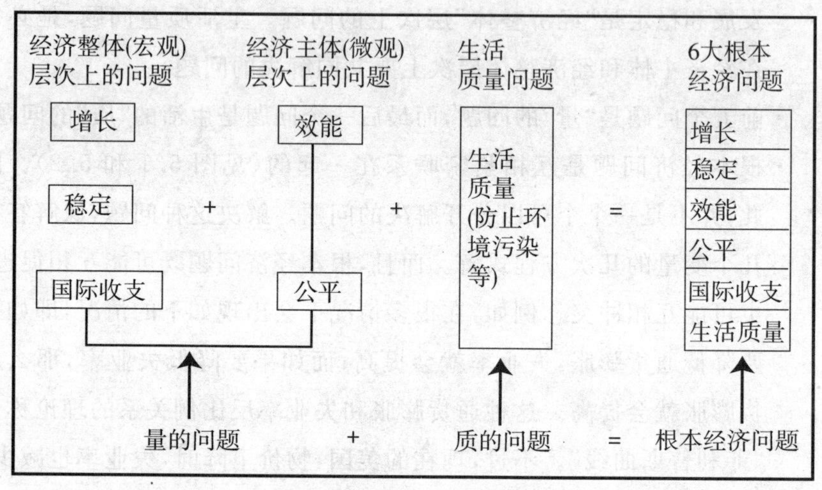

图 5.1 根本经济问题

有些人主张，大企业集团由于阻碍中小企业成长因而恶化了分配问题，因此应该把大企业集团予以解体。但是，如果真的这么做了，那么失业者就会增多，由于出口不力而恶化国际收支，这还可以成为恶化社会不稳定的因素。企业集团问题不仅要考虑公平问题，还要考虑经济增长、经济稳定、国际收支等其他根本经济问题。在考虑经济问题时，必须充分周密地考虑这六项标准。

这 6 项根本经济问题，应该与解六元方程一样。如果只偏重于其中的 项，就不容易解决问题。例如，只重视发展就容易忽略稳定，如果偏重效能就会忽视公平，而如果只重视失业就很容易导致物价上升。相反，如果要遏止物价，就很可能导致失业率上升。这些很有可能处于互相冲突的关系。

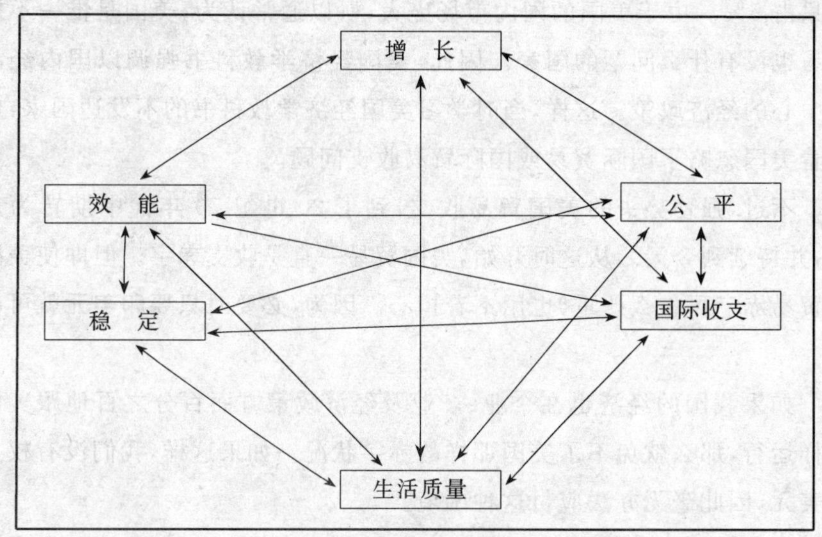

图 5.2　根本经济问题是联系在一起的

因国家的不同，这 6 项因素的相对重要性会有所差异。例如，在二战结束时，日、德、法、意等主要发达国家的工业设施破坏得都差不多了。但本土没遭受袭击的美国却完好无损。当时美国经济规模占世界经济规模的 2/3。因此，可以说这时的美国经济就是世界经济。当时，美国的企业和产业的竞争力是世界第一，国家经济的发展也不成问题。而且，其他发达国家在战后恢复及产业设施的投资方面，大量需求美国产品。

美国的高速发展在整个 20 世纪 50 年代一直继续。因此，20 世纪 50 年代是美国经济的鼎盛时期。

当时出版的美国经济学教科书，并没有把经济增长当作重要问题来对待，只在教科书的最后部分涉及。这种传统到今天还继续保持。当时翻译美国教科书的很多不发达国家的经济学教科书也忽略了经济增长问题。但近来，美国经济增长暴露出了问题，因此美国的经济学教科书就纷纷开始在前面部分探讨经济增长问题。

美国从 20 世纪初到 70 年代初为止的 70 多年，国际贸易一直是顺差。因此，70 年代为止的美国经济学教科书，对国际贸易或国际收支问题在经济学教科书的最后部分才涉及到。而且，当时美国的出口在 GNP

中只占5%。由于美国的国内市场庞大,所以通常认为,美国是惟一不搞贸易也没有什么问题的国家。因此,美国经济学教科书强调以国内经济为中心的经济政策。这样,当时学习美国经济学教科书的不发达国家,也跟着美国忽略了国际贸易或国际贸易收支问题。

不过,强劲势头的美国贸易收支,到了20世纪70年代中期转为赤字,并持续到今天。从这时开始,美国贸易一直是收支赤字。但即使美国的贸易赤字再怎么严重,也用不着担心。因为,必要时只要印美元就可以了。

如果我国的经济也在企业、产业及经济政策方面百分之百地跟美国一样运行,那么就免不了美国那样的赤字状况。如果这样,我们没有权力印美元,因此毫无办法应付这种困境。

现在,美国经济中贸易所占的比重增大了,而且又迎来了全球化时代,所以美国经济学教科书也必须重视国际贸易和海外直接投资及国际收支问题。

效能和公平主要是经济主体层次上的问题,经济增长和经济稳定及国际收支是经济整体层次上的问题。但如果经济整体层次上的问题搞错了,那么对经济主体层次上的问题也会产生影响。就像最近的经验那样,如果由于国际收支赤字增加发生金融危机,那么即使盈利企业也会倒闭,不用说经济整体问题,经济主体层次上的效能也会下降。相反,如果经济主体的效能下降了,国家竞争力也弱化,因此在国际收支赤字等经济整体层次上也会发生问题。

效能和公平主要是在经济主体层次上探讨的问题,但这并不是说同经济整体层次上的问题没有什么关联。

到现在为止,我们考察了韩国经济的根本问题是什么、为什么是根本问题、相互之间有什么联系、随着经济增长会有什么变化等问题。不过,在很好地理解经济问题方面,也许会有几个陷阱。因此,很多人在讨论经济问题时容易陷入这些陷阱。

现在讨论可能有什么样的陷阱的问题。

三、经济问题上的陷阱

(1)经济术语是学术术语。很多人把购买股票、楼房、住宅等说成是投资。如果说购买住宅的人赚钱投资,那么出售的人就是在赔本投资。把赚钱投资和赔本投资加在一起就等于零,因此在经济整体上看并不是投资。这只是在所有权上的简单转移而已。

购买股票也一样。经济学上所说的投资,必须伴随住宅或工厂建设等生产能力的扩张。因此,经济学家和一般人一起讨论投资政策,很可能在其讨论的重点上会不一样。

一般人说“有钱人”时,这里所说的钱是指现金和财产。但是,经济学家在说通货“M_1”的时候,指的是“现金通货加存款通货”,而在说“总通货M_2”时,指的是“通货加储蓄性存款”。因此,两者各具明确的含义。经济学也是社会科学,任何经济学术语都是有明确含义的学术术语,并不是像诗人或小说家们喜欢用的“爱”那样有多种含义。像学外语必须明白词的含义那样,要学好经济学也要明确地把握经济单词(经济术语)的含义。

(2)经济规律是概率规律。经济学并不是像物理学或化学那种精密的科学。正如掷硬币一两次不能正确地知道正面还是反面一样。掷5次或10次也一样。但是,如果掷1 000次或10 000次,或者掷4 700万次,那么正反面任何一面出现的概率几乎都是1/2。国民4 700万人同时掷硬币也一样。一个人掷硬币次数越多,或掷硬币的人数越多,正面或反面出现的概率就越近于1/2。经济规律与这种概率规律具有密切的关系。

假如有人每月得到200万韩元的薪金,那么很难准确地知道这个人每月的消费和储蓄数量。但是,如果很多人都得到200万韩币的薪金,那么可以预测平均储蓄率。

再举一个例子,要预测一个人会不会在今年因交通事故死亡,这是不可能的。但预测我国整个人口中今年因交通事故死亡的人数,还是可能的。要预测韩国的一个20多岁年轻人的寿命几乎是不可能的,但预测

20多岁全体年轻人的平均寿命还是可能的。其他年龄段人口的平均寿命也一样。实际上,这种预测成为保险公司生命表的根据。

就这样,经济规律是人的数量越多就越正确,把这称为"代数规律"或"概率规律"。把经济规律适用于某一个人身上或几个人身上而不符合实际,就说这一经济规律不正确,这是因为并不清楚经济规律是什么的缘故。

(3)统计的陷阱。能不能把汉城的人口从1 000万马上减少到100万以下?当然可以。也可以马上增加为2 000万。怎样做到这一点呢?通过法律把汉城的行政区只限定在钟路区和中区,那么汉城的人口马上就减少为100万以下。相反,如果把京畿道也包括在汉城市的行政区以内,那么汉城市的人口马上就超过2 000万。

同世界主要城市相比,美国洛杉矶地区的人口经常超过1 000万,但洛杉矶市总是在世界大城市的名单中被排除在外。纽约市把行政区定为跨越5个郡(county),因此人口也增多。但洛杉矶只把一个郡定为行政区,所以人口总是很少。

根据世界银行的《世界发展报告》(1999/2000)的统计资料,1998年韩国的城市人口比率是84%,这比美国的77%和日本的79%还高。那么,是不是说我国就相应更先进了呢?并非如此。正像前几年我国的英州市把英州郡合并过来一样,很多市把邻近的郡整合过来了。其结果,城市人口突然增多了。

我们必须注意比较世界各国的各种经济统计。经济统计是以人们生活着的社会为对象。如果不懂得这一点,就仿佛把一只手放在冰水里,而另一只手则放在正沸腾的水里,并说整个身体的平均温度为50度一样。

在计算物价增长率的时候,以物价暴涨的年份为基准,那么第2年的物价则显得很低。相反,如果以物价暴跌的年份为基准,那么第2年的物价就显得很高。企业的利润也根据如何计算土地、建筑物、机械、装备等的价格差异而各不相同。

再举一个例子,让我们来看一看火车的账上价格。铁路厅至今还使用解放以前的火车。由于燃煤火车的折旧费早就没了,因此一台火车的账上价钱前不久就是1韩元。一台火车的价格还不到一个鸡蛋的价格。

(4)客观分析与主观判断。在经济问题上,很可能介入个人的主观意愿或价值判断。假如一个很穷的人以纯粹的动机给医院献了血,而医院作为其代价付给那个人一定的钱,会发生什么情况呢?如果这个人接受了钱,那么这个人就等于给富人卖血。把这看做是献血还是卖血,对此不同的人可以有各种看法。

假如,某一个年轻人受过很好的教育并在收益不错的公司拿很高的薪水,而一位老人要抚养的子女很多,但没有受过什么教育,因此拿很低的薪水。那么,如何看待这两者之间的收入差异?对此,大多数人会有不同的主张。

"如果利息下降,那么股市上股票价格就上涨"。不管怎么说,这是事实。把研究这种经济变量之间客观因果关系的经济学,通常称为"实证经济学"。但是,像"股市价格涨得应该更高,或者应该不让它再涨"这是与主观判断相联系的。把研究这种主题的经济学称为"规范经济学"。在实证经济问题的情况下,只有从客观上分析才能得到解决。但在规范经济问题的情况下解决问题的时候,在很多场合比科学分析更重视对不同意见的调整和统一。

不过,任何经济问题,在作出主观判断以前有必要先进行客观分析。在不少情况下,如果作好了实证分析,常常有助于解决问题。

例如,过去人口集中在汉城的时候,不少人主张不管采取什么方法,把汉城人口强制性地分散在其他地方。但是,一听说可以通过法律把汉城的行政区限制在钟路区和中区,汉城市的人口就会减少到100万以下,这种主张马上就消失了。主张不管什么措施,也一定要限制汉城人口以前,最好首先客观地分析汉城市是什么、适合于这个城市的人口是多少、在集中了的人口中应该分散多少等问题。

对韩国的企业集团也有很多主张:如,马上解散一切财团、不是拆散而是应该遏制章鱼爪式的经营、应该把企业财团总裁的财产归还给社会等很多主张。更有一些人,为了这些主张还互相打架。

为了讨论这些问题,首先要给财团下正确的定义。如果把财团和家族经营联系在一起,那么财团中不是家族经营的应该排除在外。如果因为得到政府资助而发展起来,所以要解散的话,那么应该首先客观地分析如下问题:这些财团到底得到政府多少资助、利息是多少、虽然接受了政府的资助但已经倒闭的财团又该怎么办、没有接受政府资助的财团又怎么处理等问题。而且,还要弄清企业集团在我国能够得到发展的原因是什么等问题。没有这种客观分析的财团政策,很可能是根据主观判断而作出的随意遐想而已。

主张必须扼住通货膨胀的有些人也一样。要知道,我国从 20 世纪 60 年代到 70 年代是在通货膨胀的情况下实现了高速发展,而且也大大提高了国民的生活水平。在各种产品的质量也不断提高的情况下,一定程度的通货膨胀也有积极的一面。因为,一定程度的通货膨胀起着使经济机器运转得更好的作用。因此,在没有客观、正确地分析通货膨胀的程度、原因、状态、结果的情况下,主张无条件地要扼住通货膨胀是没有太大的说服力的。

(5)关于整体经济学、部分经济学和中间形态的经济学。为解决经济问题的经济学作为学科开始发展的,是从 1776 年由亚当·斯密出版《国富论》开始的。由此开始到 1929 年发生世界经济大萧条为止,经济学家们认为,国家经济完全取决于个人或企业的经济活动。因此,当时的经济学致力于分析合理的个人消费行为和企业的生产行为。他们相信,只要个人或企业做出了合理的经济行为,那么国家经济就自然而然地会好起来的。所以,他们是把一切经济问题当作消费者或企业层次上的问题来认识。通常,以这种方式看待经济问题的学者被称为“古典派”经济学家。

但在 1929 年发生了经济大萧条,国民收入一瞬间就减少了一半,而全国工人的 1/4 成为失业者。这证明经济问题并不只是个别消费者或企业层次上的问题。国家经济一遇到危机,个人和企业不管做出什么样的合理经济行为也没有多大效果。不管是盈利企业还是亏损企业都会倒闭,整个经济就不能运行了。就是说,解决国家层次上的经济问题,必须要有与过去不同的经济理论。就是说,不是在个别树木的立场上,而是需要在树林整体层次上要有一整套的理论。

把树木层次上的经济问题作为研究对象的称为“微观经济学”，而在树林层次上研究经济问题的称为“宏观经济学”。即微观经济学把构成经济的个人消费者和个别生产者的经济行为作为研究对象，而宏观经济学则以经济整体的经济行为作为研究对象。

那么，能不能把经济整体理解为个别消费者和生产者的简单相加呢？不可。经济整体是超过这些个别经济行为的总和，这就是宏观经济学的假设。经济整体具有与构成经济的部分不同的特征，并具有自己的生命、历史、运行规律。在台湾地区，把研究经济整体的宏观经济学称为“整体经济学”，而把研究个别消费者或企业的微观经济学称为“个体经济学”。

经济大萧条以前的经济学主要是微观经济学。但一发生大萧条，宏观经济学就很有必要了。在这种背景下，凯恩斯于1936年发表了《就业、利息和货币通论》，开启了宏观经济学发展的先河。在这种意义上，把凯恩斯称为宏观经济学的鼻祖。宏观经济学出现了通论以后，迅速发展。

如果把以国家经济整体为研究对象的称为宏观经济学，而以企业为研究对象的称为微观经济学，那么有没有研究像日本的系列会社那种位于企业和国家之间的中间单位为对象的经济学呢？有。世界级文化经济学家查尔斯·翰浦丹特纳和佛恩斯·特罗姆皮纳斯把这称为“中观经济学”。他们认为，美国把经济划分为宏观经济学和微观经济学，但日本和德国更重视把产业整体发展和产业政策作为对象的中观经济学。事实上，以汽车为例，重要的不是一个生产厂家，而是包括零部件厂家在内的整个汽车产业整体的发展。这也是哈佛管理学院教授麦克尔·波特的主张。

微观经济学：以企业或消费者为研究对象

中观经济学：像(日本的)系列那种企业集团为研究对象

宏观经济学：以国家整体经济为研究对象

参见查尔斯·翰浦丹特纳和佛恩斯·特罗姆皮纳斯的《资本主义的七种文化》。

四、根本经济问题的根本原因

五种层次的需要论。人的需求是无限的，但生产能满足这些需求的各种财货和服务所必要的资源是有限的，这是一切经济问题的根源。从这一根源中产生各种经济问题。必须要弄清楚这个根源，其核心是"无限需求"和"有限资源"。

第一阶段：生理（肉体）上的需求（衣、食、住、性等）
第二阶段：对安全的需求（肉体的、精神的、经济的、社会的安全等）
第三阶段：社会需求（对归属感和爱的需求）
第四阶段：自我需求（对出人头地、地位等尊敬和得到认可的需求）
第五阶段：自我实现的需求（自我发展、实现理想等）

在能够很好说明人的需求是无限的观点上，世界很多学者都接受的观点是马斯洛的需求层次论。他在《动机与人性》中说，"在人的需求中存在五个阶段，人是从满足最低阶段需求开始，在满足了一个阶段的需求之后，就要满足下一个层次的需求。"

人的需求之第一阶段是生理需求，这是与生存直接相关的。满足了这一需求的人要满足第二阶段的需求。正如"富翁很注意自己的身体"这句俗话那样，满足了基本需求的人就重视作为第二阶段的安全。

在国家整体的情况下，经济发展初期阶段国民所重视的，是作为第一阶段需求的经济的量的发展。但随着收入的增加，就重视其作为第二阶段需求的经济稳定。像美国那样的富国重视经济稳定，也可以从这个角度去理解。我们过去在致力于经济发展的时候，之所以没有怎么重视经济稳定，是因为忙于满足第一阶段的需求。

如果满足了第二阶段的需求，那么人们就会重视作为第三阶段的社会需求（对共同体的归属感、爱情等）。如果这种需求也得到了满足，人们就会重视第四阶段的需求（要出人头地或权力欲）。如果人们连这种需求都得到了满足，那么人们就会重视作为最高阶段需求的自我发展或帮助别人等。

由此可见，需求是没有止境的。要完全满足人的各种需求，这是极为困难的。有很多人终其一生连第一阶段的需求都没能得到满足。

日本著名医生春山茂雄在他最近出版的名著《脑内革命》中，认为人的头脑是适合于实现这种需求而构成的。他早在8岁时获得针灸师资格，在东西医相交叉的领域中是世界权威。他是日籍韩国人。

他在这本书中说，大豆是世界上最佳的自然食品，绿茶是抗癌剂，而冥思和一天走5 000步则对健康是必需的。据说，这本书保证了疲劳于10年（从1986年开始的10年间）泡沫经济的无数日本人的健康。

在这本书中，还记录着能够很好地遏制或满足人的肉体和精神欲望的方法。孟子说，人的两大本性是食欲和性欲，这就相当于第一阶段需求。在韩国人中，有很多相信鹿茸、熊胆等有助于性功能而喜欢吃的人，他们可以说是重视第一阶段需求的人。对熊胆或鹿茸的国际市价的上涨起决定性影响的国民，就是韩国人。

词汇解释

财货（goods）。能够给人提供满足感的任何东西都是财货。例如，空气、海水、美丽的日出景色、饮食、汽车、衣服等都是财货。其中，像空气或海水那样不是稀少资源，而且量也很充分的是自由财货（free goods）。而像汽车、衣服、饮食、理发服务等使用稀少资源来制造的就是经济财货。经济财货又分为像衣服、手机、笔等能够看得见的有形财货和无形财货。把无形财货称为服务，如在理发店、洗衣店、医院、税务员、会计师、律师、汽车修理工等为别人做的事情。

在经济财货中，能够在市场上进行交换的就是私有财货。而像警察服务、天气预报等那样由政府或公共机构生产并提供而且不能在市场上进行交换的，称为公共财货。

一般来说，在谈论财货的时候，通常把服务也包括在里面。可以把财货和服务包括在里面的词汇还有商品、产出(outputs)等。与产品相对应的概念是投入物(inputs)，这是指生产要素(经济资源)。不过，在国际贸易上，所谓商品指的是农产品、矿产品等一次性商品(即从大自然中获取的)。

把在国际贸易中可以进行交换的汽车、电子产品等称为交易财货，不能进行交换的砖、混凝土等称为非交易财货。

消费财货(衣服、面包等)是可以直接满足需求的财货，而通过消费财货的生产而间接地满足需求的称为资本财货。在经济学上所说的资本并不是钱。企业管理人员把适用于购买资本财货的货币称为货币资本或金融资本，但由于货币本身不能生产产品，因此不是经济资源，即生产要素。实物资本(机械装置或工厂等)才是经济资源。纸币或硬币，是造币工厂通过使用实物资本生产的。

需求(needs)。具体地说，由于某种东西的缺乏而想要的就是需求。所谓基本需求，就是人们的基本生活所必要的衣、食、住，以及最起码的教育或医疗服务方面的需求。但在多少程度能表示基本生活，对此人们有不同的看法。

欲望(wants)。在可以白拿的时候想要的财货或服务的量。

东亚人需求的特征

赫伯特·西蒙教授在行政学上获得了博士学位，在经济学上获得了诺贝尔奖。但他的真正具有实力的领域是计算机科学，而业余爱好是心理学。在作者访问他的时候，他时任美国卡内基大学的心理学教授。他的钢琴几乎达到行家级别，而西洋象棋则是选手水平。他还懂20多种外语。

他认为，经济学把人的物质需求看得太重，因此只致力于在五个需求阶段上的第一和第二需求的解决，这是个问题。也就是说，经济学不能说明层次高的人的需求。

经济学重视的是企业的利润和效用最大化，但如果是只重视利润和欲望的社会，那么这个社会也许会成为没有人情的社会。正因为这样，市场经济原理的创始人亚当·斯密重视了人的高道德律。他所希望的，是在道德及宗教上健全的人们追求利润的社会。

韩国人或日本人，由于具有比较强的共同体传统，因此重视第三阶段的需求（社会需求）。在这一点上，同重视个人主义的美国人或英国人大有区别。要懂得，英美式的经济学是以个人主义为基础的。韩国的企业，并不因为不景气就马上解雇员工。对待在国外设立的工厂里雇用的员工，也要像对待自己的家人一样。

从这一点上看，我们的很强的共同体意识也有很多优点。

欲望和物质上的幸福。人们在物质（财货和服务）上的幸福可以表述为如下方式。因此，增加分子或减少分母，就可以增加幸福。

$$人们在物质上的幸福=\frac{物质所得}{人的欲望}$$

经济学假设人的欲望是无限的，佛教声称通过禅就可以减少人的欲望。而基督教通过大兰特的比喻来要增加分子（增加物质），并主张像十戒中的最后一戒强调的那样（遏制贪心）要减少分母。在这种意义上，基督教不是山里的宗教，可以说是“市场宗教”。市场经济发达的西欧先进国家都是基督教国家，这并不是偶然的。

五、经济学与韩国人的缘分

“韩国人是骑马民族的后裔，这适合于移动电话文化和信息化时代。如果搞好了，那么知识化时代可以成为韩国人的时代。”

——SK集团会长孙吉丞

“对‘我’这个人的形成起最大影响的书，就是《论语》。如果说我的想法或生活不能摆脱论语的世界，我反而会觉得更惬意。”

——李秉喆，《虎岩自传》

经济学是以人和人的社会生活为对象的学问。因此，经济学是关于人的学问，又是关于社会的学问。在19世纪和20世纪初对经济学的发展作出很大贡献的英国经济学家阿尔弗雷德·马歇尔说，“经济学是研究人的日常生活的学问”。

物理学以自然为研究对象，因此不可能有美国物理学、韩国物理学、日本物理学等，但经济学就不一样。韩国人和韩国社会在经济行为和组织上不同于美国或欧洲其他国家。人并不是像汽车或电视那样的机器。人的经济行为与雪、雨等自然现象不同。天气并不受天气预报的影响，但是，国家经济的动向却在很大程度上受经济政策负责人关于汇率或通货量等的预测的影响。因此，政府要尽量避免对汇率进行预测。

经济政策需要温暖的心，而在经济问题的分析上则需要冷静的头脑。马歇尔也强调过“冷静的头脑和富于人情味的心灵”。即使基于科学分析的经济政策，也只有在很好地把握国民特征的时候，才能发挥最大程度的效果。

我们能不能把美国经济学教科书上所说的经济政策原封不动地应用于韩国呢？能不能把我国的政府、银行、法律等变为同美国一模一样呢？并把它变成美国经济的复制品或缩小盘？做到了这一切之后，照搬美国的各种政策，行不行呢？

韩国人的时代(?)正在来临

在四季分明的韩国土地上长成的李子的味道是世界第一，对此几乎没有人提出异议。据说，韩国人能够很好地适应世界任何国家的任何气候。又说，西方人最喜欢领养的孤儿，是韩国的孤儿。喜欢吃泡饭和辣汤的韩国人，适应世界上任何国家的饮食习惯，看来这都没有问题。从这一点上看，全球化时代非常适合韩国人。

如果中国文明发祥地之一的长江流域发生大洪水，比朝鲜半岛更大的地方将受其影响，而且比日本人口还多的人会成为灾民。过去，大洪水之后为了避开疾病或战乱而逃到其他国家的人，就是华侨。而日本，有一年的九月份一个月，就发生了九次台风。日本是台风灾区，而且地震和海啸的灾害也很多。与这些国家相比较，我国确实是"宁静早晨的国家"。

在世界上，最轻的帽子是我国的纱帽。裤腰最宽的是我国的棉裤。中国人说，很难理解为什么中国的朝鲜族那么喜欢小包。小包是韩国人固有的。背架、暖炕房、豆芽、泡菜、辣椒酱、辣汤、泡饭、酱汤都是韩国人所固有的。

有一段时期，韩国 1/5 的人每年都搬家，这就说明韩国人是机动性很强的民族。很多人说，这个民族肯定是骑马民族的后裔。因此，韩国人是非常适合移动电话时代的民族。

韩国人同意大利民族一样喜欢艺术。说即将来临的社会是 3D 社会，看来在 3D 中数字化和设计很适合韩国人。还有，即将来临的社会是知识社会，要是搞好了，很有可能成为在世界上具有最高教育热情的韩国人的时代。

如果正如像这本书中所主张的那样，很好地熟悉系统思维方式并制定好战略，那么看来可以把正在来临的时代变成韩国人的时代。

我国的一位著名将军说，在朝鲜战争时期，按美国军事教科书所说的制订作战战略并用于韩国军队，其效果不太好。最重要的是，韩国军人的急性子与美国军人完全不一样。朝鲜战争时，南边的军队从汉江撤退到洛东江，其撤退的速度实在太快了，简直能创世界纪录。北边的军队也从洛东江撤退到鸭绿江，其撤退速度与乘车撤退一样快。其后退的速度太快，甚至是南边的军队连枪都不带就尾随其后的程度。只根据这一点，就知道南北军人都是同一个民族。由此可见，无论是军事战略还是各种经济战略，必须符合韩国人的特征。

那么，韩国人是怎样的民族呢？与其他民族或其他国家的人有什么不同呢？我们考察一下这个问题。

这里首先要明确以下两点。第一，适合一切民族和一切社会的根本经济原理是有的；第二，即使如此，经济组织或经济政策的实行及其效果等方面，由于民族或社会的不同会有很大的差别。

美国人和韩国人的最大差别，在于基本的理念。哈佛大学的埃兹拉·沃格尔教授和乔治·罗斯兹教授在《理念与国家竞争力》一书中认为，在理念方面，英国和美国是个人主义最浓厚的国家。与此完全相反的国家是韩国和日本，这两个国家是世界上共同体主义最浓厚的国家。事实上，韩国人常用“我们”、“我们是一个”、“我们一伙儿”等话（参见宋丙洛和哈佛管理学院教授乔治·洛奇，《韩国的发展和西方经济学》，哈佛管理学院）。

不过，共同体主义的核心之一是整体观（holism）。例如，假如人的胃生病，那么西医认为要么把胃的生病部分切下来，要么给胃上药。但是，东方医学则认为应该在手掌或脚掌上扎针或给予刺激，从而达到治疗目的。美国式的思考方法是，如果汽车的哪个零件出了故障，那么把它拿出来修理，要么用新的零件替换。就是说，认为汽车和构成它的零件总是可以分离的。

但是，东方人的思考方式是人的身体和内脏是一个整体。就是说，由于人的任何一个部分与其他部分都有密切的联系，因此具有不可分割的关系。例如，胃与手掌或脚掌有密切关系。换句话说，人的肠、肺、心脏等具有不可从身体那里分开和进行修理后还原的性质。就是说,这一切都是有机地构成身体这一整体的。这种思考方式就是整体观,是韩国等东亚人思考方式的核心。

韩国人常认为,不管政府还是企业,都应作为国家这一共同体的成员思考并行动。由于这一原因,西方人把韩国或日本的国家整体看成是巨大的株式会社。所谓"韩国株式会社"(Korea,Inc.)和"日本株式会社"(Japan,Inc.)就是这个。这在个人主义国家的美国是无法想像的。

韩国人或日本人即使搞企业也常常采取集团的方式,根本上说这与共同体主义具有密切的关系。美国是枪支和律师最多的国家。这是因为美国人倾向于个人主义。由于美国人的个人主义倾向,离婚率也很高,也是各种诉讼最多的国家。从这个意义上说,个人主义提高纷争成本。

在美国,人、企业、政府之间的关系常常以法律的、正式的、非人际的关系为特征。但在我国,这些关系基本上以非法律的、非正式的、人际关系等为特征。在这种情况下,以美国意识形态结构为特征的法律和制度能不能适用于韩国人呢?美国式的经济学是不是很好地适合韩国人呢?这里,我们来考察一下这些问题。

现代经济学与亚当·斯密的《国富论》一起产生于英国。明白了《国富论》原理的英国首次成为世界第一富国。这一经济学到了20世纪在美国迅速发展起来。结果,美国成为世界第一的经济大国。事实上,英国人、美国人、韩国人、日本人等,在消费行为、企业组织、分配等方面表现出很大的区别。那么,这种区别具体都有哪些呢?

根据埃兹拉·沃格尔教授和乔治·罗斯兹教授的解释,主要区别如同表5.1。

企业组织上的区别。美国的企业,个个是个人主义的企业。在美国,正如男女老少都平等一样,大、中、小、微小企业都是平等的,因此并不存在像我国的中小企业问题。如果中小企业同大企业进行竞争失败了,也不像我国这样抱怨或责难大企业。

但日本或我国的企业就不一样。如日本的丰田汽车是由12个一级子公司和250多个二级子公司构成的巨大企业集团。由母公司和子公司来构成的这种企业集团称为“垂直系列”。

丰田汽车还同东芝及三井物产等组成巨大的三井集团。把这种横向企业集团称为“水平系列”。在三井集团中,会员公司竟达25个。

表5.1 个人主义和共同体主义

	英美式的个人主义	韩日式的共同体主义
分配与平等意识	重视机会平等 强调个人之间的差距	重视结果平等 强调个人之间的平等
契约和合意	重视法律上的契约 律师多、诉讼也多	重视非正式的合意 重视人际关系
权利和义务	彻底保护财产权 重视权利	重视作为共同体成员的权利和义务
个人、共同体的需求	重视消费者个人的需求 强调为此的竞争	强调共同体全体的必要性
政府的作用	强调政府的作用是有限的	强调积极而有计划的政府作用
分工与整体	重视科学分工和专业化	重视共同体整体

资料来源:埃兹拉·沃格尔和乔治·罗斯兹,《理念与国家竞争力》。

在日本,代表日本的世界级企业集团共有73个。因此,日本的很多企业并不是像美国那样的单独企业,而很多都是某个企业集团的会员公司。韩国的企业也一样。那么,这种企业组织是不是符合当今时代呢?丰田以这种组织制造世界第一的汽车。在知识社会,并不存在符合一切情况的企业组织。只要是生产世界第一产品的组织,任何形式都应该说是正确的。

雇用方面的区别。在英美式企业中,把劳动者当作生产要素。因此,如果认为不合适,那么任何时候都可以毫无顾忌地解雇劳动者。把员工以年薪形式的契约方式来雇用,而员工必须做好随时可以离开公司的心理准备。美国企业认为,科长、部长、理事、社长等,无论是谁在任何时候都可以更换。在美国企业中,上司和部下的移动非常频繁,因此在美国处在调动工作单位中的人很多。把这称为“摩擦性失业”。在美国的失业者中,摩擦性失业率所占的比重较高。

但是,韩国和日本企业是在选拔好新员工之后,对这些员工进行彻底训练并使之工作到退休(终身雇用)。这里,公司把员工当作一家人,并期望员工为公司这一共同体献身。就是说，韩国企业把公司成员看成是一个共同体的必不可少的存在。但是，亚洲金融危机之后，很多韩国企业开始引进与英美式企业一样的雇用制度。

生产上的区别。一位韩国的世界级半导体专家讲过这样的故事。半导体的生产过程大概有400多个环节。个人主义倾向比韩国人强的德国人，把这么多的生产环节加以细分并选定生产负责人，按工作程序检查工作状态并负相应的责任。因此需要很长的时间。

但是，具有大家都属一个家庭的共同体意识很强的韩国人，并不是明确地划分相互之间的责任，而是共同协作进行生产。因此次品生产率少，而且还可以缩短生产时间。在半导体生产上，具有很强共同体意识的韩国、日本、台湾(地区)等东方人能够超过具有很强个人主义意识的欧洲人。在工业产品的生产上，日本人是世界第一，这也是由于这种共同体主义。共同体意识强的韩国人也在很多工业产品的生产上，以很快的速度赶上发达国家。

消费和分配上的区别。在消费上，共同体意识强的日本人和韩国人，在同学会、同乡联谊会、亲戚朋友的喜丧事等方面的消费支出很多。但是，个人主义意识浓厚的美国人在这些方面比日本人或韩国人的支出少得多。而且即使聚在一起，以花费由自己出的方式支付很少的钱。共同体意识强的韩国人，平均意识也很强，甚至不少人主张，不管是富人还是穷人都应该过一样的生活。

政府作用上的区别。个人主义思想强的美国人认为，大政府有碍于个人的权利，所以是不好的。他们相信政府越小越好。但是对韩国人来说，在国民困难的时候应该由政府出面解救，而且在不困难的时候政府也应该领导好国民。过去的人们把国王当作国父，把王妃当作国母。认为政府应该教育、指导、领导国民的人也不少。甚至认为掉进汉江里的人也应该由政府救出。

但美国人却认为，政府管理只不过是侵害国民个人权利的事情。由于认为政府越大对国民的害处也越大，因此把立法、司法、行政独立起来并使之互相牵制，从而防止大政府侵害国民的权利。这就是美国三权分立的基本宗旨。

如上所述,经济学是以个人主义思想浓厚的英国人为对象开发出来的,并以美国人为对象开花结果。但日本人引进经济学并使它适合自己的理念和文化,日本就在短时间内成为仅次于美国的第二经济大国。韩国人也引进并使它适合我们的理念和文化,就能把世界最快的高速增长维持了最长时间,而创造了汉江奇迹。只要韩国人尊重并遵守经济学的基本原理,可以说经济学非常适合韩国人。

经济学的基本原理是永恒的,它适合任何国家的任何人。但在经济组织或达到效能的层次上,受韩国人和韩国文化的很多影响。韩国人惊人的速度、很高的成就欲、共同体精神等,可以说是韩国人实现经济奇迹的部分原因。

社会生活上的区别。在日本,退休的人为了半生意半消遣而开各种小店。美国人因此认为,日本的流通结构是复杂而前现代的。相反,美国的退休人员由于通过社会保障制度得到保护,所以没必要那么做。在共同体意识很强的日本,子女照顾老人的家族福利的重要性很大。但在个人主义意识很强的美国,社会福利比家族福利重要得多。

由此可见,韩国文化在很多方面同美国具有相反的特征。但这并不是说都是不好的。同美国文化一样,韩国文化也有其优点和缺点。当然要把优点发扬光大。世界性的文化学者查尔斯·翰浦丹特纳和佛恩斯·特罗姆皮纳斯认为,只要以这种韩国文化的优点为基础并能够形成韩国特有的经济体制,没有理由不能超过美国。他们认为,在世界上通过资本主义来获得成功的国家有美国、日本、荷兰、德国、瑞士、法国、英国七个国家,而这些都是把资本主义应用于本国的固有文化而获得成功的。于是,他们把书名定为《资本主义的七种文化》。

第六章 市场经济是经济问题的解决方法

“什么叫市场经济？是政府不能对企业进行胁迫或恐吓的经济体制。自由市场的最大的优点，是把胁迫和失误最小化。”

——皮特·德鲁克

我们在第1章中已经简要地考察了资本主义的属性。这里，让我们再仔细地考察一下。有些人对资本主义这一词汇抱有相当大的否认态度，但对市场经济却并不如此。当这些人知道了这两个词汇的含义是一样之后，觉得很奇怪。我们在考察资本主义以前，有必要知道以下的几个词汇都是同样的事实。

自由经济＝资本主义市场经济＝资本主义＝市场经济＝自由企业经济

要想了解市场经济如何解决根本经济问题，必须了解如下三种基本事实。第一是很好地懂得市场经济的游戏规则；第二是要懂得经济活动是循环运行，而且在经济主体之间的产品和货币交换都是不可分割的关系；第三是要理解价格系统的作用和优缺点。现在依次考察这些问题。

一、解决根本经济问题的最好方法

我们已经讨论过什么叫根本经济问题。现在该弄清其解决方法。那么，在其解决方法中都有什么呢？有三种。即，资本主义方法、中央集权制方法、传统经济方法。现在来考察这三种方法。

所谓传统经济，子孙们继承祖先传下来的土地并像祖先那样种地，用这种方式所收获的来履行各种惯例,并维持祖先们的贫困生活。生产锄头、食器、家具等,还是按祖先的方式生产和使用同样的产品。这种传统经济的特征是,在产品、生产技术、生产组织等方面几乎没有什么发展,因此没有什么变化,而且也没有什么收入上的增加。这样,继续着贫困生活。子女的职业也同其素质和秉性无关,继承父母的职业或家业。但这种传统方式随着资本主义或共产主义的普及基本上消失了。但并不是完全消失,只是其重要性继续在消失中。

作为最好地解决根本经济问题的方法来揭示的,就是资本主义市场经济方式。资本主义具有两方面的含义。一是作为哲学或思想的资本主义,另一个是作为经济问题解决方式的资本主义。后者意味着资本主义经济体制。资本主义是亚当·斯密在1776年出版的《国富论》中第一次揭示资本主义的科学原理。但是,在把资本主义原理适用于早期工业化的过程中,特别是适用于英国的过程中产生了很多问题。

农耕社会是一个再怎么努力,生活也很难富裕的社会。在工业化刚开始的时候,情况也是这样。虽然资本主义刚开始并在生产活动上使用了资本,但其数量非常少,而且生产性也很低。因此,资本家和劳动者没有多少要分的利益。即使互相之间争夺了很多,双方的生活都仍然很困难。而且,在这一过程中,数以万计的农民聚集在城市因患疾病而死去。

在工业社会初期,生活在英国伦敦的贫民区并亲眼目睹和体验这种生活的马克思认为,资本主义是错误的体制,所以全世界的劳动者必须团结起来打倒这一体制,从而实现理想的共产主义经济体制。他所主张的共产主义也是解决根本经济问题的方式,但这是与资本主义完全相反的方法。在迄今为止人类所发明的方法中,再没有比市场经济更好的方法。市场经济通过工业革命、生产性革命、管理革命等三大革命,大大提高了人类的物质福利。

在日本人使用刀的时候,美国人发明了自动手枪。美国以这种先进武器迫使日本武士们下跪,并迫使日本在1853年开放国门。把英国国王所送的礼物当作妖物加以拒绝并瞧不起西方的中国,也在19世纪在西方的先进武器面前屈服了。中国在鸦片战争失败以后,被英国夺走香港,还被手掌那么大的葡萄牙夺走了澳门。苏联在自己制造的雷达不能追踪的美国新型 F-117 飞机面前屈服了。此后,苏联自己解散了国家。由此可见,在武力战争中,旧武器只能在新武器面前屈服。那么,在国家经济体制之间也会发生这种状况吗?当然。东亚的经济体制到上 20 世纪为止都是"传统经济体制"。在东西方的经济战争中,东亚的这种旧体制在西方的革命性的"市场经济体制"面前屈服了。

西方开发了被称为资本主义的革命性体制,并把竞争力培养到东方无法比拟的程度。特别是英国,在世界上最先发明了叫"株式会社"的企业组织,从而史无前例地增强了国力。结果,在很长一段时间内在世界上占统治地位。在韩国,到 19 世纪为止连企业的概念都没有。如果说有组织,只有鼓吹传统儒教意识的书院及寺庙而已。但从 20 世纪 60 年代初开始引进了叫做"株式会社"的企业组织和资本主义体制,从而就成为在最短的时间内能够以最快的速度发展的国家。

表 6.1　南北韩的主要经济统计

	韩国	朝鲜
人口(万)	4 686	2 208
人均 GNP(美元)	8 581	714
GNP(亿美元)	4 021	158
出口(亿美元)	1 437	5
进口(亿美元)	1 198	10
大米生产量(万吨)	526	163
发电量(亿 kwh)	2 393	186
小米和玉米生产量(万吨)	4 104	124
农民人口比率(%)	10.3	36.4

资料来源:统计厅,《南北韩的经济社会状况比较》,2000 年 12 月,119,1999 年为基准。

韩国和朝鲜在民族、历史、传统、地政学上的位置等方面都相同。既然如此,如同表 6.1 上的那样,在国民的生产水平和国家经济等方面具有很大差异的原因是什么呢?就是因为韩国和朝鲜在解决经济问题的方式上不一样的缘故。那么有什么不同的呢?现在来考察这一问题。

二、中央集权制经济游戏的基本规则

"中央集权制国家的人们之两难选择是,如果不执行不正确的政府指示就违反国法,如果遵守政府指示就违反经济规律。"

——宋丙洛

资本主义究竟如何解决根本问题呢?连最聪明的人也最容易搞糊涂的就是这一点。为了很好地理解这一点,有必要了解采取与资本主义完全相反制度的东欧中央集权制经济国家为什么没有解决好经济问题并走向衰弱。

在这里考察中央集权制经济游戏的基本规则,是为了更好地了解资本主义。因为,与资本主义相反的就是中央集权制经济。在过去的某一个中央集权制经济国家,蔬菜在城市里很短缺,而在农村却太多以致都腐烂了。原苏联崩溃前夜发生了同样奇怪的事情,农村的小麦获得了大丰收,而在城市里面包却极为紧缺。怎么会发生这么荒唐的事情呢?在我国,如果发生这种情况会出现什么事情呢?商人们马上开车到农村去买菜并到城市里去卖。那么,为什么在中央集权制经济国家做不到这一点呢?还有,在中央集权制经济国家,各种物资非常紧缺,而且各种产品也极为粗糙。为什么呢?就是因为中央集权制经济游戏的基本规则。那么,其规则是什么呢?

规则一:任何人都不能拥有个人财产。为什么中央集权制经济否定私有财产呢?因为,第一,私有财产是资本家剥削劳动者的,因此违背社会正义;第二,私有财产权承认个人之间的差距,这就违背主张人人平等的共产主义理念。

在自由财产得不到承认的中央集权制经济国家,人们即使想做蔬菜买卖也因为没有卡车做不到。因为,一切卡车都是国家的财产。蔬菜和菜地也是国家所有,因此不能对此进行买卖。有能力的人即使想制作各种物品,却不能拥有生产设备或工具。即使做蔬菜买卖很好并赚很多钱,但个人也不能随便占有这个钱。在中央集权制经济国家，即使地位很高的人也无异于既没房也没庙的穷要饭。不像中央集权制经济那样否定私有财产而要让个人可以无限地占有或处理私有财产的，就是资本主义。因此，资本主义和中央集权制经济的第一个差别就是，是否从制度上保障私有财产权（禁止私有财产）。

规则二：国民必须受国家的控制并接受指示。在中央集权制经济国家中，由于没有市场，即使某人非法用卡车把农村的蔬菜运到城里，也没法把蔬菜卖出去。既然没市场，能卖给谁呢？要购买开发产品的设备，也没有可买的市场。即使开发了新产品，也没有可卖的市场。

在中央集权制经济国家，政府指示白菜的生产者和消费者，并控制是否按指示办事。受控制的国民反抗这种控制的情况也不少。在很多情况下，中央的控制者在不懂得地方事情的情况下瞎指挥。如果接受错误的指示，就会把事情搞糟，但也不能违抗命令。有时，人们听从错误的指示把事情搞糟。不过，地方的人如果想少干活，不能不虚报，即继续欺骗。这里，把谎话说得像真话的人会生存的更好。由中央控制的经济，是依赖于控制机构并否定市场经济而继续积累非效率的体制（依赖控制机构并否定市场机制）。

规则三：任何人都不能随便搞企业并选择职业。中央集权制经济企业不允许自由企业。这里没有经济活动和选择职业的自由。政府的控制机构给每个人指定职业。每个人必须做政府指定的工作，如果做没有指定的白菜买卖就会受处罚。汽车司机也是国家指定，不是任何人都可以开车。电视或电脑等各种工业品不能由个人生产。社会中需要企业，但中央集权制经济不承认企业，所以老百姓要想生产也不可能（否定企业和在选择上的自由）。

规则四：任何人都不能为了自己的利益随便行动。由于不承认追求私利的行为，因此个人必须为国家工作，不能为自己的利益做蔬菜买卖。即使做买卖赚了钱，个人也不能拥有它。因此，个人不具备做蔬菜买卖的愿望（禁止追求私利）。

规则五：不得互相进行竞争。中央集权制经济国家是配给国家，因此没有竞争。市场经济中,先开卡车到农村买菜并到城市卖的人能赚钱。但是在中央集权制经济国家中,一切都是根据指示和控制运行,因此供求关系不能很快地得到解决。不管好坏,生产者只要按上级的指示进行生产就可以了。在这里,并没有像资本主义国家那样很多人为了做得更好而进行竞争的事情(禁止竞争)。

规则六:在中央集权制经济国家,国家负责一切。这是一个政府全权负责的国家。如果个人要利用供求关系紧张的状况赚钱,不知会受到什么样的处罚。在中央集权制经济国家,种菜者、配给者、饭店员工、马路清洁工、卡车司机、监视员等都是国家公务员,所以这是只有政府和公务员的国家(百分之百的政府经济)。

上述的六条,即禁止私有财产、依赖控制机构、否定企业和选择上的自由、禁止追求私利、禁止竞争、百分之百的政府经济,是中央集权制经济游戏规则。中央集权制经济想彻底地遵循这些规则从而解决根本经济问题,但失败了。在中央集权制经济国家中,不仅各种工业品粗糙,而且其生产量也很不够。可以出口的工业品只有武器。中央集权制经济不能解决根本经济问题的事实,是由前苏联及东欧26个国家所证明的。

那么,为什么中央集权制经济要遵守如此荒唐的原则以至于到了这种地步呢?最重要的是错误的人性观和财产观。那么,到底错在哪里了呢?

第一,中央集权制经济把人看成是恶的存在。在中央集权制经济看来,人不仅是简单的坏,而是彻底的恶劣。因此,在中央集权制经济国家中,有很多监视国民的监督员。国民总是生活在监视之下。东德垮台时,使西德人感到惊讶的是,在东德,监视国民的特工人员多的超乎想像。中央集权主义者相信,人总是想从别人那里夺取什么或逃避国家的命令,所以必须彻底监视。还有,被揭发出来的人毫不客气地受处罚。由此可见,中央集权制经济基于这种彻底而错误的性恶说,这当然不适合人的本性。

第二,中央集权制经济的财产观也是错误的。认为,人的财产都是从别人那里夺取的。因此,承认自由财产就等于承认夺取别人财产。就是说,只有不让人拥有财产,才可以不夺取别人的财产。中央集权制经济否定私有财产的原因就在此。对中央集权制经济的人性观感兴趣的人们，可参见拙著《资本主义的笑容，资本主义的眼泪》（金映社）。

三、市场经济游戏的基本规则

任何人都可以努力工作并储蓄钱积累财产。而且，父母和子女之间也可以出于纯粹的爱给予或接受财产。但中央集权制经济断然不能有这种财产。由于这种错误的人性观和财产观，即使一生都努力工作的人原则上也不能拥有自由财产。同时，也没有选择职业和搞企业的自由。而且，还必须在彻底的监视中生活，并且不管好坏，靠政府配给的物质生活和工作。那么，是不是做的和中央集权制经济完全相反就可以呢？正是如此。这么做的，就是市场经济。那么，市场经济游戏的基本规则又是什么呢？

第一，保障私有财产。正如前面的例子，如果卡车或菜地都可以让个人拥有的话，那么拥有卡车的人可以开车到农村买菜并卖到城市。菜地的主人也用不着得到国家的批准可以自己卖菜。要开发新产品的人，也可以利用私有财产来购买必要的设备并尽情地用在新产品的开发上。还有，市场经济不允许任何人通过武力或诈骗行为夺走勤俭节约而积累的财产（保障私有财产权）。

私有财产权适合人的本性。尽量扩大私有财产的本性，使人充满活力。那么，私有财产权具体意味着什么呢？意味着如下三个方面的权利：

- 在有人要通过诈骗、暴力、权力等途径夺走我的私有财产时，自身能得到法律保护的权利。
- 可以排他性地拥有我的财产（财物、服务及资源）的权利，以及随便使用的权利。但在财产的使用权上当然不能侵害他人的财产权。
- 我的财产可以根据我的意志转让给别人。

那么，保护私有财产权的理由是什么呢？有如下几个方面：

- 私有财产非常适合人的本性。连动物也具有很强的占有欲。其占有物被侵害的时候,甚至还拼命反抗。不仅是私有财产,任何其他不适合人的本性的事情都不能做。
- 任何财产,对此最明白并使用最好的人就是所有者本人。越是贵重的财产,最好的方法就是让所有者自己来管理。因此,财产并不是由国家而应由个人拥有。
- 为所有者本人和别人使用财产的最好途径,就是私有制。在市场经济中,越是帮助别人的人,同时也是相应地有利于自己的人。
- 提高财产的将来价值的最好途径,就是私有制。因为,最想提高财产的将来价值的人,就是所有者本人。

不过,在知识社会中,其重要性继续增加的财产权是知识产权。比起物质财产权,知识产权不仅难以界定,而且政府也难以保护知识产权。

第二,市场经济通过市场使人们自由地解决经济问题。在上述例子中,在卡车上装着蔬菜的人可以在市场上出售,而消费者可以在市场上直接购买它。想开发新产品的人可以在市场上购买必要的设备,并可以把开发出来的新产品在市场上出售。不管是蔬菜的生产者还是消费者,任何时候都可以在市场上进行交换,因此供求关系自然得到调节。这里,没有必要由国家出面具体指定蔬菜的生产者、生产量、消费者、出售者等,并进行监督是否按所指定的那样进行得顺利。

市场决定任何商品的价值。在决定价值时,是具有利益关系的当事人自己考虑各种因素(收入、兴趣、技术、生产成本等),从而作出决定(充分利用市场机制)。

市场还使任何商品总是由最好的企业来进行生产。市场迫使不好的企业被好的企业吞并。因此,市场迫使各种企业为了生存而尽力。从这种意义上说,自由市场所起的作用同企业的森林规则(森林中的弱肉强食——译者)一样。

第三,现在我们所使用的鞋、电视、手机、汽车等,都通过个人进行生产是不可能的。这些必须由企业生产。还有，人只有在做自己喜欢和适合自己的事情时，才做得最好，因此市场经济承认自由的企业和自由的职业选择。任何人都可以做卡车司机、蔬菜生产者、蔬菜消费者等（自由企业和自由选择）。

第四，个人只有与自己利益相关的时候才做得最快和最努力。只有让个人得到做菜买卖或开发新产品而应得的钱，个人才会努力工作（承认追求私利）。

第五，市场经济不管菜买卖、种菜、开发新产品、各种产品的销售等，都是在竞争时才能做得最好，任何事情都让做得最好的人去做。而且，竞争不仅促使个人以私利为目的进行各自的活动，也能促使个人为公共利益服务（重视竞争）。

第六，市场经济不是由政府，而是尽量由国民自己解决根本经济问题。国家应在民间企业有能力生产的蔬菜、汽车、电视等方面放手让民间企业自己来生产。还有，应成为以国民主体的经济，即应成为民主经济（小政府和民主经济）。

不过，市场经济不可能通过市场解决一切问题。根据情况，还有一些需要由政府来解决的问题。另外，也不能把国家的所有财产都让个人所有。根据需要，政府也应该有所拥有。这样，在财产的所有和经济问题的解决上要混合自由市场和政府的控制功能，把这种经济称为混合经济。美国经济或日本经济都是这种经济形式，但在市场功能和政府功能的混合程度上，是有区别的。

这里，把上述六项市场经济游戏的基本规则概括为如下两点：

一是对私有财产权的保护，另一点是通过市场机制及制度来解决经济问题。从上述的第二条到第六条，实际上都是与市场制度相关的。这些我们已经在第 1 章中简要地考察过。而且，还与第 10 章中的新增长模式相联系，在第 11 章中的美国和日本企业的比较中再进行讨论。

根据如何混合自由市场和政府控制功能，还可以划分经济体制。最重视自由市场经济的体制是美国式的资本主义，而最重视政府控制功能的体制就是原苏联式的中央集权制经济。其间，有德国式的社会市场经济、瑞典的福利资本主义、中国式的社会主义市场经济等多种形态的体制。这里,主要讨论与我们有直接关系的美日及韩国的市场经济。

四、美国、日本及韩国的市场经济体制的区别

我们已经知道了可以把市场经济的主要特征概括为“保障私有财产制度”和“通过市场制度来解决经济问题”。这里依次考察美国、日本、韩国等国家之间的区别。

保障私有财产权。美国政府并不强求企业家为企业拿出自己的财产。美国政府不管企业家是拿出自己的财产来救活企业还是不拿出自己的财产让企业倒闭。在美国,富翁们可以到处表现自己骄傲的心情。美国是彻底保护财产权的国家。美国又是非常明白如何扩充国民财产的国家,也是把企业或个人的财产以“股票市场为中心”扩充很多的国家。

美国人是个人主义的信奉者,因此确信,财产也应该尽量要“个人所有”。他们认为,如果公司赚了钱,应该马上分给是个人的大部分股东。还有,即使个人之间的收入差距很大,如果导致这种差距的原因在于个人能力上的差距,那么应予接受。因此,美国的穷人和富人之间的差距自然会很大。事实上,在美国的收入或财产分配上存在着严重的不平等。有关收入分配的问题,将在第24章中进行讨论。

日本是一个主要由公司拥有财产,并以公司为中心发展的国家。日本人认为,如果公司赚了钱,首先应该用于发展作为员工生活共同体的公司的发展上,而不应由股东分红。还有,同属一个集团的企业互相参股。但日本企业不重视对个人股东的分配,而是以扩大市场和增长为目标。因此,国民与股市投资相比,更多地通过住宅、退休金、年薪等形态来扩大财产。由于日本人很强的共同体主义倾向,认为公司成员之间的收入差距不应太大。这样,日本人在收入分配上的平等程度也较高。由于这些原因,日本的证券市场同美国的证券市场在性质上有很大的区别。

在韩国，很多土地由个人所有，而股票则很多由公司所有。同属一个集团的公司之间互相持股，也比较多。不久前，政府开始像美国那样增加股票的个人所有，但由于股票市场不景气，个人和企业都曾经历过困难。在国家层次上增加国民财产方面，在政策上一直被忽略。很多韩国人似乎不大知道如何在国家层次上增加财产。市场经济的重要目标之一是扩大国民的财产所有，但很多人似乎不太知道这一点。政府政策负责人也十分忽视这一点。这可以概括为如下：

- 自由经济体制把国家的财产尽量让国民（企业和个人）所有，而不是让国家占有。美国认为应该由个人拥有财产，而日本则认为应该发展以公司为中心的所有制。
- 国家通过法律保障个人的财产权。任何人都不得通过权力、暴力、诈骗等行为夺走别人的财产。政府也不得通过过多的税收夺走个人的财产。
- 使国民尽量更多地和更好地扩大财产。美国人通过证券市场扩大财产，但日本人和韩国人则通过住宅和不动产扩大财产。

市场。美国的市场是①财货；②服务（包括律师和殡仪馆等服务）；③公司；④枪等凡是可以交换的都让人们自由地进行交换。由于全世界的企业都到那儿去进行竞争，所以美国市场的竞争最为激烈。在原则上，日本市场很少做那些买卖公司的事情。在美国市场上，即使代表美国的企业，即“星条企业”也常常被卖出去。但在日本，代表日本的企业，即“日之丸企业”几乎从没有出卖过，根本也不想卖。只要有钱可赚，美国人连企业也买或卖。

日本市场上，有关家电产品或汽车等的很多企业在国内进行殊死的竞争。在有些产品上，可以说日本的企业竞争在全世界最为激烈。因此说，日本企业到国外是轻松的竞争。在日本市场上，枪或律师服务等服务上的交易也较少。

“请日本人或韩国人今后像美国人那样离婚，并请美国律师。”

——美国律师

在韩国市场上，也不怎么做枪或企业方面的交易。律师服务等服务上的交易也不多。还有，美国市场是世界上政府规制最少的市场。而韩国和日本市场的政府规制比美国要多得多。日本和韩国的资本主义是市场和政府都强的资本主义，也可以说，是政府管理市场的资本主义。但美国在资本主义国家中政府干预最少，同时在最大程度上保障其自由的国家。

五、市场经济和民主

“继续强调社会的错误并主张惩罚有关人员的人，是倾向于中央集权制经济的人。相反，强调社会的好处并主张对有关人员予以表扬的人，是倾向于市场经济的人。”

“相比于弥补缺点，应该更加努力地强化优点。”

——皮特·德鲁克

由于市场经济是由国民当主人的经济，所以是民主经济，是以民主为前提。在这种意义上，市场经济和民主是相互促进的。在市场经济中生产什么产品，取决于什么样的人投多少钞票。在民主国家，什么样的候选人在选举中当选，则取决于选票的数量。在民主社会所有的人都行使投票权，因此完全平等。但在市场经济中，由于人们在竞争力上具有差距，所以在钞票上具有很大的差距。市场经济完全承认因个人能力的差距而发生的钞票上的差距。因此，市场经济和民主之间还存在着相互矛盾的一面。

民主以多数表决原则为前提，因此如果搞不好，国家政策很可能像多数的穷人瓜分少数富人财产的方向发展。国家领导人也有可能积极这么做，这种领导人就成为迎合人们好恶的大众化领导人。而且，世界级的经济专家也很难解决的复杂经济问题，常常要通过不具备经济知识的一般市民通过多数表决原则来解决。这些事情实际上在很多南美国家经常发生。为了能够形成市场经济和民主相互促进的局面，必须提高国家的领导人、经济政策负责人、一般市民等的经济知识。现在来考察一下市场经济的精神方面。

六、富翁精神，富国精神

"在现代化过程中我所得到的最大教训是，任何事情的成败既不取决于技术，也不取决于物质，一切都取决于我们的心态。"

——现代集团创业者郑周永

市场经济是为了让更多的人聚集更多的财产，过更好日子的体制。还有，即使生活得很好，也要加倍努力工作，过俭朴的生活从而能够更多储蓄，使人们过更好的生活。另外，这种经济体制使人们在没有国家干预的情况下过着自由的经济生活，而且任何财物或服务都由生产最好的企业来进行生产。

但是，虽然有这种美好的理念，但通过市场经济而成为富国的国家毕竟是少数。为什么呢？是因为国民的心态还没有摆正的缘故。那么，国民的心态应该是怎么样呢？市场经济是一种经济体制，即便体制再怎么好，如果运作这一体制的人的精神状态摆得不正，那么体制就不可能正常运行。马克斯·韦伯在《新教伦理与资本主义精神》一书中认为，只有有了像新教伦理这样的精神，市场经济才能运行得正常。他是临死前写了这本书的，他说自己能够这么坚强地写书，也正是从小开始接受卡尔文主义(Calvinism＝把世俗财产神圣化的主义)的缘故。

知识化社会是网络社会，也就是很多人之间相互发生影响的社会。这是一个不仅是个人能力，而且人们的精神也是很重要的社会。同时，这也是只要下定决心，任何人都可以加害他人的社会。果真如此吗？

道德松弛。例如，在加入了充分保险的时候，有可能希望自己的车被盗，因此不太小心保管车。如果能够得到不少失业救济金，那么也许希望自己失业。也就是说，原本以热情工作为条件签了契约，但可能会不怎么认真工作。

如果像上述那样，契约的某方向对方有害的方向变更自己的行为，那么就发生道德松弛的问题。那么，只要杜绝道德松弛就可以了吗？不然。解决道德松弛的问题是纠正错误的行为。我们所需要的，是纠正错误之后使之走向正确的方向。这就是如下的市场经济精神和富国精神。

第一是勤勉和自制。创建我国企业集团的具滋景、李秉喆、郑周永、崔钟贤会长等人的最重要的特征之一，就是勤勉，也就是起早贪黑地努力工作。到中南美国家开办企业的一位韩国企业家说，如果给自己公司的工人发工资，当天晚上会有很多人喝酒喝到很晚，以至第二天只会有 1/4 或 1/5 的人来上班。生活好的人的第一特征，就是勤勉。

犹太人所重视的《塔木德》如是说，“智慧的象征是节制”。有句老话说，经济的良药是节约，而健康的良药是节制。由于现在的生活水平提高了，人们有可能浪费自来水或电。这不应当由谁指使谁或要人去监督，而应该自觉节约。节制和节约可以从根本上减少环境污染。

《圣经》上说，“不愿意干活的人不要吃饭”。维伯林在他的名著《有闲阶级论(*Theory of the Leisure Class*)》中说，从事生产活动，很多人更多的是为了满足自己的名誉或显示自己而做事情。如，知识分子不是为了解决问题，而是为了显示自己而写书；很多女性不是喜欢衣服，而是为了显示自己购买衣服。这些都说明了自制的必要性。

美国的父母从小开始要培养子女的市场经济精神。从小开始让他们通过送报、收拾邻居家的草坪、在汉堡包店工作等活动赚钱。从而让他们认识到劳动是神圣的，钱是作为劳动的代价得到的，赚钱是多么得不容易。而且高中生还经常做成立公司或制定工作计划等课外活动。韩国的父母是不是只传授自己的孩子好好学习并考上一流大学的方法？

第二是物质上的成功。中国的邓小平说：“财富是名誉”。美国的威廉·劳伦斯说：“物质的繁荣使人们更高兴、更愉快、更不利己、更为神圣”。拉赛尔·科恩威尔牧师以如下话而著名：“诸位，请当上富人，当富人是基督教徒神圣的义务。贫穷是各种犯罪的母亲。很难做到既贫困又正直”。富人可以设计未来，但穷人则忙于今日的事儿。日本在1999年7月发表的经济新生方针，有一条国家发展目标是“富国有德”。但是，物质的成功必须要通过多做有助于他人的事情来达到。

第三，不断地自我提高。也就是说，为提高自己的能力(＝生产力＝竞争力)要尽最大的努力。无数的学生头昏脑涨地学习的目的，就是为了提高自己的能力。不管在哪一个领域上，成为世界第一的人总是很特殊。这种特殊，就是指精神或道德。不断的自我提高是以精神上的修炼为前提的。

第四，博爱主义。佛经上说，即使穷人也可以施于人温和的表情、温馨的话语等七种东西。这就是“无财七施”。十戒的核心是关于上帝的爱和对邻人的爱这两种。犹太人的经典《塔木德》强调，赚钱的人必须把其中的一部分用于为穷人的事情上。美国人的捐赠文化造就了世界最高水平的斯坦福大学、哈佛大学、麻省理工学院等私立大学。

这些大学又为美国企业成为世界性的企业进行必要的研究。在美国，一流企业和一流大学之间形成相互促进的关系。在这一点上，没有一个国家能与美国相媲美。也有人在赚钱时给人一种剥夺感，而在用钱时则给以人跛扈的感觉。由于资本主义社会是竞争社会，因此如果做不好，就有可能成为冷酷无情的社会。只有具备了博爱精神，才能成为富有人情味的社会。

清教徒们相信，在有助于人的职业上，并不存在高低贵贱之分。他们相信，任何人在其职业上都必须接受神的召唤，自己的职业是由上帝指定的，因此必须以天职思想来做工作。由于这种思想，在美国社会里可以产生多种多样的职业。在缺乏这种思想的国家中，恐怕只有科举考试的合格者、桑巴舞的选手、斗牛士、儒士、足球运动员等才能成为受欢迎的职业。

第五，要成为反省而获新生的人。当今世界已进入知识化时代，个人和企业的竞争力取决于创新或改革。创新才是对获新生之人的赏金。不让自己重生的人，没有一个是获得大成功的。我们的祖先曾经强调过“吾日三省吾身”之精神。

不过，上述的从第二到第五方面，是“广义上的市场经济精神”，而第一条，即勤勉和自制则是“狭义上的市场经济精神”。

"青少年犯罪等社会弊端增加是因为与人的身体有关的医疗技术或医学科学虽然发展了，但与精神有关的方面却没有发展到这种程度。"

——崔钟贤，《在21世纪成为一流国家的途径》

七、经济活动是流转的、循环往复的过程

在中央集权制经济中，国民就职于政府，并得到政府发给的配给票，把这个票交给由政府运作的配给所，并得到货物消费就可以了。但在市场经济中，大部分人就职于企业并从中得到的钱来购买货物而进行消费。所谓就职于企业，意味着把劳动的生产要素卖给企业。家庭还给企业出售资本和土地两种生产要素。而企业则从家庭购买生产要素并生产产品之后卖给家庭，用其收入支付家庭购买生产要素的代价。在产品的情况下，企业是供给者，家庭是需求者。相反，在生产要素的情况下，家庭是供给者，而企业是需求者。因此，企业和家庭是通过产品市场和生产要素市场相互依赖。

我们在谈论某一种商品的需求和供给时，消费者和生产者在收入和生产要素方面，似乎没有什么关系。但事实并非如此。企业和家庭具有不可分割的关系。这一关系如图6.1所示。

从图6.1上看，企业从家庭购买生产要素(劳动、土地、资本、企业家才能等)并生产产品，然后把这一产品卖给家庭。家庭作为卖给企业的生产要素的代价，从企业那里得到收入并用在购买商品方面。企业向产品市场提供产品，而家庭可以从产品市场上购买产品并进行消费，因此可以向生产要素市场供给生产要素。这种被供给的生产要素又重新被企业购买。可见，图6.1的外围大圆部分表示的是实物的流程。而钱的流程则向与实物相反的方向运行。从图6.1上看，就可以知道货币是流转的。也就是说，可以知道经济是循环往复的过程。这里，实物的流程和金融的流程相结合。而且，产品市场和生产要素市场也要相结合。企业和家庭也一样。如果实物增长快，那么金融也要相应增长。由此我们可以知道，

市场经济中的经济活动具有如下特征：

- 市场经济中，企业是在某种产品的销售收入能够充分抵销用在其产品生产上的成本时，才能继续供给产品。
- 经济活动是流程，是循环流转的过程。
- 家庭和企业相互依赖。在家庭是供给者的时候，企业是需求者；相反，在家庭是需求者的时候，企业是供给者。
- 产品市场和生产要素市场也相互依赖。
- 钱和实物（财物、服务及生产要素）是相反方向上的流程，而且必须要互相适应。如果货币的流程减少了，那么实物的流程也减少。相反，则相成。在亚洲金融危机的前夜，韩国的根本经济问题是金融市场没有像实物市场那么发达。金融市场发展好了，实物市场也相应地得到发展。

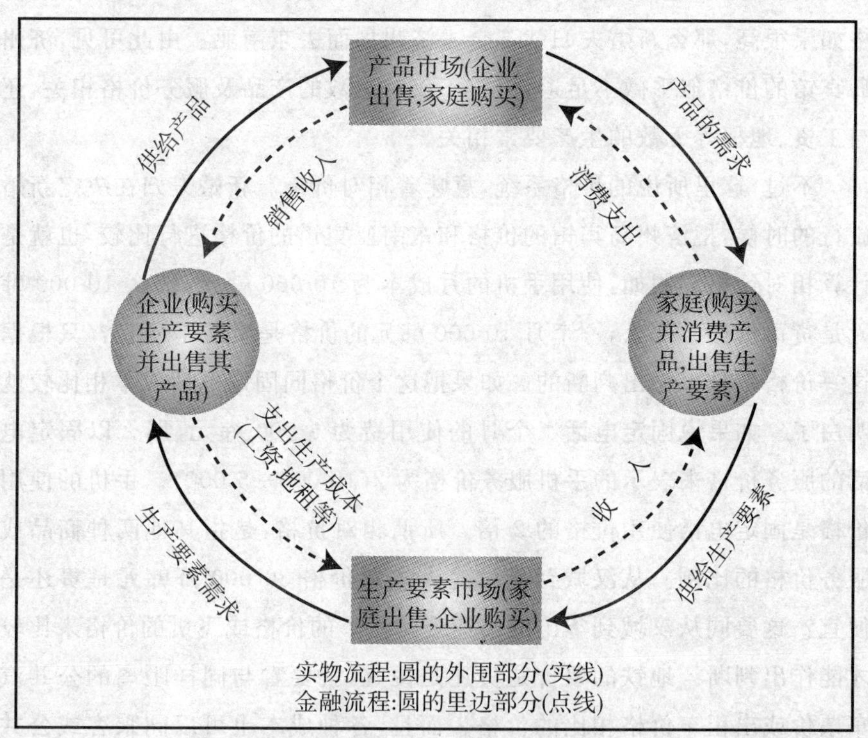

图 6.1　市场经济活动的循环过程

八、价格机制

在上述的讨论中，我们懂得了市场机制决定各种商品价格。而且，还懂得了通过经济活动的循环往复，无数的商品和服务价格与无数生产要素的价格紧密联系在一起。这就意味着，某种商品的价格变化，同其他无数商品的价格变化互相发生影响。所有商品和生产要素的市场价格，如同一张巨大的网络，紧密地联系在一起。把这称为价格网或价格系统。通过下边的例子，让我们再仔细地考察这一问题。

例如，济州岛宾馆如果价格低廉，那么很多新婚夫妇就会到济州岛去旅行。乘坐飞机到达济州岛，并进行各种消费，如吃饭、乘出租车、购买礼品等。这样，就会增加与此相关的就业机会和薪金水平。如果这个程度高的话，那么陆地的人们就会到济州岛去找职业。相反，济州岛宾馆的价格如果很高，那么新婚夫妇就不会去济州岛而去东南亚。由此可见，济州岛宾馆的价格似乎微不足道，但它不仅与无数的产品及服务价格相关，还与工资、地租等无数的生产要素相关。

不过，这里所说的价格系统，意味着相对价格。新婚夫妇在决定新婚旅行的时候，把济州岛宾馆的价格和东南亚宾馆的价格进行比较，也就是计算相对价格。假如，使用手机的月成本为 10 000 韩元，那么 10 000 韩元是货币价格。那么，一个月 10 000 韩元的价格是贵还是便宜？只根据这一价格是难以作出判断的。如果把这个价格同固定电话成本相比较就明白了。如果说固定电话 1 个月的使用费为 5 000 韩元，那么以固定电话的服务价格来表示的手机服务价格为 2(10 000÷5 000)。手机的使用价格是固定电话使用价格的 2 倍。所谓相对价格，是指其他两种商品或服务价格的比例。从汉城到釜山的火车票价格 30 000 万韩元是贵还是便宜？这要同从汉城到釜山的高速公路汽车的价格或飞机的价格来比较才能作出判断。地铁的票价是贵还是便宜，就要看与同样距离的公共汽车票价或出租车价格相比的价格。而且，各种成本也可以同乘客或公共汽车公司及出租车公司的员工们的薪水进行比较。

任何商品的价格，都是与无数的其他商品相比较之后以相对价格来表示。因此，相对价格多得数不清。一切相对价格的组合就是价格系统。无数的价格相互联系在一起，说明无数的市场也相互联系在一起。我们把以网状形式联系在一起的一切商品与服务的价格和市场称为价格系统和市场系统。即，价格系统＝市场系统＝价格与市场系统。

不过，相对价格的变化发挥重要的信号功能。如果公共汽车的票价上涨了，那么就是让人们乘坐地铁的信号。如果固定电话的成本提高了，那么就是用手机来代替固定电话的信号。世界上几乎没有一种商品不能被其他商品来替代，这称为"代替原理"。由于这一原理，饮食店、文具店、咖啡店等不能随便提高价格。代替原理发挥着使销售者们不能随便提高价格的功能。

九、看不见的手与根本经济问题

我国的家电产品公司，是在互相竞争的过程中，为了把消费者所希望的产品按所希望的量，以及为了制造得更好和更便宜而努力工作。还有，如果自己公司的产品出了故障，就要尽快把它修理好。汽车公司也一样。甚至很多高速公路公共汽车公司，在中秋、春节等大节日时，因担心高速公路上的汽车发生故障，就把汽车修理小组派遣到中间休息站去提供服务。什么原因迫使它们这么努力工作呢？是不是因为政府的指示？否。是各公司自发地做这一努力。那么，是谁促使各公司这么努力？亚当·斯密在1776年出版的《国富论》中说，是由于看不见的手迫使它们做到这一点。来看一下他的说明。

> "任何人都努力使自己的资本能够生产出最大价值的产品。一般来说，这些人既没有特意要增进公益的意图，也不知道增进了多少公益。人们往往只考虑自己的安全和自己的利益。但是，由于看不见的手的指引，就能够增进他并没有想过的公益。因追求自己的利益从而增进的公益，常常比有意追求社会利益更能有效地增进公

益。”

全世界的猪,几乎都吃同样的饲料,这就是美国生产的饲料。美国的饲料生产厂家不是为了韩国的猪生产饲料。把美国的饲料运送到韩国的船舶公司,或从港口把饲料运送到养猪场的运输公司,都不是为了猪或养猪业者这么做。他们是为了自己的利益才这么做的。美国的农民、饲料厂家、船舶公司、运输公司等都是在追求自己的利益,韩国的猪因此吃到了美国的饲料。

经济行为也必须通过竞争,为了追求个人利益就必须根据市场价格竞争,那么就自然而然地增进自己并没有想过的公益。这就是所谓亚当·斯密的看不见的手。换句话说,所谓市场机制和价格机制,就是使人们为了自己的利益而做出经济行为,从而增进社会福利。

再说明一下,激烈竞争的家电产品公司或汽车公司,任何一家都不能生产不良产品并把它卖给消费者。因为,如果这些厂家这么做,那么竞争企业就会夺走市场。生产厂家不得不为生产更好的产品而努力,要不然就会被竞争企业夺走全部市场,从而吃大亏。为了不吃亏,当然也为了获得更大的利益,就必须不断地努力。各企业互相竞争,不得不为了生产质优价廉的产品努力。市场经济内部始终存在着“自动监视机制”或“自律规制机制”。这一切都是由“看不见的手”创造出来的。

政府的公务员既为公共利益而努力工作,也由于监察院等机构的监督而不得不努力工作。政府不仅对公务员,而且在必要时还对民营企业进行各种各样的监督。把它称为政府的看得见的手。在市场经济中,原则上由“看不见的手”解决经济问题。但有时会有“看不见的手”不能解决的问题,这称为市场失灵。为了解决市场失灵,政府的看得见的手就介入市场。但政府也会做错,与市场失灵相对应,这称为政府失灵。

市场⟶看不见的手⟶市场失灵

政府⟶看得见的手⟶政府失灵

那么,市场和价格系统是如何解决根本经济问题的呢?

效率问题。在选举中,获得“选票”多的候选人会当选。在市场经济中,得到“消费者钞票”多的产品才能继续生产。钱就像民主的选票一样。由于这一产品的相对价格上升,生产者们就更多地生产这一产品。

追求利润的企业,要以最小的成本生产消费者所希望的产品。例如,如果城市中心地带的房地产价格很高,那么就会为了减少土地成本而建高层建筑。如果作为建筑材料的铜的价格很高,那么就更多地利用铝。由此可见,价格机制迫使企业必须继续寻找最小成本的生产方法。以最小成本生产消费者所希望的产品,这就是效率问题,价格机制提高这种效率。

分配问题。人们根据自己现有的生产要素,即劳动、资本、土地及企业家才能如何而得到分配收入。价格机制决定我们所拥有的相对价格。

如上所述,资本有物质资本和人力资本。不过,具备作为企业家才能创建世界性企业的人、世界性场合比赛的运动员或歌手及艺术家等这些积累丰富人力资本的人,在市场经济中得到很多收入。从父母那里继承很多土地的人获得很多财产收入。而大部分人则按劳动报酬得到收入。很多学生努力学习是为了储蓄更多的人力资本,从而以后得到更多的分配。学生们能得到更多收入的途径,也许是培养自己的企业家才能。

增长问题。如上所述,韩国的家电企业由于激烈竞争,竭尽全力要提高人力、物力、技术及组织等方面的能力。在这种过程中,韩国的家电产业及经济整体能力也得到提高。生产能力的提高意味着经济增长。在过去没有技术创新时,企业的竞争主要表现为价格竞争,但现在最重要的是创新竞争。创新与经济增长具有密切的关系。关于这一点,请参考第4章和第16章的有关内容。

稳定问题。在全球化竞争时代,经济不稳定成为大问题。韩国、泰国、印度尼西亚等国最近都经历过经济危机,而日本进入20世纪90年代以后,就经受了近10年的经济不景气。但如果看美国1991~2000年间的经济增长,那么就业者在增长的过程中,物价也是稳定的。像电脑这样的革命性产品,其质量继续提高,但价格却不断下降。而且,由于电脑普及率继续提高，就业率也在增长。全球化时代，由于企业和产业的世界竞争力很高，因此提高国家的世界竞争力，才可以达到真正意义上的经济稳定目标。

国际收支问题。市场机制正常的日本、瑞士、新加坡、荷兰、台湾等国家和地区，都是贸易顺差。市场经济运行得好，意味着企业的数量增加。就是说，竞争力强的企业多的国家，就成为国际贸易顺差国。

生活质量。生活质量可从如下几个方面考察：第一，如果市场经济发展了，那么有很多生产日用品的工厂、住宅、图书馆、娱乐设施就能建设起来，因此生活质量就会提高。第二，如果市场经济发展了，能够创造出很多就业机会，因此劳动生活的质量就会提高。第三，如果市场经济发展了，那么人们的收入就会上升，可以增加很多闲暇时间和旅行机会，因此生活质量就会提高。

到现在为止，我们只是集中考察了市场体制（＝价格机制）的好处。把这些称为“市场经济的优点”。从现在开始，我们考察一下市场机制不能解决的问题，即市场失灵问题。

十、市场失灵

“她在好的时候太好，在坏的时候则实在太坏了。”

——亨利·隆费罗

在市场不能适当地生产某种产品的数量，或者不能很好地生产所需产品的种类，就称为市场失灵。导致市场失灵的原因如下：

(1)公共财货的供给。在市场上进行交易的财货是衣服、电脑、汽车、理发服务等私有品。由于国防服务、天气预报、治安服务等公共财货不是市场交易的对象，因此市场机制不能提供这些。划分公共财货和私有财货的标准有如下两个方面：

· 排他性(excludability)。在面包、衣服等私有财货上，不出钱即不能享有。但在国防、治安服务等公共财货方面,即使不出钱也能享受。

- 枯竭性(depletability)。如果面包、衣服等私有财货被个人消费,那么就会枯竭。但即使个人使用国防服务或汉城市内的公路,这些公共财货也不会枯竭。

由于在公共财货的情况下,不能把没出钱的人排除在消费队伍之外,因此出现不出钱而享受这些公共财货的人,这就是搭便车(free-rider)现象。而且,也不会因为多一人利用这些公共财货,其边际生产成本就增加。由于这种特殊性,不仅不可能制定公共财货的市场价格,而且也不值得。因此,公共财货的供给不能依靠市场机制,而是应该依靠公共机构。

在韩国,铁路服务由铁道厅提供。不过,美国是由民间企业提供。在日本,分为公家提供的国铁服务和民间企业提供的私铁服务。而在香港,地铁服务、教育服务等几乎所有服务都被当作私有财货并由民间企业提供。

(2)难以应对外部效应。在出租车司机和乘客以出租费 5 000 韩元进行交易的时候,这是对作为私有财货的出租车服务进行的交易行为。假如在进行这种交易时,由于出租车的排气产生空气污染问题。空气污染并不包括在这一交易行为之中。这种空气污染的受害者是汉城市民。如果汉城市在净化空气污染方面需要 2 000 韩元,那么这笔成本应由司机和乘客共同负担才是。这种排气由于影响交易以外的其他人,因此把它称为外部效应或外部性。

像空气污染这样有害的外部效应叫做外部非经济。相反,为其他人带来好处的外部效应称为外部经济。善于治好别人疾病的医生会产生外部经济。果园主人和养蜂业者互相给对方带来外部经济的好处。搞好自家花园的人不仅使邻居们赏心悦目,而且还可以使邻居的房价上涨,给邻居带来利益。小偷由于使别人养防盗狗、筑高墙、加设警报器,迫使国家增加警察和监狱,因此给全体国民带来外部非经济。

美国联邦储备局局长阿兰·格林斯潘被称为经济总统。由于他成功制订了经济政策,使美国经济走上1991年开始至今的发展。在这一过程中,无数的企业和人们从中得到了很多外部经济的好处。相反,印度尼西亚或泰国等不发达国家的不称职的经济专家们把国家经济导向危机,因此给无数的企业和人们带来了莫大的外部非经济之害。

虽然出租车司机和乘客的交易产生了排气的外部效应,但价格机制不能把这一成本包括在出租车成本之中。市场机制不能解决这种问题。

(3)垄断的增加与竞争的限制。市场经济只有在激烈竞争的条件下才能正常运行。如果一个企业进行垄断,或者几个企业合作形成卡特尔并行使强有力的垄断力(市场支配力),那么市场机制就不能发挥正常的功能。例如,石油输出国组织(OPEC)的会员国形成强有力的联合,减少世界石油的产量并提高石油价格,从而发挥强有力的影响力。还有,国内有些旅游景点中的几个饭店或宾馆互相勾结,以高价出售低质量的服务。铁路厅、韩国通信公司、韩国电力公司、城市煤气、自来水公司等与社会间接资本有关的公共企业,如果发挥其垄断性的影响力,那么从这些企业中接受其服务的私营企业的竞争力就必然走向衰弱。

(4)信息不对称。到汉城的外国旅客,由于不知道自己住宿旁边就有一家百货店,就乘坐出租车到很远的百货店购买东西。从乡下到汉城的不少人,由于不识路而被司机随便开车而多交出租费。很多患者到医院听命于医生而做手术,或者不懂得药物副作用而随便吃药。还有,保险公司有可能在不清楚当事者的健康状态的情况下签订保险合同。

像这种交易当事者中,只有一方知道有关商品的信息,称为因信息不对称而产生的问题。在这种情况下,市场机制不可能运行。交易当事者对有关交易商品或交易条件所知道的信息越充分越完整,市场就会运行得越好。

上述的四种情况就是导致市场失灵的典型因素。前两种是市场做不到的,后两种是市场虽然能做到但做不好的。世界银行在1997年的《世界发展报告》上加了"在变化世界中的国家"之副标题,并刊登了关于市场失灵和政府失灵的专门报道。根据这一报道,市场失灵的主要因素是上述四种。

但是,由于市场是由信息不完全的消费者和生产者所产生的经济行为而形成的,所以市场只能是不完整的。因此,不少人认为,收入分配等问题也是市场失灵。不过,把这些问题当作市场经济的问题,这是不正确的观点。因为,作为市场经济反面的控制经济也不能很好地解决这些问题。因此把这些问题当作只有市场经济才有的问题,并主张政府应更多地干预经济,这是不正确的观点。而且,认为市场解决不好的问题,政府就能解决好的想法也是不正确的。

收入分配的恶化。在全世界的运动员中,收入最高的人是麦克尔·乔丹。前不久,他的年薪达到了1 000亿韩元。但即使同样是篮球运动员,年薪还不到1亿韩元的人也有很多。创建软件公司的比尔·盖茨的收入超过人们的想像,但同样从事信息通信产业的大部分人的年薪还不到1亿韩元。

在信息通信或生命科学等迅速发展的企业中,先进行技术创新并获得专利的人和没能做到这一点的人之间,收入差距肯定会很大。竞争舞台是世界市场,是能够做到技术创新的人和做不到这一点的人之间进行竞争的地方,也很可能会成为胜者全得的领域,收入差距肯定会很大。在韩国,四大企业集团和其他企业集团之间也有很大的差距。市场经济是不管什么商品,由最好的企业来生产的体制。因此,做得最好的企业和做不到这一点的企业之间的差距只能拉大。

也许有些人认为,收入分配问题是市场经济与生俱来的问题,其实不然。根据世界银行《世界银行发展报告》(2000/2001),以吉尼系数来看,在当今世界收入差距最大的国家是人均收入不到130美元的斯里兰卡。像津巴布韦、莱索托等市场没能得到发展的国家的不平等分配也很严重。除了非洲最不发达国家以外,收入严重不平等的国家是南美几个国家。俄国的收入不平等也比较严重。如果看一下本书第24章中的统计,很难断定收入分配问题是市场失灵的问题。相反,市场不发达国家的收入分配并不好,而市场发达国家的收入分配则比较平等。

经济不稳定。日本曾经由于泡沫经济导致房地产价格暴涨。日本于1991年开始泡沫经济,到2000年为止一直受经济不景气的影响。印度尼西亚、泰国、韩国、墨西哥等国，在经济发展的过程中遭受经济危机而导致了全社会的不稳定。有些人认为，市场经济的重要问题，是必然会遇到大危机那样的经济危机。但由于美国等发达国家在经济体制和经济政策上做得很好，因此能够杜绝像大危机那样的严重经济危机。

要为将来投资，不要把资源过多地分配到现在的消费上。在市场经济中，生产者生产的，是消费者现在所希望的。因此，有一种倾向就是过多地生产与吃喝玩乐有关的财货和服务。换句话说，很有可能过少地把资源分配到为了将来的储蓄和投资上。

寻租(rent-seeking)行为。所谓寻租行为，是指个人或利益团体在直接或间接地在给别人或社会带来损害的情况下，追求自己利益的各种行为。个人或利益团体追求不当利益的通常行为有：补贴、有利的契约、变更有利的规定等。

例如，某一个城市的市长授予建筑业者甲工程承包权，这时建筑商乙向市长和甲提出诉讼并获胜，那么有可能得到大工程的承包权。这时候损失的是诉讼成本。而且，乙同市长进行协商并得到了其他利益。在美国 100 万以上的律师中，看来相当数量的律师就是干这种勾当。

在民主社会中，政府或公共团体不能武断地回避各种利益团体的要求。如果各种利益团体认为对政府的各种政策能够发挥影响力，那么就会为了追求自己的不当利益而动用各种可能的手段。使寻租这句话流行起来的斯坦福大学教授安妮·库路戈说，这种寻租行为成为影响市场经济效率的重要原因。

由于这种市场失灵，政府就干预市场。但当政府干预市场的时候，就会发生政府失灵的问题。有关政府失灵的问题，将在最后一章(第 25 章)中加以说明。

第七章 市场机制是人类的最大发明

"有一条不可废除的法则,这就是供求关系规律。"

——威廉·萨皮勒

一、市场是机制

有时,我们在饭店吃饭之后,觉得这顿饭真是物美价廉。如果这时饭店老板也因为卖出好价钱高兴,会发生什么情况呢?不仅是我们,还有很多顾客到这个饭店,因此老板很高兴,这该多好?我们是饭店的需求者,而饭店是供给者。个人攒钱买了一台电脑,这台电脑无论是性能还是外观都很好,一见面别人就夸。如果这时卖电脑的人也为卖出好价钱高兴,那该多好?

市场上进行交易的每种商品,如果买的人因物美价廉而高兴,卖的人因卖了好价钱高兴,那该多好?能不能把交换变成需求双方都高兴的事情?当然可以做到。这就是市场机制的核心。如果搞好了市场经济,就可以做到这一点。

消费者原来打算即使更高的价格也要购买,但如果以更低的价格购买了,那么就相应得到了利益。这称为消费者剩余。生产者原来即使以更低的价格也要卖,但如果卖了市场价格就相应地提高了其利益,这称为生产者剩余。这两个的和就是市场交易的总剩余。由于市场机制产生这两种剩余,因此可以使交易双方都得到利益。

市场机制所产生的供给和需求规律,即"供求规律"就起这种作用。大自然中有一条不变的规律,就是重力规律。在某种意义上,只有有了这种规律,大自然才得到维持和运行。同样,在搞市场经济的人类社会创造出来的规律中有供求规律。只有有了这一规律,经济社会才得以维持和运行。不过，为了使供求规律得以运行，必须使市场机制运行得好。那么，怎样才能把市场运行得好呢？让我们首先看一下市场的含义。

什么叫市场呢？很早以前经济非常简单的时候，农村的老乡们上山砍木材到城里去卖。那时卖木材的地方有时有固定场所，有时没有固定场所。在有固定场所的时候，这个场所就起到了市场的作用，称为周五市场、周日市场、小市场、海产品市场等，场所的作用很大。有时，建筑物也起到市场的作用。但随着经济越来越复杂，起着市场作用的替代物越来越多起来了。在用电话进行交易的时候，或者用互联网进行交易的时候，电话和互联网都起到市场的作用。

> “现代意义上的市场，是某种商品的销售者和购买者能够决定其价格和交易量的机构、制度、装置等。因此，也把市场称为机构、制度、装置等。把这些统称为‘市场机制’。应该把市场理解为一种机制。”

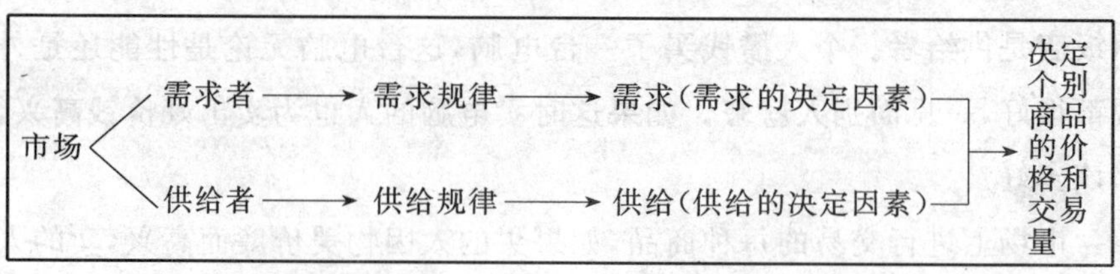

所谓市场规模，是某种商品的交易量乘其金额。如果购买者限定在国内的特定地区，那么就把其市场称为地区市场。如果购买者遍布全国各地，就称为全国市场；如果遍布全世界，就称为世界市场。虽然韩国产品中的很多产品还是以国内市场为对象，但电子、汽车、半导体等是以世界市场为对象的。

那么，经济方面最基本的市场是什么呢？

> 第一，根据经济形态，把市场划分为完全竞争市场、垄断竞争市场、寡头垄断市场，以及垄断市场四种。
>
> 第二，把市场划分为产品市场和要素市场（劳动力市场、资本市场、土地市场等）。

韩国是农耕社会时，大部分农民生产自己所需的粮食。这种经济称为自给自足经济。自给自足经济是传统经济，是几乎没有技术发展，而且是生产组织不怎么重要的经济。这是根据祖先传下来的传统而重复经济活动的经济。市场经济是交换经济，市场经济并不是个人自己生产所需物资，而是充分利用分工和专业化的优点，自己只生产自己能够生产好的产品，并与其他人进行交换的经济。

然而，相比个人的生产，如果通过企业能够把个人的力量集聚在一起，即通过企业组织进行生产，就能够生产得更多。因此，市场经济中的生产是由企业组织来承担。传统经济中的生产主体是个人和家庭，但在市场经济中的主要生产主体是企业。在市场经济中，各种产品的生产者是企业，消费者是国民。那么，市场如何具体决定商品的价格和交易量呢？任何商品市场，都是由销售者和购买者构成的。因此，商品的价格是根据购买者的需求和销售者的供给来决定的。决定购买者行为的就是市场需求，而决定销售者行为的就是市场供给。我们先来考察一下需求。

二、需求

事实上，很多人都经常使用需求和供给这样的词汇，但很少有人正确地理解它。现在用光盘的例子来考察这个问题。先弄清楚需求和需求量的含义。

需求和需求量。某个学生(假定 A 青年)要买多少光盘，主要取决于光盘的价格、磁带的价格、零花钱(收入)等。这里，A 青年的零花钱和兴趣不太容易发生变化。在经济学上，把嗜好、兴趣等称为偏好。我们假定，在这种情况下，A 青年具有在光盘价格为 6 千韩元时买 6 张光盘、1 万韩元时买 4 张光盘、1 万 4 千韩元时买 3 张光盘的能力和欲望。在这种情况下，这几种价格和它们相应的购买量之间的关系，就称为需求。再强调一下，所谓“需求”是指这三种价格和相应各价格的购买量之间的一切关系。其中，在 1 万韩元时的购买量 4 张并不是需求，而是“需求量”。A 青年的需求可以表示为表 7.1。把这种关系用图来表现，就是图 7.1

的需求曲线。

另一个学生,即假定 B 青年的光盘需求量也可以同样的方法说明。但是,由于 B 青年的零花钱和嗜好同 A 青年有所不同,因此在各价格上所要购买的量也不会一样。把 B 青年的需求用表表示就如同表 7.1,而用图表示就如同图 7.1。但是,世界上除了这两个年轻人以外还有很多购买者。把他们的需求全部合在一起的就是“市场需求”。把它用图来表示,如同图 7.1 中的市场需求曲线。

那么,需求和欲望的差别是什么呢?

所谓“欲望”(wants)是在不用支付任何代价的情况下,想要得到的财货和服务的量。

而“需求”(demand)是在支付其代价的情况下,想要得到的财货和服务的量。其代价就是价格。

表 7.1 光盘的需求表

价格 (韩元)	个人的需求 A 青年的需求(张)	 B 青年的需求(张)	市场需求=个人需求之和 (A 青年+B 青年+其他消费者)(万张)
14 000	3	5	10
10 000	4	9	18
6 000	6	14	28

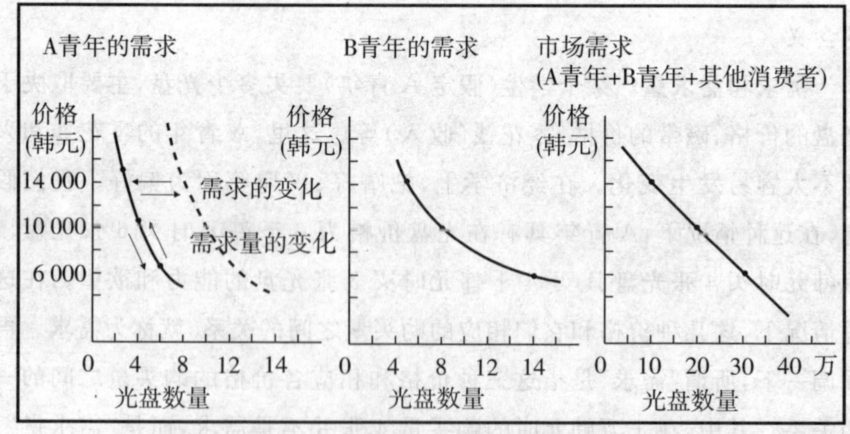

图 7.1 光盘的需求曲线

在这里，需要弄清楚的是对需求和需求量的理解。没有学经济学的人虽然使用这一词汇，但很多人不清楚这一词汇的含义。

① 所谓"需求"，如同表7.1所示，表示的是各种价格同相应这一价格的购买量之间的一切关系。其中，某种关系的价格和购买量，假如在价格是1万时购买量是4张，那么这是"需求量"，而不是需求本身。因此，需求一般只能用表来表示。把这种表称为需求表或需求(预定)表。就是说，需求是通过需求预定表或需求曲线表示。

需求量：相当于某一价格的购买量

需　求：所有诸多价格和与此相当的购买量之间的关系

② 需求量不仅意味着按其价格购买，而且还意味着实际能够购买的数量。因此，需求量并不是简单的希望数量。

③ 需求以一定的期间为前提。如果没有一定期间，就没有任何意义。

④ 需求如果在其他同样条件的某种产品价格上涨，那么就减少需求量；相反，如果价格下降，那么需求量就会增加。由此可见，某种商品的价格和消费者的需求量之间存在着负的关系，把它称为"需求规律"。

需求的变化和需求量的变化。已经知道了需求和需求量的含义，现在来考察其变化。需求总是以需求表或需求曲线来表现，因此"需求变化"意味着需求表或需求曲线整体的变化。但"需求变化"意味着在需求曲线上的某一点向另一点的移动。例如，假定A青年的收入因就业或晋升的变化而起了变化。那么，作为结果，以各种价格能够购买的量就相应增加。这意味着A青年的需求增加。A青年对光盘的新的需求曲线，如图7.1所示。那么，"需求量的决定因素"和"需求的决定因素"是如何相伴的呢？

需求量的变化是以在需求曲线上的一点向另一点的移动来表示的。因此，对某一商品的"决定其需求量变化的因素"，是这一商品的价格。以决定需求的其他因素不变为前提即可画出需求曲线。其他条件不变的称为“假使其他情况均相同”。这在经济学上是使用很频繁的词汇。但是,“导致需求变化的因素”,即“需求的决定因素”如下。如果这些因素发生了变化,那么需求曲线本身将移动。

① 相关财货价格的变化。光盘机价格的激增,将减少对光盘的需求。手机价格的下降,会减少对传呼机或固定电话的需求。

② 消费者偏好(取向)的变化。如果消费者对手机比固定电话更感兴趣,那么对手机的需求就增加。由于环境污染的严重,喜欢绿色食品的人正在增加。但消费者兴趣是主观的东西。对财货的评价,因人而异。例如,我们认为很好而送的礼,受礼的人就不一定喜欢。事实上,送好礼物并不是件容易的事情。因为,人人都对财货的价值有不同的看法。

③ 消费者收入的变化。收入增加会增加对各种商品的需求。于是,对旧衣服或再生轮胎的需求就会减少。

④ 消费者数量的变化。由于生育率的下降导致婴儿数量的减少,就导致有关婴儿产品的减少。放暑假,学生都回家,对学校附近商店的需求就会减少。

⑤ 消费预期心理的变化。如果预料冬天将非常冷,那么对冬季商品的需求将会增加,价格将会上升。如果认为今后的经济不景气将更加严重,那么人们就会普遍减少消费。

那么,这五个方面到底意味着什么呢?意味着如下的事实:由于全体国民是消费者,他们消费各种商品,因此,需求反映国民的收入、民心(偏好)、国民消费的各种商品的价格、国民消费者的数量、预期心理等一切有关因素。

- 决定需求量的因素:财货或服务的价格。
- 决定需求变化的因素:上述从①到⑤。

三、供给

我们考察了光盘市场的需求方面。现在来考察一下供给方面。如果用剪刀剪布料,必须双刃配合。如果市场机制要决定某种商品的价格,必须要有需求和供给双方。事实上,图 7.3 的需求曲线和供给曲线具有同剪刀的双刃差不多的一面。供给是相对于需求的概念,因此也和需求有相似之处。

假如,光盘生产厂家 M 公司的供给如表 7.2 所示。即,在光盘的价格为 6 000 韩元时,希望每月供给并能够生产 3 000 张;在光盘的价格为 10 000 韩元时,希望每月供给并能够生产 4 000 张;在光盘价格为14 000 韩元时,希望每月供给并能够生产 5 000 张。这时,M 公司的"供给"表示三个价格和与之相应的三个销售量之间的一切关系。相当于某一个价格的数量是"供给量"。不过,从中我们可以知道,这里所说的供给,是与在制造产品的含义上的"生产"的含义是不同的。生产的含义已经在第 1 章中说明过。因此,供给也和需求一样,总是通过表 7.2 或曲线来表示。把供给表上的数字用图来表示,就是供给曲线(图 7.2)。

M 公司在供给时,会考虑到相关商品的价格、投入物的价格、技术、租金和税金、预期价格等。这些是即将要说明的供给的决定因素。作为另外光盘厂家的 N 公司的供给,则不同于 M 公司的供给。但是,如果所有光盘公司的供给都合在一起,如表 7.2 所示。用图表示的,是光盘的市场供给曲线(图 7.2)。这里,需要再一次搞清楚对供给的理解。

表 7.2　光盘的供给

价格	生产厂家不同的供给(张)		市场供给＝厂商供给的合计(张)
(韩元)	M 公司的供给	N 公司的供给	(＝M 公司＋N 公司＋其他公司)
14 000	5 000	15 000	260 000
10 000	4 000	11 000	18
6 000	3 000	5 000	8

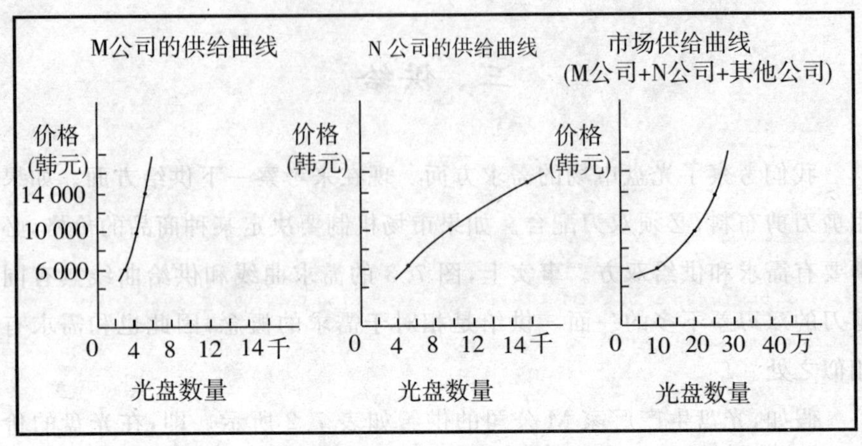

图 7.2 光盘的供给

① 所谓供给，是表示相应于多种价格和各个价格的销售量的一切关系。其中，有一个假定其价格为 6 000 韩元时，80 000 张是“供给量”，而不是供给本身。因此，供给总是用供给(预定)表或供给曲线表示。

② 供给量意味着生产者有意以那种价格销售，而且是具备实际销售能力的量，并不是简单地表示所希望的数量。就是说，这是指由“意向和能力”支撑的量。

③ 生产者在其他条件不变的情况下，只要价格上涨就会增加供给量，价格下降就会减少供给量。这种价格和供给量之间的正比关系，称为“供给规律”。

决定某一商品的“供给量变化”的，是其价格。导致“供给变化”的主要原因如下：

① 其他相关商品价格的变化。某种价格的替代品的价格变化，导致其商品的供给变化。

② 投入物(＝资源)价格的变化。由于能源价格、劳动力价格的上涨等提高整个生产的成本，因此就会降低利润。这样，供给将减少。

③ 生产技术的变化。印刷技术的发展减少了书的生产成本，从而大大增加了书的供给。半导体技术的发展大大提高了电脑、手机等的供给。

④ 供给者数量的变化。我国建筑业者数量的增加，增加了楼房的供给。

⑤ 租税和补贴的变化。过去，韩国给很多出口商品提供了租税方面的有利条件，从而增加了出口商品的生产和出口。

⑥ 预期心理的变化等。认为寒冷的冬季正要来临，那么生产有关冬季商品的企业就增加生产。

那么，这种供给的决定因素到底意味着什么呢？从国家整体上看，这反映着韩国企业的数量、技术水平、生产能力、生产成本、租税、民心、企业环境等一切因素。

四、供求规律：决定均衡价格和交易量

在湄公河流域捕获的鱼每吨 100 美元，但在汉城一流饭店一条鱼的价格竟达 200 美元，这是为什么呢？楼房价格暴涨时，有人说只要处罚那些投机倒把的人就可以解决问题。是不是这样呢？如果政府规定妇产科医生的接生费只能是 3 万韩元，会发生什么情况呢？为了理解这些问题，首先要了解供求规律。

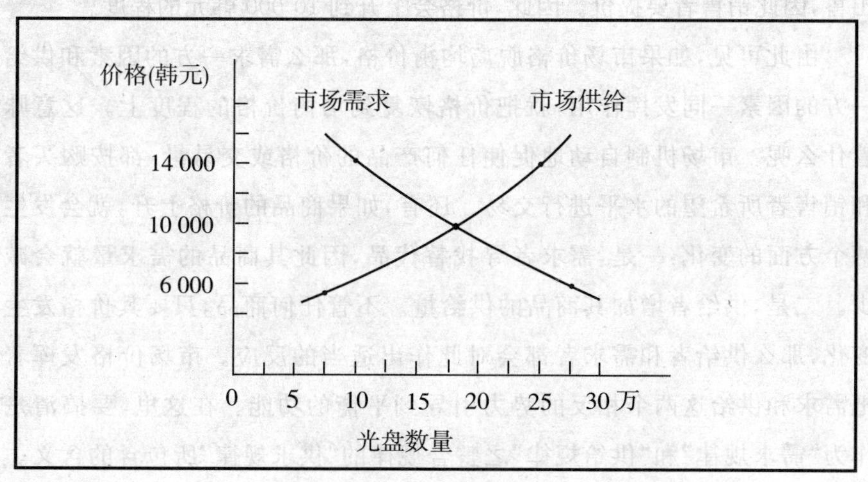

图 7.3　市场均衡（均衡价格的决定）

到目前为止，我们分别考察了决定市场价格的需求和供给。从现在开始，把这两者合在一起进行考察。上述的市场需求曲线和市场供给曲

线画在一个图上，就成为图 7.3。市场需求量和市场供给量相一致的价格是每张为 10 000 韩元，这时候的交易量是 180 000 张。这一价格说明，在价格为 10 000 韩元时，消费者要购买 180 000 张光盘，而生产者则希望销售 180 000 张。因此，购买这一数量的人和销售这一数量的人，都满足这一价格和这一交易量。就是说，均衡价格是 10 000 韩元，均衡交易量是 180 000 张光盘。这里所谓的均衡是什么意思呢？所谓均衡，是需求和供给这两种相反的力量达到平衡。由于销售者和购买者都感到满足，因此任何一方都不想改变这种状态。

如果光盘的市场价格脱离均衡价格，会发生什么情况呢？如果一张光盘 14 000 韩元，那么想购买的只是 100 000 张，但销售者希望销售的数量达到 260 000 张。这一差距就是“过度供给”。这样，销售者要低价出售，而购买者要降价来购买。这样，价格会下降到 10 000 韩元的程度。相反，如果价格降到 10 000 韩元以下，即 6 000 韩元会怎样呢？销售者要出售的数量只有 80 000 张，而购买者要购买的数量竟达 280 000 张。这一差距就是“过度需求”。如果存在这种过度需求量，那么即使提高了价格也可以出售，因此销售者要提价。因此，价格会上升到 10 000 韩元的程度。

由此可见，如果市场价格脱离均衡价格，那么需求一方的因素和供给一方的因素一同发挥作用，就把价格恢复到均衡价格的程度上。这意味着什么呢？市场机制自动地促使任何产品的价格或交易量，都按购买者和销售者所希望的水平进行交易。还有，如果商品的价格上升，就会发生两个方面的变化：一是，需求者寻找替代品，因此其商品的需求量就会减少。二是，供给者增加其商品的供给量。不管任何商品，只要其价格发生变化，那么供给者和需求者都会对此作出适当的反应。市场价格发挥着把需求和供给这两个相反的势力引导到平衡的功能。在这里，要搞清楚作为“需求规律”和“供给规律”之整合规律的“供求规律”所包含的含义。

① 在自由市场经济中，任何商品的均衡价格和均衡交易量都是在需求量和供给量相一致的情况下决定的。

② 如果市场价格脱离均衡价格的水平，那么需求一方的因素和供给

一方的因素一同起作用，把价格恢复到均衡价格的水平上。

③ 如果需求和供给发生了变化，均衡价格和均衡交易量也发生变化。至于变化的形态有如下四种(图 7.4)：

· 在供给不变的状态下，如果只增加需求，那么均衡价格和均衡交易量就会增加。

· 在供给不变的状态下，如果只减少需求，那么均衡价格和均衡交易量就会减少。

· 在需求不变的状态下，如果只增加供给，那么均衡价格就下降而均衡交易量就上升。

· 在需求不变的状态下，如果只减少供给，那么均衡价格就上升而均衡交易量就减少。

这些称为供求规律。请读者们表示在需求和供给同时发生变化的条件下，其图和表的情况。很多商品随着时间的推移，价格会上升，同时交易量增加。现在的汽车、家用电器等的价格比过去上涨了，但生产却大大增加了(图 7.5)。这些是正常的供求变化。但是，像电脑这种商品的生产量比过去增加了很多，但价格却下降了。读者现在已经知道在某种商品的供求条件发生变化时，价格和交易量会发生什么样的变化。

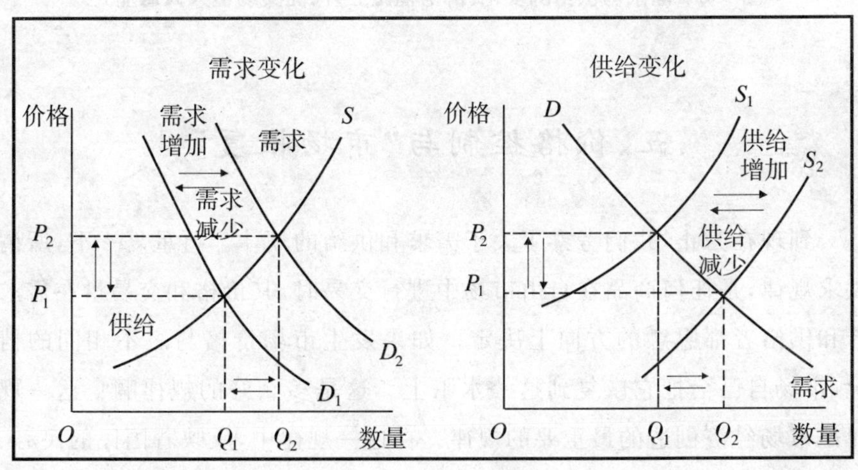

图 7.4　供求规律

不过，如果供求条件发生变化需求增加，那么光盘的价格上涨而交易量上升。这时，根据市场状态在完全竞争的情况下，生产者增加生产设施并增加供给。但如果不是完全竞争市场，销售者也有可能不增加供给量，而只增加价格。因此，是不是完全竞争市场、垄断、寡头垄断等问题在这里显得很重要。关于市场结构，我们将在第19章开始讨论。

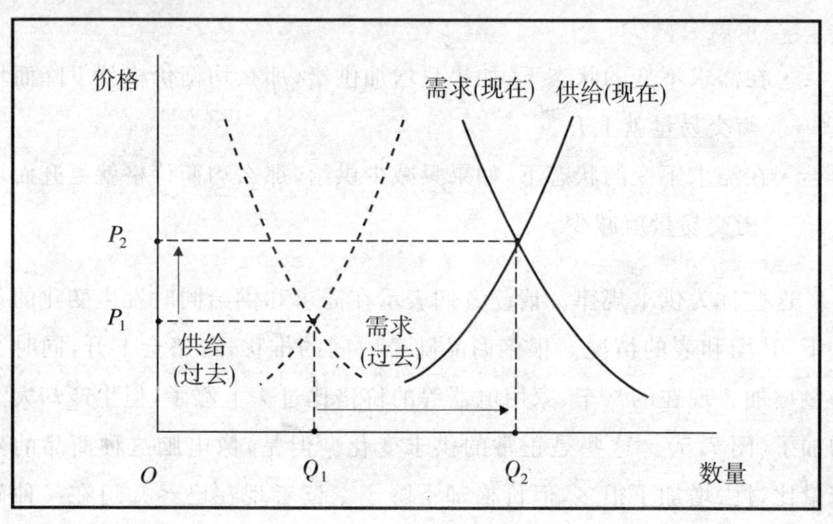

图7.5 需求与供给的变化(价格稍微上升，而交易量大大增加)

五、价格控制与“市场报复”

到现在为止，我们考察了关于需求和供给的规律。再重复一下，所谓供求规律，是任何商品在自由市场中进行交易时，其价格和交易量在需求者和供给者都愿意的方向上决定。如果发生市场价格与之不相同的情况，市场自己会把它恢复到这一水平上。这是多么好的规律啊！这一规律是市场经济创造的最重要的规律。在这一规律中，反映着国民的民心、收入、技术能力、生产能力等。因此，违背这一规律就是违反天意，是把国民或企业不放在眼里的行为。这时，市场肯定会进行报复。这一报复，是非常实实在在而且又很彻底。那么,谁会受到这一报复呢?正像在第1章中已经看到的那样,首先受其报复的是国民,其次是政府。

创造莱茵河经济奇迹的德国经济学教科书异口同声地强调的是,德国经济以市场自由决定的价格制度为基础。世界第一经济大国美国教科书所强调的也是这一点。

但不用说美国经济,德国经济也是根据财货或劳役的情况而干预市场价格。其主要原因之一就是收入再分配。例如,这如同在我国政府认为楼房的价格与老百姓的收入相比太高,要控制新建楼房价格一样。但是,不管任何商品,只要政府不顾其供求规律而要控制其价格,那么市场机制就肯定予以报复。这一报复,通常是由政府要保护的人来承受。这里我们看一下都有什么样的报复。

在图7.6中,楼房的市价在没有政府干预的情况下,也就是由供求关系决定时,每坪价格在500万韩元左右。其交易量是38万户。这时,如果政府把新建楼房的价格控制为200万韩元,会发生什么情况呢?根据需求曲线,以200万韩元购买楼房的人的需求量竟达到45万户。但是,以这个价格要提供的建筑业者的供给量却只有15万户。这一差距,即30万户是“过度需求量”。根据需求曲线,在楼房数量为15万户的时候,也有每坪支付900万韩元要购买的人。那么,以200万韩元购买的人,把所购房子转手以每坪900万韩元出售,那么这一金额是多少呢?在图7.6中,画线部分就是楼房的这一金额。这就是“黑市的规模”。在没有政府控制的时候,楼价为每坪500万韩元。但政府控制时,价格就上升到900万韩元。政府通过控制要降低的价格为200万韩元,却大大提高了这一价格。这是因为,由于政府的控制,楼房的超额需求量上升了很多的缘故。

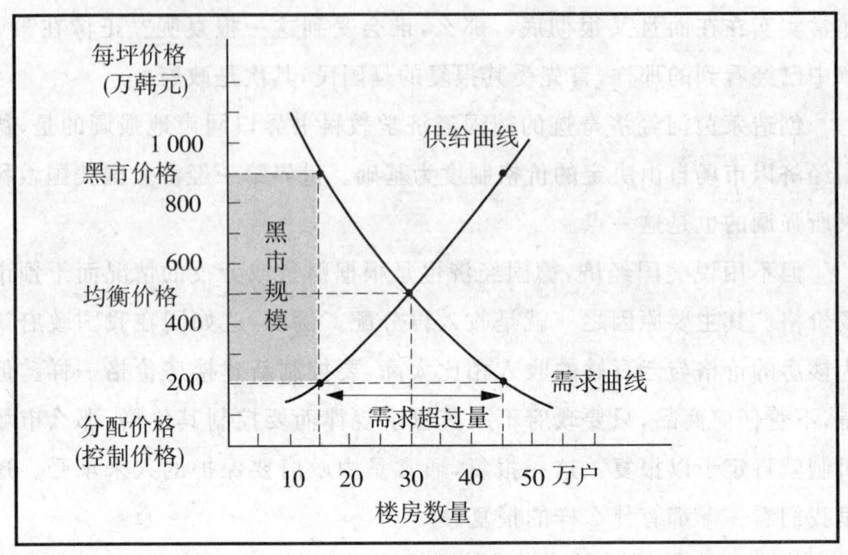

图 7.6 控制楼价的后果

不过,发生对楼房的超额需求时,如何分配不足的数量呢?在韩国,通过抽签的方法解决这一问题。但因好运而抽中了的人,就可以得到相当于黑市价格的不劳收入。相反,建筑业者由于 200 万韩元的控制价格,所以没有建设多少楼房。因此,从长期看,由于供给量的减少而价格上涨很高。这一过程,正如我们在 20 世纪 80 年代所经历过的那样,由于贸易逆差的累积和经济的高速发展,人们对楼房的需求剧增。结果,楼价暴涨。政府为了解决这一问题,急忙发表了 200 万户住宅建设计划,并开始推动这一计划。

在很多国家,连住宅和楼房的租价也控制。这种控制也常常发生严重的问题。韩国政府也曾经制定过两年冻结楼房租金的法案。但是,这样一来房主提前提高了两年内不能提高的租金。结果,与政策制订者的想法不同,租金在短期间内上涨了很多。这样,没房的人深受其害。不懂得供求关系的人大喊大叫要保护租户的利益,但反而给他们带来了更大的损失。不仅如此,本来就很忙的政府公务员制定租户保护法,因而也给他们带来了很大麻烦。

这种现象在纽约也曾发生过。例如,过去纽约市小型楼房的月租费是500美元,纽约市政府硬性规定房主只收200美元。结果,可以到学校宿舍住的学生也租了楼房。而且,生活在更大房子的人也住进小型楼房。结果发生了如图7.6的超额需求。这种现象持续了一段时间后,就没有几个建筑业者要建设小型楼房了。由于每月只收200美元根本不合算,有些房主干脆就抛弃了楼房产权。这样,有一段时期纽约市的住宅问题,是如何处理废弃了的楼房。

通常,政府把楼房或租金的价格控制在比市场价格更低的标准。但正如过去韩国政府曾经做的那样,把米价控制在市场价格以上。这是政府为了保护农民的收入,也就是说,政府以比市价高的价格购买农民生产的粮食,从而帮助农民。并把这一粮食在城市中比市价更低的价格来卖,以此来稳定市民的生活。这种政府的干预是粮食财政赤字的原因。如果政府把粮价规定为均衡价格以上而实行最低价格制度,那么就发生超过供给的现象。由于高价消费者的需求量在减少而农民的生产量则增加,因此而产生的差额就是超额供给量,而政府则必须购买它。政府购买超过供给的粮食并把它储存在粮库,或者在受损失的情况下把粮食卖给国外。这一赤字就成为政府的粮食管理特别会计赤字。

六、需求规律的应用

在前面,我们考察了需求和供给如何互相适应并决定平衡价格和交易量的问题。但为什么需求曲线像图7.1中的那样,即以那种形态位于那个位置?能不能向左右两个方向移动一下,并形成其他形态呢?确实如此。不过,需求曲线的那个位置,是反映消费者的收入、偏好、数量、相关材料的价格、将来的预期价格等,这些决定了需求曲线以那种形态位于那个位置上。根据商品的不同,这些条件当然会发生变化。这样,需求曲线的曲度和位置也不会一样。而且,在价格发生变化时,需求量也会发生变化。

价格发生变化时表示需求量发生什么变化的,就是需求的价格弹性,这与需求曲线的曲度有密切关系。根据价格变化,越是需求量变化多的产品,其需求曲线越近于水平线。在相反的情况下,越近于垂直线。

例如,面包房的主人 M 如果把原来 300 韩元一个的面包价格提高为 360 韩元,那么面包会销售多少,其收入会发生什么变化呢?如果面包的销售量减少 20%,总收入也会减少。但如果只减少 20%,其总收入就不发生变化。这样,在面包价格发生几个百分点的变化情况下表示需求发生几个百分点的变化,就是需求的价格弹性。这在需求曲线的形态,即在曲度上表现出来。现在来考察一下这一问题。

由于价格和需求量的"单位"不一样,在考虑价格发生变化时需求量发生什么变化的问题时就使用变化率。例如,把面包的价格提高 20%,因而面包的销售率减少了 30%,那么对面包需求的价格弹性就是 1.5(=30÷20)。虽然面包的价格是以"钱",而面包是以"个"这样各不相同的单位表示,但如果以变化率来表示就没有什么问题。弹性用比例来表示的原因也在于此。但在价格上涨 20%时如果需求量减少 20%以上,就把这一商品的需求看做具有弹性。相反,如果需求量的变化比价格变化率更少,那么就把这一价格看做非弹性。

$$\frac{\text{需求量的变化率}}{\text{价格的变化率}}=\text{需求的价格弹性}(e)$$

$e>1$:弹性

$e=1$:单位弹性

$e<1$:非弹性

再如地铁,即使地铁票价上涨 10%,乘客也不会马上减少 10%的乘车次数。特别是长途上下班的人的情况下更是如此。这样,即使价格上升 10%,需求量也不会按比例减少,那么把这种商品的需求就看做是非弹性。生活必需品就不用说,像调味剂这种在家庭中所占的比重很小的品种也可以成为非弹性。相反,如果出租车的成本上涨 10%,那么其需求量就很可能减少这一比例以上。出租车、宝石、高级成衣等的需求一般都具有弹性。有些奢侈品的弹性也可能会很大。

在某种商品的需求非弹性的时候,即使销售者提价,需求量也不会按比例减少,因此可以提高销售者的收入。其典型的例子,就是 OPEC 会员国联合起来形成石油卡特尔以后大幅提高油价的情况。石油的需求在短期内是非弹性的,因此 OPEC 会员国的收入会大大增加。

但从长期的角度看,由于核动力、水力、风力、地热发电等替代产品的开发,油价也可能会具有弹性。价格的弹性决定性地影响消费者的支出或企业的销售利润。那么,价格弹性的因素都有哪些呢?

· 能够替代其商品的替代产品有多少?
· 商品在消费者家庭中占多大的比重?
· 开发替代产品需要多长时间?

比如,如果提高公共汽车的票价,那么人们就乘作为其替代产品的地铁。如果地铁的票价提得很高,那么乘公共汽车的人就会增多。如果牛肉的价格上涨,那么猪肉的需求量就会增加。在某一种产品的价格变化影响其他商品的需求时,这些商品相互之间就成为替代产品。替代产品越多的财货,其价格的上涨就更多地表现为需求的减少。这个世界上的替代产品通常是很多的。从汉城到釜山之间的高速巴士、火车、出租车、家用小轿车、飞机等相互之间都是替代产品。韩、中、日的料理也一样。在某种意义上,我们是生活在替代产品的洪水之中。由于替代产品的存在,很多企业的垄断力只能弱化。

七、供给规律的应用

企业的销量因产品价格的不同而不同。如果某一产品的价格在上升或下降,这会改变其供给量多少,这就是供给的价格弹性。不过,由于价格和数量的单位不同,通常用比例来表示弹性。也就是说,在价格变化10%的时候,销量变化百分之多少,即用价格变化率除销量变化率,就是供给的价格弹性。对于农产品来说,即使价格上涨10%,其供给量也很少上涨10%以上。那么决定供给的价格弹性的主要原因是什么呢?

第一是时间。假使钢铁的价格上涨,如果要提高钢铁供给量,那么首先要建设钢铁厂,因此需要很长时间。对于食品来说,如果其价格上涨,那么可以在比较短的时间内提高其供给量。

第二是储备可能性。在能够储备的情况下,如果价格上涨,那么减少储备商品可立即解决这一问题,即可以马上增加这一商品的供给量。但如果是不可能储备的商品,则做不到这一点。

第八章　如何赚钱和花钱？

“害人的有三种。这就是忧虑、争吵、空钱包。其中，空钱包害人最多。钱的一切部分依赖于心灵，而心灵则依赖于钱包。钱是祝福人的东西。富裕是要塞，贫困是废墟。”

——《塔木德》

“钱和傻瓜是两极。两者并不常见面，即使见了面也马上分手。应该是钱跟着人来。即使是人跟着钱走，钱也不会到人那里去。要赚钱的人，首先要学会把与此相当的某种东西给别人。给的越多，所受到的也越多。这就是在第6章中说明的循环往复经济流程的核心。”

一、让劳动者也得到很多财产收入！

先来看一下劳动收入和财产收入的概念。劳动收入是以劳动为代价的收入，而财产收入是以如下形态得到的收入。

- 作为借贷钱的利息得到的收入
- 租赁机械、建筑物、土地等资产得到的租金收入
- 成为知识分子或创业者赚来的收入

很多人认为劳动者只获得劳动收入，而资本家只得到财产收入，其实不然。他们认为，劳动者再怎么工作也只能得到为生计所必要的工资，即不能超过糊口工资(subsistence wage)。因为，劳动者被资本家彻底剥

削。因此劳动者不可能储蓄财产，所以不能指望有一点儿财产收入。这种收入观或财产观在以下方面是错误的。

- 假如，饭店的老板是企业家，但在自己经营饭店时，不能不像劳动者那样努力工作。由于既是劳动者又是企业家，他的收入是劳动收入和财产收入合在一起的。
- 在饭店工作的员工的收入是劳动收入。但是，如果把其中的一部分予以储蓄并形成财产，那么就在这一财产中产生收入。因此，劳动者也可以得到财产收入。

由此可见，企业家不仅得到财产收入，还可以得到劳动收入；而劳动者不仅得到劳动收入，还得到财产收入。因此，认为劳动者只得到劳动收入，而企业家只得到财产收入的主张并不正确。问题在于怎样才能使企业家得到更多的财产收入，而劳动者则进行更多的财产储蓄。能够使劳动者获得更多财产收入的途径可分为以下两种：

- 一是让劳动者成为知识劳动者或企业家，从而使他们得到更多的财产收入。实际上我们可以在周围看到很多这样的事实。
- 另一个是劳动者积累很多储蓄并获得财产收入。

把这个内容用图表示。假如现在的状态像下页的图那样，表示企业家的主要收入，即财产收入；和劳动者的主要收入，即劳动收入。那么，可望的状态是什么呢？企业家获得更多的财产收入，而劳动者通过储蓄把劳动收入转换为财产收入。表示主要收入源的是粗线。细线是一次性收入。

那么，这里把我们赚钱的方法概括一下：

① 找到好工作获得劳动收入。无数学生努力学习，很多是为了这一点。

② 成为创业者或“知识劳动者”获得利润形态的财产收入。无数的人把钱和名誉搭进去搞风险企业，或者到非洲或南美深处搞企业，是为了得到利润形态的钱。

③ 不管是劳动收入还是财产收入，只要是赚来的钱就应勤俭节约并进行财产储蓄，从而能够重新获得更多的财产收入。

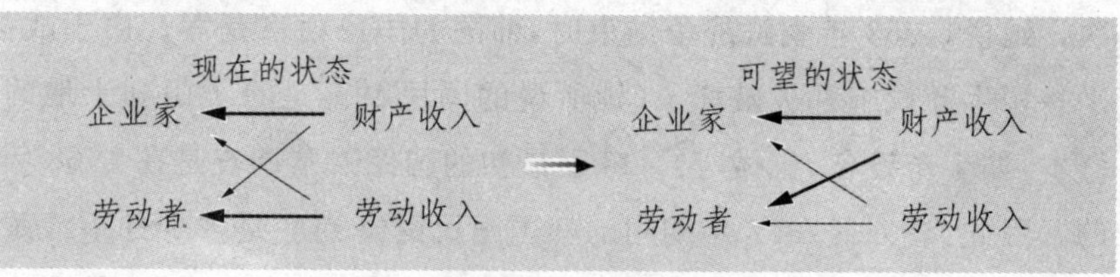

不过，为赚钱设立的公司也很多。“OO 基金”等就是其例，它在全世界有数千家公司。这种基金机构运作投机资金，以韩国经济、香港经济、印度尼西亚经济等为舞台而赚钱。我们把那些快速地游来游去到能赚钱的地方的钱，称为游资（hot money）。我国也已经成为人均收入达到10 000美元以上的国家，因此应该开发“扩钱的技术”。美国很早以前就开办了纳斯达克股票市场（1971 年），并培育了很多高科技风险企业。韩国的考斯达克市场（1996 年开设），就是以美国的纳斯达克市场为榜样而开办的。

虽然并不直接搞企业，但如果获得发明专利，就可以成为知识劳动者。利用专利搞高科技风险企业，就可以成为创业者，但也可以继续做知识劳动者。因此，知识劳动者既可以成为创业者，也可以不做创业者。但是，所有的“创业者”都可以称为“知识劳动者”。

皮特·德鲁克说，制造半导体或互联网等世界上没有的新产品或服务的人，就是知识劳动者（knowledge worker）。除此之外的人就称为服务劳动者（sevice worker）。

二、我们的国民财富增加了多少？

通过经济增长，韩国的国民财富到现在为止增加了多少？加利福尼亚大学教授艾尔玛·阿德尔曼是韩国第二次经济开发5年计划(1962～1966年)时期的经济顾问。到现在为止，因学术活动而访问过韩国好几次。她说，1953年朝鲜战争结束时，韩国的国民财富是零。由于战争，几乎一切生产设施都被破坏了(她所说的国民财富是除了山和土地的生产资本，如生产设备、机械等)。韩国最初的国民财富调查是在1968年实施的。因此，1953～1967年期间的韩国国民财富到底是多少并不清楚。韩国的第二次国民财富调查是在1977年，第三次是在1987年，第四次是在1997年。几乎每10年搞一次国民财富调查。

一般来说，国民财富划分为有形资产和对外资产。而有形资产又可分为可再生产的资产(资本)和不可再生产的资产(土地)。这是广义上的国民财富。狭义上的国民财富是与生产活动密切相关的可再生产的资产。

有形资产	4 685兆韩元
① 可再生产资产	3 128
(有形固定资产＋库存资产)	
② 不可再生产资产	1 557兆韩元
土地	1 548
林木	9
对外纯资产	—527亿美元

不过，这里主要考察狭义上的国民财富。根据到现在为止的四次国民财富调查结果，韩国国民人均国民财富如下：

表8.1　韩国的国民财富总量及国民人均量

年度	国民财富总量（兆韩元）	人均国民财富	
		当年的价格（万韩元）	1997年的价格（万韩元）
1968	5.7	19	214
1977	62.7	172	547
1987	539.9	1 297	1 765
1997	3 108.6	6 803	6 803

1968～1997年期间，韩国的人均GNP增加了6.7倍，而人均国民财富竟增加了32倍。人均国民财富比收入高得多的原因是什么呢？原因有二：一是第一年度的1968年国民财富过于贫乏；另一个是其后的国民财富积累急速增加。韩国1999年末的金融资产如下：

国家整体：3 233兆韩元　　　国民人均：1 536万韩元

如果把国民财富比作湖里的水，那么可以把国民收入比作河里的流水。国民财富积累多的美国、日本、德国、法国等发达国家是湖里的水多，而河里的流水则相对少。相反，国民财富积累相对较少的韩国，湖里的水少而流水则相对多。通常把湖里的水称为储备（stock），而河水称为流量（flow）。韩国现在应积累更多的国民财富。在经济增长的过程中，由于建设了不少高水平的机场或港口、高质量的信息通信设施、好的学校、好的医院等，因此可以把经济增长看成是增加国民财富，即积累储备的过程。

三、韩国人的劳动收入来自何处？

"经济如井水。"

——茶山郑若庸

韩国人的收入来自何处呢？以公务员为例说明这一问题。韩国有89万名公务员（1998年）。他们在政府工作得到的收入就是劳动收入。

那么,政府给公务员的钱是从哪来的呢?政府收入的约80%(2000年),是政府从国民或企业那里收上来的税金,即“租税收入”。其他是各种收费、罚款金额、入场收入等“税外收入”。那么,税外收入是谁交上来的呢?是企业或劳动者上交的钱。那么,劳动者从什么收入中拿出这些钱呢?是从在企业工作得到的收入中拿出这些钱的。

归根到底,公务员所得到的收入,是企业或国民交给政府的钱。但国民向政府交上去的钱是从哪来的呢?我们知道,国民的税金,即“血汗钱”也是企业赚的钱,这是它的源泉。因此,如果企业运行得好,就会相应提高政府的租税收入,如果企业不景气了,这种收入就会减少。在市场经济中,不管是税金、劳动收入、财产收入等,其源泉都在于企业。说“用国民的‘血汗钱’养活企业是不对”的人,是不懂“血汗钱”的源泉。

在现代社会中,能够让称为钱的水继续涌出来的井,就是企业。由此可见,只有企业搞好了,才能增加收入和血汗钱。因此,美国千方百计要形成企业社会、企业家社会、服务社会。日本也一样。郑茶山在《牧民心书》中说,经济如井水,如果善于调理,就会长久。韩国经济这一井水也一样,如果善于调理就能够长久。

政府可以马上印钞。在非洲的很多国家中,还有很多通过政变获得成功的国家领导人随便印钞并使用。如果这样,会发生什么样的情况呢?应适当印钞并使之适应经济活动。而且,还要适应经济规模的发展而增加。如果增加得太多,就会发生通货膨胀而使国民蒙受损失。不过,从根本上说,经济活动的规模取决于企业活动的规模。在很多企业成长得很好的时候,国民所能花的钱也增加。把整个国民所能使用的钱称为“总通货”,其根本的决定因素就是企业的经济活动规模。由此可以看出企业活动的重要性。之所以说我们的竞争力模式应该成为能够增强企业竞争力的模式的原因,也在于此。

很多人认为把韩国企业卖给外国人,韩国人在其公司中工作就可以,因此韩国企业由韩国人所有还是由外国人所有都没有什么关系。这句话对不对呢?企业是制造财产收入(利润等)和劳动收入的组织体。提出这种主张,是不懂得财产收入之重要性的缘故。还有不少不发达国家的人说，把国家交给发达国家，我们在其管辖范围内工作就可以。我国还有不少更荒唐的说法，其中之一就是韩国人在日本殖民主义时期曾经获得了利益。

四、决定我们收入的因素

赚钱难，花钱也不容易。从某种意义上说，花钱比赚钱更难。应该像叫花子那样赚钱，像正人君子那样花钱。我们听到过很多这样的话。事实上，很少有比花钱更难的事。从经济学的角度看，这是储蓄理论，同时也是消费理论。

我们生存所必要的收入一般称为生计收入，在收入超过这一水平后，储蓄就显得很重要。储蓄之后，如何增加所储蓄的钱也很重要。虽然得到同样的收入，但根据理财能力，随着时间的推移在储蓄上会出现很大的差距。但即使个人的理财能力很好，如果在国家整体层次上的理财能力不好，那么整个经济就不景气，因此财产储蓄就有困难。经济学就是提高整个国民的理财能力的学问。在考察个人的理财以前，我们先来考察一下消费能力。我们把储蓄了的钱增大的能力称为理财能力，而把增大消费中所获效用（满足感）的能力称为消费能力。

收入＝消费＋储蓄

储蓄＝收入－消费

不过，什么叫储蓄呢？是从收入中减去消费。因为，消费和储蓄加在一起就是收入。因此，如果说明了消费，那么储蓄就自然得到了说明。现在来看一下决定我们消费的都有哪些因素？

（1）我现在的收入。决定我们消费的最重要的原因，是我现在的收入。这不用说明。

（2）相对收入。和现在的收入一起，决定消费的重要因素是相对收入。相对收入有两种。一是现在别人的收入；二是我过去的收入。对共同体主义传统很强的韩国人来说，相对收入对我的消费发挥很大影响。别人购买大的汽车，我也购买大的汽车。别人去国外休假，我也去国外旅行等。

这种现象意味着我的消费受别人收入的很大影响。把这种我的消费受对方收入很大影响的现象，称为相对收入假设。乡村的人受城市人收入的影响、不发达国家的人受发达国家人收入的影响、一般平民百姓的消费受富人收入的影响等，这些都说明相对收入的重要性。这种现象如同到展销会看到新产品之后就购买一样，因此称为展示效应（dimonstration effect）。一看到富人家的夫人所带的装饰品或所穿的衣服，百姓家或中产阶层的夫人们也跟着模仿并进行消费，就是这种现象的典型例子。很多人主张，由于展示效应而增加消费。如果储蓄搞得不好，就阻碍这些不发达国家的经济发展。

过去日子过得好的人，难以把现在的生活降低到那个时候以下。这说明，我现在的消费受过去我收入的影响。过去使用煤炭而现在使用煤气的人，就总想用煤气。正如锯齿向一个方向转动一样，我们的消费习惯常常向高的方向，而不是向低的方向发展。把我们的消费习惯向一个方向继续的现象，称为消费的锯齿效应。这里的问题是，如果展示效应和锯齿效应一起发挥作用，那么我们的消费就继续增加，因而我们的储蓄减少。

由此可见，我的消费受现在我的收入、现在别人的收入以及过去我的收入等影响。

(3)持久收入和生命周期收入。我的消费也受工资中的职务工资、奖金、津贴多少等因素的影响。可以把我们的收入分为通常不变的持久收入和作为可变部分的临时收入。如果长期可预测的收入，即持久收入多的话，那么可以相应地增加消费。我们并不因为收入多就把它全部消费掉。还为年老时的生活做准备。我们做学生时因为没有收入，依靠父母而生活。学校毕业找工作之后，因为赚钱多而消费也多，但也做不少储蓄。退休之后，靠年轻时的储蓄生活。因此，我们的消费是在考虑了我们一生的收入之后才决定。这称为消费的生命周期。

(4)财产。我们积累了多少财产，即财产收入多少，成为决定我们现在消费的重要因素。

(5)社会保障制度。我们现在的消费，受社会保障制度的发达程度、消费金融的发展程度等影响。在社会保障制度发达的美国，人们决不会在亲戚朋友或邻居的婚丧大事上花一大笔现金。世界上，在亲戚朋友或邻居的婚丧大事方面，使用现金最多的也许就是韩国人。这既有社会保障上的意义，也由于国民传统的缘故。美国人的消费取向高，很多学者说这是由于很发达的社会保障制度。前美国总统经济顾问，哈佛大学教授马丁·费尔德斯坦，就是提出这种主张的学者之一。

(6)金融制度。美国的金融是以消费者为中心的金融，而日本的金融是以生产者为中心的金融。因此，美国的金融制度助长消费，这就是麻省理工学院教授莱斯特·索洛的观点。如果泰国的乡下青年到曼谷就业，马上可以购买外国汽车，泰国的消费者金融发展到这种程度。但这种事情在韩国，哪怕在最近也是连想都不敢想的事儿。相反，到20世纪80年代为止，韩国人要从金融机构贷款买房或车，这几乎是不可能的。

(7)其他因素。租税也影响我们的消费。到最近为止，韩国政府把大型楼房、高尔夫球、彩电等很多商品当作奢侈品来对待并附加高税率，从而要降低国民的消费取向。

到现在为止，我们考察了决定消费整体大小的因素。

五、应如何花钱？

“美国的百万富翁以如下方式花钱，从而提高家庭的生产性：

- 不买新家具，修理之后再用。
- 打电话利用更廉价的公司。
- 从来不从电话销售员那儿买东西。
- 在买东西时用优惠券。
- 购买日常用品时，批量购买。”

——托马斯·斯坦利，《百万富翁的心》

我们在为消费支出时应该怎么做？为了考察这一点，首先要知道以下四种消费支出类型。

- 为提高我们的生产性或理财能力的消费支出。包括各种教育费、为提高专业知识的进修或读书成本、为提高理财能力而支出的有关经济学的学习成本、为提高体力的成本等。
- 为提高效用的支出。所谓效用，是表示我们在财货或服务中得到满足感的经济学词汇。有关衣、食、住等方面的成本，以及交通、通信、娱乐等方面的支出。包括在日常生活、工作单位上的生活，以及玩乐方面的支出。
- 为维持现状的支出。在生病时支出的保健费或医疗费等，是为恢复正常健康的支出。
- 减少效用的支出。这是指由于过量饮酒或过量食品等而出毛病的支出、与非法的及非道德的活动相关的支出、导致环境污染的支出等，因此而减少对己对人效用方面的支出。

因此，在我们的支出中，提高生产性的支出可以说越多越好。形成人力资本的支出也一样。但减少别人效用的支出却越少越好。不过很多人认为教育费是消费支出。因此认为，支出很多教育费的韩国人是消费很多的人。这是不正确的。而且，把家庭当作纯粹消费单位的人也很多，这也不对。家庭是教育和训练子女的场所，它承担着形成人力资本的功能。

在我们增加财货消费的时候，从消费增加部分中得到的追加效用称为边际效用。这随着消费单位的减少而增加，把这称为边际效用递减规律。正如再好听的歌听了三遍就不好听一样，听得多了其边际效用就会减少。咖啡也一样，如果一杯、两杯、三杯等增加的时候，各杯的效用，即边际效用就会递减。在其他商品的情况下也一样。因此，在我们消费某种产品或服务时，要做到从各种财货中所得到的边际效用尽量一样。换句话说，不管把 1 000 韩元使用在什么地方，使从中所得到的效用能够一样。这称为边际效用均等规律。把钱花得符合于这种规律，就是合理的消费。到现在为止，我们考察了应该如何花钱。那么，从现在开始来考察一下如何攒钱。

六、攒钱的方法

攒钱的方法有哪些呢？过去，中国人一有钱就买黄金，日本人一有钱就储存在金融机构(设在每村的邮局)，而韩国人一有钱则购买土地。美国人一有钱，就购买最近的股票，而犹太人则把钱花在教子女们如何赚钱上。按人均收入，世界上生活最富裕的是犹太人，其次是美国人，第三是日本人。

中国人自古以来经历过无数战乱。即使在最近，印度尼西亚的华侨曾因遭难而必须在夜间逃走。逃走时，金子是最方便的。韩国人一直没怎么想到国外去生活。正如朝鲜王朝持续了 500 年那样，在我国维持过很长时间的和平。在过去的朝鲜半岛上，没怎么发生过像中国那样的战乱。韩国的国土确实是锦绣江山。因此，没有必要移民到地震和台风多的日本和战乱多的中国去。很可能就是由于这种原因，韩国人开始重视土地了。

日本人在明治维新以后，比韩国早几步引进了资本主义。在同发达国家的竞争过程中，非常重视国内储蓄。在比较大的村子里，都设立了邮局并劝告国民多做邮政储蓄。而美国特别是在 20 世纪 90 年代企业活动旺盛，因此股票就涨了不少。这样，不少美国人买股票赚了很多钱。那么，我们也购买股票不就行了吗？在韩国，最近购买股票的人基本上都吃了亏。那么，如何才能攒钱呢？现在来看一下理财方法(＝攒钱的方法)。

黄金或钻石。发表于 1972 年的罗马俱乐部在其报告《增长的极限》中说，地球上的黄金储量，从那时开始，如果再开采 13 年就将枯竭。因此，这一报告一问世，金价就提高到惊人的程度。但其后下降了很多。过去，刚出现纸币时，用黄金予以保证。把这一制度称为“金本位制”。在刚开始这一制度时，金价昂贵。

但前不久，金本位制在全世界都被废除了。而且，由于技术的发展开发了比黄金还好的物质。因此，牙医们不仅使用黄金，还使用其他替代材料。而且还开发了从海水炼金的技术。因此,从供求关系上看,金价没有必要上涨。钻石也一样。现在的人造钻石不比天然钻石差。听说,很早以前以结婚礼物收到钻石的人,由于钻价在很长时间没有上涨而大失所望。如此看来,以为钻价能上涨而购买很多钻石是错误的。韩国的第一富翁郑周永,听说从来不以理财为目的购买黄金或钻石等宝石。

土地或房地产。在韩国,老早以前开始认为"把钱埋在地下",即把购买房地产看成是扩大财产的最可靠方法。但这是在没有股票、债券、楼房等的时候所使用的方法。

不过,土地的价格什么时候涨呢?如果把钱埋在地下并卖出去,那么地价可以涨到所埋的钱那么多。这是什么意思呢?建设工厂、楼房、高速公路,就是把钱埋在地下。韩国在20世纪70和80年代建设了很多工厂、公路、工业园、楼房等,在国土上花了很多钱。这样,土地价格就涨了很多。同时,由于国民收入也增加了很多,对土地的需求也相应增加。因此,土地价格必然上涨很多。还有,由于开办的公司很多公司职员也增加了很多,因此对办公室的需求大增。这样,楼价猛涨。那么,以后会怎么样呢?

韩国没有必要像以前那样建设很多电视机厂、汽车厂、电脑厂等。高速公路和楼房也已经建设了很多。我国的家庭数是1 200万户,而住宅数已达到了1 100万户。家庭的住宅比例已达到了92%。将来的住宅数马上就会超过家庭数。因此,地价和房价不会像以前那样大幅上涨。当然,在不同地区,因土地供求关系的变化完全有可能上涨。还有,如果出现了通货膨胀,那么情况就不同了。美国是到1991年为止,地价和房价一直在下降,但此后由于经济好转开始缓慢上升。日本和香港则相反,从1991年开始地价大幅下跌。

有人说,个人购买土地就是"投资"。但正如已说过的那样,从整个国家的角度看这只不过是土地所有权的转移而已,因此这不是投资。从整个国家的角度看,以投机为目的买卖土地并不是值得的事。

往后的地价或不动产价格,完全依赖我国企业竞争力如何。如果企业竞争下降,那么房价、地价、写字楼的价格、人的价格等一切价格都会下降。这是我们在亚洲金融危机时已经历过的事实。相反，如果企业竞争力增强，那么地价、房价、写字楼的价格、人的价格等都会上涨，而且国民财产也会增加。

为什么解除保险契约就受损失？ 假如，在韩国每年每 10 000 户房子中 1 户发生火灾，其损失为 1 亿韩元。在这种情况下，如果 10 000 人每人交 10 000 韩元的保险金，那么无论谁家着火都可以得到 1 亿韩元的保险金。为此，10 000 人都入了 2 年的保险。但在不到两年时如果解除保险契约，那么保险公司就退款还不到 10 000 韩元的保险金。这个差额是不是由保险公司独吞了呢？不。因为，由于在第 1 年 1 家着火了，因此在 20 000 万韩元中已经扣除了 10 000 韩元。还有，保险公司也要招募新职员并支付员工的工资，因此这个钱也要计算在内。因此，保险公司退款不到 10 000 韩元是当然的。但如果在第 1 年自己家着火了，那么这个人就可以得到 1 亿韩元，就可以避免很多损失。

在银行存款时，利息是从哪儿来的呢？ 银行的主要业务是从存款人那里接受存款，向企业等贷款者贷出去。假如，给存款人提供的年利息为 6%，而从贷款者那里接受 8%，那么差距 2%是银行的收入。银行以 2%的收入给员工提供工资，还使用在其他必要的经费用途上。我们把钱存到银行时，作为利息可以得到的利润是确定的，但其金额则比较少。

股票投资。 在美国，自 1991 年开始，由于很多新技术的发展产生了很多的产业和企业，从而进行了旺盛的经济活动企业的利润增加了很多，因此证券市场也非常活跃。从那时到现在，道琼斯股票指数已经上涨了 4 倍以上。结果，很多美国人通过股票买卖赚了很多钱。各种财团和基金机构当然也赚了很多钱。

但日本从 1991 年出现泡沫经济之后，由于房地产价格的暴跌房地产公司纷纷倒闭，把钱借贷给房地产公司的银行受到了很大损失。由于日本公司采取相互持股制度，因此一个公司的损失会波及到其他公司。这样，日本的股价都下降了。1991 年后，在日本购买股票的人都吃了亏。1991 年，对日本来说是揭开其泡沫经济并开始长期不景气的年份，而对美国来说是结束经济不景气走向长期上升局面的年份，而韩国是所谓“文民政府”[①]开始执政的年份。

	1991 年	2000 年 12 月
美国的道琼斯股票指数	2 470	10 636
日本的日经股票指数	23 350	15 500
韩国的综合股票指数	657	505

韩国 2000 年 12 月的股价比 1991 年的股价还低，因此购买证券的人几乎都受到损失。大部分企业在证券市场上要调动资金也很困难。不过，企业的股价只有在利润多的时候才能上涨。企业利润的计算方法，将在第 20 章中予以说明。

提高韩国企业股票价格的方法。假如，资金和销售额都一样的两个公司，其纯利润是销售额的 5%。那么在其他条件都相同的情况下，其股票价格也一样。但如果一个公司的销售利润率是 7%，那么其公司的股价比其他公司相应就会高一些。某一公司的股票价格，是根据其公司的资金、销售额、利润率等决定的。在资金相同的情况下，如果利润更多，那么其红利也更多。根据韩国银行的经营分析资料，1999 年韩国制造业企业的平均利润约为 5%。那么，提高某一企业利润率的方法是什么呢？可以有无数方法。减少各种成本是重要的，然而更重要的是，通过成长战略或竞争战略大大提高利润率。但这些都是在个别企业层次上的方法。

亚洲金融危机刚爆发时，很多公司的股票暴跌的原因之一，看起来是随着销售额的减少和利息率的剧增，企业的利润率大大下降所造成的。不过，韩国 1999 年企业利润增加很多股票价格也上涨很多，是因为汇率的提高、利息率的下降以及以美元计算的人力价格的下降等引起的。更重要的是，由于韩国的企业债款多，因此只有在减少利息负担的情况下才能增加利润。日本企业所负担的利息率，通常为 1%。同日本企业竞争的韩国企业所负担的利息率比这高几倍，因此韩国企业的处境非常不利。

① 相对于自 1961 年(5·16 军事政变)开始的军人政权性质，金泳三当选总统(1992.12)之后就把自己的政权称为“文民政府”。——译者

如果因工人运动人力成本上升很多，那么股票会反而下降。在 20 世纪 90 年代初，股票下降很多的原因就在于，由于韩国有两个工会组织工人运动非常活跃，这种人力成本的上升导致了利润的大幅下降。假如某个电子公司的员工购买了自己公司的很多股票。这时如果由于工人运动工资大幅提高，那么会发生什么情况呢？如果利润下降很多，那么自己公司的股票价格就下降很多。从每个劳动者的角度看，相比增加工资而涨的薪水，由于自己公司股票下降而受的损失也许更大。

在政府政策的层次上，可以举出政府适当的证券市场政策、通货政策、租税政策、汇率政策等。例如，政府可以通过低利率政策减少企业的融资成本，或以适当的汇率政策提高出口企业的利润率。适当的通货膨胀政策也可以提高出口企业的利润率。提高韩国股票价格的方法，如上述，可以划分为个别企业层次上的微观经济对策和政府层次上的宏观经济政策。提高韩国企业利润的根本途径，是我们在第 10 章中将要说明的，即根据全球竞争力模式提高韩国企业和产业的竞争力。

投资信托公司的受益证券，为什么可以成为负值？所谓投资信托公司，是用别人的钱进行股票或债权投资的企业。如果只做债权投资，虽然损失不会大但利润也会很少。债权投资与个人进行的同样业务没有大的区别。因此，为了赚钱，不能不搞股票投资。不过，如果进行股票投资，就有可能受损。这样，受益证券投资可以成为负值。

债权投资呢？债权投资可分为像地铁债券那样的政府或公共团体发行的债券，即对国债或公债（＝国公债）的投资，以及对公司发行的债券，即对公司债的投资。但国债由于利率低赚不了多少钱。相反，公司债券由于利率高，会赚很多钱。但像大宇债券那样，如果公司不景气就会遭受很大的损失。因此，公司的投资伴随着“风险”。就是说，这里始终存在着损失成本资金的风险。

对美元等外币的投资呢？在日元上涨时购买日元有利，而在美元上涨时购买美元有利。把这种投资称为外汇投资，在全世界有很多外汇买卖商做这种事。从长远看，经济发展好的国家的货币价格会上涨。现在，每天以这种目的在国际金融市场上交易的货币量，竟达到 1.8 兆美元。

如果购买美术品或古董呢? 根据最近美国美术作品投资专家的研究,除了特殊情况外,从长远看,普通画家的画价不能超过银行利率。在韩国,20 世纪 70 年代也曾流行过购买古董热,但现在就不时兴了。不过,美术品或古董如果以其使用性为标准而购买的话,那么就具有可以长期使用的优点。

七、全体国民应如何攒钱?

对黄金或钻石等宝石的投资,并不是其行为本身产生利益。如果全世界宝石的价格上涨了也许会赚钱,要不然就没有什么用。如果用那笔钱购买美元并存在美国银行,那么可以得到利息收入。

像美国那样,只有在健全的股市和投资环境的情况下,从长远看,进行股票投资可以说是值得的方法。为此,需要很多人做创业者和"知识分子"。企业也要继续增强竞争力。还有,政府要对企业继续维持适当的利率水平,而且也要把税金降低到竞争国那种程度,从而起到有助于提高全球竞争力的作用。而劳动者也必须把自己的生产性提高到比自己的工资更高的水平上。这才是有助于企业的途径,而有助于企业就是有助于劳动者和政府的途径。这也是全体国民能够赚得更多钱并攒钱的途径。

国民赚得更多钱财的途径,归根到底是办更多的企业,正如在全球竞争力模式所揭示的那样提高其竞争力。过去的英国把新加坡变成自己的殖民地。当时英国人均收入比新加坡高得没法比。但在这段时间内,新加坡不断提高自己企业的全球竞争力,而英国却忽视了这一点。结果,在人均收入水平上,新加坡超过了 30 000 美元,而英国是超过 20 000 美元多一点。在收入水平上,殖民地大大超过了宗主国。如果不提高企业的全球竞争力就会产生这么大的差距。

第九章 我们拥有哪些资源?

"石器时代并不是由于缺乏石头而结束的。"

"如果要让国家不稳定,那么就鼓励善于迎合民心的政治家;如果要让国家富强,那么就鼓励创业性的企业家。过去的苏联曾鼓励了谁?"

一、工业化时代和知识经济时代的资源

资源的含义和种类。工业化时代的资源和知识经济时代的资源之间是有区别的。工业化时代的典型资源是劳动力、资本、土地,而知识经济时代的典型资源是知识。企业家才能在任何时代都是重要的资源。很多人一提资源就想到石油、钢铁、原木等自然资源,但资源并不只是这些。用在财货或服务生产上的自然资源、人力资源(=劳动力+企业家才能)、人造资源(=资本)、知识等都是资源。使用于经济财货生产上的投入物都是资源。埋藏在地下的原油、把这些原油弄上来的采掘设备、把原油运送到炼油厂的船舶、炼油厂中的各种炼油设备、把油罐车送来的汽油售出的加油站等就不用说,工作在与此相关工作岗位上的人员也都是资源。用于各种财货或服务生产上的资源分别称为"生产资源"、"经济资源"、"生产要素"等。可以把这些划分如下:

生产要素=经济资源=生产资源=投入物

(1)土地。这不仅指土地,还包括森林、水、矿物等造物主所赋予的资源,即自然资源。经济学家们所说的作为生产要素的"土地"包括自然资源。因此,埋藏在土地中的原矿状态的钻石、原始森林等自然资源都是土

地。但是,已经加工过的原木就不是土地,而是资本。已成为灌溉设施的农地是土地和资本的结合物。由此可见,作为生产要素的土地范围比一般人所说的土地范围广得多。

(2)劳动。这是指使用在生产财货或服务上的人的肉体的和精神的努力或能力。有的经济学家把人力资源(human resources)称为劳动。生产岗位上的劳动者、办公室职员、教师、公务员等人们所做的事情都是劳动。强制性的劳动或奴隶劳动并不是经济学家们所说的劳动。经济学家们所说的劳动,就是劳动者以一定薪水而愿意出售和发挥的肉体的和精神的努力。

(3)资本。使用于各种生产,而且为了使消费者能够消费生产出来的产品而储藏或运输所必需的各种生产装备、工厂建筑物以及储藏设施等。资本是人造的资源,也称为资本财货或投资财货。在经济学中,所谓投资是指为增加资本的支出或购买新资本财货。但在管理学中,把购买股票也称为投资。管理学者们把购买股票称为金融投资。资本也包括库存产品。库存的积累被看作是投资。因为,以原料或半成品形态存在的库存产品,是为顺利进行生产活动的必要准备,而成品形态的库存产品则是销售活动的必要准备。

百货商店中的衣服、展示用的人体模型、音像商店中的光盘、电视播音员在播报时穿的衣服、高尔夫运动员在比赛时使用的高尔夫球杆等都是资本财货。因为,这些用于服务生产。但作为消费者的我们所使用的高尔夫球杆、衣服、光盘是消费财货,而不是资本财货。上述举例的资本财货都是物质资本。那么,是不是只有物质资本才可以生产呢?不然。以半导体为例,如果没有机器就不能生产。但即使有了机器,如果没有技术也不能使用机器。这里重要的,是能够生产半导体的教育、训练、经验,把这些称为人力资本(human capital)。机器人也是资本。日本是世界上最大的机器人生产国。日本每年生产 60 000 台以上的机器人并用于工厂的自动化。

(4)知识。工业社会的富翁是土地、黄金、石油等资源的所有者。但比尔·盖茨成为世界第一富翁并不是因为这些,而是因为他以知识这一生产要素为基础,并发挥企业家才能的结果。日本的第一富翁孙正义也一样。他们并不是传统意义上的资本家。知识化社会的主要生产要素是知识。根据托夫勒的解释：所谓知识，“广义上包括资料、信息、影像、记号、文化、理念、价值观等”(参见他的《战争与反战争》)。不过，劳动力、资本、土地等遵循收获递减规律，但知识这一生产要素却遵循收益递增规律。而且，知识这一生产要素并不由于使用而减少，而是得到增加。因此，知识并不受稀缺性规律支配。

(5)企业家才能。上述的四种经济资源，并不是自己能够自行生产的商品。必须有人把这些结合起来、销售生产出来的产品、在这一过程中还要承受损失或可能遇到的风险。做这些事情的，就是企业家。企业家可以把日常的生产活动委托给专业经理。这时的经理是劳动者。但是，有风险或不确定性的事情不能委托给任何人。再强调一下，把各种资源结合在一起并实际进行财货生产或服务生产活动的，是企业家才能。可以把它称为创造性资源。

在各种自然资源和劳动力都很丰富的俄罗斯，没能进行好生产活动的原因在于缺乏企业家才能。现代集团的创业者郑周永说，如果俄罗斯哪怕有一个世界性的企业家，那么俄罗斯经济就不会到那种地步。很多经济学家，把劳动者的劳动和企业家才能结合在一起称为劳动。这样，生产要素有三种。但这并不正确。劳动是同自然资源及创造性资源一起直接适用于生产活动的，而企业家才能是为了把劳动、资本、土地等用于生产目的资源，把这些生产要素加以组织和运用的人的特殊力量。因此，这两者之间具有很大的差别。

通过下面的一个例子来再考察一下这一问题。一位韩国企业家在印度尼西亚建立并管理了纤维厂。但这位企业家总觉得在印度尼西亚办企业有风险，因此在经济危机前夕把工厂转移到墨西哥去了。于是，由于NAFTA(北美自由贸易协定)，所生产的产品出口到美国销售得也很好，因而赚了很多钱。印度尼西亚的经济现在也很困难。

三星电子利润中的很大一部分，来自开发新产品、进军海外、同掌握世界尖端技术企业的战略性合作等。这些并不是工厂的劳动者努力工作就能解决的问题。韩国的30个大企业同其他国内企业，是在同样的韩国人、同样的韩国政府、同样的韩国文化等同样的环境中进行企业活动的。但在企业集团的规模或增长率等方面存在很大差距。这是什么原因造成的呢？这是由于在各企业集团中的企业家才能上存在差距的缘故。这方面，在以下的例子中也可以得到有力的印证：世界上最好的微软公司就是因为有了比尔·盖茨，而通用电气公司是因为有了杰克·沃尔奇这样企业家才搞得那么好。

劳动者的工作可以由机器人替代。但再怎么优秀的机器人或机器也不能替代的，就是企业家才能。之所以把资本主义称为自由企业经济，是因为企业家才能的重要性。在经济环境激变的时代、资本主义体制间激烈竞争的时代、全球化时代、技术创新急变的时代、信息化时代里，企业家才能显得更为重要。正因为这样，在生产要素中我们特别强调企业家才能。

混合要素。学计算机专业的某个人，开办了计算机零件公司。他自己既打扫公司又制造计算机零部件。就是说，他既是劳动者，又是企业家。在制造零部件的过程中，他既使用机器（物质资源），同时也使用自己的技术、知识、经验（＝人力资本）。在这种专业知识人才开办企业的情况下，把劳动、资本、企业家才能等生产要素结合在一起使用。这种例子是很多的。独资开办饭店的人，也同时发挥作为劳动者、企业家、资本家（人力资本家）的作用。受教育程度越高，而且越是在知识社会中，结合要素的作用和重要性就越大。

企业家能力（Entrepreneurship）是企业家精神还是企业家活动？

看来把 Entrepreneurship 翻译成企业家能力比企业家精神更为妥当。企业家精神是 Entrepreneural spirit。作为生产要素的 Entrepreneurship 是企业家能力而不是企业家精神。事实上，如同资本主义精神不是生产要素一样，企业家精神也不能成为生产要素。因此，在世界上销售量最大的坎贝尔·麦柯尼尔教授的《经济学》（第 13 版）认为，成为生产要素的是企业家才能。

社会的变化和资源的变化。 人类处于农耕社会时，“农土”就决定大局。人类文明在农耕土地丰富的地方发展起来，还产生了富强的国家。以艺术闻名的法国国土的64%是平原，一段时期作为经济大国领先世界的英国，其农耕地和森林面积为整个国土的80%。由于农耕社会几乎没有资本和技术，人们生活的途径只是以大自然为对象而努力干活。因此，农耕社会是自然资源和劳动决定大局的社会。在这种社会中，劳动价值论具有很强的说服力。但现在蓝领劳动者的劳动力价格继续下降。在具有世界先进水平的制造业企业里，蓝领劳动力在总生产成本中所占的比例还不到1/8。

人类从农耕社会进入到工业社会后，作为工业原材料的煤炭、石油、钢铁等自然资源越来越重要。这样，发达国家为了获取地下资源而把不发达国家变成了自己的殖民地。这些国家有英国、法国、西班牙、葡萄牙、荷兰等，只有德国除外。德国不是通过从殖民地获得工业化所需的原材料，而是通过发展化学工业来达到这一目的。因此，德国的化学工业在世界上处于领先地位。巴斯福、百埃勒、霍克斯特等是世界著名的化学工业公司。德国不是重视“赋存资源”即自然资源，而是重视通过化工厂制造的资源，即“创造出来的资源”。

二、社会间接资本、人力资本和知识资本

社会间接资本。 要想建设一个世界水平的钢铁工厂，首先需要好的港口。而且，把钢铁运输到陆地的公路和铁路也要好。另外，还要具备良好的供电保证。为了处理好国内外的业务，传真、电话、互联网等通讯设施，以及工业供水设施等也要好。把这种运输、通讯、电力、供水等设施称为社会间接资本（SOC：social overhead capital）。由于这种设施是一切工业活动的基础，所以又称为基础设施。虽然社会间接资本和基础设施是互相通用的，但社会间接资本是比基础设施更专业的经济学术语。

钢铁厂所拥有的工厂设备等，是个人所有，而且直接使用在生产上的资本，因此称为个人直接资本或直接生产资本（DPC：directly productive capital)。但由于运输、通讯、电力、供水设施等一般由社会所有，而且间接支援生产活动，因此称为社会间接资本(SOC)。韩国的资本大体上可分为 DPC 和 SOC。再加上库存资本，就成为韩国的总资本(＝SOC＋DPC＋库存资本)。不过，运输、通讯、电力、供水设施等，是狭义上的社会间接资本。间接支援企业活动的，还有法律、制度、教育、治安等很多。把这一切称为广义上的 SOC。

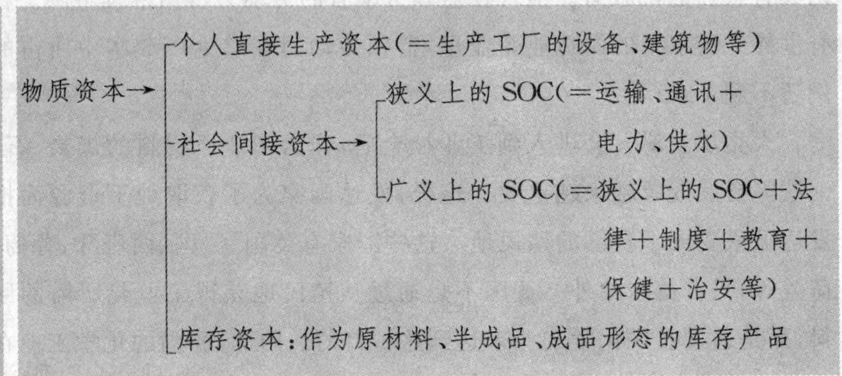

不发达国家在开发其经济时，应该同时建设 DPC 和 SOC 的理论，从资本投资的角度上称为均衡增长理论，而主张应以先后顺序来建设的理论称为不均衡增长理论。

人力资本。我国某一企业集团以对员工的彻底教育著称。据说，把一个人培训成合格的员工，需要 10 亿韩元。为提高生产性而花在人身上的钱称为人力资本(human capital)。受教育多的人就是在其身上花钱多的人。这些人与没受过教育的人根本不同。高尔夫运动员朴世里为提高自己的能力，花很多钱请了世界级教练戴维·雷德贝特。这就是积累很多人力资本的人。

自然资源非常缺乏的韩国，在短期内之所以能够持续地进行最长时间的高速增长，就是因为具有很高教育热情的韩国人形成很多的人力资本。不过，人力资本不仅包括教育，还包括健康和纪纲。即，人力资本＝教育及训练＋健康＋纪纲。

人力资本是与物质资本相对应的概念。创立人力资本理论的人，是诺贝尔经济学奖获得者芝加哥大学的西奥多·舒尔茨教授和G.贝克尔教授等人。在家庭成本中有关教育的成本，在人力资本概念出现以前被看做是消费支出。但人力资本理论创立后，就被看做是资本支出。还有，成为共产主义基础理论的马克思《资本论》中的资本，指的是物质资本。根据他的论述，劳动者是不具备资本的人。

但现代社会的很多劳动者是人力资本家。因为受了很多教育，所以积累了很多人力资本。世界银行认为，世界总资本的64%是人力资本。

不过，知识社会是知识，即人力资本很重要的社会。朴世里开始打高尔夫球的时候，只不过是普通的要素。通过很多的教育和训练，即人力资本的形成，她才成为世界水平的“高级要素”和世界水平的“专业要素”。歌手赵秀美也一样。重要的是，很多韩国人都需要从一般要素（＝一般劳动者）转变为高级要素和专业要素。能够达到这一点的途径，就是建设教育和训练设施及机构，形成好的人力资本。韩国的泰陵运动员村，就是把一般要素变成为高级要素和专业要素的机构。我国很多高等教育机构和学校也一样。今后韩国企业和产业的竞争力，取决于如何形成人力资本。

资本┬物质资本（＝个人直接生产资本＋社会间接资本＋库存资本）
　　└人力资本（＝教育及训练＋健康＋纪纲）

知识资本与知识劳动者。在人力资本（教育及训练＋健康＋纪纲）中，有关知识的就是知识资本。已经形成知识资本的劳动者，就是知识劳动者。人的知识具有与机器设备或工厂建筑物等物质资本根本不同的性质。如人的知识使用得越多，就会越增加而不是减少。

德鲁克说，资本主义重视资本，因此是资本决定一切的社会；而后资本主义社会知识支配一切，因此是知识社会。知识并不受递减规律的支配，而是受知识递增规律的支配。能够产生出超声波医疗机器、互联网、全球定位系统等革命性产品的也不是劳动力、资本、土地，而是知识。在知识社会中最重要的生产要素，是充分利用知识的劳动者，即知识劳动者。

“现代经济的力量并不在于劳动力，而在于‘知识分子的临界量’(critical mass)。即遍布在工程师、化学家、金融专家、市场问题专家、会计师、金属工学家等，而且还要形成某种程度的数量。只有这样才能产生力量。”

——皮特·德鲁克

三、信息和知识遵守收获递增规律

不管什么东西，只要可以数字化的，即可以用 0 和 1 表示的，都是信息财货或知识财货。如，软件、书、电影、网站、金融服务等。由于这些东西固定成本很高，在第一次生产时，其成本是很高的。但其再生产成本却很低。因此，可以实现规模经济。换句话说，具有收获递增的特征。

规模经济不仅适用供给方，还适用需求方。像软件这样的信息财货的价值，随着使用者数量的增加而增加。如我们所认识的人都使用微软软件，我们使用微软也很方便。网络随着使用者数量的增加而增加，这称为网络效果、网络经济、网络外部性。在信息产业中，很多情况下需求方的经济和供给方的经济结合在一起发生。

知识怎么用也不会枯竭，反而会增加。传统经济理论是以资源的稀缺性为前提，认为由于稀缺性，生产成本必然增加。但是，知识或知识财货并不受稀缺性规律的支配。

四、最重要的资源是企业家才能

“爬上社长的位置难，保住这一位置也难。”

——三星集团创立者李秉喆

“我认为，从历史角度上看，创造财富和就业机会的有能力的企业家，比政治家或军人更重要。”

——鲍尔·盖提

在第一、第二次石油危机的时候,中东的产油国赚了大钱。但即使如此,其后这些国家的经济还是没有得到发展。为什么呢?这是因为,能够把这些钱用于生产上的企业家并不多。

信息化社会是生产能力过剩的社会。发达工业国家已经由工业社会进入了“信息化社会”。皮特·德鲁克把这一社会称为知识社会。这一社会的主要产业是信息通讯、电脑、生命科学、激光产业等以知识为基础的产业。不是“附存资源”,而是头脑的力量(知识)决定大局的社会。头脑的力量(=知识=智力)是创造的资源。因此,把这种产业称为“头脑产业”或“智力产业”。

我曾经向以《后工业化社会》一书而著名的哈佛大学教授丹尼尔·贝尔提出过以下问题:在工业化以后的社会中,不仅信息通讯产业重要,而且体育运动产业、旅游娱乐产业等也很重要,但为什么人们只是称之为信息化社会呢?他回答说,由于信息重要才称为信息化社会,但体育运动和旅游娱乐也很重要,因此还可以称为体育运动社会、旅游娱乐社会。

不管怎么说,在知识社会中,不是附存价值而是“创造出来的资源”决定大局。在技术发展迅速的时代,至关重要的是能够开发新技术的知识或能够根据新技术开办企业的企业家才能。从人类历史的角度看,从各种技术的发明到技术的大众化所需要的时间如下:电是46年、汽车是55年、电话是35年、电视是26年、电脑是16年,而互联网则只不过是6年。如果整个国家都充满企业家精神,那么就会出现很多有能力的企业家。而企业家出现得多,那么韩国的根本经济问题就相应地更容易解决。

人类进入信息化社会这一事实,说明各种工业产品的生产能力一点不成为问题。世界性的企业由于生产技术的急速发展,工业产品的生产能力已经提高到惊人的程度。现在,任何商品的质量和大量生产,已经很容易了。20世纪70年代为止,所生产的100个产品中如果能够把次品减少到3个的程度,那么这个企业就被看做是世界超一流企业。

但现在使用PPM标准来计算次品。就是说,不管任何一个企业,只要把次品减少到每100万个中的3～4个，就把它看做超优秀企业。把这种减少次品的活动称为“6Σ运动”。LG电子、三星电子等正在把这一运动付诸实践。现在，任何工业产品的问题都是需求不足，生产能力绝对不成问题。世界范围内，当今时代是生产能力过剩成为问题的时代。克里斯特夫·巴尔莱特和舒曼特拉·格萨尔在《跨越国境的管理》中认为，20世纪90年代是全世界生产能力过剩的时代。他们所主张的主要产品生产能力过剩状态如下：

汽车：超过40%	钢铁：超过50%
化学产品：100%	电脑：140%

现在的产品由于性能好，因此寿命也长。几年前，购买汽车的人由于故障频繁3～4年后必须再购新车。但现在购买的新车可以使用十多年。其他工业品也一样。

企业家的作用在增加。信息社会的技术变化很快，因此信息社会又是尖端产业主导的社会。美国的产业问题大师，哈佛大学管理学院教授阿尔弗雷德·钱德勒对我说，美国之所以在20世纪90年代能持续高速发展，是由于新技术的急速发展创造了过去没有过的产业，并相互促进的结果。他还说，自己根本没有想到美国的新技术和新产业发展得那么快。由于当今世界的技术创新很快，因此人们购买的电脑、手机、尖端通讯设备、武器等，转眼之间成为古董的情况越来越多。越是这样的时候，企业家的力量就越重要。

前苏联在土地、资本、劳动力等生产要素上远远超过韩国，为什么经济崩溃了呢？朝鲜也在20世纪60年代以前走在韩国的前面，为什么今天经济到了破产的地步呢？因为没有一个企业家。在这些国家，认为企业家剥削劳动者而根本不承认其存在。不发达国家也由于没有世界性的企业家，而且也由于不存在能够养成世界性企业家的条件。过去韩国做同样纤维业的企业家，现在也千差万别。既有由于企业倒闭而家破人亡的，也有已成为世界级企业家的人。其原因就在企业家才能上有差距。

过去东欧国家在体制改革过程中非常重视的，就是提高国民的企业家才能并更多地养成有能力的企业家。

今后的世界，在工厂里劳动的工人将继续被机器人所替代。还有，开发很多与技术发展相关的新材料。而且在全球化时代的企业家，还可以到资源丰富的国家去开办企业。到文化和语言及经营环境不同的其他国家开办企业的并不是劳动者，而是企业家。在各种资源中，劳动力的相对重要性不断下降，而企业家的重要性则不断上升。从这种意义上说，21世纪是企业家才能比什么都重要的时代。

现在几乎所有的国家都致力于市场经济的发展。由于市场经济是自由经济，在市场经济中重要的是自由企业的充分发展。汉城大学名誉教授金钟铉把茶山经济学奖论文题目定为“企业家是经世富国的牵引车”。21世纪经济政策的基本方向，是充分培育和发展创业者。那么，什么样的人才具备创业者的素质呢？

能够成为创业者的人。企业家、实业家、商人、创业者等之间的差别是什么呢？根据国语词典的解释，“实业家是经营工商业和金融业等企业的人”，而在英语中翻译成商人或实业家。

但创业者不同于简单的实业家。一般来说，创业者意味着进行革新的人。以前，由于主要由企业家进行革新，因此一提起创业者就意味着企业家。但在当今世界，不管是家庭主妇、学生、商店主人、运动员、艺术家、公司员工、公务员、企业家等，只要进行革新就成为创业者。革新并不是简单地意味着新的，而是指“革命性地新的”。

知识社会中，创业者的作用特别重要。那么，什么样的人可以做创业者呢？被翻译成欧洲13个国家语言的《核心生意的概念》一书的作者邦科特·卡尔雷弗认为，具有如下取向的人可以成为创业者：

· 自己决定自己的事情。
· 富有冒险精神。
· 愿意看到自己所做事情的结果，并能够接受建设性的批评和赞扬。
· 积极参与生意活动，而且一般在小的组织中感到幸福。

· 喜欢迅速的开发和革新。

· 在发展的氛围下或生意取向的环境中得到成长。

· 在能力方面对自己就不用说,对同事也提出很高的要求。

他认为,创业者不仅具有创造性、具有丰富的想像力、精力充沛等特征,而且有时候是灿烂夺目并意志很强的人。而旧时代的创业者是顽固而非妥协性的,但新时代的创业者是重视和处理好人际关系和社会交流的人。

可以说李秉喆、郑周永、崔钟贤、尹种龙、孙吉丞、朴泰俊、柳相富、郑梦准等人是创新性的企业家。邓小平有一段时期曾经说过,中国如果有一个像朴泰俊这样的人,那么中国就已经成为钢铁大国。日本的经济联合会会长曾说过,由于朴泰俊,日本就把新日本制铁世界第一的位置让位给了韩国。除此之外,我国还有很多革新性的企业家,或者走在世界领先地位的企业。

> "不学习管理的企业家不会长久,而不学习革新的管理人也不会长久。"
>
> ——皮特·德鲁克

美国的世界性企业研究专刊《财富》,把三星电子、SK(株)及浦项制铁等包括在"最受尊敬的企业名单"中。三星电子的李建熙会长和尹种龙副会长、SK(株)的崔钟贤会长和孙吉丞会长,浦项制铁的朴泰俊会长和柳相富会长等,各自使这些企业成为世界上最受尊敬的企业。郑周永会长和郑梦准顾问是把现代重工业成为在这一领域中世界第一企业的人。

成为创业者和知识分子的途径

一提到创业者，过去是意味着出钱开办企业的企业家、创业家等。但现在这一含义变得更广了。把自己所做的事情从不同的角度上进行革新的人，都是创业者。而即使是企业家，如果不能进行革新的人就不是创业者。相反，即使不是企业家，如果进行各种革新，那么就是创业者。邦科特·卡尔雷弗认为，无论歌手、运动员、学生、家庭主妇、公务员、军人、警察、政治家等，只要进行革新都是创业者。

他所说的"创业者"，就是知识社会中的知识分子。从这种观点看，世宗大王和李舜臣将军[①]都是创业者。那么总统也可以成为创业者吗？当然可以。如果总统成为创业者，那么就可以提高国力。

熊彼特认为，创新有五种方法：这就是产品的创新、生产原料的创新、企业组织的创新、生产方法的创新，以及市场的创新。如果把这些运用于个人身上，那么第一，寻找比我们现在所做的更为创新的事情；第二，创新在所做事情上所必要的工具和装备等；第三，如果同其他人一起工作，那么就创新其关系及组织；第四，创新做事情的方法；第五，创新对象，如为更多的人做事情。

旧时代的创业者很多是顽固或固执的人。但新时代的创业者是那些能够形成和维持及进行温和的人际关系和圆满社会活动的人。今后，如果整个国民都成为创业者，那么就能够形成大跃进的局面。

---

① 世宗大王是朝鲜王朝的第四代国王。在世宗大王当政时期，是朝鲜王朝的文化发展最为灿烂的时期。如，现在用的朝鲜文、世界最早的金属活字和测雨器等，都是在这时期发明和制造的。李舜臣将军，是在壬辰倭乱(1592～1599)时期，制造龟船奋力抗击日本侵略的著名爱国将军。——译者

《财富》在2000年的亚洲最受欢迎的企业家选了三星电子的尹种龙副会长。日本的著名经济周刊《日经商务》曾经特别报道了如下事实：即三星电子的2000年一年的总利润比日本的索尼、松下等七家大电子公司的总利润还多。

作为企业家的创业者起着如下的作用：

① 企业家把劳动力、资本、土地等生产要素结合在一起，并主导产品的生产活动。因此，企业家起着给生产活动点火的点火装置或催化剂的作用。而且，企业家把国家的稀缺资源使用于更有生产性的项目上，从而提高人和资源的价值。

② 能够起到研究新产品、新原料、新市场、新组织、新生产方法的创新者的作用。熊彼特把这称为五大创新。他认为，这些创新是企业家的基本功能，是经济发展的原动力。企业家不仅把劳动力、资本、土地等结合在一起进行生产活动，而且还必须开发更好的产品、市场、原料、生产方法、经营组织等，因此在功能上与劳动者根本不同。事实上，即使在用同样的劳动和资本及土地种地的农民之间，具有企业家才能的人和不具备企业家才能的人之间有不小的差距。

具有企业家才能的人，并不想把每年的地耕种得一样。这种人不断地研究新的农作物，甚至还考虑不种地而转到制造业或服务业等。换句话说，这种人总是追求变化。但只具备劳动者素质的人不追求变化。这种人愿意继续重复同样种地，或喜欢在企业家的手下做事。

③ 承担风险的功能。企业家愿意做有风险的事业。这里，我们来看一下企业家和劳动者的区别。例如，经营商店的人用月薪100万韩元雇佣一个员工。这时如果买卖不错，那么发工资以后所剩的收入就是商店主人的了。但如果生意不好，那么这个商店主人就受损失。这里，商店主人是企业家，员工是劳动者。工资是一定的，但企业家的收入并不是固定的。

损失的风险总是伴随着企业家。例如，我们在送礼物的时候，接受礼物的人不一定喜欢它。企业家制造产品，顾客不一定喜欢其产品。企业家生产产品，这本身就是一种很大的风险。

④ 制定并施行日常企业管理的企业政策。

"有时候我想，（我成功的秘诀）也许在于我确定我的使命感，并总是为了维持清新的创造力而不间断和创造性地进行企业管理。"

——三星集团创业者李秉喆

第三篇

新时代新的生存模式与战略

第十章 如何提高企业和产业的全球竞争力?

"现代社会、经济及共同体的中心并不是技术,也不是信息,更不是生产性。而是管理能够产生好效果的并作为社会细胞的组织。一切组织应该把全球竞争力(GC)定为战略目标。"

——皮特·德鲁克

瑞士的IMD认为,企业的竞争力就是国家的竞争力。日本曾认为产业的竞争力就是国家的竞争力,因此制定并实施了很多产业政策。韩国也制定和实施了很多重工业和化学工业政策及促进出口产业的政策等。为了提高国家的竞争力,应该提高企业的竞争力呢,还是应提高产业的竞争力?关于这一点,诺贝尔经济学奖获得者芝加哥大学教授G.贝克尔认为,应提高产业的竞争力。这一问题的专家阿尔弗雷德·钱德勒认为,应提高企业的竞争力。作者曾同诺贝尔经济学奖获得者赫伯特·西蒙教授交谈过对这一问题的看法,他说,是不是应把产业和企业的竞争力同时提高?这样,本书制定了为提高企业和产业全球竞争力(GC:global competitiveness)的模式。关于这一模式,作者同很多人商量过,也曾得到很多评价。这就是"企业和产业的全球竞争力模式"。在这里简单地称为"我们的模式"或"全球竞争力模式"。很多不发达国家的人想学韩国的发展模式。既有为了学习而亲临韩国的人,也有通过邀请韩国专家学习韩国模式的国家。如何向外国人说明韩国模式呢?更为重要的是,今后为了提高韩国企业和产业的全球竞争力,应该怎么办呢?还有,在其他国家的情况下如何说明全球竞争力?基于这种考虑而开发的,就是我们的模式。在全球化的知识经济时代,是我们的生存取决于企业和产业的全球竞争力的时代。这也是需要新的模式和战略的时代。

一、养成系统思考方式,熟悉系统管理方式

"实现莱茵河奇迹的德国人的特点,就是善于运用系统思考方法。"

——驻汉城的某位德国企业家

我们已懂得了生产性和竞争力的重要性。但很多人认为,只要提高自己的生产性就可以了,这并不正确。应该把所属组织全体成员的生产性都一同提高。因为,现代社会是组织社会。仅仅企业组织在韩国就有290万个,而且由于韩国人的共同体主义,韩国有无数的非正式组织。信息化社会又作为系统运行。因此,全球化知识时代的竞争是系统间的竞争。在组织中生活并同组织一起竞争的我们,首先要提高组织的生产性。怎样才能做到这一点呢?组织是系统,因此最重要的,就是系统管理。而且还要养成系统思考方法。为此,必须熟悉各种管理方法和理论。首先考察一下各种管理理论的发展过程。通过这种考察,我们要看一下我们所理解的管理理论是哪一个阶段的理论。

从科学管理理论到系统管理理论。过去我国的农村,一两名铁匠在铁匠铺中制造锄头或镰刀。有活儿的时候干活儿,没活儿的时候休息。因此,谈不上什么铁匠铺管理理论。但工厂开始生产无数的农具的时候,就需要管理理论了。亚当·斯密在《国富论》中提到的制针工厂就是很好的例子。亚当·斯密认为,在不进行分工一个人制作针的时候,由一个人弄断铁丝、研磨、刨空等工作,一天只能制几枚针。但如果各个承担拿手的活儿,即在通过专业化进行有效分工的情况下,就可以制作很多针。这里,斯密所说的如下一句话,即如果分工和专业化搞好了就可以提高生产率,就是最初的管理理论。这种认为如果把事和人结合得好,就可以提高生产的观点,就发展为后来的"科学管理理论"。

由于产业的发展,产生了不少工厂。而且公司的规模也大了。这样,

由很多人和事来构成的组织就重要起来了。在这一阶段上产生的管理理论就是“行政组织式的管理理论”。此后，组织扩大了，人多并且工作场所也分散在几个地方。这样，公司员工的心和行为就显得很重要。为了解决这种问题而产生的，就是“行为管理理论”。还有，为了使公司员工努力工作并做好工作，计量和科学的经营管理和作业分析显得很重要。为解决这一问题而提出来的，就是工作调查（OR）、全面质量管理（TQM）、管理信息系统（MIS）、管理科学理论等。

不管是企业还是政府以及公共团体，为共同的目标紧密联系在一起，并由其组成部分构成的集合体（组织），就是一个系统。因此，应该把组织的内外变量看成一个整体系统运行，这就是系统管理理论。它把其他管理理论整合在一起。德鲁克认为，这就是知识化社会中具有代表性的管理理论。生活在这一时代的我们，应该养成系统思考方法，并很好理解系统管理理论。再进一步说明一下有关内容。

韩国人到底是什么样的人呢？“韩国人懒惰，而且浪费严重，是很差劲的人群。因此，我们公司的员工也应该由作为社长的我来彻底监视和控制。而且，也不应该多给薪水。”这句话对不对呢？根据这种人性观来管理公司的理论，就称为“X 理论”。相对于 X 理论的，就是“Y 理论”。Y 理论认为，由于人是合理的存在，因此如果我对公司员工好，那么他们也会对我好。还有，以美国式的管理方式和日本式的管理方式结合在一起的管理模式，就是“Z 理论”。但这些理论都是错误的，正确的理论是“系统管理理论”。

任何系统都会发生预料不到的情况，因此需要权变方法。这一方法意味着任何时候都可能发生预想不到的状况，因此要随时准备应对这种情况。这也意味着并不存在适合一切状态、一切组织、一切管理人员的惟一正确的管理理论。把上述管理理论的发展过程概括如下：

科学管理理论：只要处理好人和事的关系就可以（分工、专业化等）。

行政管理理论：公司组织很重要。

经营科学理论：心态很重要。

↓

系统管理理论：应该组织一个把组织内外因素很好地整合在一起的系统。

＋

权变观点：在环境急剧变化的时代，应很好地应付情况变化（没有预料到的情况等）。

通过足球的例子，再次说明系统管理理论。足球比赛中，足球运动员自己的技术再怎么高超都没有什么用处。首先要有一个团队。即使有团队，只有守门员、前锋、后卫等分工及科学管理还不够，还需要互相之间的密切协作。而且，教练也要好，球、球鞋、运动服也要好，还要保持高昂的斗志。另外，要研究对方团队的特点与作战部署，并准备好心理战和注意观众的态度及场上氛围的变化，还要搞好运动员的交替和受伤运动员的快速处理等。要考虑这一切因素并组成能够获胜的团队来经营球队，这就是足球队的系统管理理论。

不仅是足球队，家庭、学校、公司、政府、国家等都是系统。还有，汽车、电脑、互联网等也都是系统。就是说，系统是“为了达到共同的目标，相互之间有密切的关系并互相发生影响的部分（硬件与软件）之集合”。国家经济也是一个系统。韩国经济是资本主义经济系统，世界经济也是系统。以国家经济为标准，企业经济是子系统，而世界经济是母系统。在韩国，还有很多人混淆作为一种哲学的资本主义和作为经济系统的资本主义。

考察国家经济的最简单的方法，就是把国家经济划分为家庭、企业、政府、海外部门等四种经济主体来看待。这些当然是互相密切地联系在一起的,因此相互发挥巨大的影响。这是经济学家们最喜欢用的经济学教科书所采取的最简单的经济系统研究方法。

不过,现在要说明,我们的模式之目的,是使国家经济系统通过提高企业和产业的竞争力来提高国家竞争力。但由于其组成部分多达10个,因此比较复杂。在这10个中,有7个主要决定因素和3个基本条件。这一模式是我们为了提高我国的全球竞争力而自己开发的。

比什么都重要的,是根据我国的国情组成好经济系统,并使之运行良好。瑞士具有达到世界水平的国家经济系统。IMD的世界竞争力模式就是如此。不发达国家的共同点就是没有适合自己国家的国家经济系统。即使有这种系统,也存在很多问题,因此运行得不好。这是由于连经济系统是什么都不懂的领导人,只能通过人治的方式任意摆布经济的缘故。这样,即使国民再怎么努力搞好经济活动,所产生的并不是生产性和竞争力,而是眼泪和叹气。

二、两种经济增长理论

可以把经济增长理论划分为两种。一是,国家经济的成长通过劳动、资本等生产要素说明的,即以要素为中心的增长理论;二是,通过企业和产业的全球竞争力来说明的,即以竞争力为中心的增长理论。前者是说明经济整体增长的宏观经济增长理论,而后者是把经济增长通过企业和产业的增长来说明的微观经济增长理论。

要素中心理论是重视供给因素的理论,这是经济学家使用最多的理论,这也是有助于理解经济整体增长的理论。这一理论将在第16章予以说明。但这一理论作为全球化企业之间激烈经济竞争时代的增长理论,具有局限性。因为,在这种时代,如果企业和产业不具备全球竞争力,那么即使劳动和资本再怎么丰富,国家的经济还是得不到增长。因此,需要以企业和产业的全球竞争力为基础的新的增长理论。

以要素为中心的增长理论,假定技术是一定的。就是说,这一理论假定企业在技术方面没有什么方法。但是，事实上各企业进行很多技术革新，因此这一假定是脱离现实的。正如企业在缺乏资本的情况下要在其他地方调动资金一样，如果缺少技术就要开发。不过，在以要素为中心的增长论者中，像保罗·罗默教授这样的人，把技术内生化而主张新增长理论。这可以说比要素中心理论发展了一步，却仍不能回避过分偏向供给的责难。如果只通过劳动力和资本就可以发展经济，那么过去的印度、中国、俄国等国的经济为什么没有发展呢？企业或产业的成长问题，绝不是通过劳动力和资本等要素就有可能发生的问题。只有很多因素综合在一起发挥作用时，解决这种问题才可能。众多的不发达国家之所以不能很好地推动企业和产业的发展，就是因为连这么简单的事实都认识不清。

IMD的世界竞争力研究负责人皮特·罗朗竹所长和斯特潘·卡雷利曾说过如下的一番话：

> “很多经济学家只用劳动力、资本等生产要素来说明经济增长，但这种理论过于简单化和不切合实际。而且，这种增长理论作为经济增长政策也没有多大用处。如果说一个不发达国家只要提高劳动力和资本及其生产性就可以很好地发展经济，那么会有多大说服力呢？”

任何国家的国力，都出之于企业和产业。美国、日本、德国等国家的国力也一样。韩国在20世纪60年代初进入所谓起飞阶段，并在世界上最长的时间保持最快的高速增长，这正是政府积极培育而使这两者发生互相促进作用的结果。当时的韩国政府为了培育企业和产业并强化其竞争力，作出了以下几个方面的努力：

第一，政府提供各种补贴和税收方面的优惠，从而促进了企业的发展。有时，政府还强迫企业成长。如强制性地给企业分配出口份额目标。因此，外国人说韩国的经济增长是被强迫增长(forced growth)。

第二，政府通过建设蔚山化学工业园、浦项制铁产业园、永灯浦出口产业园、马山出口自由区等，把企业和产业整合起来促进其成长。这种工业园能使相关企业和产业聚集在一起并得到发展。韩国的这种举措，非常适合国家竞争力上的世界性大师麦克尔·波特的产业群或产业团理论。

第三，政府把企业集团化了，从而在进军市场时能实现规模经济效果。韩国的企业也组织了很多企业集团。韩国的企业集团，是"企业和产业的整合组织"。在我国四家大企业集团里，既有企业也有产业。通过这种组织，韩国可以持续实现高速发展。

我们能制定新的企业和产业全球竞争力模式吗？

前不久，还有人说，如果运动员金美贤在世界高尔夫球比赛中获得第一名，那么就是奇迹。在普及电脑时，有人说如果韩国人也可以成为世界电脑游戏的领先者，那么就会被当作精神失常的人。还有人说，如果韩国企业根据韩国模式就成为世界水平的企业，那么就在自己的手掌上熬汤。但根据美国《财富》杂志的评价，三星电子、SK(株)及浦项制铁是在新千年的第一年成为在世界上最受尊敬的企业。三星企业是根据三星的人才第一主义，SK(株)是以SK的SUPEX(Super Excellence：超优秀)理论，而浦项制铁是以韩国式的公共企业模式而各自成为世界最优秀的企业。

在韩国产品中，已经达到世界第一位的有55个。在射箭、羽毛球、跆拳道等运动项目的世界比赛中，韩国人可以稳拿冠军。这说明，应由韩国人制定这些方面的全球标准。事实上，跆拳道必须由韩国去开发。在同日本争第一的造船业上也一样。

那么，我们能不能制定我们的经济增长模式(理论)呢？韩国实现了世界最长且最高的增长率这一事实本身就说明了，韩国已经成为很多发展中国家的经济发展模式。世界很多国家的专家为了学习韩国的经济发展模式而访问韩国。中国的某一位经济专家说，即使在韩国经历亚洲金融危机之后，也将继续重视韩国模式。我们将在本书说明的我们的模式，就是韩国的模式，也是新时期新的增长模式。

为了开发这一模式，作者曾向芝加哥大学的G.贝克尔教授和罗伯特·福格尔教授，以及美国卡内基大学教授赫伯特·西蒙的咨询。还向哈佛管理学院教授阿尔弗雷德·钱德勒、哈佛大学经济学教授F.M.舒勒以及德鲁克教授咨询。西蒙教授说，最好把韩国模式称为“企业与产业的增长模式”。因为，韩国在20世纪60年代初脱离世界最不发达国家时，之所以能够持续实现高速增长，是因为培育了很多企业和产业，并提高了其全球竞争力。

顺便说一下，西蒙教授在行政学上取得了博士学位，而在经济学上获得了诺贝尔奖。他真正有实力的是计算机，而学术兴趣则在心理学。因此，作者访问他时，他是就职于卡内基大学的心理学教授。他母亲是钢琴家，西蒙的钢琴水平是专业水平。他的国际象棋水平属世界一流，而且还懂得20多种语言。

日本的系列会社也是企业和产业的整合体。日本的系列会社是日本式的组织，而韩国的企业集团是韩国式的组织。美国主要讲究产业组织，就是说，讲究在汽车产业中有几个汽车公司，这种公司所发挥的垄断力如何等。但韩国或日本不仅讲究在企业集团中有几个企业，还讲究有多少产业。像韩国的企业集团或日本的系列会社这样的组织，在当今的美国是不存在的。作为世界第一的管理学者的德鲁克说，系列会社原来是由美国的GM汽车公司最先采取的组织形式，GM公司通过这一组织减少了30%的生产成本，从而可以大大超过作为竞争企业的福特或克莱斯勒等汽车公司。

三、什么是全球竞争力？

“全球竞争力具有比效率极大化更多的含义。所谓效率极大化，可以比喻为在训练运动员的时候，使他们不用动脑筋只使用肌肉。”

——瑞士IMD世界竞争力研究负责人斯特潘·卡雷利

什么是全球竞争力? 也有人把全球竞争力称为世界竞争力、国际竞争力、国家的竞争优势。还有,竞争力又可以被称为竞争优势。但在本书中,我们使用全球竞争力一词。

> 国际竞争力:一般人
> 世界竞争力:瑞士 IMD
> 全球竞争力:我们的模式和皮特·德鲁克等
> 国家竞争优势:麦克尔·波特

关于全球竞争力,可以通过如下的企业、产业以及国家三个层次来考查。

(1)企业的全球竞争力。 可以把企业的全球竞争力界定如下:

所谓某一企业的全球竞争力,是指这一企业比国内外的竞争对手,在财货或服务方面,以更低的价格或更好的质量,或者比其他竞争对手以更新的方法来生产。从最终意义上说,所谓某一企业的全球竞争力,就是比其他竞争对手能够生产出更多的利润,并给自己的员工支付更多的工资,而且给股东们分配更多红利的能力。

(2)产业的全球竞争力。 所谓某一产业的竞争力,是指向多个国家出口产品,或可以增加海外投资对其产业的世界出口总额或投资总额上所占的比重。如果这种产业多,那么国家的竞争力也会相应得到提高。

(3)国家的全球竞争力。 大部分学者所接受的定义是,由美国总统主管的产业竞争力委员会在 1985 年报告中所界定的如下定义:

"任何国家的全球竞争力,是这一国家在自由公正的市场条件下,生产能通过国际市场考验的财货或服务,同时能扩大国民的实际收入的能力。"

决定国家竞争力的最重要的因素,是国家的生产性。例如,如果韩国的生产性比竞争对手增长得快,那么韩国就具有全球竞争力。根据国际竞争力研究的世界性机构——瑞士 IMD 的说明,20 世纪 80 年代,美国的国际竞争力在很多产业中不如日本的国际竞争力。于是,美国组成由当时的总统主管的产业竞争力委员会，采取了强化国际竞争力的措施。结果，美国的竞争力在20世纪90年代在很多产业上超过了日本。

决定企业全球竞争力的因素可划分为以下两种，即企业内部因素（使用机器人的工厂自动化或战略性的合作策略等）和外部因素（社会间接资本、政府规制等）。换句话说，国家竞争力取决于为企业创造有利环境的程度。瑞士的IMD每年发表著名的《世界竞争力报告》。IMD把国家竞争力的决定因素分为以下八项：即经营、国内竞争力、科学技术、国民、政府、国际化、社会间接资本、金融。另外，国家竞争优势问题的世界权威人士哈佛管理学院教授麦克尔·波特，则把国家竞争力的决定因素分为以下四种，即供给条件、需求条件、相关产业和支援产业、企业的战略结构竞争。

四、企业和产业的全球竞争力模式：七大竞争力决定因素和三大基本条件

现在要说明的是我们的全球竞争力模式，在几个方面比IMD模式更强。因为，IMD模式并没有很好地考虑到企业和产业的基本条件、需求和供给方面的因素等。因此，IMD模式不能很好地说明我们的出口主导型增长或与市场经济的关系等问题。还有，麦克尔·波特的竞争力模式，忽视了市场经济体制、人力资本、政治稳定等竞争力的基本条件，即基础性的要素。波特教授前不久曾被邀请到前东欧国家说明自己的模式，但被那里的人问住，为什么你的模式没有涉及当前最大问题的市场经济体制问题。于是，他想把自己的模式修改为适合这些国家的模式。还有，IMD模式偏重于企业的竞争力，而波特的模式则偏重于产业的竞争力，我们的模式具有同时考虑企业竞争力和产业竞争力的优点。我们的模式，是把韩国或日本过去曾经历过的增长经验现实化和具体化，而不是纯粹的象牙塔理论。

可以统一国家主张的模式。如果到不发达国家去听取一下经济、管理、行政、政治、社会等领域的专家或一般国民的观点，就会知道他们所主张的目标并不清楚，而且即使有自己的目标也各不相同。在很多情况下，

他们并不清楚他们所主张的到底是什么。就是说,最重要的是这些国家的"国论"并没有统一。但如果听了美国、瑞士、日本等国专家的主张,就会发现他们的观点具有一贯性。特别是日本各界各层的领导人以此著称。只要一提起国家利益,他们就会抛开各自的意见,在拥护国家利益的方向上统一意见。但那些自称为韩国领导人的人,只具备了在各自领域上的零碎知识。这些人并不清楚怎样把这些知识联系到提高国家竞争力上。因为,这些人并不具备经济系统的概念。从今往后,韩国的各界各层的领导人、学者、专家及一般国民的主张,应该统一到提高全球竞争力的方向上。要这样,就需要一个能够使这一点成为可能的模式。希望我们开发的模式能符合这一目的。

每个国家都应寻找适合自己的增长模式。根据世界银行的《世界发展报告》(2000/2001),人口为 6 300 万的埃塞俄比亚人均收入为 100 美元,是世界上最贫穷的国家。既没有自己的增长模式,也没有世界性的企业,就是这类国家最显著的共同特征。

很多不发达国家的人们,到现在还没有正确把握国家竞争力的概念。与此相比,美国早在 1984 年组成由总统主管的"产业竞争力委员会",继续强化国家竞争力。波特在 1990 年出版的《国家的竞争优势》一书中,把这一理论系统化了。除此之外,很多美国人也做了很多有关国家竞争力的研究。结果,美国经济从那时起到 2000 年,经济一直保持良好状态。瑞士的 IMD 也在 20 多年来一直进行关于世界竞争力的研究。而在韩国,到现在还有人认为,国家竞争力在理论上是不能成立的。这是多么令人心焦的事情!

日本为追赶发达国家而采取的政策,就是形成很多企业和产业并提高其全球竞争力。韩国以出口主导型政策甩掉了贫困帽子并跨上发达国家门槛的原因也一样。但到现在为止几乎没有一个人把这一事实上升到经济模式的高度。我们的模式是开发得既可以适合发达国家也可以适合不发达国家。这是以如下观点为出发点的,即不管经济发展是由劳动引起还是由资本引起,实际上"只有在企业和产业的竞争力得到提高时才是可能的。"

任何国家的经济结构,都与其他国家具有同样的一面和不同的一面。

因此，需要开发能适合自己国情的自己的经济增长模式。瑞典、瑞士、荷兰、日本、德国、新加坡、台湾、美国等比较典型的发达国家和地区，都有自己的增长模式。

人口比京畿道还少的瑞士，进入世界500家大企业行列的大企业有11个（韩国是12个），其人均收入仅次于卢森堡居世界第二位。瑞士有为培育企业和国家竞争力而开发的模式，这就是IMD的"世界竞争力模式"。IMD是研究生院，同时又是管理研究所，在世界竞争力研究上号称世界第一。如上所述，把很多企业培育成世界性的大企业，并把国民收入水平提高到这一程度的瑞士的经济增长理论只有这一种。

瑞士的经济学很简单。这就是他们认为不适合现实的复杂理论是没有必要的。瑞士是世界上山地在其国土中所占比重最大的国家。瑞士位于意大利、法国、德国三国的山涧地带，克服了各种困难建设成为发达国家。从中可以窥视瑞士人的智慧。斯特潘·卡雷利说，在全世界正成为地球村的时代，"世界竞争力"比"国际竞争力"更合适，因此把每年发表的著名报告称为《世界竞争力报告》。韩国政府的全球竞争力（服务的质量）在47个国家中位居第几，很多情况下是由这一报告排行的。

全球竞争的七大主要决定因素和三大基本条件。只有在很多零部件很好地结合在一起并相互配合默契，一部汽车的性能才能达到最好的状态。而且，在公路、信号设施等基本条件很好地具备了的时候，汽车才能跑得好。企业和国家也一样，只有在很多条件很好地具备了的时候，其增长才能顺利。三星集团的创立者李秉喆在他的自传《虎岩自传》中说，纺织厂的设立要具备48个条件，而一个饭店能成为世界一流大饭店，竟需要具备1 600个条件。如果信息通讯产业发展，那么就会产生无数为生产和充分利用其产品或服务的企业和产业，进一步就会产生企业形成产业而产业又形成企业的良性循环。这也是在美国的硅谷正在发生的现象。企业和产业是在无数的"竞争力零部件"互相默契结合时，才能增长得好。这里所说的竞争力零部件，就是我们的模式揭示出来的"七大竞争力决定因素"和"三大基本条件"。

企业和产业的全球竞争力之"七大决定因系"和"三大基本条件"如

下。把这一关系用图表示，如图 10.1。

七大竞争力决定因素	三大基本条件
① 供给因素	① 自由经济
② 需求因素	② 人力资本的形成
③ 管理	③ 政治上的稳定
④ 企业和产业	
⑤ 政府	
⑥ 世界化	
⑦ 偶然事件	

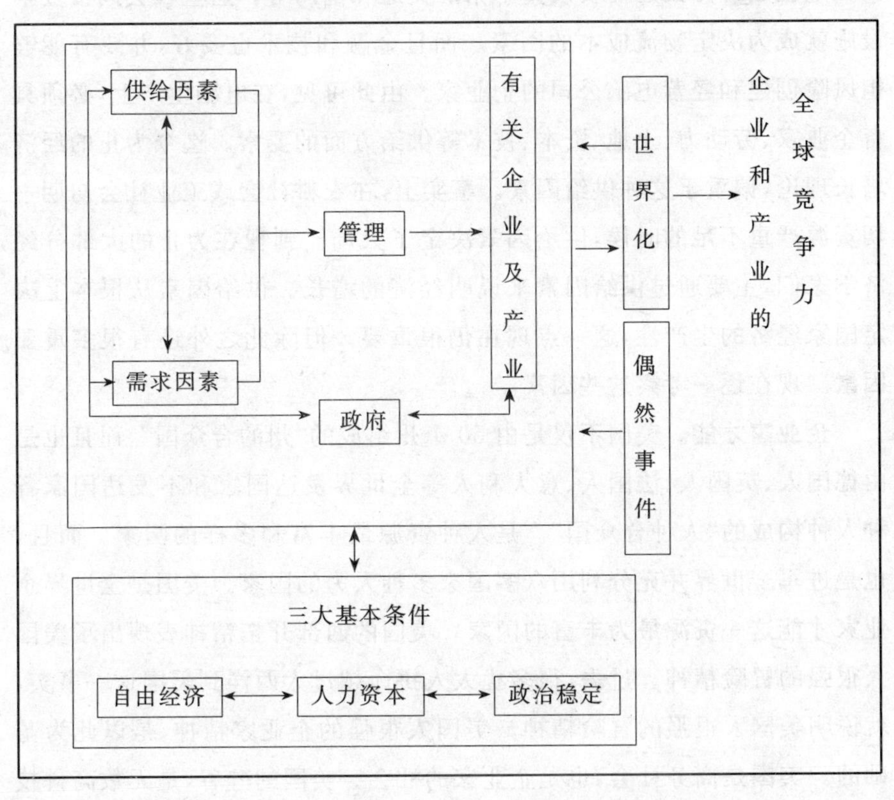

图 10.1　企业和产业的全球竞争力模式(＝S 模式)

五、供给因素

为了使韩国经济今后不再遭遇经济危机并继续提高其全球竞争力，应该怎么做呢？有人说，应降低人力成本、金融成本、物流成本等。还有人说，最重要的是消除人力困难并提高技术水平。还有人说，提高企业家的素质和进取心才是最重要的。这些主张都与劳动力、资本、技术、企业家才能等相关，强调的是全球竞争力的供给因素。

以电脑公司为例来看这一问题。要生产电脑，必须有生产设备和工厂、负责生产和销售的人员（劳动力）、能够建设工厂和办公室的土地等。而在电脑出口方面还需要质量不错的交通和港湾等。这些社会间接资本设施就成为决定物流成本的因素。而且金融和技术也要好，并要有能够担风险创建和经营电脑公司的企业家。由此可见，在电脑生产上，必须具备企业家、劳动力、土地、资本、技术等供给方面的要素。迄今为止的经济增长理论，偏重于这种供给因素。事实上，在农耕社会或工业社会初期一切资源严重不足的时候，供给因素决定了大局。到现在为止的大部分经济学家们，主要通过供给因素来说明经济的增长。供给因素从根本上决定国家经济的生产性，这一点现在仍很重要。但除此之外还有很多重要因素。现在逐一考察这些因素。

企业家才能。美国不仅是由50个州组成的“州的合众国”，而且也是由德国人、英国人、法国人、意大利人等全世界发达国家和不发达国家各种人种构成的“人种合众国”。是人种资源最丰富和多样的国家。而且，也是进军全世界并充分利用众多国家多种人力的国家。美国是全世界企业家才能这一资源最为丰富的国家。美国的西部开拓精神表现出了美国人很强的冒险精神。过去，很多犹太人拼命越过大西洋到美国这一事实，就说明美国人很强的冒险精神。美国人很强的企业家精神，是以此为基础的。美国是商务社会，也是企业家的社会。美国的硅谷，是无数高科技风险企业活动的舞台。日本是管理人员的国家。我觉得，韩国位于美国和日本的中间地带。也有人说，韩国是以独创性和进取心很强的企业家精神为基础的国家。

日本的企业家，特别是世界性大企业中的最高管理人员，很多是由公司的职员晋升的。由于日本的大企业历史悠久，因此这些企业的创业者大都已去世。但韩国还有很多创业者健在。而且，创业者的第二三代直接参与管理，因此有时同专业管理人员发生冲突。但韩国在自然资源贫乏和技术缺乏的情况下，能持续实现高速增长，可以说是因为旺盛的企业家的活动。如果要说在供给因素中最重要的因素，那就是企业家才能。只要有能力的企业家在，就能够寻找和调动劳动力、资本、技术等。现代集团的创业者郑周永前会长，就同时以建设造船厂和船著名。

资本。为形成资本所需要的资金，美国企业主要通过证券市场调动，日本则通过主要交往银行调动。但韩国的企业由于证券市场不景气，银行由政府控制，因此所需资金是通过同属集团的企业之间互相协作调动。在亚洲金融危机前，韩国企业从国外银行借了很多款。但是，外国银行一收回所贷的资金，不少韩国企业就遇到了金融危机。

韩国政府如果既不像美国那样充分发展证券市场，也不让银行把钱借给企业，那么韩国企业就会在资金上遇到很大困难，甚至可能被断绝资金来源。由于韩国很多银行都在政府控制之下，从这些银行那里贷款是很困难的。日本企业很容易从集团所属主要交往银行贷款。最近所负担的利息还不到1%。但韩国企业所负担的利息，亚洲金融危机前甚至超过15%，现在也基本接近8%。日本的金融机构以不到1%的资金在全世界进行经济活动，并到韩国进行股票投资，因此它们的这些活动就绰绰有余了。但韩国的金融机构负担高得多的利息，进行企业投资或股票投资，有很多困难。应该把韩国企业负担的利率降低到美国和日本企业所负担的程度。

技术。在美国，学校、企业、政府都发展技术。美国政府让民间企业开发国防技术，甚至让民间企业开发宇宙、航空技术。在日本，技术主要由企业开发。韩国也一样。

美国经济从1991年开始持续了近10年的景气，主要源于信息技术和生命科学的发展。如上所述，在美国新技术由新产业开发，而新产业又产生很多高新技术风险企业。美国和日本以1991年为契机在经济增长方面发生逆转的原因之一，就是美国有很多新技术发明。

土地。美国由于土地太多，如果全部耕种，就会因丰收使农产品价格暴跌。美国的问题是如何使农民尽量少种田。但韩国和日本的耕地太少。韩国的粮食自给率还不到30%，因此为了进口粮食就需要很多美元。为了赚美元，必须办很多企业并增强其竞争力，因而必须出口很多产品。特别是由于韩国的国土狭小，工业用地的价格很高。三星汽车在初期经历过很多困难，就是因为工业用地的价格太贵。很多外国人说，在发达国家中，工业用地价格最贵的国家就是韩国。在土地使用方面，与美日企业相比，韩国企业很不利。

劳动。到20世纪80年代为止，很多外国人认为韩国的高速增长是由于较高的教育水平和低工资造成的。韩国国民(6岁以上)的平均受教育程度从1975～1995年的6.6年增加为现在的10.3年，因此劳动者的素质确实得到了提高。像日本这样的先进国家就业率是52%，但韩国却只有45%。专业主妇的比重高是其原因之一，同时还由于经济危机爆发后就业机会减少。韩国工会的组织率在1989年是20%，但此后一直下降，到现在只有12%。韩国经济增长初期，生产劳动者的作用很重要。但随着工业化的进展，办公室工作人员的重要性提高了。而当今世界是知识社会，因此知识劳动者的重要性就显得更大。进入20世纪90年代以后，劳动生产率增长得很快。

六、需求因素

诺贝尔奖获得者经济学家詹姆斯·托宾给作者写的《韩国经济的崛起》一书的述评中说，如果说韩国经济增长有两个主要因素，那么一是作为需求因素的出口扩大，另一个则是作为供给因素的教育，即人力资本的形成。很多学者在谈到韩国经济增长因素时谈到供给因素，但托宾教授同样重视需求因素。

有人说，如果韩国经济今后要进一步发展，就必须减少贸易赤字和外债，而其途径就是出口。也有人认为，重要的问题是国民的过度消费和政府的预算浪费。这些主张是有关国内需求（国民消费、企业投资、政府支出）及海外需求的，是强调经济增长重要性的主张。

但正如上述，即使供给条件再好，如果需求方的条件不充分，企业就不可能得到成长。例如，能不能说非洲的某一个不发达国家只要好好制造电脑就能发展呢？不。由于几乎没有国内需求，因此必须通过出口来解决需求不足的问题。电脑产业最近在全世界迅速发展的原因，就是电脑需求的快速增长。在2000年有一阵子，之所以曾出现半导体很抢手的现象，就是因为手机和电脑的生产所引起的需求增长。国民的需要在从286型电脑到386型电脑、从386型电脑到486型电脑、从486型电脑到586型电脑等发生变化时，生产必须适应需求而相应发展。即使生产再好，如果不能适应消费者的需求，那么就销售不出去。只有能销售的商品才是有意义的。

再举一个例子。最近在美国，由于律师不穿西服，因此对西服的需求大大减少。这样，对领带和皮鞋的需求也减少了。还有，如果消费者只喝烧酒，那么洋酒和威士忌产业的竞争力就不可能增强。过去俄罗斯有一段时期，芭蕾舞产业很有全球竞争力。据说这是由于过去的领导人腐败而喜好声乐的缘故。在质量差不多的情况下，国民喜欢外国产品，那么国产家电公司的竞争力只能弱化。在国内需求少的产业增长方面，海外需求就很重要。事实上，韩国有很多的出口型产业，海外需求在提高竞争力方面起到了决定性的作用。

在纽约，歌剧是用英语演唱的。由于外国观光客也可以成为观众，因此纽约的歌剧产业非常活跃。但，在汉城演出的歌剧是用朝鲜语演唱，因此观众几乎都是韩国人。由此可见，韩国歌剧业的发展，扩大需求很重要。很多人在谈论韩国经济所面临的问题时，所涉及的就是与上述的供给与需求有关的内容。韩国的劳动者由于可以生产电脑，因此收入很高，因而可以买电脑。还有，在汽车、半导体、信息通讯器材、电脑等生产上都需要电脑。由此可见，供给和需求因素之间有非常密切的关系。在图10.1中，箭头的方向是双向的原因就在于此。需求和供给因素，是我们模式的七大竞争力决定因素中的两个。

内需(＝国内需求)和海外需求。对企业产品的需求可分为国内需求(消费＋投资＋政府支出)和海外需求(出口)。在世界上,国内市场最庞大的国家是美国,其次是日本。韩国的内需规模还不到日本的1/10。在经济增长初期,美国企业主要以内需为基础,但韩国企业则主要以海外需求(出口)为基础。

美国的国内需求,第一,规模庞大;第二,世界上最多样;第三,非常挑剔而又精细。日本和韩国的内需就不具备这些特征。因此,美国的众多企业可以充分利用这些特点得到成长。从这一点上看,需求方面最有利于企业成长的国家就是美国。美国人在食品方面既多样又挑剔,因此在美国市场上成功的食品公司在世界任何国家都可以成功。而且,在美国国内有不同的人种,因此很容易检验对食品的口味。但由于韩国在内需发展方面有局限性,因此要通过出口来寻找突破口。韩国的大企业现在也以出口为中心得到成长。

美国人不管国产品和进口品,只选择好的产品使用。日本人以不使用外货著名。韩国人在经济增长初期也不大使用外国产品。但亚洲金融危机爆发前夕,进口了很多国外高级奢侈品。日本人使用很多国内产品,帮助了日本企业的成长。结果,日本的汽车、照相机等成为世界最好的产品。

内需可以分为消费需求、投资需求、政府需求三个部分。韩国人的内需,主要集中在人参、鹿茸、野生动物、补药等方面。因此有人说,韩国人对世界补品产业的景气有决定性的影响。还有,由于共同体意识和好客传统等原因,对高级饭店的需求很大。但由于饭菜的浪费很大,因此需要把消费需求提高到世界水平。美国人有爱穿短裤和拖鞋等不拘泥于小节的特征,因此,美国有很多汉堡包、比萨饼、炸鸡等快餐店和便餐厅等。

国内投资需求主要是韩国企业的需求。为了增加投资需求,有必要促进外国人在韩国积极投资。美国由于存在着对各种武器的政府需求,因此促进了国防工业的发展。在国防工业的发展方面,韩国政府也起了很大的作用。如果以后实现了统一,那么内需就会急剧增加,因此如果搞好了,在产业增长上能够打开新的突破口。除此之外,韩国企业的全球竞争力只有满足其他很多因素时，才能得到提高。那么还有什么因素呢？

七、管理战略：追赶战略和超越战略

关于一般的管理理论和系统管理理论，上一章中已考察过。这里要考察的是管理战略。我国有很多公司。但其中有些企业发展很好，有些企业则近乎倒闭的边缘。虽然同样都是韩国公司，为什么在销售额、利润、股票价格等方面产生如此大的差距呢？重要的原因之一，是在管理能力上的差距。把供给和需求因素很好地与生产目的结合在一起并提高其竞争力，或提高企业的利润等，都取决于管理问题。换句话说，把人、物资、技术、大自然的力量等结合在一起，并适合家庭需求、企业需求、政府需求及外国人的需求而生产产品，这是管理人员所应做的事情。

举足球的例子说明这一问题。从运动员个人看，韩国运动员和日本运动员并不存在多少差别。但同另一个队进行比赛时，根据不同教练的管理能力，结果就产生很大的差异。有时，更换了教练后可以提高胜率，而且由于起用有能力的教练，有时还可以连战连胜。还有，有时因教练的错误而连战连败。足球教练对足球队就起到管理人的作用。同样具有人力和物资资源的足球队或企业，因管理负责人的能力差异而在其竞争力上会产生很大的差距。

美国式的管理和日本式的管理。美国企业的管理，有如下几条管理理念：第一，个人比企业或政府等共同体，更为优先。个人在任何时候都可以离开公司或跳槽。第二，美国人相信企业或国家的力量来自个人。第三，美国人认为，原则上应由个人拥有财产。因此，如果企业赚了钱，马上把红利分给企业所有者，即股东。第四，个人只做与其收入相当的工作。第五，在公司和个人以及个人与个人之间给对方带来损失的时候，必须马上给与补偿。公司和个人之间的关系，必须得到法律保护。因此，美国人签订很多合同。

相反，日本企业与此大不相同。第一，公司是全体员工的生活共同体。公司并不是个人组织。第二，公司优于员工。个人必须要有为共同体作出牺牲或工作一生的心理准备。第三，员工是一家人，因此重视论资排辈。第四，由于员工是共同体的成员，所以即使互相有过节，也不会提出诉讼。第五，个人为共同体应作出全部努力，不像美国人那样多给报酬就多做事，少给钱就少工作。美日的管理方式，反差如此大。

韩国式的管理。韩国企业在亚洲金融危机前，采取了很多东亚式的管理方式。但亚洲金融危机后，引进了美国式的管理方式。但不少企业引进美国式的管理方式之后，由于公司氛围太紧张，因此又有不少企业回到韩国式的管理方式。不少企业采取了韩国和美国相结合的管理方式。

在其领域中成为世界第一的韩国企业有，三星电子、浦项制铁、SK(株)、现代重工等。根据美国《财富》杂志的说法，前三个企业已成为世界上“最受尊敬的企业”。这些都是以韩国式的管理取得成功的企业。韩国企业要100％模仿美国式管理方式，或100％模仿日本式的管理方式，都是不正确的做法。在我看来，更有价值的管理方式，是“70％韩国式管理方式＋30％美国式管理方式”，或“2/3韩国式管理方式＋1/3美国式管理方式”等混合方式。

很多韩国企业是“企业集团”的一员，因此在其管理上往往是企业集团层次上的管理。在这一点上不同于美国或日本。韩国企业的员工，往往为所属公司和其公司所属的企业集团工作，还常常表现出“总首脑管理”方式。

作为当今管理理论的系统理论和不确定性理论所说的管理方向是什么呢？就是根据现在管理环境急剧变化的时代特征，认为在企业管理上并不存在一个标准答案。美国有美国式的管理理论，日本有日本式的管理理论。三星有所谓的三星管理理论，SK集团有SUPEX理论或SKMS(即SK管理系统)。

所谓SUPEX理论，就是要使公司员工发挥其最大能力的理论。由于这一理论，SK集团把SK(株)和SK电子公司发展为世界性的企业。三星电子是以人才第一主义，在半导体内存领域上成为世界第一的企业。在外国人中，甚至有些人认为韩国企业并没有管理理论，只是模仿日本企业管理理论的日本企业第二。但事实并非如此。韩国现在以韩国式管理理论，正在创造出很多世界级的企业。如果没有明确的管理理论，要成为世界第一是不可能的。

> “正如我们在过去的十多年期间曾读过很多次《日本管理的秘密》那样，我们也会在十年以后将无数次地读以《中国管理的秘密》为题的书。中国人正在开发独特而不同的管理方式和管理结构。我常说，日本的秘密就是把现代企业变成家族。中国人的秘密也许可以说，具有把家族变成现代企业的能力。”
>
> ——皮特·德鲁克，《关于亚洲》
>
> （参见宋丙洛和埃兹拉·沃格尔，《韩国企业的精神》）

八、相关及支援企业和产业及其组织

关于企业组织和产业组织，我们将在下一章中予以说明，这里我们主要说明关于相关及支援企业和产业。先讨论一下全球竞争力和行业之间的关系。

行业的选择。是不是只要搞好管理了，任何企业都可以得到发展？并非如此。把企业管理得再好，如果其产业走向衰弱，那么企业就难以得到发展。所从事的专业性质是什么将决定企业的命运。在韩国，20 世纪 50 年代的“三白”（白面、白糖、水泥）产业，60 年代的人造板、假发、羊毛衫产业，70 年代的重工业和化学工业，80 年代的家电产业，90 年代的信息通讯产业，21 世纪的生命科学产业等，经历过很多成长产业的变化。这期间，众多企业的沉浮，与其产业的变化具有密切关系。

根据韩国经济联合会的《韩国主要企业辞典》（2000 年），韩国 789 个药品公司的总销售额，同 LG 电子一个公司的销售额差不多。由此可见，企业的规模和成长还根据生产什么产品决定。韩国的制药公司与家电或汽车公司相比，规模太小了。还有，信息通讯、生命科学、环境、休闲运动等，就因其是未来的成长产业这一事实本身，就可以提高竞争力。因此，提高企业的全球竞争力，行业的选择也很重要。

相关企业和产业的竞争力。韩国私营企业的竞争力,还受公共企业的很大影响。公共企业的竞争力不强时,很难指望私营企业能够提高其竞争力。在私营企业之间也一样。例如,三星电器的竞争力,受作为同属企业集团的三星电子或三星 SDI 的竞争力影响。还有,现代电子的全球竞争力也受三星电子、LG 电子等国内其他企业的影响。由此可见,某一个企业的竞争力受相关企业及竞争对手竞争力的很大影响。这如同一看运动员朴世里和金美贤获胜,很多运动员就去美国高尔夫球界一样。

产业的竞争力也受相关企业和支援企业的影响。如化学产业的竞争力受石油产业竞争力的影响,造船业的竞争力受钢铁业竞争力的影响。同样,制药业的竞争力受化学产业竞争力的影响,而汽车产业的竞争力受机械、电子、化学等零部件产业的影响。航空业的竞争力与航空食品业具有密切的关系。物流产业的竞争力取决于航空货运、海运货运、陆地货运业等的发展和系统地联结在一起的程度。意大利的纤维和皮革业有很强竞争力,这在很大程度上取决于意大利设计产业的竞争力。俄国世界最高水平的航天科学家的工资,仅相当于韩国新参加工作的大学生的工资,这是因为俄国其他产业的生产性很低的缘故。日本理发师的工资比泰国理发师的工资高,是因为其他产业的生产性高的缘故。

韩国在建设浦项制铁等重工业和化学工业的时候,由于很好地认识到相关产业的重要性,因此同时建设了港湾、电力、铁路、道路等设施。为了发展汽车产业,需要同时发展很多相关产业。由此可见,产业的竞争力不能同其他相关产业分开讨论。

对所有企业的竞争力发挥很大影响的产业是,金融业、互联网产业、电子产业、信息通讯产业等。正如即将说明的那样,日本在明治维新以后,在发展制造业的同时,为了进军与日本在地理、文化、语言上差距很大的发达国家市场,组成了被称为综合商社的组织。这是为了支援制造业组织的活动。日本的三井集团、三菱集团、住友集团等都有自己的银行和金融机构。日本的企业集团是以金融机构和综合商社(综合产业)等机构为中心结合在一起的,从中可以知道这种产业对其他产业的发展起多么重要的作用。

同行业企业之间的国内竞争也很重要。不管世界哪个国家的企业，竞争力强的，大部分都是经过国内企业间激烈竞争的企业。因此，在提高企业的全球竞争力上，国内的激烈竞争很重要。IMD的研究负责人斯特潘·卡雷利说，麦克尔·波特教授理论中特别重要的部分，就是他强调产业群和竞争的重要性。为了维持韩国汽车产业很高的竞争力，国内汽车公司至少应该有几个。

产业群或团。产业群或团有多大，也决定从事其行业的企业竞争力。在刚开始发展经济的不发达国家中，电子企业只有少数，但像日本这样的发达国家有很多电子产品生产企业。因此，日本电子产业群或团很大。就是说，搞电子产业的企业很多。不管什么产业，如果要保持很高的全球竞争力，那么其产业群应该达到一定的规模。任何企业都不能自立。只有在某一个产业群本身大或同相关产业群一起形成更大的群的时候，产业整体的竞争力才能得到提高。

韩国的造船业要发展，只有一个世界性的造船公司是不够的。至少要有三四个造船公司。汽车产业也一样，必须有几个汽车公司。零部件产业也要发展。不仅汽车公司的规模很重要，汽车产业的规模也很重要。而且，电子产业、钢铁产业、化学产业等都要一同发展。就是说，要发展产业群。只有这样，才能产生全球竞争力。

汽车企业➡汽车产业➡汽车产业和相关产业群➡国家竞争力

九、政府

在我们的模型中，同供给要素、需求要素、管理、产业等都相互影响的，就是政府。对三大根本条件也一样。搞好这一切并能提高企业竞争力的，就是政府。在提高企业的竞争力上，政府的作用很重要。因此，表示政府同这些因素之间关系的箭头，如图10.1所示，以双向表示。关于同企业和产业的全球竞争力相关的政府功能，我们将在本书的最后一章中讨论。

十、全球化

我们在第 3 章中曾经考察过全球化。这里,在有关企业竞争力的范围内再讨论这一问题。美国的可口可乐公司已经进入世界 199 个国家。汉堡包公司也进入很多国家。美国既让自己国家的企业进入到世界各国,也让外国企业到美国自由活动。美国是对国外企业壁垒设置最少的国家。韩国也在美国办了很多企业。某一国家把自己的企业、商品等积极向国外进军称为攻击性,而为了使他国的企业或商品积极进入到自己国家而提供魅力的称为魅力性。只有在搞好这两点的情况下,才能搞好全球化。美国在攻击性和魅力性上是世界第一。

日本在攻击性上几乎是世界第一,但在魅力性上在发达国家中可以说是最低。外国企业在日本很难办工厂。首先西方人不知道日本的语言和文化,而且很难适应吃很多生鱼片的日本文化。而且,很多日本人有意识地排斥外国人。日本人不管什么产品,都尽量让日本企业生产。因此,外国企业在日本的投资率很低。韩国在经济危机前也一样。过去曾有过这样的事情,即让外国企业到工业园投资,但在韩国企业掌握了技术之后就彻底限制外国企业,而且迫使它们离开韩国。亚洲金融危机后,这方面正发生很大的变化。

美国企业即使到了国外,不管是以色列人、印度人、中国人、德国人,都以能力为准予以雇佣。韩国或日本的国内企业,主要雇佣本国人。区别对待外国劳动者的企业也不少。

美国是能最好地做到进军全世界的国家。而日本,则通过进军到全世界的综合商社子公司网络,确保了进军世界的地位。而在中国的情况是,生活在全世界大城市的中国商人起到桥头堡的作用。韩国是由企业集团的海外子公司起这种作用。

韩国可以开放哪些产业呢?美国拥有世界一流的企业、世界一流的产业、世界一流的大学、世界一流的运动员、世界一流的演员等几乎一切世界一流。不管世界上哪个国家的人才到美国来,都难以掌握美国市场。

因此，即使再怎么开放市场也没有什么顾虑。相反，促进竞争反而有利于美国。那么，韩国可以开放哪些产业呢？围棋产业的李昌镐、刘昌赫都是世界一流选手，因此再怎么开放也没有什么问题。半导体产业或液晶电视、手机、制帽、造船产业等也一样。但韩国金融业的竞争力同发达国家的金融机构相比则太弱。因此，金融机构的急速开放，有可能导致金融危机，这还有可能导致国民财富外流。像电子、重工业、钢铁等竞争力强的产业，再怎么开放也不会产生什么问题。但如果开放竞争力不强的产业，那么市场就会被外国企业夺走，市场一旦被夺走就很难再收复回来。一般而言，全球竞争力强的产业把外国企业的国内进军开放到发达国家的水平，而竞争力弱的产业则应逐渐开放。关于漫画产业，国内市场的相当部分已被日本占领了。还有，必须做好对付日本制造的电子产品和汽车涌进我国市场的准备。在日本的电子产品和汽车进军的国家中，很少没有被它们占领市场的。我们看看某位证券公司社长的话：

“外国金融专家把韩国证券市场上的韩国人的钱全部刮走。美国证券专家和韩国证券专家的差距，如同美国 NBA 篮球队和韩国高等学校篮球队之间的差距。”

由于美国有数量和种类众多的企业，因此即使外国企业收购美国企业，也不会产生什么问题。但韩国有竞争力的企业是极少数。如果卖出去了，就再没有可卖的企业了。把外国人或外国企业吸引到国内的方法，可以有如下两种考虑：

第一，像垒球或篮球那样的体育运动式的开放。韩国的体育运动决不把体育运动团队卖给国外，而是通过雇用外国运动员来提高韩国运动员的水平。比较值得的方法，就是不把银行或企业卖给外国，应该在韩国人拥有企业所有权的情况下，雇用银行负责人或经理来提高其竞争力。

第二，让外国或外国企业到韩国来，尽力创办新企业。

世界化和世界语。世界化时代的语言是英语。韩国第一次向美国派遣外交官时，由于不懂英语而用了两名翻译。就是说，先由汉语好的韩国人说汉语，懂英语的中国人又把汉语译成英语。韩国的很多领导人，现在也这样。即去某一个国际机构时，就带翻译。但瑞士和新加坡就不用说，发达国家公务员的英语都很好，因此没必要带翻译。韩国公务员履行海外公务的能力，低的以至于同发达国家没法比较。不发达国家的公务员，在国内发挥很大的作用，到了国外就不行了。不发达国家的世界化，应从政府开始。GE会长杰克·沃尔奇说，没有知识分子的世界化，就不可能有企业或国家的世界化。

瑞士、新加坡、荷兰、瑞典等国推动世界化的第一件事情，就是提高外语能力。世界上最重视外语的民族是犹太人，犹太儿童一到了9岁，就每天都学习一个小时英语。到了13岁就学第二外语，而这第二外语就是作为敌人语言的阿拉伯语。一到大学，还学习至少一个国家的语言。过去被称为世界第一发达国家的瑞典，整个国民像母语一样流利地使用英语。像新加坡、瑞士、荷兰等国那样生存在大国之间的国家，都非常重视外语。

不过，犹太人把美国看成应由自己主导的国家。过去日本人把美国当作敌对国家，现在则把它当成要进行竞争的国家。有些韩国的年轻人认为，美国是应该滚出去的国家(这种说法主要针对驻韩美军——译者)。不过，美国是从全世界移民新大陆的人共同创造的国家，是没有主人的国家。充分利用美国，也将搞好世界化。在世界化时代，如果把美国变成“我们的经济圈”，并把东亚(中国和日本)也变成我们的经济圈，把这一点当作世界化的战略之一，如何?

开放型增长的优点。通常说，中国之所以没有像英国那样搞工业革命，是因为锁国政策没有开放经济的缘故。这方面，过去的韩国或日本也一样。但韩国、中国、日本都搞开放，就能进行长时间的高速增长。这种开放型增长，具有以下优点：

① 促使企业管理人员或劳动者明白，同世界先进水平相比，其水平的差距有多大。而且，迫使他们努力达到世界先进水平。这是经济开放的动态效果，也是最大的效果。

② 朴世里、金美贤、朴灿虎等运动员，可以直接进入国际舞台，而外国选手也可以进入到韩国来。这样，这些选手可以得到国际交流的好处。企业管理人员、劳动者、学生、学者、产品等也一样。这

种效果是静态效果,并不是那么大。

③ 政府公务员也可以参照外国政府的政策案例,因此可以制定更好的经济政策(改善政府政策的效果)。

十一、第七个决定因素是运气或偶然事件

韩国经济在1973年爆发石油危机时,经受了很大打击。此后,非常幸运地通过中东建设出口,把经济扭转过来了。但由于1979年爆发的第二次石油危机,又遇到了严重的经济不景气。而在1980年遇到了严重的自然灾害,因而经济经历过负增长。对韩国企业来说,石油危机或自然灾害是偶然因素。韩国企业虽在20世纪80年代初经历过严重的不景气,但从1985年开始的三低现象(低美元价格、低石油价格、低利率)一出现,由于对出口非常有利,从1986年开始经济就恢复景气了。从1986年开始,韩国经济出现了有史以来第一次贸易顺差。这时不少韩国企业突然表现出很强的竞争力,这得益于被称为三低现象的偶然因素。到那时为止勉强维持过来的企业,几乎都遇上了好运气壮大起来了。由于韩国出口产业的结构同日本差不多,如果日元呈强势,其竞争力就得到提高;如果日元呈弱势,其竞争力就下降。日元价值的变化,对韩国企业和产业来说,也是一个偶然性因素。

在韩国要搞企业,实在是太难了。如果每五年更换一届政府,政府的政策方向往往就发生变化。如果世界能源价格、日元的价格、美国证券市场价格、周边四强的政治形势等一发生变化,韩国的企业环境就发生很大的变化。

中国抛弃锁国政策而采取开放政策,这对韩国企业来说是一个偶然事件。前不久,由于发生地震台湾半导体企业受打击时,韩国半导体产品的出口也增加了很多。前不久,韩国的化学产业突然扩展了,这是由于美国化学工厂发生火灾的缘故。

这种不由企业决定的因素,都是运气或偶然性变数。在世界化时代和技术变化快的信息化时代,这种因素的重要性会很大。我国有一句很

著名的话，就是搞企业，运气占70%，而技术只占30%的所谓“运7技3”。三星集团创业者李秉喆曾把富翁的条件说成是“运、笨、勤”。就是说，“运气”好，有些“笨”，而且“勤”的人才能成为富翁。

偶然性因素虽然对其他一切决定产生影响，却不受这些因素的影响。因此，在图10.1中的箭头画的只是一个方向。除了偶然事件以外的其他因素都互相发生影响，因此图上的箭头是双向的。上述的七种因素，是决定韩国企业和产业全球竞争力的七项决定因素。现在我们来考察一下全球竞争力的三大基本条件。

十二、企业和产业全球竞争力的三大基本条件

如果要使企业和产业这两棵树成长得好，首先要有合适的水土，即经济水土要适合。热带地方的椰子树，在北方地区怎么浇水和施肥，也不可能生长。在发达国家成长很好的企业，如果到非洲的某个不发达国家就不可能成长。那么，世界性企业和产业的成长所需要的水土，即基本条件是什么呢？是以下三种。如果把施予花草的水、肥料、土、花粉等比喻为七大决定因素，那么气候或水土就是根本条件。

· 自由经济（＝市场经济体制）
· 人力资本的形成（健康、教育、训练、纪纲等）
· 政治稳定

假如发达国家的汽车要在不发达国家跑得好，那么首先汽车要好。但高速公路上的红绿灯信号设施、加油站或中间停车站、道路立体枢纽等设施也要好。这些都为提高汽车性能作出贡献。这些都是根本条件，是基础。换句话说，高速公路、道路立体枢纽、信号设施等，并不是汽车公司制造出来的，但这些成为提高汽车竞争力的根本。因此把这些称为根本条件。

世界上，美国是经济增长所需的三大必要条件具备最好的国家。其次是日本。韩国在这方面与这两个国家相比，差距很大。如果没有称为

市场经济的温床，那么称为企业的花之凋谢，是迟早的问题。如果教育不好，企业的发展也不会好。别说是企业，整个国家也不行。

如由企业资助的钱来学习的学生成为反企业的人，而这种学生进入社会之后发起弄死企业的运动，那么国家经济的衰退是迟早的问题。如果政治不稳定，企业这朵花也开不好。企业这朵花，是以“好的市场经济体制、好的教育、稳定的政治”为基础开的。如果是这样，不仅将开出美丽的花朵，还会结出丰硕的果实。这三项中，不管哪一项搞得不好，那么这朵花就会开得不好。因此，把这三项称为企业和产业的花能够成长得好和盛开的三大根本条件。

(1)基本条件之一，是自由经济(＝市场经济)

如我们在第6章中考察过的一样。

(2)基本条件之二，是人力资本的形成

“韩国之所以发展得这么快，是因为以教育为基础的缘故。”

——现代集团创业者郑周永

“足球运动员的根本条件，首先要健康。还要受某种程度的教育，并具备基本的精神力量。这些就是能够当上运动员的基本条件。”

所谓人力资本(human capital)，是指为提高生产性，并以教育、训练、经验形态等形式投资到人身上的资本。如企业购买的电脑是物资资本。但为了使电脑运作得好，其使用者必须受到有关电脑的教育和训练，并积累经验。为此投资到电脑使用者身上的，就称为人力资本。在资本主义体制的情况下，再怎么好的机器，也必须由国民很好地使用它，因此要让国民受到教育和训练并积累经验。就拿我们的企业和产业全球竞争力模式来说，如果不积累能够充分利用这一模式的教育、训练、经验等，也是毫无用处。在人们不愿意接受教育和训练并不想积累经验的国家中，企业和产业的成长是不可能的。

在知识社会中，人力资本的重要性越来越大。在国民教育热方面，韩国或日本都可以超过美国。在13岁儿童世界数学竞赛上，韩国儿童常常超过美国和日本的儿童。现在是知识经济战争时代,这种知识经济时代的结果取决于像比尔·盖茨和GE公司的杰克·沃尔奇这样的人才。从这种观点看,再怎么强调培养世界性高级人才及专家的重要性,也不为过。能够把这一点做得最好的国家,就是美国。

如果有世界性的高级人才,那么这些人又可以培养出其他的高级人才。今后的问题在于,哪个国家能够更好地培养出世界最高水平的人才。在美国,是由哈佛大学、麻省理工学院、斯坦福大学等世界一流大学培养出世界性的高级人才。在日本,主要是由世界性的企业培养。那么韩国呢?过去,主要是通过保送到美国一流大学留学培养的。现在,很多是由企业培养。

在全世界,一流大学和一流企业同步走的国家,只有美国。在美国,世界一流大学培养出世界一流企业所需的人才,而世界一流企业开发世界一流技术并帮助大学。在大学和企业的关系上,没有一个国家像美国那样形成如此相互促进的默契关系。如由于斯坦福大学产生其附近的硅谷,斯坦福大学又因硅谷发展得更好。据说,日本的情况是,到高中为止是世界一流。但大学教育却存在很多问题。韩国在三星电子、浦项制铁、现代重工等所属领域中已经产生了世界一流企业,但却没有一所世界一流的大学。世界一流的企业和能够培养世界一流人才的大学应同时存在。

从国民的平均纪纲和健康(平均寿命)上来看,日本也许是世界第一。美国是由少数世界性的人才领导人们向前进的国家。美国的少数精英,当属世界第一。韩国人的平均寿命和纪纲也继续在上升。但比起日本和美国,还有差距。要知道,知识社会是由人力资本的形成决定大局的时代。

> “三星的人才第一主义——我是把我一生的80%花费在收集人才并教育他们方面。当我看到我所培养的人才在成长、崭露头角、积累业绩的时候,我感觉到感谢、欣慰、美丽。世间常说,三星是人才的宝库。对我来说,再没有比这更高兴的事情。”
>
> ——三星集团创业者李秉喆

我们的模式和与这一模式处在竞争关系的诸模式

当今世界，著名的全球竞争力模式有两种：即，瑞士 IMD 的企业世界竞争力模式和哈佛管理学院教授麦克尔·波特的国家竞争优势模式。

IMD 认为，决定企业的世界竞争力的因素有八条：①社会间接资本；②科学技术；③金融；④国民；⑤管理；⑥政府；⑦国际化；⑧国内竞争力等。根据 IMD 的解释，这些因素决定企业竞争力的过程如下：前四项是竞争资产，以此为基础实际创造竞争力的是管理的任务。“政府”则提高这一因素的水平。在这些要素都成为“国际化”，并连接到强化“国内竞争力”时，企业的世界竞争力就能得到提高。

波特教授认为，四种因素，即①要素条件；②需求条件；③相关及支援项目；④偶发性要素等因素决定企业的竞争优势。

这些模式和我们的模式有什么区别呢？IMD 模式的竞争资产相当于我们模式的供给因素。管理和政府及国际化等三大要素，在我们的模式中也有。但 IMD 模式排除了我们模式中的需求因素，因此很难说明韩国或东亚的出口主导型发展等。更为重要的是，这一模式忽略了我们的模式所强调的三大基本要素，因此很难把这一模式适用于多数国家。因此，作为 IMD 模式的分析对象国，只能限制在很少的范围内。

波特教授的模式忽略了我们的三大基本要素，因此尤其不能说明像东欧国家那样经济体制改革中的国家，也不能说明不发达国家的竞争力。关于这一点，波特教授也承认。而且，这一模式还过小地评价了政府的作用。更为重要的是，IMD 模式只强调企业的竞争力，而波特教授的模式则只强调产业的竞争力，但我们的模式可同时说明企业和产业的全球竞争力。由此可见，可以说我们的模式是比这两种模式更进一步的模式。

(3)基本条件之三,是政治稳定

美国是世界上政治最稳定的国家。美国政治又是亲企业倾向的。相反,不发达国家的政治,大部分是害企业的政治。日本在前苏联崩溃前,即冷战结束前,是自民党一党统治的国家。因此,日本的政治很稳定。由于冷战,美国也帮了日本的政治稳定。但从共产主义崩溃后,美国再没有必要帮日本。其结果,日本的政治相当不稳,这又连接到经济不景气。据说,日本的问题是政治家没有很好地引导已经世界化的日本经济。就是说,日本的根本问题是,缺乏世界水平的政治领导能力。新加坡、香港、台湾(地区)的长期高速增长,是政治稳定提供支撑的结果。

韩国在政治不稳定严重时遇上了经济危机。政治不稳定拖住经济的后腿。人们常说,韩国最没有全球竞争力的领域就是政治。因此,每当政权更换时,韩国经济常常历经混乱。

如上所述,提高企业竞争力所必要的三项基本条件,美国具备得很好。今后,韩国应把这些提高到美国的水平。不改变这些基本条件,韩国只想把企业形态改为美国式,或者只想把负债比率或支配结构等改为美国的水平,那么这将很有可能大大降低韩国的全球竞争力。

十三、为什么发生经济危机?

韩国在1997年末遭到了亚洲金融危机。其原因是什么呢?美国财政部长罗伯特·萨默斯说,这如同下雨天的交通事故那样非常复杂。麻省理工学院教授卢蒂格·敦布斯说,官僚主义和不发达的金融系统是其原因。哈佛大学经济学教授马丁·费尔德斯坦说,韩国企业过多的短期负债和国际货币基金组织错误的解决方案是其原因。国际金融基金局长舒伯特·赖斯则认为,没有正常运作的金融系统、急速的世界化、汇率的暴涨等是其原因。很多韩国人说,财阀的章鱼爪式的经营扩张才是主要原因。还有,前总理南德禹认为,人治破坏韩国经济系统才是其原因。哪一个主张是对的呢?从系统的观点上看,前总理南德禹的观点最正确。如果把我们的S模式倒过来予以解释,我们就会知道经济危机在任何时候都可以到来。什么情况导致经济危机呢？这里解释导致经济危机的方案，为的是懂得了导致经济危机的方案后，能更好地理解杜绝经济危机的方法。那么，经济危机在什么情况下会发生呢？

① 政治不稳定。如果政治不稳定，外国人把投资到韩国的钱都抽出并撤走。韩国企业也会要么不投资，要么延长投资。如果政治不稳定，那么产生很多流言蜚语。由于对国家的未来感到不安，到其他国家移民的人就会增加。如果政治不稳定，对国家经济的信赖就会垮掉。

② 如果动摇被称为市场经济基础的经济体制，那么国家经济就会倒退。比什么都更重要的是，这会打击企业家的士气，并使他们后悔当企业家。而且，富人被当作罪人。而领导人为了迎合群众的要求，继续扩大社会福利政策。还有，必须由企业来承担的事情由政府来承担。这就导致大学毕业生都想当政府官员。最后，一切政策都会比效率更重视平等。

③ 错误的教育。产业社会的土壤是企业，但对学生的教育使他们彻底地讨厌企业。这种教育促使他们讨厌自由经济。还对学生进行与世界化及知识社会相反内容的教育。

如果动摇了我们 S 模式基本条件的这三点，韩国经济就会遇到长期的和根本的危机。与此同时，如果动摇我们所说的全球竞争力之七大决定因素，那么韩国经济将遇到更大的危机。让我们逐一考察。

④ 供给因素。正如我们在亚洲金融危机时所经历的那样，如果政府持续采取高利率政策，证券市场就会不景气，而且债务多的企业就很难生存下去。日本的利率不过是每年 1%，美国的利率也比韩国低。因此，韩国企业更愿从外国银行借钱，因而不少韩国企业就置于外国银行的影响之下。在供给因素中，还有一点是工资。把韩国企业劳动者的工资提高到竞争国的工资水平，或者把

工资比劳动者的劳动生产性哪怕是更高一点并继续维持下去。那么,韩国企业的倒闭就是迟早的问题。

⑤ 需求因素。继续把汇率降低,从而使企业难以出口。那么企业就主要以国内需求为中心进行经营。国民可以购买物美价廉的外货,还可以到国外旅行。各种外国高级产品以低廉的价格进口,从而把国内市场占领。政府扩大支出,以便收买人心,同时使国民喜欢使用国外高级奢侈品。

⑥ 管理。全球化时代,是企业管理或组织运行不存在惟一正确答案的时代。不顾这种情况,政府的政策负责人还是想揭示惟一正确的答案,并以这种答案的框架来统一要求企业管理人员的管理行为。专门挑选那些根本不懂企业的政府官吏来继续干涉企业的经营活动。

⑦ 政府。提高企业的税金和准税金,具体地干预企业的行业、组织、经营等,把自由市场经济转向控制经济。美国是由世界最高水平的经济专家来推动国家经济政策,但在韩国,却让那些不懂经济的人负责经济政策。

⑧ 世界化。把进行很多世界性活动的韩国人和要进入到韩国来的外国人当罪人来对待。

⑨ 企业和产业。使企业和产业的活动进行得同企业和产业的相互促进作用、成长产业、产业团等毫无相关。

⑩ 环境变化。使韩国企业在没有政府许可的情况下,决不允许自行作出反应环境变化的活动。

正如上述,把全球竞争力的三大基本条件和七大决定因素变成不利于韩国企业或产业发展的因素,那么韩国企业和产业就会丧失全球竞争力,这样韩国经济马上就会遇上危机。再说一遍,之所以在这里进行这种讨论,就是要明白经济危机发生的原因,从而能更有效地防止经济危机。

到现在为止,我们考察了企业全球竞争力的决定因素和基本条件。

而且，以此为基础还考察了在什么样的情况下会发生经济危机的问题。从现在开始，要考察在世界市场上进行激烈竞争的美国和日本企业有什么不同，并以此为基础考察韩国企业的特征。历史学家阿诺尔德·汤因比说，世界历史是东西方之间战争的历史，其缩影就是美日之间的战争。不过美日之间的经济战争是由企业进行，因此有必要了解美日企业之间的区别。现在开始考察。

第十一章　美、日企业和韩国企业的区别

“如果我们一件都不买日本产品，那会怎么样呢？我把这一问题叫副总理来研究一下，其答案是我们不能承受三个月。`就是说，计算的结果是，我们必须关上工厂的门。”

——前总统全斗焕(金圣汉，《全斗焕狱中证言》)

一、美国和日本的代表性企业

从第一次经济开发五年计划(1962～1966)到现在，我们每年都和日本进行贸易，但每年都没有贸易顺差。每年都是大规模的贸易赤字，是不是意味着在同日本的经济战争中韩国企业没有赢得过胜利？我们如果要在同日本的贸易中取得顺差，最重要的是要很好地懂得日本企业。那么，怎么样才能做好这一点呢？这里，通过与美国的比较来考察这一问题。先来看一下这两个国家的代表性企业。

美国，国土辽阔，因此如果没有汽车就很难正常生活。美国最重要的产业是什么呢？是支撑美国文明的汽车产业。美国经济是以汽车及支持汽车运行的石油为基础发展起来的。汽车产业既是“产业之花”，也是美国经济的基石。美国的汽车产业及其相关产业的规模，超过人们的想像。GM公司是世界最大的公司，它象征着美国的管理方法、企业组织、企业文化等。简直到了“凡是对GM公司好的，对美国也好；凡是对美国好的，对GM公司也好”的程度。

那么，能够称为日本的产业、管理方法、企业组织、管理文化之象征的企业是哪一家呢？也许有很多人会说索尼，但其实不然。从生产能力、资金、管理方法、技术、相关产业、销售额的规模等方面来看，毫无疑问是丰

田公司。这一公司是日本最大的制造公司，也是日本竞争力和国民财富的象征。1960 年，丰田汽车出口到美国的汽车，在高速公路行驶中曾掉过车门，这一事件被美国人所耻笑。但此后的丰田汽车公司开发出了“支持生产”等世界最高的生产方式，从而超过了美国汽车公司。如果想了解日本的管理方式、管理理论、企业组织等，首先要懂得丰田汽车公司。《财富》杂志（2000.10.9）认为，日本的丰田汽车公司，是世界上最受欢迎的汽车公司。

对汽车公司及其产业的理解，是理解实物经济的关键。如果不懂得美国和日本的汽车公司及其产业，就不能说懂得美国和日本的企业、产业及经济。今后，汽车公司将占有人们最重视的工业产品的生产企业位置。

日本公司模式

在全球竞争力问题上的世界级大师，哈佛大学管理学院教授麦克尔·波特在 2000 年出版的《日本能竞争吗?》一书中所说的日本公司的模式如下：

① 高质量和低成本

② 多种多样的模式和特征

③ 支持生产

④ 员工是资产

⑤ 永久的雇佣

⑥ 根据合意的领导

⑦ 企业之间很强的网络

⑧ 长期目标

⑨ 作为高增长产业的企业内部多样化

⑩ 同政府的紧密的业务关系

汽车产业是制造业之花

韩国的汽车产业1998年占国内税收的18%、制造业生产的10%、出口的8%。日本汽车产业占总出口的17%,同时占制造业生产的13%。在日本,从事有关汽车制造产业的劳动者达90多万名。而汽车产业的雇员总人数为720万,这超过总雇员的10%。汽车产业是综合产业,也是主干产业,还称为制造业之花。还具有很多相关产业和大量生产产业的特征。

在汽车业界,有一句"400万辆俱乐部"的说法。就是说,汽车公司的年生产能力只有在达到400万辆时,才能有全球竞争力。能够满足这一条件的公司,只有美国的GM公司、福特公司、日本的丰田公司、德国的福克斯巴根公司等四家公司。德国的戴姆勒奔驰公司和美国的克莱斯勒公司,最近合并后才满足了这一要求。

韩国的经济学,主要是英美式的经济学。因此,一提到企业,就以GM公司那种独立而又个人主义的美国式企业为前提。因此,对日本的丰田汽车公司(集团)等几乎不怎么进行讨论。相反,把它看成是异端。这样,根据美国式的经济学教科书学经济学的人,很多是要么完全不懂日本企业,要么说明不了日本企业。索尼、东芝等公司也是系列型企业。公司的产品席卷很多国家的市场。我国企业的主要产品是半导体、汽车、造船、钢铁、船舶等,这些与日本企业的出口产品很相似。因此,在这些产品的出口上,日本企业是韩国企业的主要竞争者。就是说,在世界市场上,韩国和日本企业互相进行激烈的竞争。因此,我们不仅要懂得美国,还要懂得日本。日本企业现在迎接新时代,正在发生很大变化。至少为了知道发生什么样的变化,我们首先有必要懂得什么样的企业。

二、丰田公司比GM公司员工少但能生产更多汽车的原因

几年前，日本的NHK放送局曾经出版过向外国人介绍日本企业的《用英语说话的日本经济》一书。据这本书介绍，1991年，丰田汽车公司生产了400万辆汽车，而GM（通用汽车）公司则生产了370万辆汽车。但丰田公司员工数量是7.3万名，GM公司则拥有75万名员工。

	员工数量	生产数量
通用汽车	75万名	370万辆
丰田汽车	7.3万名	400万辆

那么是不是说，丰田公司的生产性超过GM公司的10倍？虽然高，但不至于高到这个程度。那么，员工的差距这么大的原因是什么呢？能够回答这一问题的人，是在相当程度上懂得日本企业的人。GM公司自己生产50％的零部件。相反，丰田公司自己只生产20％的零部件，其他80％的零部件则通过子公司生产。

“丰田公司是‘组装企业’，但GM公司‘既是零部件生产企业，同时也是组装企业’。”

GM是独立公司，而丰田公司是丰田系列的母公司。我们现在懂得了“全世界的汽车公司都是组装公司”这句话的正确与否。GM公司和零部件生产公司是完全相互独立的另外一个公司。两者的关系是互相平等的关系。作为个人主义国家代表的美国，正如男女老少完全平等一样，大企业、中等企业、小企业之间都是完全平等的。美国基本上是水平社会，因此不可能存在企业之间母子关系似的垂直关系。如果在零部件公司爆发工会罢工，GM公司将受很大打击，因此主要零部件的相当数量主要由自己生产。GM公司总是在同工会、零部件生产公司、顾客、政府官员的

协商中，花费很多的时间、费用、精力。个人主义在解决纷争方面，所需成本往往很高。

但丰田公司则不同。丰田公司是母公司，很多零部件公司是子公司。这两种公司之间互相具有父母与子女的关系，也就是形成像一个家族的生产共同体。把母公司还称为亲公司(父母公司)。母公司对子公司起到像父母一样的作用，而子公司对母公司又像对待自己的父母一样。因此，相互之间在知识、技术、信息等方面的交流非常畅通。从这一点上看，GM 公司和丰田公司是根本不同的公司。

作为母公司的丰田公司和很多子公司之间，虽然在法律上是独立的企业，但形成像一个公司的庞大的生产组织。把这称为“丰田系列”。很多专家指出，丰田公司竞争力的主要原因之一，是因为这种称为系列的组织。《日本经济新闻》社的《日本的人脉与企业系列》，把母公司称为本公司，而把子公司称为分公司。系列是以日本人的共同体主义为基础的独特的日本式企业，而丰田系列是日本最大的垂直系列。

丰田公司领导着 14 家一级子公司(包括房地产公司和研究所)和 253 家二级公司。而二级公司又领导着更多的三级公司(下属企业)。如果把丰田系列所属企业关系用图表示，就成为庞大的金字塔(丰田金字塔)模型(图 11.2)。在子公司中，也有丰田公司出资 100%组建的子公司。外国人很难理解，属于丰田金字塔中的数百乃至数千个企业怎么能在法律上互相独立，又在实际上像一个生产组织那样互相紧密地结合在一起，并生产出世界上最好的汽车。也有人把这种现象称为“日本的神秘”或“东方的神秘”。还有人说，是因为“亚洲式的价值”。

图 11.1 GM 汽车公司和零部件公司——水平关系

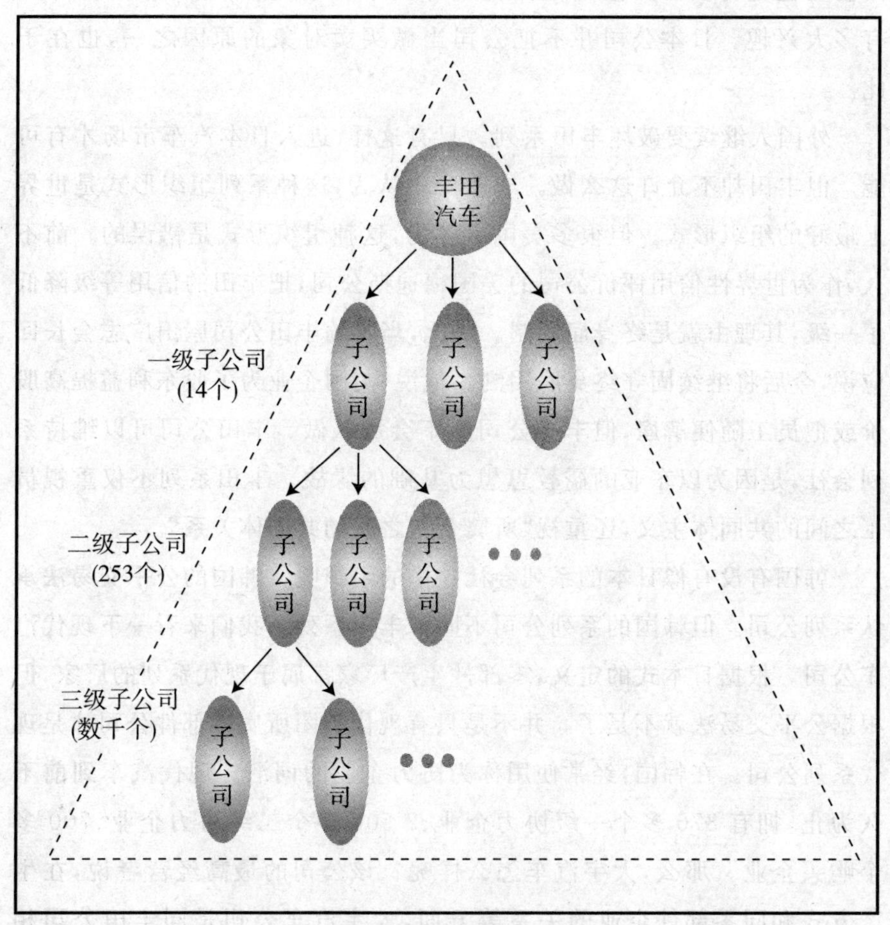

图 11.2　丰田公司和零部件公司是垂直关系→丰田系列

因为赚钱很多,丰田公司又被称为“丰田银行”。20 世纪 90 年代,丰田是日本连续 10 年赢利最多的企业。丰田所属企业几乎全部在世界级水平的位置上。其中的任何企业,都并不感到有必要被外国企业合并或把外国企业合并过来。任何企业即使进入到丰田系列中,也并不一定能提高丰田公司的生产性或竞争力,相反很有可能降低丰田公司的生产性和竞争力。因此,丰田系列所属企业相信,强有力的团结才是最好的方法。外国企业把这种子公司合并过来的可能性,事实上很少。丰田公司也觉得没必要把其他公司合并到丰田系列中。因此，对合并没有多大兴趣。日本公司并不把公司当做买卖对象的原因之一，也在于此。

外国人继续要破坏丰田系列。只有这样，进入日本汽车市场才有可能。但丰田却不允许这么做。丰田公司认为，这种系列组织形式是世界上最好的组织形式。但很多美国人认为，这种组织形式是错误的。前不久，作为世界性信用评价公司的美国穆迪斯公司，把丰田的信用等级降低了一级，其理由就是终身雇用制。对此，当时的丰田公司屋田广志会长回应说，今后将继续固守终身雇用制。他说，美国企业为了股东利益提高股价或把员工随便解雇，但丰田公司绝不会那么做。丰田公司可以维持系列会社，是因为以东亚的儒教思想为基础的缘故。丰田系列不仅重视员工之间的共同体主义，还重视“所属企业之间的共同体关系”。

韩国有没有像日本的系列会社这样的组织呢？韩国的公平交易法承认系列公司。但韩国的系列公司不同于丰田系列。我们来看一下现代汽车公司。根据日本式的定义，零部件生产厂家都属于现代系列的厂家，但根据公平交易法就不是了。并不是只有现代集团所属零部件公司才是现代系列公司。在韩国，经常使用称为协力企业的词汇。现代汽车到前不久为止，拥有370多个一级协力企业、2 500多个二级协力企业、700多个购买企业。那么，大宇汽车怎么样呢？该公司的最高经营者说，在生产方式和同零部件企业的关系等方面，大宇汽车公司是同丰田公司相似。

日本的全球化企业都是带领着无数的子公司，并形成垂直系列。据说，美国的IBM或苹果电脑公司，怎么努力也制作不出比日本东芝公司的手提式电脑更好的手提式电脑。1999年，东芝公司拥有子公司5 516个和相关公司139个，形成庞大的垂直系列。东芝公司在世界电器电子公司排行榜上列第6名，而有一段时期，手提式电脑的美国市场占有率曾达到25%。在随身听、录音机方面可称为世界无敌的索尼公司，1999年同1 142个子公司一起形成庞大的系列。这比韩国30家大公司总共544个所属公司还多得多。在世界上生产最好船舶的日本造船公司也一样。日本《东洋经济新闻》社在《日本的企业系列》中说，在日本，代表日本的世界性垂直公司竟达67个。日本主要企业的子公司数量如下(1999年)：

企业	子公司数	企业	子公司数
松下电器	299	三菱商社	632
新日本制铁	275	日立制作所	975
三井物产	653	三菱化学	282

资料来源：阿部正树，《读懂企业集团与行业地图的方法》，1999。

三、硬性的垂直系列

哈佛管理学院的一位教授曾说，美国经济专家中几乎没有正确理解日本企业和产业组织的人。要了解日本企业、日本企业的竞争力、日本经济系统，首先要很好地了解系列。

母公司与子公司的关系。那么，母公司和子公司的关系具体怎样呢？在这里，母公司是本公司而子公司是分公司，并以"在生产工程上相互具有密切关系"为特征。由于母—子公司之间的关系是以生产关系结合在一起的，因此其关系非常严格。就是说，这种关系只能是硬性的。而且，相互紧密团结在一起，因此自然而然地只能成为封闭性的关系。

在子公司中，也有在产品的销售上只卖给丰田的公司。在这种情况下，由于丰田是其子公司产品的惟一的需求者或购买者，因此成为"需求垄断"，零部件公司则对丰田公司成为"供给垄断"。由此可见，母公司和子公司之间处于"双方垄断"的关系。蓧原三代平教授主张，日本企业的高竞争力，是以这种垄断关系为基础的。他在《产业发展与贸易及日本经济的动态模型》中说，垄断在美国经济学中是妨碍效率的，但在日本反而提高效率。那么，母公司和子公司之间的具体关系是怎样的呢？

·母公司向子公司提供资金。

· 在有关技术和产品开发上进行指导。

· 向子公司派遣管理班子。母公司的管理班子在退休以后很多到子公司担任职务,把这称为天降。

· 母公司持有子公司股票的约 1/3。因此,同以保留股票而形成的系列是有区别的。

丰田的 JIT 制度。不久前为止,GM 公司一一检查由零部件公司制造并送来的产品,从中挑选合格品储存到仓库里,并在必要时使用。但丰田公司由于像子女一样相信零部件公司,并不对送来的产品一一检查,而是在生产过程中直接使用。这样,仓库维持成本和库存成本等方面,丰田公司比 GM 公司可以节约很多。零部件公司根据所需要的时间把零部件通过护送流线送过来,这种制度被称为 JIT(Just-In-Time),即"适时"制度。丰田汽车 1985 年开发这一制度后,在生产性方面比 GM 公司提高了很多。零部件仓库也没有必要了。不久,GM 公司也引进了这一制度。这是由于 GM 公司的如下方针,即"为了打击敌人,必须使用敌人的方式"。

支持生产方式。丰田公司通过庞大的垂直系列组织,制造了全世界最有吸引力的汽车。正因为采取这种生产方式,即使在日元价格从 1 美元兑 250 日元提高到兑 100 日元时,也一直在出口。很多美国经济专家断定,日元升值这么高,日本汽车出口肯定不会好。但结果正好相反。原因是什么呢?有人说在于日本人的"魂"。但一般的观点是,其原因在于系列组织和以此为基础的支持生产方式。

GM 公司采取的福特式大量生产方式,是由亨利·福特到芝加哥屠宰厂参观过程中所得到的灵感制定的。福特在屠宰场中看到的是:牛一死,有很多人聚集在那里并按头、尾、四肢、内脏、里脊肉等各部位,分别处理。他从中得到一个想法,就是在组装汽车时,按着与此相反的顺序把各种零件组装起来就可以了。把这种组装过程自动化了的,就是从 1913 年开始的福特式的大量生产方式,而把这一方式予以革新的,就是 GM 式的"多部门型"(multi-divisional form)大量生产方式。大量生产方式具有在大量生产方面的优势，但几乎没有多少灵活性。如果要进行哪怕是稍微改变一点产品模型，就不得不中断昂贵的生产流水线。

与此不同，由于手工生产方式采取的是手工作业，因此可以按顾客所希望的那样生产，但需要很多生产成本。如果生产流水线出现问题，在大量生产方式上的作业者是没法着手的，但在手工业方式上可以马上纠正生产过程上的问题。由此可见，大量生产方式和手工业生产方式各具优缺点。

丰田公司开发的支持生产方式，就是把大量生产方式和手工生产方式的优点相结合。这一生产方式既可以做到按订货生产，也可以在资源所需量、生产时间、空间等方面节约很多。而且，在同样的生产工程中，无论小型车还是中型车都可以进行生产。把这称为"柔性制造系统"(FMS)。日本正是通过这种方式，大大增加了在美国国内的日本汽车生产。

丰田公司还对整个生产过程不断进行改革，把这称为"改善"。丰田公司的一位高级职员不久前对全体员工说，有什么可以改善的任何时候都可以提出来，不管哪一个员工提出的建议，只要被采纳，就可以得到一定数量的奖金。他说，已经有一位女职员得到了很多奖金。还说，自己公司的生产方式，根本不同于只根据管理人员的指示而工作却不能提任何建议的 GM 公司的生产方式。

麻省理工学院的研究小组在 1990 年出版的《改变世界的机器》中说，日本丰田的生产系统，是世界上最有效的方式，其核心就是"支持生产方式"。英国的《经济学家》杂志在不久前出版的"制造业特刊"(1998.6.20)中，认为这本书是在 20 多年间出版的有关制造业的书中，它是世界上最好的书。哈佛管理学院教授托马斯·麦克劳在《现代资本主义的创造》中说，丰田汽车公司是世界上最强的汽车公司。支持生产方式作为日本型的生产方式，在电子、造船等产业中也得到运用。

四、柔韧的水平系列

同很多子公司一起形成系列的丰田公司，其本身的规模也很大。不过，丰田公司是属于哪个公司系列的公司呢，还是独立的公司？丰田公司是属于三井集团的公司。三井集团是由丰田汽车、东芝电器等25个会员公司构成的(见图11.3)，这些公司的大部分又都形成自己的垂直系列。三井集团由这些垂直系列母公司构成，其规模大得超出人们的想像。这种庞大的水平系列，其规模相当于一个中等发达国家的经济规模。把三井集团这样的企业群称为“水平系列”。在日本，共有6个水平系列。垂直系列或水平系列，是相当于船队式管理的结果。

三井集团(水平系列)所属公司，像丰田公司一样具备世界一流的技术能力、市场能力、金融经验、管理能力等。几乎没有必要接受其他公司的帮助或干涉。三菱综合商社槙原稔社长说，不久前，自己公司和三菱集团所属企业之间的交易，略微超过总销售额的10%。因此，公司之间相互关系并不具有约束力而带有水平性质，因此只能是“柔韧”的。因此，把这种组织形式称为水平系列。

能够理解日本企业的书

有关日本企业和企业系列的资料很多。这里，把本书所参考的最近的部分资料介绍如下：

- 经历发展中心，《企业集团和行业地图》，2002。

小岛郁夫，《日本的企业集团和系列相关公司》，东京珀露(polu)出版社，1988。

- 岸永三，《外资界企业手册》，《东洋经济新闻》社，1988。
- 大菌友和，《企业集团和行业地图》，日本实业出版社，1997。

阿部正树，《读懂企业集团与行业地图的方法》，日本文艺社，

1999。

- 伊藤忠商社调查部编,《探讨日本的综合商社》(第2版),《东洋经济新闻》社,1997。
- 《东洋经济新闻》社,《日本的经济系列》1998。
- 日本兴业银行产业调查部编,《日本产业读本》(第7版),《东洋经济新闻》社,1997。
- 润池井户,《企业集团的联接链》,日本实业出版社,1997。
- 海藤守,《总合商社》,日本事务教育出版社,2000。
- 金森久雄和香西泰,《日本经济读本》(第14版),《东洋经济新闻》社,1997。
- 宫下研一和戴维·勒谢尔,《系列——日本复合企业的内部》,麦格劳·希尔出版社,1996。
- 清成忠男等,《中小企业论》,东京留碑阁,1990。

日本的《东洋经济新闻》社,通过《企业集团总览》、《日本的企业集团》、《公司四季报》、《进军海外企业总览》、《金融商务》等形式,长期进行关于日本企业和企业集团的系统的资料整理,并构筑关于企业的东方经济资料银行。宫下研一和戴维·勒谢尔的书,被1996年的《选择杂志》选定为有关企业方面的"今年最好的书"。

把水平系列的柔韧性和垂直系列的硬性结合在一起的"柔韧的硬性",是日本企业和产业组织的特征。从这种意义上,罗纳德·多尔把自己所著关于日本企业和产业组织的书定名为《柔韧的硬性》。

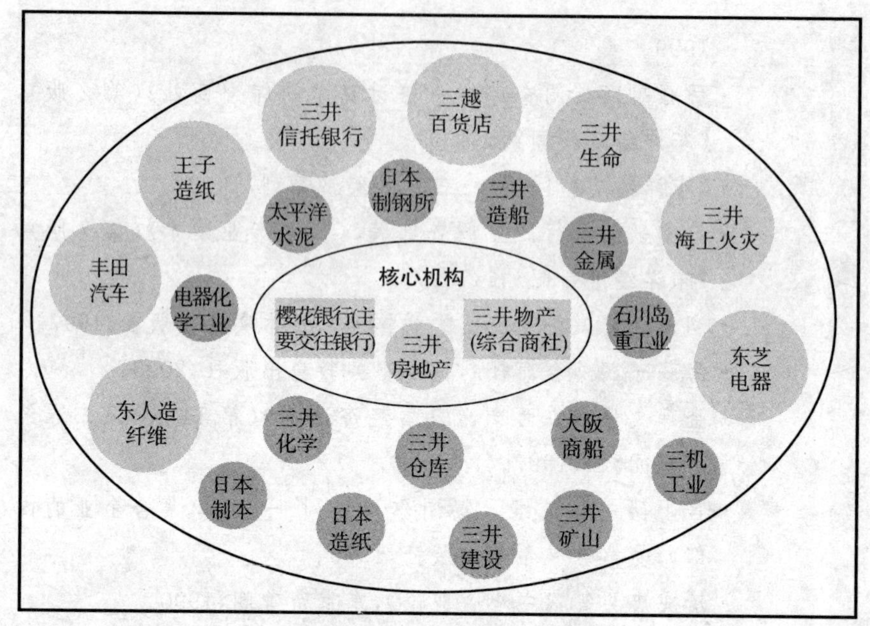

图 11.3 日本的三井集团

资料来源:宫下研一和戴维·勒谢尔,《系列——日本隐藏的复合企业》;日本《东洋经济新闻》社,《日本企业系列》,1998。

水平系列的正式联系机构。那么,连接水平系列所属公司的正式机构是什么呢?会员社社长们为了协调相互之间的业务,每月碰一面的社长团会议就是这一机构。三井社长团会议是在每月的第二个星期四就开这种会议(从1966年开始),因此被称为“二木会”。而三菱集团的社长团会议是“三金会”①。二木会是连接三井集团公司的正式机构。集团所属的公司社长就不用说,即使社长以下的负责人也根据需要任何时候都可以进行业务联络和非正式会面。还有,副社长和其他公司负责人在星期一会面的月耀会也是这种性质的机构。

---

① 在韩国和日本,木是指木耀日,即星期四;而金是指金耀日,即星期五。下面的月耀会和三水会分别是指星期一和星期三的会面。——译者

表 11.1　日本的 6 大企业集团(水平系列)

	三井	三菱	住友	三和	芙蓉	一劝
公司数	25	28	20	44	29	48
销售额(日元)	34 兆	28 兆	22 兆	35 兆	31 兆	51 兆
员工数(人)	28 万	24 万	15 万	36 万	28 万	43 万
社长会	二木会	金耀会	百寿会	三水会	芙蓉会	三金会
主要交往银行	樱花银行	东京三菱银行	住友银行	三和银行	富士银行	一劝银行
综合商社	三井物产	三菱商社	住友商社	日商岩井	丸红商社	伊藤忠商社

资料来源：日本《东洋经济新闻》社，《日本的企业系列》，1998。

注：企业集团拥有作为核心机构的主要交往银行和综合商社。

如前不久，在三菱石油公司面临被外国企业合并危机时，三菱集团所属公司总动员并杜绝了这一危机。杜绝这一危机的原因，就是要阻止三菱商标被卖出去。集团公司在平时行动得像互不相识一样，但如果发生危机就团结一致并向一个家庭那样发挥出很强的力量。在非常时期发挥很强力量的非正式纽带感，当然是以日本的共同主义为基础。

不过，支撑战后日本高速发展的、以银行为核心的六大企业集团，在经历泡沫经济的过程中，以及为了应对全球知识时代而整编为如下四大金融集团：

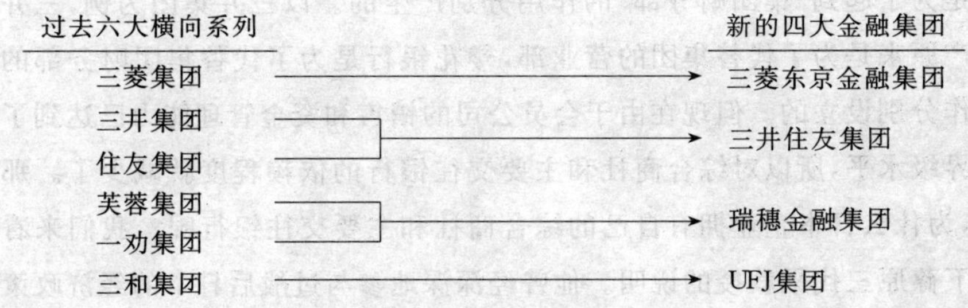

那么，韩国又是怎么样的呢？集团所属企业的大部分与日本企业相比，其规模还很小。以三星集团为例，1999 年集团的总销售额比三井集团所属的三井物产销售额还少。集团会员的每一个公司在技术能力、市场能力、信息能力等方面，比日本企业弱得多。要同这么强大的日本企业竞争,在很多情况下需要全体集团所属公司作出共同努力。因此,根据集团情况,有必要设立会长室、综合企划室等能够动员整个集团力量的机构。这里,让我们考察一下日本综合商社和银行为什么成为企业集团核心机构的问题。

五、水平系列的核心机构是综合商社+主要交往银行

> "日本过去进行工业化的时候,同欧洲发达国家相比,在地理上、文化上、语言上的差距实在太大了。个别公司要克服这些困难,实在太吃力。因此,有必要同属一个集团的所有公司把各自的力量汇聚在一起共同克服这些困难。为此目的建立起来的组织,就是综合商社(在日本称为总合商社)。"

在大公司中,分别设有销售产品的营业部和管理资金的财务部。当这种公司结合在一起形成集团时,能不能把这些营业部单独另设,形成一个庞大的组织呢?财务部能不能做到这一点呢?当然可以。日本企业集团所属的综合商社就是为了起到"集团营业部"的作用,而主要交往银行就是为了起到"集团财务部"的作用分别产生的。以三井集团为例,三井物产原来是为了代替集团的营业部,樱花银行是为了代替集团财务部的工作分别设立的。但现在由于会员公司的销售和资金管理能力已达到了世界级水平,所以对综合商社和主要交往银行的依赖程度就减少了。那么,为什么日本企业拥有自己的综合商社和主要交往银行呢?我们来看一下篠原三代平教授的说明。他曾经深深地参与过战后日本的经济政策和经济计划的制定,是代表日本的战后第一代经济学家。

原来,制造公司只从事商品的制造活动,为此需要的从海外调动原料、产品的海外销售等活动,都由综合商社承担。因此,篠原三代平教授说,要了解日本企业和组织,有必要理解"制造公司+综合商社"曾经是一个企业经营单位的事实。不过,制造公司需要的不仅是综合商社,还需要

安全可靠地长期提供和管理资金的银行。为此而产生的组织，就是主要交往银行。因此，可以说"制造公司＋综合商社＋主要交往银行"是一个企业经营单位。综合商社和主要交往银行之所以成为水平系列核心机构的原因也在于此。但在三井集团的情况下，如图11.3那样，三井房地产不久前还起了核心的功能。因此，在房地产泡沫爆发时，经受过很大困难。

成立综合商社和主要交往银行的目的，原来是为了帮助系列所属会员公司，并不像美国银行那样为追求利润最大化而设立。因此，主要交往银行或综合商社的利润率总是不高(见表3.1)。因此，不少外国人说，这些都是不太好的企业。这是因为其成立宗旨不同。对美国人来说，制造公司和综合商社及银行结合在一起成为一个经营单位，是连想都不能想的事。我们再来考察一下综合商社和主要交往银行。

六、综合商社是只能在韩国或日本才能运行的企业组织

世界九家大贸易公司是哪一个国家的呢？都是日本的公司，是综合商社。这些公司的规模有多大呢？世界九家大贸易公司都是日本的综合商社，由此可以知道其规模。到1994年为止，在世界十家大公司中有五家是日本的综合商社。因此说日本综合商社几乎掌握着很多产品的世界流通网，也不为过。新加坡的五家大百货商店都是日本的，其大部分是受综合商社支配的企业集团所属公司。在新时期，综合商社也迎来了变革时代。如兼松综合商社因为具有"综合化"问题，曾宣布同综合商社决裂。[①] 现在，日本的综合商社正进行缩减利润不大的项目、缩减员工等结构调整。但综合商社到现在为止还在全世界发挥巨大的影响。那么，综合商社主要做什么事情呢？

海藤守在《综合商社》(2001年)一书中把综合商社的功能划分为信息功能、交易功能、组织者功能、金融功能等四种。但正如三菱综合商社

---

① 原文如此。——译者

槙原稔社长所说的那样,三菱收入的一半与投资相关,而且投资也是综合商社的重要功能。可以认为,综合商社的主要功能是上述五种。其中,组织者功能是特别的。

如日本的制铁公司向某个综合商社通报,在今后的一段时期需要什么种类的煤炭每年需要多少,综合商社就动员全世界的子公司网络调查适合于其制铁公司使用的煤矿。然后,在拥有那种煤矿的国家设立合资企业,或直接投资开采煤炭。这一切功能就是组织者功能。这种组织者功能是超出简单的经营组织功能的。

综合商社的基本原则是,企业能做的都做,一切行业都不可落后,这包括地球村的每个角落。过去,把综合商社经营的项目说成是"从方便面到导弹"或"从种子到人造卫星",最近又说"从矿泉水到通信卫星"。这的的确确是"泛世界性的综合公司"及"泛产业性的综合公司"。

伊藤忠商社在《探讨日本的综合商社》(第 2 版)中说,综合商社具有如下三方面的综合能力:即,"综合性的商品办理能力"、"综合性的功能发挥能力"、"综合性的国际活动能力"。如果把日本经济看成是"日本株式会社",那么综合商社算是它的营业部。有一段时期,综合商社占日本总出口的 20%,并达到其总收入的 45%。也有人把它称为日本的贸易部。由此可见,综合商社是与重视行业专业化或地区专业化的英美式企业完全相反的组织形式。

五大功能	综合能力	行　业
信息功能	综合性的商品办理能力	从方便面到导弹
交易功能	综合性的功能发挥能力	从种子到人造卫星
组织者功能	综合性的国际活动能力	从矿泉水到通信卫星
金融功能		
投资功能		

美国有关国际贸易关系的书中,很多根本都没有涉及作为世界九大贸易公司的日本综合商社。作为综合商社问题世界第一专家的哈佛大学

管理学院教授麦克尔·吉野，在自己的《看不见的连接环节：日本的综合行社和贸易组织》中指出，西方人既不能理解综合商社，也不能模仿综合商社。事实上，不太理解综合商社的人，是难以理解日本的企业或产业组织的。他把综合商社说明如下：

"综合商社同其他任何形态的公司都不一样，甚至也不能根据所办理的项目和所提供的服务予以界定。因为，所办理的项目或功能不仅广泛，而且不断发生变化，企业目的也同样难以把握。因为，与美国企业不一样，并不是每次交易都以扩大利润为目的。美国经济界和政府主要领导人认为，肯定有能够与综合商社相匹敌的公司，但事实上确实没有。六大综合商社几乎对全世界所有人的生活发生影响。从小巷里的快餐店中使用的炸土豆所用的油开始，到地铁上使用的油为止，几乎没有综合商社没有染指的地方。六家大商社是美国出口产品的世界最大购买者。综合商社占海外销售额的10%和世界贸易额的4%，它影响着世界无数人的职业和命运。"

他还说，综合商社所做的事情，如同下述的那样没有一个不相互联系在一起。

"综合商社的职员，正在指导美国乔治亚州养鸡场主人分割鸡肉和冷冻鸡肉的方法。在文莱王国，综合商社的职员正在观察天然气的液化和冷冻是否正常，及装船是否有问题。在纽约，综合商社的职员正在检查在保加利亚设计、制造、进口的皮鞋，是否在商店里陈列得整齐。在非洲的肯尼亚，综合商社的职员在监督肯尼亚政府为吸引游客而在建设的机场项目。在美国宾西法尼亚州，综合商社的职员正在同生产厂家商量医疗器械的出口是否顺利。"

在韩国，最初成立的综合商社是1975年成立的三星物产。从这时起，政府为了促进出口，设立了很多综合商社。麦克尔·吉野教授说，在世界上能把综合商社搞得好的国家，也许只有韩国和日本。台湾(地区)不久前也成立了综合商社，但其作用微弱。

前不久作者在访问世界级的某一家综合商社时，一位高级职员说，其子公司的数量超过1 000个，而且控制其股票25%以上的子公司就超过700个。还说，这个公司的主要竞争力来自信息。美国企业重视专业化，日本综合商社通过子公司既重视专业化,同时也把这些子公司结合在一起。日本综合商社具有很多子公司,九家大综合商社的子公司数量竟达到5 000个左右。

日本综合商社的经济信息收集能力属世界第一。据说,连美国的CIA或前苏联的KGB也赶不上。20世纪初,俄国的波罗的海舰队在同日本海军的作战中大败,原因就在于日本的一家综合商社切断了对波罗的海舰队的煤炭供应,并在收集有关波罗的海舰队信息方面起到了很大作用的缘故。由此可见,我们不用说要很好地重视日本综合商社的潜力,还要很好地把握综合商社到韩国来干什么事情。

根据美国参众两院联席会议的《日本综合商社调查委员会报告》,日本的综合商社甚至把握着世界主要港口的装卸设施,因此可以妨碍美国商品的装卸。曾任三菱综合商社社长的三浦洋平说,"我们如同空气。虽然看不见,但无处不在。"掌握美国生鱼片市场的也是日本综合商社。那么,综合商社的特征都有哪些呢?日本综合商社具有如下特征:

- 在综合商社中无数种类的子公司中,有大、中、小、微小等几乎所有规模的公司。
- 在综合商社的子公司中,都有在国内外进行完全竞争、寡头垄断竞争、垄断性竞争、垄断等多种类型的子公司。
- 很多子公司之间或同母公司之间维持着非正式的和具有灵活性的关系。
- 遍布在全世界的同属一个综合商社的无数子公司之间,互相间进行很多交易,即,进行着很多企业内部交易。

从这种特点上看,说综合商社是一个"巨大的怪物"这句话还是对的。

七、日本的主要交往银行是日本式的银行

在美国,不用说银行,制造公司、服务公司等都是独立经营的个人主

义企业。但在日本,六家大企业集团都有自己的银行(主要交往银行)。集团会员公司“主要”同交往银行进行长期的金融往来。其他日本企业大部分也有长期进行“主要”交往的银行。由于日本的集团规模庞大,集团所属的主要交往银行的规模也很庞大。六大集团的六家大银行,都是世界性的银行。例如,作为三菱集团主要交往银行的东京三菱银行,不久前还是世界最大的银行。在日本,有很多人开始认为,数字化经济时代应废除主要交往银行制度。

宫下研一和戴维·勒谢尔在阐述日本特有的企业和产业组织的《系列》一书中指出,主要交往银行的主要功能有如下五种:

· 把钱贷给系列公司
· 拥有系列公司的股票
· 调整信用
· 起高科技风险企业家的作用
· 纠正公司毛病,起医生的作用

根据他们的研究,主要交往银行 1994 年给日本的 876 个大企业的贷款占其资金的 87%。

弗兰西斯·福山在《信赖》一书中说,韩日企业之间最重要的区别在于,韩国企业集团里没有主要交往银行。在上述的论述中,我们明白了日本的企业在组织方面同美国企业具有很大的区别。

八、日本株式会社

“如果把日本经济划分为两个基本因素,即市场和组织(市场外的机构),那么马上就可以知道日本的特征在于下属网络、企业互相持股制、产业集团等市场外的组织上。这些组织对日本企业的战略、经营惯例及竞争结构发生影响。”

——丹尼尔·冲元和托马斯·洛连,《日本系统的内部》

如上所述，在日本存在着代表日本的巨大水平系列，这些巨大的企业集团有六个。它们同作为日本产业政策机关的通商产业省(MITI)一起，形成全国规模的与系列差不多的组织(见图 11.4)。西方人把通产省和企业集团的关系称为日本株式会社。日本的企业集团与通商产业省一起，以全世界企业为对象进行所谓的经济战争。不过，通产省由于最近的行政改革而改名为“经济产业省”。

在德国，企业集团也起着重要作用。而且，无数的企业集团与德国政府一道形成德国株式会社。德国前总理施密特曾说，自己是德国株式会社的社长(参见 W.R.斯迈瑟的《德国经济》)。

我们现在考察一下日本为什么把企业和产业这样组织起来。

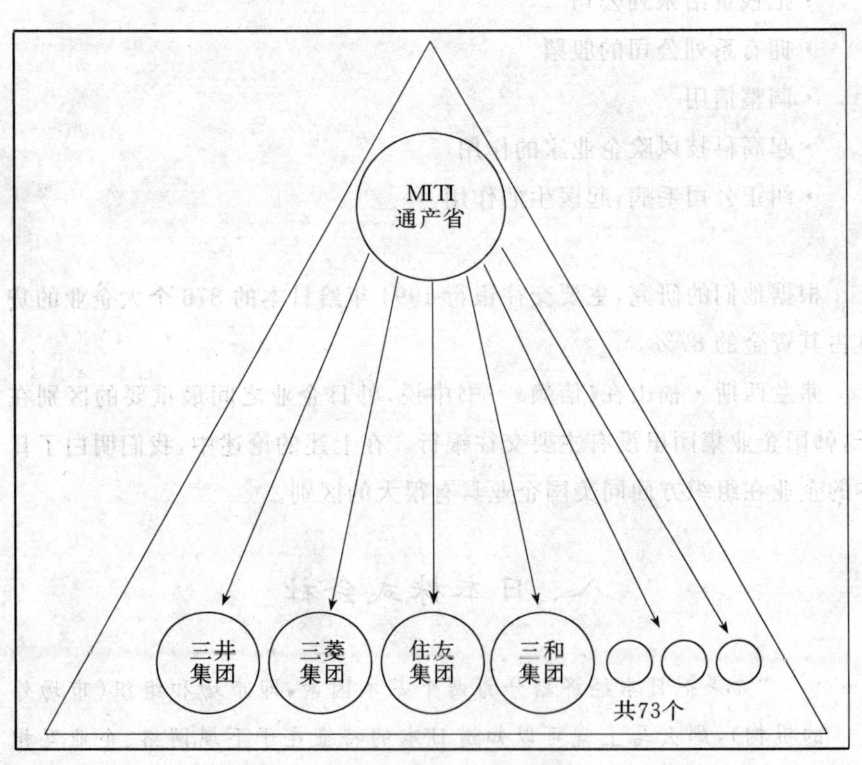

图 11.4 日本株式会社：通产省和企业集团

资料来源：通产省。

九、日本的企业和产业组织是进行经济战争的组织

"美国占领军司令部解散日本财阀的目的，就是为了把日本的军事力量从心理上及制度上加以破坏。"

——解体日本财阀的美国负责人科尔文·爱德华兹

宫下研一和戴维·勒谢尔认为，日本的水平系列和垂直系列都是日本为了同西欧发达国家进行经济战争而有计划地组织的。他们对这一事实说明如下：

"过去，由于美国占领军司令部的财阀解体措施而被解体了的三大集团，即三井、三菱、住友等集团的再组织，明确地表明当时日本政府的如下愿望：把有限的资源集中在被选中的领域中去。财阀的再组织，是这些财阀被解体以前所希望的，但也是被美国占领军所禁止的。在各主要产业内，小企业被强迫有序地紧跟在先头企业后面。而且，好多年以后，数千个小企业作为一个母企业的零部件即供给企业或所属生产企业被组织起来，并与母企业维持着忠诚关系。重要的是，水平系列或垂直系列都是政府奖励和保护及企业方案的合作品。攻击是最好的防御。"

世界性的历史学家阿诺尔德·汤因比强调，日本虽然在同美国的武力战争中失败了，但在经济战争中会获胜。事实上，在美日之间的贸易中，日本在很长时期一直保持顺差，美国则在很长时期是赤字。日本成为世界第一的贸易顺差大国，美国则成为世界第一贸易赤字大国。

十、美日企业的区别

美国企业是"各自"，日本企业是"都一起"。我们通过 GM 公司和丰田公司的比较，考察了美国企业和日本企业的区别。不过，GM 公司是自己自立，丰田公司则同无数子公司一起形成被称为系列的共同体。丰田

公司又在叫做三井集团的共同体里，而三井集团又是日本株式会社这样一种更大共同体中的一部分。换句话说，日本是整个社会形成一个巨大网络的国家。形成巨大网络的日本企业，相互间复杂地结合在一起。

东京国际大学教授舒姆佩·库门说，日本社会是像网状一样互相联系在一起的网络社会。事实上，东方社会都是以地缘、学缘、血缘等各种因缘联系在一起的网络社会。因此，西方人把东亚资本主义称为“老朋友资本主义”(crony capitalism)。如果说，美国的中小企业是自己站着的中小企业，那么大部分日本的中小企业是得到大企业支援的企业。因此，无论哪个国家的大企业，如果瞧不起日本中小企业，很有可能会吃大亏。因为，在很多情况下，其后有巨大的系列会社。

英美的个人主义同韩日的共同体主义。企业是由人办的，因此要懂得美日企业的区别，有必要懂得这两国人的基本区别。迄今为止，谈到研究日本人的书，很多人会提到人类学家鲁斯·本尼迪克特的《菊与刀》。本尼迪克特女士在这本书中指出，美国人重视“自由平等”，日本人则重视“秩序与序列”。这就是两国人的最根本的区别。

美国同日本进行战争时，美国政府太不了解日本人了。这样请求本尼迪克特女士研究日本人是什么样的民族的问题。作为其结果出现在人们面前的，就是这本书。她虽然从来没有到过日本，但很好地把握了日本人的本性。这本书对学习日本的人来说，是一本必读书。

哈佛大学的日本问题专家埃兹拉·沃格尔和乔治·洛奇教授在《理念与国家的竞争力》中强调：世界上，个人主义的典型国家是美英；共同主义的典型国家是韩日。把共同主义这个词汇普及的，就是它们。儒教思想的权威人士哈佛大学教授杜维明也认为，美国人是个人主义的，就像砂子一样分散和独立存在。相反，韩国等东亚人是共同体主义的，始终维系着各种非正式的人际关系。不管大、中、小、微小企业，美国企业都是个人主义的，并且是在法律上独立的企业。但韩日企业，很多是作为某一企业集团的成员存在的共同体主义的企业。因此，它们非常重视同其他企业的关系。在被称为“牛仔资本主义”或“卡基诺资本主义”的美国，重视的是个人或企业的独立能力，而在韩国或日本虽然重视个人或企业本身的能力，但也重视共同体的协作能力、战略性合作和网络化能力等。

美日企业的区别。美国企业以契约型雇用为特征，日本企业是以非契约型的雇佣和终身雇用为特征。系列所属企业间的关系，也以终身雇用那种关系为前提。三菱商社的槙原稔社长说，日本的雇佣制度是一种很好的制度，今后将继续发扬。他认为，日本综合商社的全球网络从根本上说是“信赖网络”，这是由于有终身雇用制才成为可能。他是在其父担任伦敦分公司社长时，在伦敦出生的。因此，算是在三菱商社工作的第二代人。就是说，这是超终身雇用，是子承父业而被三菱商社雇用的。但任何组织都要适应时代的发展而不断变化，这方面日本企业或雇用形态也不例外。

美国企业是把自己的利润最大化的存在。但日本企业是重视共同体利益的存在。共同体利益的最大化表现为增长或市场占有率的最大化。日本企业是员工生活的共同体，因此一般采取“重视长期成长型经营”战略。美国企业重视股东的利益，因此重视分配和股市行情。股价在多分配的情况下才能上升，而为了多分配就必须多产生利润。为了多产生利润，相比于长期增长的投资，不能不重视的是“重视短期利润型经营”的策略。槙原稔社长认为，美国企业过分以金融为中心，并过分以短期利润为取向。

战后日本最大的英雄松下幸之助和日本经营

“一般来说，不管到世界哪个地方，都认为干活是痛苦的，而使用劳动得到的钱进行消费，才是令人高兴的事儿。松下幸之助超脱这种思考，主张做买卖是为了使天下万民幸福，因此干活是令人高兴的事儿，而公司是很有意义的地方。就是说，把企业整体看做共同体，通过生产和销售在公司生产的商品方便家庭，并使人世间更幸福。这就是他所说的幸福。松下创造了一个概念，那就是首先给员工，其次给消费者带来幸福才是做买卖的本质。松下幸之助一生所追求的和追求过的就是出售幸福的买卖。”

土界屋太一，《领导日本的12位人物》

美日的企业和劳动者

共产主义相信,劳动者领导国家。改革开放前的中国宪法第一条规定,中国是工人阶级领导一切的国家。中国宪法现在修改了。美国对劳动者的看法同共产主义国家几乎完全相反。

斯坦福大学管理学教授杰弗里·皮弗在《通过人的竞争优势》一书中说,"在美国的各种学术理论、社会价值观、企业管理人员等的劳动者管理方面,泰勒还仍然活着"。这是什么意思呢?泰勒以《科学管理》著名,也被称为美国管理理论之父,因此把科学管理称为泰勒主义。根据皮弗教授的观点,其理论核心如下:

- 劳动者应根据管理人员的指示工作,而不应自己动脑筋。动脑筋是管理人员分内事。
- 劳动者的工作应该根据管理人员的完全而仔细的计划和指示来进行。

美国的经济学,把劳动看做实现企业利润最大化的手段。劳动者是生产要素,是任何时候都可以被资本替代的存在。管理人员认为,任何时候都可以解雇劳动者。相反,日本企业管理人员并不把劳动者看成是实现利润最大化的手段,而是同自己一样的公司这一共同体的组成人员。因此,日本企业的雇佣,以终身雇员为原则。与此不同,美国企业是把股东利益最大化的组织,而不是员工的生活共同体。美日企业之间,存在着完全不同的区别。

如果说,美国企业是为股东的存在,那么日本企业是为共同体成员而存在。麻省理工学院教授莱斯特·索洛说,美国企业重视的顺序是股东、顾客、员工,但日本企业则以相反的顺序,即以员工、顾客、股东为顺序。但最近逐渐形成一种倾向,就是日本企业向美国企业的方向,美国企业向日本企业的方向互相模仿并相互接近。

为什么日本企业不重视股东的利益呢？因为，大部分股东是互相拥有双方股票同属一个企业集团的企业。因此，对股票分配不怎么感兴趣。假如，大小差不多的两个公司互相拥有同样数量的对方股票，进行的分配也一样。在这种情况下，就会出现互相交换同样数量的金钱的事，因此没有什么意义了。即使不是同样的金额，由于集团会员公司都是一家人，因此没有必要太关心分配。从这种意义上说，日本企业同股东非常苛刻地要求分配的美国企业是不一样的。

在比较美日两国企业的时候，以利润为标准的话当然美国企业走在前面，但以销售额为标准则日本企业处在领先地位。很多西方人认为，日本企业利润少，因此从根本上说是失败的。这是因为他们没有正确地理解日本企业的目的和特征而得出的错误想法。西方人主张，应该把重视市场占有率的日本企业改革为重视利润的企业，他们对韩国企业也持同样的看法。

如果美国企业认为在利润极大化上有必要，就会毫不留情地解雇员工。GM公司的杰克·沃尔奇总经理在解雇员工方面太起劲而得了重型炸弹的外号。但韩国或日本的企业并不这么做。如果在扩大利润方面有必要，美国企业在任何时候都可以把其他企业合并过来，或者把企业如同商品一样进行交易。在出售公司时，把员工也一起卖出去。因此，索洛教授说，美国企业同奴隶交易者一样。但韩国或日本很少把集团或系列所属企业卖出去。我们把美日企业之间的区别概括如下：

表11.2　美、日企业经营区别

美国式的企业和经营	日本式的企业和经营
个人主义的企业	共同体主义的企业
短期利润最大化	市场占有率最大化
重视的顺序为股东、顾客、劳动者	重视的顺序是劳动者、顾客、股东
依据产业组成工会	依据企业组成工会
根据短期契约雇用	长期雇佣(非契约性的)
重视能力	重视论资排辈
个人决策	共同体决策

（续）

个人责任	共同体的（集团性的）责任
迅速的评价和晋级	长期的评价和晋级
正式的控制装置	非正式的控制装置
重视年薪	也重视科长、部长等头衔
重视员工的特殊技能	重视对共同体的非正式贡献方面的能力
重视法律的和正式的人际关系	重视人情、义气、人际关系
重视个人能力	重视作为共同体成员的素质
公司为了个人而存在	个人为公司而存在
一旦获得利润，马上在股东间分配	一旦获得利润，就用于公司的发展
公司的目标是利润最大化	公司的目标是为其成员的成长
一切公司都是独立存在	公司是某一个系列的所属企业
员工的任命和晋级没有保障	员工以科长、部长、高级职员等逐级方式晋升
重视企业的股票价格	不重视企业的股票价格

不过，日本企业最近也因国际清算银行（BIS）的规制、泡沫经济的崩溃、数字经济化等发生了变化。韩日企业相近，从整体的企业发展趋势来看，美国企业强调像日本企业那样的共同体的重要性，而日本企业又重视像美国企业那样的投资利润，也就是互相向对方趋同。韩国企业应很好地把握美日企业的特征并吸取其优点，从而探索比美日企业更好的方案。

青木昌彦教授阐明的美日企业之区别

作为比较分析美日企业的权威人士，斯坦福大学教授青木昌彦把美日企业的区别说明如下。美国企业像主人和代理人的关系那样运行。根据法律具有作为“法人”的行动权利，其所有者是股东，这些人是主人。主人选择理事会的理事，理事会选择经营公司的经营班子。经营班子是股东的代理人。代理人根据同主人的契约经营企业。因此，美国企业是根据契约的结合体。相反，日本企业并不是根据契约的结合体，而是所有股东或员工的共同体。

他认为，日本企业具有以下三方面的特征：

· 美国企业只重视所有者的利益，日本企业则把“员工的利益关系和所有者的利益关系”一起重视。美国企业是单一目标，日本企业则具有双重目标。那么，在日本企业里，员工和股东之间哪一方更重要呢？青木昌彦教授认为，同样重要。但三菱公司社长槙原稔认为，日本会社第一所有者是员工，第二所有者才是股东。他说，这是一切日本企业都接受的事实。

· 在日本企业内部的组织及其运行上，在“决策上的论资排辈”虽然比较弱，但在年薪、工资等“激励方面的论资排辈”比较强。日本企业的主要决策并不是根据上级指示，而是往往在下级形成了决定从下而上地往上传的形式来形成。因此，决策上的论资排辈比较弱。但是，在以上下级的形式形成的决策方面比较强。

· 如果要增强企业内部的凝聚力，在“决策上的论资排辈”或“激励”两个方面中只要一个方面强就可以。日本企业后者更强。

资料来源：青木昌彦“日本公司的经济模式”，贤一今井和六太郎小宫编，《日本的商务计划：领导日本的经济学家的观点》，麻省理工学院出版，1994。

十一、韩国的企业群

“分久必合，合久必分。”

——《三国演义》开篇和结束语

企业群[①]**、财阀及企业集团。**很多人把企业群、企业集团、复合企业、

① 由于作者区分了集团与群体，只在本节使用企业群一词，在本书其余部分仍使用集团一词。——译者

财阀等以同样的含义来使用。但这些概念之间是有区别的。根据企业群方面的专家哈佛大学管理学院教授詹姆斯·奥斯丁的观点(参见他的名著《不发达国家的管理》),企业群具有如下含义:

> "所谓企业群,就是受共同的金融控制和管理控制,并在不同的市场中进行生意,但维持长期的信任和协作关系的大规模的和很多企业的联合体。"

而由共同的母公司所有多个从属公司的,就称为复合公司。两者的关系是法律上的,在其运行上几乎没有人性化的关系。而且,互相之间也不想转移管理资源。相反,企业群中的所属公司关系是人性化了的,而且在管理资源上和金融资源上发生很多的转移。

根据《东亚新国语词典》的解释,财阀是指"在财界具有很大势力的垄断资本家或企业家的群体,或者由其家族或亲戚构成的大资本家集团"。由日本讲谈社出版的《经济词典》,把财阀界定如下:

> "所谓财阀,是以封闭的同族股东公司为基础,以强有力的金融资本为中心带领各产业资本而形成的一族或其控制下的巨大康采恩。所谓康采恩,就是以向卡特尔或托拉斯(股东公司)的发展为前提而形成的,比较高层次上的企业集中形态。"

三星集团创立者李秉喆在其自传《虎岩自传》中说,他建立起第一制糖公司、第一毛织公司并成为市银行的大股东,人们就把他称为财阀。根据他的说法,财阀原来是只称呼作为富翁的个人。在韩国和外国学者中,对韩国财阀第一次进行系统研究的,是司空一和约翰·李洛伊的《经济发展中的政府、企业及企业家才能:韩国的案例》。这本书曾在哈佛大学出版过。外国人把韩国的企业群体称为财阀(Chaebol)。这并不是在贬义上使用的。

> “已成为市中银行或轮胎公司或化肥企业等公司的大股东，就被称为韩国最初的财阀，或韩国第一的企业家。这时，我的岁数也快50了。”
>
> ——李秉喆，《虎岩自传》

在一般人的眼里，也有把财阀看成是偷税漏税、政经勾结、皇帝式的经营、无能的二代或三代的世袭经营等。甚至有些人认为，财阀是应该马上予以取缔的对象。在政府的政策负责人中，似乎也有这么想的人。但如果政府政策的负责人要制定国家政策并执行时，首先应该界定“政府关于财阀的明确定义”，然后根据定义制定相应的政策。如果不这样，关于财团的定义和想法各不相同很可能在政策上导致不同的结果。现在也有不少人把富翁称为财阀。在没有正确界定的情况下，很难区别财阀和非财阀，以及在财阀的程度上严重和不严重的界限。

企业集团是我国公平交易法(《关于规制垄断及公平交易的法律》)所规定的法律词汇。这一法规把企业集团界定如下：

> “所谓企业集团……事实上是指支配其工作内容的公司之集团。在同一个人的情况下，指同一个人和同一个人所支配的一个以上的公司集团，而在不是同一个人公司的情况下，是指同一个人所支配的两个以上公司的集团。”

我国的公平交易法，把资产总和名次从第1名到第30名的集团规定为“大规模企业集团”。

企业为什么不把所办的企业进行一两种产品的专业化，而章鱼爪式地样样都搞呢？为什么一定要搞那么多公司呢？在这里，由于医院和大学都是企业，所以把这一讨论扩展到这些方面。汉城市内的一流大学附属医院为什么不搞眼科或皮科等专业的专业化，而是章鱼爪式地要治疗各种各样的疾病？还有，为什么汉城市内的一流大学不是把国语或英语等学科专业化并办成世界一流大学，而是设置很多专业学科办成综合大学呢？汉城的中心地区为什么不把高级饭店、百货店、书店、一般饭店、高速公路汽车站等专业化，而是把这些整合在一起呢？这种综合大学、综合医院、企业集团等既有缺点，但也有多样化的优点。那么，其优点是什么呢？哈佛大学管理学院教授詹姆斯·奥斯丁在《不发达国家的管理》中，把这种优点说明如下：

收集和使用信息。不发达国家的经济、社会、政治常常不稳定，而且各种市场也不稳定。因此，信息的重要性显得很重要。企业集团比单独企业可以用更低廉的价格收集更多的信息。特别是在信息化时代，以全世界为对象办企业的时候，更是如此。还有，企业集团中某一公司所收集到的信息，可以由整个所属公司共同使用。

充分利用人力资源。企业集团可以充分利用各种各样的人才。单独的企业必须个别地雇用世界级的金融专家、工程师、法律专家、设计师等，但企业集团可以共同拥有这些人才。还有，企业集团通过员工培训，比个别企业更充分地培养和利用各种人才。

调动资金。金融市场不够发达的发展中国家，在很多情况下要由企业自己调动投资所需资金。企业集团比单个企业能够以更低廉的价格调动更多的资金。

市场方面的优点。在不发达国家的国内市场或国际市场中，如果聚集所属企业的力量，可以在市场战略中享受更大规模和更广范围内的经济优惠。

协商能力方面的优点。在同国内外的政府、消费者团体、商务往来团体等的协商中，企业集团比个别企业可以站在更为有利的立场上。

但是，企业集团也有不少缺点。如果缺点比优点多，那么在不发达国家就难以发展企业集团。还有，如果搞不好，上述优点也可能变成缺点。人们通常谈论比较多的企业集团的一般缺点为以下几个方面：

① 经济力太过集中。就是说，少数企业集团在其国家经济中所占的比重太大，因此，有可能行使垄断力。这是有道理的主张。特别是小国，如果存在世界性的公司，其经济力的集中就相当严重。

如卢森堡在1999年的GNP是190亿美元，而阿尔贝德(Arbed)一个公司的销售额就达114亿美元。芬兰、挪威等国的情况也大同小异。

② 由于企业集团，国家的中小企业难以发展。

③ 没有实力的创业者或创业者的二代或三代，把有能力的管理人员赶出去。在人力资源的利用上，有可能产生所谓弱质驱逐高质的格雷欣法则现象。

④ 企业集团所属企业进行过分的多样化，并形成在债权关系上的互相担保，从而有可能导致像三国演义上的那种连环计。

企业集团是如何变化的？ 日本企业和产业问题专家贤一今井在他的《日本的产业组织》中说，日本第二次世界大战前的财阀变为二战后的企业集团，今后又将变为网络式的企业组织。这些是随着创业者的死亡、专业管理人员的培养、消除各种市场上的不完全性、经济社会的稳定等出现的。詹姆斯·奥斯丁说，企业集团将演变为TNC和联合大企业。达尔·尼夫在《知识的经济影响》中指出，其例子有以下几种：日本的NEC和美国的IBM拥有法国电脑公司波尔(Bull)的股票，而波尔是哈尼维尔的大股东。哈尼维尔同NEC形成战略性协作关系，NEC又同IBM处于竞争关系。这就是所谓在全球化时代和经济时代的国际复合企业之新的形态。

财阀——→企业集团——→企业网络(贤一今井)

企业集团——→TNC＋联合大企业(詹姆斯·奥斯丁)

德鲁克认为，当今世界是企业环境、技术、产业、经济环境等急剧变化的时代，因此企业和产业组织及管理环境也变化很大，所以很难有什么惟一正确的标准答案。就是说，在企业和产业组织上具有一种标准模式的观点是工业社会的思考方式。因此，以下的思考方法也是错误的：

· 一切行业的一切企业,所有权与经营权应该完全分离。

· 不应该分离一切行业的一切企业之所有权与经营权。

· 应该肢解一切企业集团。

· 不能肢解一切企业集团。

· 一切企业都应该在一种行业上专业化。

· 一切企业都应该多种经营。

· 一切行业的一切企业都应按美国方式经营。

· 一切行业的一切企业都应按日本方式经营。

· 一切行业的一切企业都应按韩国方式经营。

· 存在着适合于一切行业和一切企业的一种经营组织。

· 存在着适合于一切行业和一切企业的一种企业结构。

那么,以下的主张又怎么样呢?即,企业集团应该在核心行业上专业化,而不应该进行章鱼爪式的多种经营。当今世界已进入技术急变的时代,只在一两个行业上进行专业化,那么在这个行业上如果其他企业进行技术革命,就有可能导致那些专业化了的企业倒闭的结果。德鲁克说,一切企业今后的"核心力量就是革新"。

在企业和产业及组织管理上,可能有多种方法。即使在企业集团中,既有互相帮助并搞得好的企业,也有搞得不好的企业。企业应适应环境灵活地变化发展,只有这样才能够继续生存下去。适合于一切行业和环境及时代的惟一的一种管理方法或组织,是不可能存在的。应该对一切企业以负债比为 200%、对一切银行以国际结账银行比为 8%、一切企业应适用同样的企业组织结构等主张,并不正确。在知识社会,惟一的正确方法是行不通的。

到现在为止,我们考察了美日企业,并以此为基础考察了韩国企业和企业集团。不过,在提高企业全球竞争力上,重要的不仅是组织,战略也很重要。还有,选择韩国和韩国人具有比较优势的战略或行业,也是很重要的。我们现在开始探讨这一问题。

“从现在开始到20年以后的大企业,不会是典型的制造业,而是同综合医院、综合大学、交响乐团等组织很相似的企业。”

——皮特·德鲁克,《新组织的到来》

“软件银行的孙正义会长已经把资金投资到550多个公司。他创建了自己所说的互联网财阀,并再现了过去的日本财阀。他的目标是,创立一个把互联网形成真正全球化现象的虚拟财阀。”

——《商务周刊》(2001年1月22日)

第十二章　企业战略、产业成长模式及比较优势

一、21世纪型企业的成长战略

企业可以采取多种战略。关于经营战略，在第10章中我们与全球竞争力模式相联系已经考察过。这里要考察的，是成长战略和竞争战略。我们先考察一下成长战略。

企业的成长战略有以下四种。

(1)有机成长战略。这是指以现有组织重复生产原来的产品，并实现行业平均以上的增长。这是在企业没有多少技术进步，也没有多少新产品的状态下主要采取的成长战略。对于有的专业来说，这种战略也有有利的时候。过去的经济学教科书，主要是以采用这种战略的企业为对象展开讨论的。日本东京银座有一个名为"宽文五年堂"的面馆，以这种方式成长了350多年。

(2)多样化战略。世界级的汽车厂家日本丰田汽车，每年销售数百万台汽车。今后在汽车里还将装电脑，因此还能像销售汽车那样销售电脑。他们还出售手机和信用卡，给顾客提供金融服务、互联网项目等。这样，丰田汽车把自己的命运寄托在这种多样化上。2000年被选为世界上最受尊敬企业的GE公司，也以多样化著名。根据《财富》杂志的介绍，GE公司从事的领域竟达20多种。作为GE公司子公司的GE资本所从事的领域竟达28种。

在强竞争和数字化经济时代，有必要摆脱单一产品的简单销售，应通过多种产品和服务来满足消费者的多样而挑剔的需求。不断开拓新产业

领域也很重要。当今时代，不是要进行简单的制造业产品的生产销售，而是需要提供多种金融和服务。因此，重要的是通过所从事项目的多样化产生互相促进的效果。

三星集团是从搞商业的三星商会开始，把业务扩大到纺织、制糖、电子、重工业、建筑业、人寿、保险等。LG、SK、现代集团等，也在成长过程中走向多样化了。相反，在20世纪60年代作为韩国最大企业的东明木材，却走向了同上述企业完全相反的道路。在其他木材企业忙于多样化和转换业务时，东明木材却大大扩张日趋衰弱的木材业，因此倒闭并消失了。20世纪60年代的纤维公司也一样。到现在为止，仅以纤维为专业化的企业并没有什么成长。但搞好多样化的企业，却成长了很多。

不少人批评企业的多样化，说那是章鱼爪式的扩张。20世纪60年代从事管理学研究的学者们，一般都肯定多样化。因为，管理学是一种科学，如果使用科学方法，那么在一个行业成功的企业在其他行业也可以获得成功。但到了70年代全球化正式拉开序幕之后，很多管理专家认为，多样化并不好。其理由是，世界市场的规模非常庞大，因此只搞一两种核心业务占领世界市场，就可以赚大钱。这种例子是麦当劳汉堡包、可口可乐、IBM公司、GM公司等。

但进入20世纪90年代后，多样化又重受欢迎。为什么呢？这里以由透明胶公司开始，正在经营6万多种产品的3M公司的例子。3M公司把多样化的理由说明如下：

· 3M公司的方针是新产品的开发。由于继续开发世界上原来没有的新产品，因此产品的数量就增加了这么多。
· 现在的消费者和生产者的数量不断在多样化。由于适应这种需求开发了产品，因此在产品的数量上增多了很多。
· 3M公司的运行方式并不是社长一个人说了算，而是由各部门自己决定自己的工作。结果，产品的数量就增加了很多种。

以上是3M公司所说的多样化的理由。除此之外，作为一般理由，可以说为了分散风险也需要多样化。俗话说,不要把鸡蛋全部放在一个筐里。同样,如果把全部财产全部投入到一种产品或业务领域,如果这个产业走向衰弱,就会导致像东明木材那种结局。孙正义在搞企业时,一定把有关企业形成一个团来开始。不过,一点不搞多样化或搞太多多样化都可能产生问题。还有,能够做到多样化的企业家的能力也很重要。在作为多样化冠军的日本公司中到底有什么呢?就是有综合商社。这些综合商社拥有数百个子公司,并从事无数行业。正如本书第 11 章中说过的那样,其行业甚至达到"从方便面到人造卫星"的程度。

(3)购并战略。德国的戴姆勒奔驰汽车公司购并美国的克莱斯勒汽车公司,并成为戴姆勒克莱斯勒公司。在美国,每年有 5 000 多个企业购并其他企业。世界上最受尊敬的企业之一的 GM 公司,1992 到 1998 年的七年间共进行 108 次购并活动。GM 公司在把购并过来的企业搞成世界一流企业方面,具有特殊的能力。购并是 GM 公司发展成功的一个重要战略。三星航空购并德国著名的罗尔莱照相机公司,正在生产世界名牌照相机。SK 集团的创立者前会长崔钟贤,购并韩国移动通讯并把它发展为 SK 通信公司,还购并油工公司而发展成株式会社 SK 公司。相反,据说现代集团的创始人郑周永主张,应该自己搞企业,因此决不购并他人搞起来的企业。

(4)战略同盟。这是指,为了在技术、生产、海外销售等主要业务领域中的联盟,同其他企业进行密切合作。LG 电子同 IBM 进行合作并生产出 LG-IBM 电脑销售到国内外市场上。作为企业以外的例子,就是新罗同唐朝联合形成罗唐联合军并击败百济的史实。[①] 韩国的政治家们也曾经两个政党联合,从而在总统选举中获胜。第二次世界大战期间,众多国家结成同盟军并击败了德国。所谓战略同盟,是借助其他企业的力量使自己得到成长,即所谓的"技术差力术"。散居在全世界的华侨,也通过看不见的网络或战略性协作正发挥巨大的经济力量。市民运动团体也通

---

① 公元 668 年,位于朝鲜半岛东南部的新罗王国与唐朝组成联合军,击败了位于朝鲜半岛西南部的百济王国。——译者

过互相协作发挥更大的影响。

在企业成长的问题上，如同上述的四种战略进行说明的经济学教科书，在国内几乎还没有。过去的经济学教科书，把企业的成长战略忽略了，主要说明经济整体上的增长。而且，经济整体上的增长也是只通过劳动力和资本等生产要素加以说明。但从现实的角度上看，经济要增长，产业和企业必须一同成长。过去的经济学家们相信，只要企业进行激烈的竞争，那么国家经济就自然而然地得到增长。

在上述的四种战略中，21世纪型的企业成长战略是什么呢？是战略同盟。像小卖点那样的大部分小企业，只能采取有机成长战略。相反，像GM公司或三星电子那种世界性的企业，因充分利用各种成长战略发展得很好。很好地懂得发展战略的企业发展得好，这是当然的。

二、21世纪型企业的竞争战略

"量和质的比重为0比100。"

——三星集团会长李建熙

企业进行竞争时所采取的主要战略，都有哪些呢？有以下几种：

(1)低价(或成本)战略。这是一种通过比竞争企业更低的成本(＝高效率＝高生产性)来进行产品生产，并以低廉的价格销售产品的战略。如果是同样的产品，价格应该更低，为此要提高生产性。韩国的很多纤维产品或制鞋厂，要到人力成本较低的中国或东南亚办厂的原因，就是主要把价格当作竞争武器的缘故。

(2)高质量战略。人们并不会因为书价低购买书。首先书的内容要好，即质量要好。韩国的消费者相对于外国的农产品更喜欢国产农产品，是因为其质量更好。

(3)新产品战略。生产技术发展快的行业中的企业，其竞争力取决于比竞争对手更快地生产新产品这一点上。

(4)打动顾客心的战略。在饭店、百货店、医院等服务性很强的行业中,如何打动顾客的心是最重要的。外国冰箱或洗衣机公司在国内销售其产品不太好的原因,就是在这些产品出现了故障时不能做好售后服务的缘故。

上述四点表示为图 12.1。

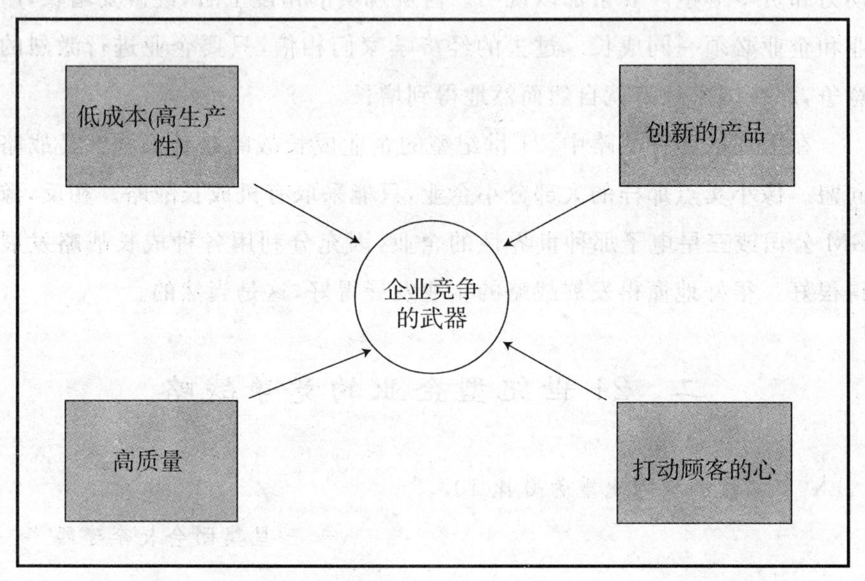

图 12.1 企业的竞争战略

这四点可归为以下两种:

低成本(=价格竞争力)战略
差别化(高质量、创新产品、打动顾客)战略

廉价的中国农产品和工业品涌进韩国,是因为中国企业低成本战略的缘故。对生产区别不大的产品或烟筒产品的企业来说,低成本战略很重要。但对于生产差距很大的高新技术产品或知识产业的企业来说,差别化战略就非常重要了。这包括上述四种战略中除了低成本战略之外的其他三种战略。不过,低成本是通过提高生产性,而提高生产性是通过工

程创新才可能实现。打动顾客和提高产品质量的战略,由于最终也是通过工程创新才可能实现,因此企业最重要的竞争战略是创新战略。创新和企业竞争战略之间的关系可以表示如下:

- 工程创新——→低成本和打动顾客
- 产品创新——→新产品、差别化产品及打动顾客

因此,企业迎接知识经济时代,不能不为不断地促进创新而努力。企业为了以更低廉的价格生产更新的产品进行的一系列活动,就称为研究发展(R&D: Research and Development)。过去在不重视技术创新的时候,创新被当作在很长时间偶然发生的"事件"。但现在,一定规模的企业如果不经常做出有关研发方面的支出,在竞争中就会很难生存下去。

在高尔夫运动员中,既有像朴世里或金美贤那样赚很多钱的,也有连在运动生活中所必要的成本都赚不来的。电脑产业中,既有像三星电子、LG 电子、微软等企业那样有很高利润的企业,也有不少没有利润而倒闭的企业。如果把进行创新多利润也多的企业和没有进行创新受损失的企业合在一起看,电脑产业的企业平均经济利润几乎等于零。充其量只是得到正常利润。关于经济利润和正常利润,请参见第 20 章。

为了搞好现在的战略和制定新的战略而采取的战略。在经济战争时代,企业的全球竞争力取决于经营战略。如 1853 年美国强制性地打开日本门户的时候,日本武士手里拿着日本刀进行抗争。当时的日本武士也许在世界上刀法是最好的。在这种情况下,如果美国人为了赢得战争使用了刀,那么也许到现在还没有赢得那场战争,或许还会大批地死去。但是,当时美国人很容易地赢了日本武士。怎么赢得呢?不是用刀,而是使用了被称自动手枪的创新性武器。这里,我们来考察两种竞争战略。

- 一种是把现在所做的事搞得更好。美国人把刀法练得同日本武士一样好,就是把现在所做的事情做得更好的战略。企业在生产技术、市场技术、工程技术等方面赶上世界第一的企业,就是这一战

略。但是,通过这种战略也许能够赶上世界最好的企业,但很难超过世界第一的企业。

- 另一种战略是制定出新的战略。美国人在同日本武士打仗时没有使用刀,而是用自动手枪来迫使日本武士投降的。这就是制定出新的战略或超过对方的战略。又如,某一电脑公司不是为了更好地生产 386 型电脑而努力,而是通过生产出奔腾电脑来远远超过竞争公司也是这一战略。

战略问题研究方面的世界性权威米歇尔·波特教授,把现在的做得更好的战略称为 OE(operational efficiency 运行效率)战略,把制定新的战略称为特色战略(distinctive strategies)。他说,在当今世界激烈竞争的时代,OE 连战略都不是。

企业的竞争战略,以竞争要素为标准,可以分为以下三种。这也适合个人和国家的情况。

① 创新战略(innovation strategy)。如上述,美国人同日本人打仗时不使用刀,而是用自动手枪这种创新性产品赢得战争的战略。美国用不被苏联雷达发现的隐形飞机赢了苏联。这是"头脑战略",是不战而胜的战略。

② 要素战略(factor strategy)。这如同人使用手脚和身体的战略。就是说,以从早到晚努力工作来赢得竞争的战略,可以称为"身体战略"。如中国廉价地生产韩国也可以生产的各种产品,并挤进韩国市场一样。以劳动力、资本、土地等生产要素为基础赢得竞争的战略,都是要素战略。

③ 投资战略(investment strategy)。这是指在任何发达国家都可以生产的产品上进行大量投资,也就是通过大规模生产保持竞争力的战略。韩国企业大规模地生产和出口汽车、船舶、钢铁、电子产品,就是使用这种战略的例子。与个人相比,投资战略需要具备比较好的资金条件,因此也称为"钱包战略"。要素战略是连新技

术都不能利用的战略，而投资战略是可以利用新技术的战略。创新战略是使用全新技术的战略。

把以上论述概括如下：

头脑战略＝创新战略＝充分利用新技术的战略

钱包战略＝投资战略＝大规模投资和充分利用现有技术的战略

身体战略＝要素战略＝充分利用劳动力、资本、土地等要素的战略

能够促进未来企业成长的竞争战略，是创新战略和战略同盟战略(参见哈佛商务研究刊物出版的《为成长的战略》)。

三、韩国有几种产业？

如果我们办企业的话，首先需要决定的是要做什么行业的问题。现在来考察这个问题。韩国一共有多少行业，即产业呢？如果说产业是家庭，那么企业就是家庭成员。到现在为止，我们考察了家庭成员。现在开始考察家庭。

再好的学生，如果出生在不好的家庭，那么也会遇到很大的困难。即使再好的企业，如果进入不好的产业领域并进行企业活动，就是说如果选错行业就难以得到成长。过去，有人就职于煤炭公司，在这里努力工作并希望尽快得到晋级。但由于煤炭产业的衰落，这个公司消失了。在我们的现实生活中，如果就职于夕阳产业，那么即使再怎么努力工作也会遇到很大的困难。有一个人专门购买了正走向衰落产业的企业股票而受到很大损失。

我们经常听到 KS 这句话。但似乎准确懂得这一词汇的人并不多。KS 是 KSIC(Korea Standard Industrial Classification：韩国标准产业分类)的略语。如果有个人说“KS”，那么 KS 是“韩国标准”的含义。KSIC 是根据 ISIC(国际标准产业分类)制定的。

例如，外裹胶皮的铁丝电线，是橡胶产业产品呢还是钢铁产业产品？

国际上有必要对这方面的问题进行统一标准。为此制定的就是 ISIC。各国以 ISIC 为基础,根据各自国家的产业情况制定了本国的产业标准。在韩国,从 1970 年开始到现在,KSIC 已修改了五次。最近的修改是在 2000 年,主要是为了进行信息通讯、互联网等新产业的分类而进行的。

某国会议员曾问"韩国有多少产业?如果说有 30 种,是不是正确?"韩国有 20 种、63 种、194 种、442 种、1 121 种产业。其中,如果选择自己相中的,那就是韩国产业的数量。为什么呢?

		例:		
大分类产业	20 种		J	通信业
中分类产业	63 种		64	通信业
小分类产业	194 种		642	电信业
细分类产业	442 种		6 422	无线通信业
再细分类产业	1 121 种		64 221	无线电话

* 产业分类号

KSIC 把韩国的一切产业按照农林业、渔业、矿业、制造业、电与煤气业、通信业、批发零售业等,"大体上"划分了 20 多种。这时候,这些被称为大分类产业的记号为从 A 到 T 的英文字母,即以 A、B、C……T 来表示。如其中的通信产业是第 10 种产业,因此以"J"表示。其中的任何一种产业都可以再小的产业划分。如通信产业还可以划分为通信业(64)和其他产业。这时,两位数的 64 表示通信业的中分类产业记号。通信业可以再分为邮件及小包的送达业(641)和邮电通信业(642)。这时三位数 642 是邮电通信业这一小分类产业的记号。邮电通信业又分为无线通信业(6422)和有线通信业(6421)等。这种四位数是细分类产业的记号。而无线通信业则分为无线电话(64221)和无线传呼机及其他无线通信业等。这种五位数是再细分产业的分类记号。64、642、6422 等是产业分类记号。以十进位表示法把产业划分越小,其记号的单位就越长(参见统计厅,《2000 年韩国标准产业分类》)。

政党和政治团体也进行产业活动吗？根据 KSIC 的解释，是这样。这些是进行产业分类记号为 9192 的政治产业活动。就是说，政治团体进行“政治产业活动”。市民运动团体也进行记号为 9193 的产业活动。根据“韩国标准产业分类方式”，进行服务活动的一切产业组织都进行产业活动。那么，政府各部门呢？政府部门进行的是行政服务，因此进行产业活动。

四、产业成长模式

第一、二、三、四产业。不过，在产业问题上与 KSIC 不同的分类法也有很多。如像农业、林业、水产业等那样，从大自然中获取原料的产业称为第一产业。只有这种产业的存在，才有其他产业的发展，因此称为第一产业。用大自然中获取的原料进行制造加工的产业，称为第二产业。为了把制造加工的产品使消费者能够消费而进行运输、保管、销售及与此有关的产业，称为第三产业。第三产业是服务产业（输送、保管、通信、批发零售、广告、金融、保险、销售、信息、研究开发等）。

不过，在服务产业中，进入知识社会后，特别要划分出越来越重要的教育及研究开发产业。这种从第三产业中划分出来的，称为第四产业。

成长各阶段上的产业。经济发展初期，农耕社会的成长产业是农、林、水产等第一产业。随着农耕社会向工业社会的发展，第二产业就成为成长产业。如果工业化社会发展而转变为服务社会（＝信息化社会＝知识社会），那么第三产业就成为成长产业。在服务产业中，信息通讯产业和生命科学产业等知识产业的重要性越来越大。这样，工业社会也转变为知识社会。

如果我们到非洲的贫穷国家去，看到的主要是什么产业呢？就是饮食业或纤维产业。因为，再穷的国家也要吃和穿，因此必须搞这些产业。饮食业和纤维产业是在国家经济发展初期阶段上的产业，因此也称为初期产业。但如果因经济发展人们的收入水平提高了，那么对纤维或食品的需求就会减少，增加的是对塑料产品的需求。这种产业是在经济发展中期阶段上发展的产业，因此称为中期产业。汽车、电视、电脑、手机等产业，是在国民的收入水平再得到提高时才能得到发展的产业。由于这种产品是在经济发展的后期阶段上出现的产业，因此称为后期产业。不发达国家主要拥有初期产业，中等发达国家主要拥有中期产业，而发达国家主要拥有后期产业。

韩国经历初期和中期成长阶段，现在已经到了后期成长产业阶段。在这一过程中，不能不把初期或中期成长产业的相当部分转交给中国或东南亚等后进国家。

所谓成长产业(growth industries)，是对其产业产品或服务的需求比国民收入增长得更快的产业。而所谓成熟产业(mature industries)，如同很多制药业一样，是其需求同国民收入以同样比例增长的产业。而所谓夕阳产业(declining industries)，就是对其产业产品的需求比收入增长更少的产业。

产业革命和成长产业。第一次产业革命，是18世纪末到19世纪初发生的，以蒸汽发动机、制铁技术及纺织技术为基础的产业上的革命性变化。第二次产业革命是以19世纪初出现的铁路为基础，而第三次产业革命是以19世纪80年代产生的电力为基础的产业革命。第四次产业革命是以如下的六大技术为基础进行的产业革命(参见第4章)。

六大技术：计算机、微电子、信息通讯、生命科学、
新材料、机器人科学

未来学家托夫勒代之产业革命而使用的是浪潮一词。根据他的理论，第一次浪潮是农业革命，第二次浪潮是工业革命，第三次浪潮是知识产业的发展。

五、发达国家竞争力强的产业是哪些？

不论是个人还是国家，要走上富裕的道路，必须办起很多企业和产

业，并把它搞好、搞大。瑞士是以企业为中心增强国力的，美国也一样。日本在过去是以产业为中心增强国力，这样，日本就以产业政策著名。法国也以培育电子产业和航空产业等产业政策著名。人均国民收入居世界第一的卢森堡，不久前把国家的核心产业从钢铁业改为金融业。现在，它正在更改为通信产业。号称欧洲大陆物流基地的荷兰，拥有世界一流的斯基珀尔机场和阿姆斯特丹港。荷兰以此为中心培育了很多物流企业，并要引进很多外国企业。现在，荷兰为了建设成为世界上经营企业最好的国家而努力。国家已经解体的苏联，曾致力于发展国防产业。

作为世界第一经济大国的美国，拥有很多世界一流企业和世界一流大学。这两种产业一同发展的国家，世界上只有美国。美国的一流大学是出口产业。据说，日本的根本问题是，虽然拥有很多一流企业，却没有世界一流大学。过去，英国虽然拥有很多世界一流大学和一流企业，但不久前都开始退步了。

美国几乎没有竞争力弱的产业。据说，世界生命科学学者的90%左右在美国。传统上，德国在机械产业和化学产业上具有很强的全球竞争力。很久以前开始，德国并不像英国或西班牙等国那样通过殖民地，而是通过搞好化学产业调动所需要的原料。英国在金融、保险、航空、纤维、出版业等方面具有很强的竞争力。意大利是在皮革制品、纤维、艺术、设计产业，而法国在电子产业、艺术产业等方面具有较强的竞争力。中国在饮食业上拥有世界水平的竞争力。据说，在硅谷所在地圣弗兰西斯科，有一万多中国餐馆。

那么，日本是怎么样的情况呢？日本在全球竞争力很强的产业和很弱的产业上分得很清楚。哈佛大学管理学院教授麦克尔·波特，由于这一点把日本称为“两个日本”。全球竞争力很强的日本产业是汽车、造船、消费电子产品(照相机、VCR、空调)、机器人、半导体等。但是，日本在内需产业上的全球竞争力却很弱。例如，批发零售业、有关保健的产业、食品加工、服装等。在金融及企业服务、飞机、软件产业等方面，日本的全球竞争力也很弱。因此，日本的生活成本比美国高得多，特别是居住成本很高。

六、韩国哪些产业和企业具有竞争力？

世界上，使用筷子最多的国家是韩、中、日三国。虽然很多人这么想，但阿诺尔德·汤因比再加了一个越南，并把这四个国家称为东亚国家。不管怎么说，这四个国家的人在世界上使用筷子最多。那么，使用勺子最多的是哪一个民族呢？恐怕是韩国人。在世界上，筷子和勺子一起使用最多的民族是韩国人。中国人的勺子像幼儿园小朋友的玩具一样。而日本人正像酱汤也用筷子吃一样，主要使用筷子。

与韩国人的手艺有关的，射箭、羽毛球、鉴别小鸡、高尔夫球、半导体生产等，韩国人在这些方面如果好好组织并设计好策略，可以稳拿世界第一。韩国人在世界技能奥运会上连续八年获得冠军，这并不是偶然的。女子高尔夫球也一样。美国出版的《2000 年儿童世界百科辞典》的体育专栏，是以朴世里运动员的照片开始的。到现在为止，作为最年轻的运动员，在美国主要高尔夫球大会上连续获胜四次的，只有朴世里一个。到朴世里获得冠军为止，我们曾认为世界女子高尔夫球大会只是发达国家女富翁的运动。但是，非常懂得韩国人手艺的三星集团做后援单位，并邀请世界级的教练戴维·莱德贝特执教，朴世里马上就成为世界一流运动员。而金美贤运动员则用自己悟道的高尔夫球，也就是用韩国式的高尔夫成为了世界级的高尔夫球运动员。

韩国的半导体专家曾经说过如下的话：由于韩国人的手艺好，以及其共同体主义传统，在生产工程达 400 多项的半导体生产上的竞争力非常强。他说，不管什么样的产品，只要韩国人很好地制定生产体制和经营策略，就可以生产出世界水平的产品。

一位日本人收藏韩国陶瓷一万多件。现在的日本陶瓷在世界上已得到认可。他认为，应把日本的陶瓷产业看做是在过去的壬辰倭乱[①]时从朝鲜抓来的朝鲜人及其后裔兴办的产业。在纽约索德比艺术品拍卖会

① 16 世纪末(1592～1599)日本侵略朝鲜的战争。——译者

上，有史以来以最高价格拍卖的就是韩国的青花白瓷碟子，其价格竟达305万美元。中国的陶瓷到现在为止，出售的最高价格为288万美元。这个日本人还说，过去的中国陶瓷远不如韩国陶瓷。在陶瓷产品的生产上，手艺是最重要的。不少日本人把韩国当作陶瓷宗主国而专门到韩国来做陶瓷旅行。

韩国全球竞争力强的产业都有哪些呢？韩国1999年十大出口产品是，半导体、汽车、船舶、金属产品、石化产品、电脑、钢板、服装、人造纤维织物和无线通信器材。这些占整个出口产品的53%。根据朴乘禄的研究，韩国以市场占有率为标准占世界第一的项目，在2000年有钓鱼竿、LCD、微波炉、菜刀、人造毛、电影胶卷等55种。根据产业资源部的统计，在世界市场占有率上造船和D-ram各占第一位、石化产品占第三位、纤维占第四位、钢铁占第六位、汽车占第七位、电脑占第十一位。世界主要国家和地区所占的世界第一和第二位的项目数量如下(朴乘禄资料)：

	韩国	台湾(地区)	中国	日本	美国
第一位	55	206	306	354	618
第二位	83	102	249	310	562

韩国企业的典型竞争策略

到现在为止，韩国企业采取了什么样的竞争策略呢？哈佛管理学院教授麦克尔·波特在《什么叫战略——韩国企业应该重新学到并要做到的事情》中，把这些内容概括如下：

- 在互相没有密切关系的很多产业领域中的竞争
- 销售几乎完全以低廉价格生产的标准产品
- 互相进行模仿方式的竞争
- 对大规模设施的集中投资
- 在精巧的零部件和技术上，过分依赖国外供给者
- 企业间的协作及OEM(订货生产)协议

- 过分依赖对发展中国家的出口
- 为解决国内高成本问题建设海外工厂
- 创建复合企业型企业集团
- 家族成员为主所有和经营

但是,韩国还有不少缺乏竞争力的产业。如韩国没有像姆迪斯或S&P(Standard & Poors)那种世界性的信用评价公司。因此,前不久这些公司把韩国的信用等级评价为风险债券(Junk bond:比面额价格低危险多的证券),而韩国毫无办法。如果韩国有这种公司,我们就可以评价世界性的外国公司,或者我们可以通过自我评价,以杜绝金融危机或者防止信用等级下调到那种程度。

韩国也几乎没有像麦肯锡那种世界性的企业咨询公司。这种公司在纠正企业战略等方面起很大作用。今后,我们也要培养如可口可乐或麦当劳汉堡包那样的世界性的食品公司。食品公司出口的是文化产品,因此在提高国家形象上作出了很大贡献。韩国还应该培养世界性的律师公司、电影公司、迪斯尼乐园等娱乐公司。号称世界第一信息产业的金融产业也较弱。如果世界性的金融公司多了,就可以把握世界主要企业的金融交易信息。金融产业也是21世纪的成长产业。没有世界性银行或金融机构的国家,通过制造业所赚的钱,很少没有被外国金融机构夺走的情况。

第十三章　要明白和搞好国际经济关系

国际贸易的变化和以前的贸易理论

在美国读书的韩国留学生，1999 年竟达 3.7 万人，但在韩国留学的美国学生还不到 100 人。美国的大学教育培养了全世界无数的留学生，因此起到出口产业的作用。在美国，电影业、金融业、保险业、航空业等服务性产业，也是主要的出口产业。

国际贸易变化的第一个特征，就是服务业的比重增加。

国际贸易变化的第二个特征，是海外投资的增加。三星电子在很多国家建设电子工厂并进行经营。从今往后，多国籍企业的无国籍产品将继续增加。

第三个特征，是正如大韩航空把印度人运往美国那样，不经过韩国而在第三国之间进行贸易的比重在增加。韩国或日本的综合商社做很多这种贸易。

第四个特征是技术、知识等方面的贸易继续增加。

过去的国际贸易理论，是以国家间的商务往来关系为主要内容。但由于国际贸易的上述变化，用过去的理论难以说明的部分增加了很多。

一、越来越紧密地联系在一起的世界

1999 年，全世界的出口额约为 7 兆美元。其中，80％是财货，其他的为服务。服务在贸易中所占比重一直在增加。在全世界的商品贸易上，占主要比重的是汽车及相关产品、使汽车能够跑动的汽油以及纤维制品。这些约占国际贸易的1/4。还有，不仅国际贸易在增加，多国籍国外直接投资也一直在增加。

服务贸易。服务贸易主要是在信息通讯服务(电脑及网络服务)、观光及旅游服务、运输服务、法律服务、广告服务等部门中进行。世界上服务出口最多的国家是美国。美国的服务出口竟占总出口的1/4。美国在电影、音乐、学校教育等几乎一切服务上具有全球竞争力。特别是美国的一流大学，很好地起到作为出口产业的作用。世界五大服务出口国按顺序排名是，美国、英国、法国、德国、意大利。

非法贸易。最近，贩卖人口、武器、毒品及珍贵动物的国际贸易在增加。中国人愿意到韩国、墨西哥人愿意到美国、东欧圈的人愿意到西欧发达国家。随着非法入境人数的增加，产生了很多帮助非法入境的犯罪组织。国际毒品贸易的规模很难确定，但根据联合国的统计，约占国际贸易的8%。

金融贸易。过去，国际金融贸易主要是为了商品的生产和贸易。但现在，大部分国家的金融贸易是“以钱赚钱”的金融贸易。为国际贸易进行的金融贸易额一年为7兆美元(1999年)，但每天以金融投机为目的的金融贸易额竟达1.8兆美元。就是说，只要三四天“以钱赚钱”的金融贸易，就能达到进行一年国际贸易所需要的货币。因此，有些人把世界金融市场称为“国际金融卡基诺”。

二、不搞贸易是没有出路的

为什么搞贸易呢？第一，能够调动在韩国没有或不足的资源、技术、产品等。作为我们喜欢吃的豆芽、酱油、大酱等原料的大豆，几乎全是进口。用于面包和方便面的小麦、学生用桌椅之原料的木材以及书本、报纸等原料也都是进口品。用于生产服装或鞋的面料或橡胶就不用说，国产车使用的钢铁、能够使车跑动的汽油等都是进口货。韩国必须进口全部石油,工业用金、银、铜、铁、铸石等原料的大部分,粮食消费量的3/4。我国2000年粮食的自给率只有32%。韩国是自然资源贫国。因此,如果不进口就不可能生存下去。为了赚取进口所需的美元,只能搞国际贸易。赚取购买先进技术或机器设备所需美元的途径,也是国际贸易。由此可见,国际贸易和赚取外汇,对韩国人来说是绝对必要的。

韩国在20世纪50年代主要出口农产品,从60年代开始主要出口工业品。现在也进行不少服务(金融服务、运输服务、观光服务等)出口或海外投资。从海外进口资源进行加工生产产品之后又出口,这种为解决在资源进口上所需美元的活动,称为加工贸易。这对韩国人的生存很重要。但认为我们的出路只是加工贸易,这种观点是不对的。韩国人在西伯利亚种植大豆进口。日本人购买美国人的农场养牛。这样,美国人甚至把在美国养牛的日本人称为"武士牛仔"。日本人在印度尼西亚养殖珍珠并出口到其他国家。现在,韩国人也到拥有资源的国家利用他们的资源生产产品,并出口到第三国而赚取外汇。因此,说韩国人的出路只有加工贸易的观点并不正确。

第二,搞贸易的国家互相生产自己能够生产得好的产品并互相进行交换,从而使这些国家获益。如韩国生产那些自己能够生产得好的半导体、船舶、汽车、钢铁产品等出口,进口那些不能生产得好的棉花、橡胶、小麦、大豆等,从而双方都可以得利。

第三,由于贸易正如在半导体、汽车、造船等产业上所看到的那样,是以全世界为对象进行的,因此可以获得"规模经济"的利益。贸易的增加可以产生增加收入→增加储蓄→增加投资→增加收入的良性循环。

第四,贸易可以使国民不仅能消费本国产品,还可以消费国外产品。

第五,国际贸易使韩国的企业家、劳动者以及国民能够懂得国际标准的要求,从而促进符合这一标准的生产活动。这是国际贸易的动态性利益,是最大的利益。

第六,国际贸易使政府政策负责人了解国外的经济政策,以提高经济政策的质量。

第七,在到国外设立合资企业或独资企业的情况下,促进了国际协作、文化交流及经济外交。很多韩国企业到中国、日本、俄罗斯、美国等国进行生产投资活动，并将这四大强国的企业引进到国内，可以强化国家安全保障。

第八，在信息化时代，可以促进世界经济及技术信息的收集。

第九，美日等国，在世界金融市场上进行“钱买卖”而赚钱。

由于贸易的这种作用，采取外向战略的韩国等东亚国家，比采取内向政策的南美国家能更好地发展经济。

三、国际贸易的决定因素

影响国际贸易的因素有哪些呢？

- 商品的国内价格和国际价格
- 汇率
- 国民对国产品和进口品的喜好程度
- 商品的运输成本
- 国民的收入水平
- 政府对国际贸易政策
- 其他，WTO 制度等

四、国际收支

经常性收支。 如果上述因素发生了变化，国际贸易就会随之发生变化。国际贸易可以通过以下两个方面进行考察．一是商品（财货或服务）贸易，二是金融市场上的资产交易。在商品贸易的情况下，把进出口的差额称为净出口。把商品中财货的净出口，称为贸易收支。如果净出口是正值，贸易收支就是顺差；如果是负值，就是赤字；如果是零，就意味着平衡。表示服务的出口和进口的是贸易外收支。韩国的父母把钱寄给到美国留学的子女，或美国的宗教团体给韩国宗教机构捐款的钱是转移支出。

表示这种钱的收入和支出的，是转移收支。把贸易收支、贸易外收支、转移收支合在一起，称为经常收支。

表 13.1　韩国的外债

	1991 年	1997 年	1999 年
1. 外债总额	$391 亿	$1 592 亿	$1 371 亿
2. 对外资产	272	1 052	1 454
其中的外汇保持额	137	204	741
3. 纯外债(1－2)	119	540	－83

资料来源：统计厅，《韩国主要经济指标》，2000.9。

资本交易。美国人可以购买现代汽车，还可以购买现代汽车的股票。购买汽车是商品交易，购买股票是金融交易。还有，美国人可以直接在我国建厂，这称为海外直接投资。

海外投资有两种形式。如三星电子在美国建厂是海外直接投资，而购买美国公司股票的是海外财产选择投资。三星电子通过海外直接投资可以直接参与企业经营，也可以保留股票影响企业经营。这都是韩国人的海外资产购买。韩国人的海外资产购买和外国人的韩国资产购买之差，就是海外净投资(NFI)。那么，决定海外净投资的因素都有哪些呢？有如下四种：

- 从国内资产产生的实际利息
- 从海外资产产生的实际利息
- 同拥有海外资产相关的经济及政治利益
- 韩国政府有关韩国人对韩国资产拥有的政策

正如在最近的亚洲金融危机中所表现的那样，像索罗斯这样的海外金融大款们，在泰国、韩国、香港、台湾等国家和地区中，总是计算要购买哪一个国家和地区的股票。韩国人到国外建厂时，韩国人的海外净投资就会增加；韩国人或企业在购买海外股票时，韩国人的海外净投资也增加。如果韩国人把商品卖到美国，美国人就必须把美元送到韩国，那么韩国的海外净投资就会增加。净出口是商品的水流，而海外净投资是资本的水流，这两者如同硬币的两面。所以，净出口总是与海外净投资一样。

储蓄、投资及海外净投资。在韩国人不进行国际贸易的情况下，国内储蓄就用于国内投资。但也可以把国内储蓄用于海外投资。因此，如下的式子是成立的，即储蓄＝国内投资＋海外净投资。以美国为例，在国内储蓄少的情况下国内投资多了，其差额是用海外净投资填补的。这样，如果国民的储蓄多了国内投资就会多，剩下的资金则用于海外投资。就是说，韩国人储蓄的资金不仅用于国内资本的形成，还用于海外资产的购买。但在韩国人储蓄少的情况下，如果要形成很多国内资本，那么海外的资金就会用于购买国内资产。

五、如何确定汇率?

对美元的需求。汇率，如以韩元表示的美元价格是如何确定的呢?韩国现在采取的是可变汇率制度(flexible or floating exchange rate)。在这一制度下，政府不介入美元的需求和供给，因此美元的价格同苹果或电脑价格一样，是根据需求和供给而定。那么，导致美元需求的原因是什么呢?其原因可分为以下几种:

(1)经常交易的需求

- 购买美国产品(电脑、书、电子通信设备零件等)。
- 如果韩国把汽车出口到美国，那么汽车就运送到美国而美元则寄送到韩国。如果从美国进口高性能电脑，那么电脑就运送到韩国而美元则寄送到美国。这样，在国际贸易中，商品和美元是以相反的方向流动。不过，在商品流动的地方，必须交换韩元和美元。因此，商品的进出口同钱的交换比率，即同汇率互相产生影响。
- 购买美国服务(去美国旅行、利用美国船舶或飞机运送产品、利用美国保险公司、邀请美国专家等)。
- 转移支付(给居住在美国的亲戚汇款、对宗教团体捐款等)。

外汇主要术语

关键货币(key currency)。像美元那样，在国际金融或结算上成为关键(中心)的货币，也称为关键货币。关键货币的条件是，①稳定的价值；②作为国际通货的功能(国际间的交换媒介手段、支付手段、价值储藏手段等)；③需求和供给上的顺畅性；④发行关键货币的国家，拥有世界性的金融知识和金融制度等。

外汇。是外币或可以请求外汇的和表示外汇的存款、支票、兑换期票等形式，并成为外汇市场交易对象。

贬值和增值。在固定汇率制度下，政府如果把韩币从1美元兑换1 200韩元下调到1 400韩元，就称为贬值(devaluation)。如果把韩币的价格上调到1 000韩元，就称为升值(revaluation)。但在浮动汇率制度下，如果下调韩币价格，称为汇率上升或韩币贬值；相反，如果韩币价格上升，那么就称为汇率贬值或韩币升值。还有，对美元的韩元贬值意味着对韩元的美元升值，而对韩元的升值则意味着对美元的贬值。

汇率表示方法。所谓汇率，就是为了购买一个单位的外国货币而支付的自己国家货币的价格。也称为一个国家的货币和另一个国家货币之间的交换比率。US＄1＝₩1 000所表示的是支付汇率或用本币表示汇率，而₩1＝＄0.001所表示的是外币表示汇率。美元是世界的关键货币，因此一般以US＄1＝₩1 200、US＄＝￥115、US＄1＝DM1.6等来表示，也就是以美元为中心表示。

(2)资本交易的需求

- 购买美国(美国公司的证券或政府发行的国债等)的金融资产
- 购买实物资产(在美国国内建立韩国企业或工厂等)

韩国的个人企业及政府需要美元的原因,大体上可以分为经常交易和资本交易两种。经常交易的需求是购买财货、购买服务、转移支付三种,资本交易需求则可分为获取金融资产和实物资产两种。不过,对美元的需求除了购买商品和资产需求外还有如下几种,是因为美元是世界关键货币。

(3)作为国际交换媒介手段的需求

美元是世界关键货币,即任何国家的个人、企业、金融机构及政府都通用的货币。就是说,韩国的经济主体(个人、企业、金融机构、政府等)之所以需要美元,因为美元是“国际交换的媒介手段”。政府之所以通过外汇储备制度使个人或企业所拥有的美元储蓄到银行,是因为政府知道韩国的经济主体为这种目的保留美元。前不久,作者访问美国中央银行并询问过,在美元的总发行量中,在美国以外的国家和地区流通的美元有多少。某个高级职员回答说,在当时发行的 3 700 亿美元中,约 3 000 亿美元在美国以外的地方流通,在美国流通的货币只有 700 亿美元。由此看来,海外通用的美元中有相当部分,起到作为国际媒介的手段。

(4)作为支付准备货币的需求

全世界的无数企业、金融机构及政府,正如个人拥有储蓄资金那样,把美元当作支付储备金保留。韩国也以美元作为外汇准备金。很多国家将日元或德国马克作为外汇保留,同时可以把它兑换为美元。这样,对美元的需求就会增加。

美元的供给。那么,美元的供给源是什么呢?对这一问题,把上述的例子倒过来看就知道了。就是说,从美国的个人或企业的立场上,看对韩币的需求就可以了。即美国人要购买韩国的产品、服务、金融资产、实物资产等是对韩币的需求,对韩币的需求就意味着美元的供给。

汇率的决定。美元的价格是以韩国的个人或企业购买美国商品(财货和服务)及资产的美元需求,以及美国的个人或企业为购买韩国商品(财货和服务)和资产的美元供给综合而定。

汇率是外国货币的价格。在 1 美元相当于 1 200 韩元时,意思是说 1

美元的价格等于 1 200 韩元，这是美元的价格。虽然可以表示 1 美元是 1 200韩元或 1 韩元是 1/1 200 美元，但一般以 1 美元为 1 200 元表示。不过，虽然韩币和美元的汇率可以这么容易表示，但表示韩元和美元、日元、法郎、马克等好几种货币之间的汇率时，使用的是汇率指数。这如同把好几种价格用指数来表示的物价指数一样。

把每 1 美元是 1 200 韩元这种方式表示的汇率，称为名义汇率。如果日本产的笔的价格为韩国产的笔的两倍，那么韩国产的两枝笔相当于一枝日本笔。这种把一个国家的商品同其他国家的商品直接交换的比率称为实际汇率。名义汇率以金额表示，实际汇率是一国产品单位等于进口品多少单位表示。名义汇率和实际汇率是紧密联系在一起的。

假如，一双皮鞋在韩国是 4.8 万韩元，而在美国是 80 美元，那么实际汇率是多少呢？由于名义汇率是 1 美元 1 200 韩元，因此如果把 4.8 万韩元以名义汇率来替换，那么 4.8 万韩元相当于 40 美元。这样 40 美元是 80 美元的 1/2，因此实际汇率是 1/2。就是说，韩国一双皮鞋相当于美国的半双皮鞋。因此，实际汇率是“名义汇率(外国货币表示汇率)×国内价格÷海外价格”。为什么讨论实际汇率呢？因为，它成为出口和进口的决定因素。我们现在开始考察实际汇率。

在最简单的汇率决定理论中，有一种叫购买力平价汇率理论。这是以一物一价规律为基础。如一枝笔的价格在仁川是 1 000 韩元，在春川则为 500 韩元，那么在春川购买后在仁川卖出去就可以获利。因此，在这两个地方的笔价达到同样价格以前，这种交易会继续进行。这是国内交易的情况。在国际交易的情况下，如果汉城笔价为 500 韩元，而东京笔价为 1 000 日元，那么从汉城购买笔，再到东京去卖，就可以获利。以1 000 韩元购买的笔，在国内任何地方都一样。在国家之间也只能一样，这就是购买力平价汇率的根据。因此，名义汇率依赖于这两个国家的物价水平。如笔价在美国是 1 美元，而在韩国是 1 200 韩元。而 1 美元是 1 200 韩元，这就是名义汇率。因此，用 1 200 韩元可以购买的笔，在美国 1 美元就可以购买。

这里，购买力平价理论的意义是什么呢？就是反映韩国和美国的物价差距。因此,如果物价发生了变化,那么名义汇率也发生变化。那么,物价又是根据什么发生变化的呢?在决定物价变化上起重要作用的因素之一,就是通货量。如果国内的通货量多了,物价就上升,国内物价上升意味着名义汇率发生变化。因此,如果韩国的通货膨胀比美国的通货膨胀高,那么韩币就会贬值。如果相反,韩币就升值。

美元的需求曲线如图 13.1 所示,向右下倾斜。为什么呢?如果美元价格下降,即汇率从 1 美元下降到兑换 1 200 韩元,那么美国商品的价格就贵,因此购买量下降并对美元的需求就会减少。相反,美元的价格从 1 美元兑换 1 200 韩元下跌到 1 000 韩元,那么美国商品的价格便宜而其购买量就会增加,因此对美元的需求就会增加。这样,把美元价格和对美元的需求量用图表示,那么就成为图 13.1 中的美元需求曲线。但在图 13.1 中表示美元价格的垂直线向上,表示汇率上升(韩币贬值=美元升值)。相反,如果向下,则表示汇率的下降(韩币的升值=美元的贬值)。

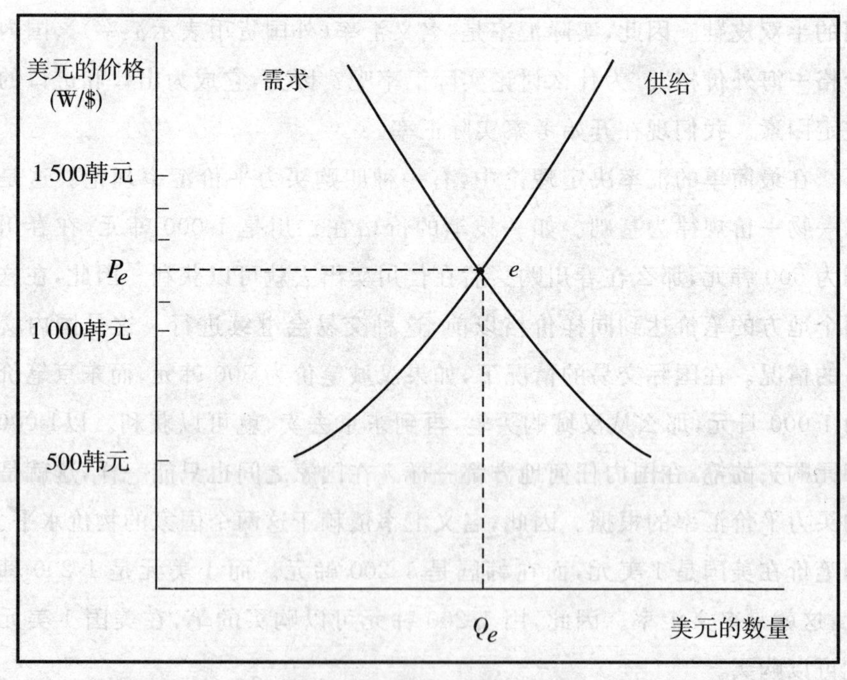

图 13.1 汇率的决定

美元的供给线又如何呢？汇率向上，即1美元的价格从1 200韩元上升到1 500韩元，那么从美国人的立场上来看，韩国商品就很便宜，因此会购买更多的韩国商品。这意味着美元供给量的增加。相反，如果汇率从1美元兑换1 200韩元下降到1 000韩元，对美国人来说意味着韩国商品价格的上涨。因此，美国人将少买韩国商品。结果，美元的供给量就会减少。这样，美元的供给曲线就成为如图13.1上的向右上方倾斜。

如图13.1所示，汇率是在需求和供给相一致的水平(e)上被决定。如果汇率比这一水平低，美元的需求量就超过供给量，因此美元的价格就恢复到均衡水平上。相反，如果汇率比均衡水平高，那么美元的需求量比供给量高，因此美元的价格就下跌。

六、汇率的短期、中期和长期变化的原因

在上述讨论中，我们懂得了汇率，即美元的价格也像苹果或衣服的价格那样根据需求和供给而定的事实。什么原因促使汇率变化呢？美元的需求和供给的变化，促使汇率发生变化。那么，需求或供给为什么发生变化呢？是在如下那样决定需求和供给的因素发生变化时发生变化。那么，这些因素都有哪些呢？这里，为了更容易理解这一点，以美元和韩元之间的汇率为例进行考察。

(1)美国和韩国的收入(相对收入)变化

在韩国的国民收入比美国增长更快时，由于从美国进口很多商品，因此对美元的需求就增加。这样，美元的价格，即汇率就会上升。一般来说，如果韩国的经济增长率比日本或美国高，那么美元和日元汇率都会上涨。换句话说，美元或日元的韩元价格相对贬值。

(2)美国和韩国的物价变化

如果韩国的物价上涨率比美国高，那么相对于美元的韩元价格就会下降。这样，美元的价格，即汇率就会上涨。通过1997年的亚洲金融风

暴可以知道,汇率的变化同一切物价都有很密切的关系。汇率的上涨通过一切进口物价的上涨影响整体物价水平。

(3)美国和韩国汇率的变化

20 世纪 80 年代初,美国的实际利率(=名义利率-通货膨胀)一提高,全世界无数的人要把自己国家的钱兑换成美元并储存到美国金融机构。这样一来,美元的价格就猛涨。1997 年,国际货币基金组织向韩国提供金融援助,使很多美元进入韩国的措施之一,就是大大提高利率并稳定通货膨胀率,从而提高实际利率。

(4)取向的变化

由于去美国旅行或留学、对美国产的咖啡或汉堡包的消费等原因,如果对美元的需求增加的话,那么美元价格就会上涨。同样,如果人们喜欢使用日本产的照相机或电子产品,那么日元的价格就会上涨。由于 1997 年的亚洲金融危机国民就开始不怎么购买外国产品,因此经营高级外国商品的商店开始关门,对外国货币的需求也急剧下降。

(5)预期心理和投机

如果人们认为韩国经济比美国经济增长得更快,而且韩国的通货膨胀比美国的通货膨胀以更快的速度发展,那么美元价格就会上涨,因此对美元的需求就会增加。曾经贷款给韩国的外国银行,一认定韩国快要不行了,就开始从韩国提出美元。这样,美元价格从 900 韩元 1 美元猛增过 2 000 韩元。相反,美元价格到了 2 000 韩元之后,人们认为可能会下跌,这样就把原来自己所拥有的美元往外抛售。全世界,有无数个金融机构,这些金融机构里有很多投机者。这些投机者进入到墨西哥之后又马上开始撤回来,墨西哥的金融危机就更加恶化了。马来西亚的马哈蒂尔首相曾经责难说,马来西亚最近的金融危机是因为国际投机者而发生的。

(6)结构性因素的变化

所谓结构性因素,包括对新产品的开发、成本结构的变化等对比较优势发生影响的一切因素。例如,哈佛大学管理学院教授阿尔弗雷德·钱德勒说,很多管理学者原来以为,美国在同日本的经济战争中失败了,但从20世纪90年代开始,美国经济在好几个领域超过了日本。他指出,其原因就在于美国企业与很多管理学者的预想不同,在信息通讯方面以惊人的速度进行创新并发明了新产品。这样,美国的英特尔公司、休雷特-帕卡德公司、微软公司等企业的竞争力得到了提高并出口了很多这些尖端产品,从而导致了美元价格相对上涨。由于美国在技术上的迅速发展,发明了很多尖端产品。而这些又常常成为电子产品或通讯装备上的新产品或零部件,因此韩国必须进口这些产品。这样就增加对美元的需求量。上述决定美元价格的因素可以分为短期、中期、长期三种因素进行考察。

- 利率和短期汇率的变化。为了获得高利或保障币值从一国迅速转移到另一国的游资,是主要以投资为目的的不稳定短期资金。韩国金融市场将开放到世界水平。在全世界竟有几兆美元的这种资金是由世界级的银行、跨国公司、投资信托公司,以及很多个人来运作。因此,如果韩国的实际利率高了,这些资金就会流入。这意味着美元供给的增加,因此美元价格就会下跌。如果韩国的通货膨胀严重而实际利率减少,流入到韩国的短期性的投机资金就会溜走。这意味着美元供给的减少和美元价格的上涨。看来,随着金融市场的开放和经济开放的深入,利率对汇率的影响将增加。
- 收入变化和中期汇率变化。从中期角度上看,在由于美国的经济景气而美国国民收入提高时,从韩国的进口就会增加。这样,韩国的出口就增加,因此美元供给随之增加。相反,如果韩国的经济好转,那么从美国的进口就会多了起来,因此对美元的需求也增加,美元价格也会随之上涨。就是说,韩元将贬值。由此可见,从中期角度看，经济的景气与否，即收入的变化对汇率发生重大影响。经济增长比交易对象国更快的国家的货币价格，与交易对象国的货币价格相比下跌更多。因此，从中期角度看，认为“强势货币”表示“强势经济”的说法并不正确。

· 物价与长期汇率变化。从长期观点看，汇率是根据国家之间的物价水准(或货币的购买力)的差距而定。主张汇率以这种方式决定的理论，就称为汇率决定购买力平价理论。如果1吨钢铁的价格在美国是200美元，在韩国是24万韩元，那么汇率是1美元等于1 200韩元(₩/＄＝1 200)。如果汇率下降到1美元兑换1 000韩元，会发生什么情况呢？1吨韩国钢铁价格就上升为240美元。因此，从美国购买钢铁在韩国出售就可获利。在不存在国际运输成本的假定下，如果这种行为继续的话，那么1吨钢铁的价格在美国和韩国就会持平。

汇率决定购买力平价理论，其根据是一物一价原则。就是说，1吨钢铁的价格在美国和韩国都一样，因此成为一个价格。例如，如果1吨钢铁的价格在浦项是24万韩元而在仁川是30万韩元，那么从浦项购买钢铁在仁川出售就可以获利。如果这种行为继续，这两个地方的价格就会一样。因地区或国家间的价格差异发生的交易称为套购交易。

购买力平价理论可以预测长期物价上涨对汇率将发生何种影响。例如，如果在今后10年间物价上涨率在韩国是110%，在美国是50%，那么在上述钢铁例子中的汇率将发生什么变化呢？1吨钢铁的价格在美国是300美元(＝＄200×1.5)，而在韩国是50.4万韩元(＝₩24万韩元×2.1)。因此，汇率将从1美元提高到1 680韩元(＝50.4÷300)。

由此可见，根据购买力平价理论，因国家间的通货膨胀率差距而带来的购买力差距，就成为汇率变化的主要原因。就是说，通货膨胀率高的国家的货币价格，比通货膨胀率低的国家的货币价格跌得更低。这一理论具有如下特征：

· 汇率是对交易财货,如在钢铁、谷物等的情况下很合适。但不能很好地反映理发服务、传统饮食、传统文化产品、砖头等非交易财货的购买力。

· 能很好地说明比较长期的物价变化和汇率之间的关系,但不能很好地说明短期汇率变化。

· 注重财货和服务,但忽略国际间金融资产交易或同海外直接投资相关的汇率决定过程。

· 由于国际间移动上的困难、信息的不完整性、保护政策等,汇率不能很好地反映很多商品的购买力。

· 在由于金融现象购买力发生变化或通货膨胀严重的情况下,其有用性很大。但不能说明同重要的经济结构调整相关的汇率变化。

七、汇率对总需求和总供给的影响

如果汇率上升,那么出口随之增加进口减少,因此净出口就会增加。相反,如果汇率下降,净出口就减少。由于韩国进口石油、粮食、矿物等,因此如果汇率上涨,物价也随之上涨。这样,韩国企业不能不提高产品的价格。这意味着供给曲线向左移动。因此,引起韩国产品价格的上升。相反,汇率下降则意味着进口价格的下降,因此促使供给曲线向右移动。

不过,汇率的上升具有不以总需求曲线和总供给曲线为准而显示的通货膨胀的追加效果。其原因是,如果在进口产品价格上涨时消费品进口财货的价格也上升,这并不在总需求和总供给曲线上表现出来,但包括在我国消费物价指数上,因此促使消费物价指数的提高。如果同时考虑汇率对总需求和总供给的影响,那么会怎么样呢?汇率提高,即美元价格从 1 000 韩元上升到 1 200 韩元时,其影响一般是对总需求的影响比对总供给的影响大。因此,物价虽上涨,但生产也会增加。

那么,利率变化会产生什么影响呢?不仅国际贸易对韩国的物价和国民总产值产生影响,资本流动也产生很多影响。因此,必须懂得由于利率所引起的资本流动对生产和物价所产生的影响。如果韩国的利率大幅上升,会发生什么情况呢?如果韩国债券的利率高,外国资本就会涌进来。随着美元价格的下跌,韩元价格上涨,因此,汇率下降。这会导致出口的减少和进口的增加,因此意味着净出口的下降。净出口的减少通过总需求的减少来降低物价和总生产。不仅如此,韩国利率的上涨使投资减少,因此总需求减少,国民总生产和物价由此减少。利息率下降则表现与此相反的效果。

那么,财政政策的影响又如何呢?我们看一下扩张财政政策的例子。扩张财政政策增加政府支出,因此通过总需求表现为国民总生产的增加和物价上涨。但需要注意的是,扩张财政政策也有降低国民总生产和物价的一面。我们来看一下其原因。

政府扩大支出的方法,就是发行货币或国债。发行货币由于会导致物价上涨而难以做到,因此看一下发行国债的情况。为发行国债,必须提高利率。利率的提高意味着外国资本的流进,这又意味着韩元价格的上涨。而韩元价格的上涨意味着汇率的下降,这表现为出口的减少和收入的增加,从而降低总需求。这样,就减少国民总生产和物价。必须懂得,扩张财政政策一方面似乎大大提高我国的GNP,但另一方面还具有降低国民总生产的效果。因此,由于财政政策所导致的利率上升和外国资本向国内的流进,会降低财政政策的效果。

那么,货币政策又如何呢?可以把货币政策划分为扩张政策和紧缩政策来分别考察。先考察一下通货紧缩政策。通货紧缩政策通过减少总需求表现为GNP和物价的下跌。还有,通货紧缩政策提高利率,这又加速外国资本流入国内,因而使韩元升值。这表现为汇率的下降,汇率下降又表现为出口减少和进口增加,从而导致总需求减少。结果,会减少GNP。相反,韩元价格上涨,即汇率下降降低进口物价,使总供给向右移动。结果,相比于封闭经济,物价水平下降更多。因此,在变动汇率制度下,常常强化通货政策弱化财政政策,其原因就在于利率。

第四篇

国家整体层次上的经济问题

第十四章　用什么标准评价国家经济？

一、根本经济问题和评价标准

学生学习得怎么样，主要表现在成绩单上。在国家整体经济层次上，也有评价成绩的标准。标准是什么呢？如上所述，根本经济问题共有六种，因此经济评价问题是评价这些问题解决得如何的问题。这里主要说明在评价上最一般的指标。

(1)经济增长

在经济增长的评价标准上，使用最多的是以下三种：

· 国民生产总值或国内生产总值的增加

· 人均 GNP 的增加

· 劳动生产率的增加

世界银行在《世界发展报告》(2000/2001)中，作为评价各国经济规模的标准使用的是 GNP 和人均 GNP。国民生产总值(GNP：Gross National Product)是用韩国人所拥有的生产要素，在把国内外生产的一切产品以市场价格评价之后，最终把这些加在一起的和。GNP 是表示国民经济的大小，其增长率就表现为经济增长率。这也是判断国防力和市场规模等的标准。国内生产总值(GDP：Gross Domestic Product)则不管韩国人所有还是外国人所有，用存在于国内的生产要素生产的，以市场价格来进行核算的最终产品之和。不过，GNP 或 GDP 表示的是经济整体的大小，而不表示人口的多少。如韩国和印度的 GNP 几乎差不多。但是从人口规模上看，印度比韩国的人口多 21 倍。GNP 不能表示每个国民的生产或收入的增长。因此,需要有一个单独的指标。

人均 GNP。表示每个国民的收入即平均生活水平的最好指标,就是用总人口除 GNP 的人均 GNP,其增长率表示生活水平的提高。人均 GNP 成为评价国民的平均寿命、营养状态、文盲等比例的指标,甚至还可以成为秩序意识的有用指标。如 20 世纪 80 年代初,韩国和马来西亚的人均收入差不多。当时在马来西亚政府工作的一位韩国人曾说过,韩国和马来西亚在公务员的薪水、国民的秩序意识,甚至在骗人的手法方面都差不多。对某个国家可以见微知著的,就是人均 GNP。

劳动生产率。表示韩国经济生产率多少的指标,就是把 GNP 用劳动者的总数或总劳动时间除的商。劳动生产率成为国家竞争力的指标,劳动生产率又是衡量国家竞争力或国民生活水平的尺度。从长期看,劳动生产率的增长速度决定经济的发展态势。

考虑到购买力的人均 GNP。在湄公河上捕捞的一吨鱼价格为 200 美元,而在汉城市内某家经营日式生鱼片饭店的一条鱼价格为 200 美元。由于种种原因,不发达国家的物价比发达国家便宜得多。但很容易过低评价不发达国家的 GNP。如日本是物价指数特别高的国家。以正式的汇率表示,日元比韩元高 10 倍。那么,这是不是意味着日元的购买力也比韩元高 10 倍呢? 并非如此。到过日本的人,也有在日本用 100 日元购买到在韩国用 100 韩元购买的物品。因此,如果用购买力来计算韩国和日本的人均 GNP,差距就会大大减少。根据世界银行的统计,如果不考虑购买力,日本的人均 GNP 是韩国人均 GNP 的近 4 倍。但如果考虑到购买力,那么就成为两倍(表 14.1)。以购买力计算的人均 GNP 就称为考虑到购买力的人均 GNP。

表 14.1 人均 GNP(1999 年)

	没有考虑购买力时	考虑购买力时
韩国	8 490 美元	14 637 美元
日本	32 230	24 041
美国	30 600	30 600
中国	780	3 291

资料来源:世界银行,《世界发展报告》,2000/2001。

(2)经济稳定

如上所述，经济稳定可分为就业稳定、物价稳定、国际收支稳定等三种，因此表示它的指标也是三种。

·表示就业稳定的指标是失业率。

·表示物价稳定的典型指数是消费品物价指数(CPI：Consumer Price Index)、生产物价指数(PPI：Producer Price Index)及GDP物价指数(GDP deflator)三种。其中，对国民的生活稳定关系最大的指标是消费品物价指数。

(3)效率

表示韩国经济效率的指标，是上述的劳动生产率、人均GDP等。

(4)收入分配

表示收入分配的典型指数是基尼系数(G：Gini coefficient)和十分位分配率(DDR：Decile Distribution Ratio)。十分位分配率是把40%收入少的人的收入用20%收入高的人们的收入来除的商。关于这一点，将在第24章中加以说明。

(5)国际收支稳定

表示国际收支稳定的指标有，贸易收支、贸易外收支、转移收支，以及把这三者合在一起的经常收支和表示资本交易的资本收支等。其中，用的多的是贸易收支、经常收支、资本收支等。

(6)生活质量

表示生活质量的典型指标，是人的发展指数(HDI)和社会指标(SI：Social Indicators)等。把经济社会发展的程度和内容以人为中心进行评价，就是人的发展指数；为了从不同层次上仔细地评价人的经济社会生活，是社会指标。

这里，我们把对国家经济的评价同健康诊断比较一下。医生首先通过血压、询问、听诊器等来评价人的一般健康状态。如果必要，还进行血液检查、小便检查、X光照相等。如果还要进行更仔细的评价，就进行透视检查、CT检查、脑波检查等，也就是通过更多的指标进行评价。在评价国家经济健康状态时也一样。GNP、人均GNP、物价指数、失业率、国际收支等是一般性指标，而人的发展指数或社会指标是很仔细的指标。在国家经济的评价标准上，除此之外还有外债、货币量、外国货币的储存量、储蓄率、国家的信用等级、景气指标(综合证券市价、工厂可动率、出口信用凭据额)等。最近，国家竞争力的重要性越来越重要了。评价国家竞争力的重要指标之一，就是生产率。韩国的生产率比竞争对象国增长得多快，就表示韩国国家竞争力。这里，上述的劳动生产性成为重要指标。

二、GNP还是GDP？

正如学生的学习成绩通过总分来表示，国家的经济成绩用国内生产总值(GDP)表示。那么，怎么知道国家生产的有多少呢？企业生产多少，是专业会计根据“企业会计”方式进行计算。国家的总生产是经济专家们根据“国民经济核算体系”(SNA)方法进行计算。联合国于1993年发表了为计算GDP的新SNA，韩国遵循这一方法。现在看一下GDP的含义及其计算方法。

GNP和GDP的含义。根据韩国人提供的生产要素(劳动力、资本、土地、企业家才能)而生产的最终财货，不管是在国内生产的还是国外生产的，只要把这些以市场价格加以合算的总值就是GNP(国民生产总值)。相反，所谓GDP，即不管是韩国人提供的还是外国人提供的生产要素，只要是在韩国境内使用其生产要素来生产的产品价格用市场价格来合算的总值。韩国的GNP是韩国国民生产的，而GDP是在韩国领土上生产的。GNP是根据生产活动主体的国籍，而GDP是根据生产活动的位置来确定的概念。从GDP中减去应该支付给外国生产要素的要素收入，加上韩国生产要素到国外去得到的要素收入，就成为GNP。把韩国

1999 年的 GDP 和 GNP 之间的关系用数字表示如下：

国内生产总值(GDP)	483 兆韩元
＋国外收取要素收入	5 兆韩元
－国外支付要素收入	10 兆韩元
＝国民生产总值(GNP)	478 兆韩元

就是说，对 GDP 加海外纯收取要素所得(＝国外收取要素收入－国外支付要素收入)，就是 GNP。这两者的差距是略微 1％强。在经济危机以前，还没有达到 1％。

GNP 和 GDP 的用途。在 GDP 和 GNP 中，更经常使用的是哪一种呢？在收入水平和经济规模的比较上，世界银行主要使用的是 GNP。但在研究产业结构及结构比较上，则使用 GDP。也有些经济学家同时使用这两个概念。但联合国根据在 1993 年修订的新 SNA 曾劝告各国在作为国内生产活动指标使用时，尽量使用 GDP。韩国银行从 1995 年开始，把经济增长的中心指标从 GNP 改为 GDP 发表。美国从 1991 年开始，德国从 1992 年开始，日本从 1993 年开始把 GDP 当作中心指标使用。为什么呢？

- 三星电子等很多韩国企业是在海外进行活动，通用电气、索尼等很多外国企业在韩国进行生产活动。因此，在国内景气、国内就业情况及国内经济增长等问题的判断上，GDP 比 GNP 更为有用。特别是像美国这样贸易比重相对低而国内经济比重很大的国家，GDP 就成为最重要的经济指标。
- GDP 表示的是国内生产总值，而 GNP 是 GDP 加海外纯收取要素收入的和。因此，如果只要看国内生产活动，那么 GDP 就更有用。
- 在很多不发达国家的情况下，几乎没有国内生产要素的海外进军或海外生产要素的国内进军。因此，GDP 和 GNP 几乎一样。这种国家使用哪一种指标都没有什么关系。

· 在以分期或半期来收集生产活动统计时，GDP 比 GNP 更方便。

韩国是进军海外的本国生产要素多，而进军到韩国的外国要素也多的国家。因此，只有在同时使用 GNP 和 GDP 的情况下，才能更好地把握在韩国要素收入中应该从外国得到的和应该给外国的部分。

不过，联合国根据 1993 年修正的新 SNA，作为各国收入指标，劝告代之实际 GNP 而使用实际 GNI(Gross National Income)概念。韩国从 1999 年开始代之 GNP 而使用 GNI 概念。还有，把国内生产总值称为国内总收入，而经常 GNP 称为国民总收入。

国内生产总值(GDP)＝国内总收入
经常 GNP ＝国民总收入(GNI)

不过，这里可能认为经常 GNP＝经常 GNI，因此很有可能认为实际 GNI 也同实际 GNP 一样，其实不一样。为什么呢？如 1995 年韩国把 1 万台电脑以每台 4 000 美元的价格出口，并以所赚来的 4 000 万美元能够购进一套半导体生产设备。但假如在 2000 年由于电脑价格下跌到每台 2 000 美元，因此只有出口 20 000 台电脑才能购进一套半导体生产设备。那么在这时，实际 GNI 会怎么样呢？如果把基准年定为 1995 年，以电脑为基准的 2000 年实际 GDP 就为 8 000 万美元。就是说，比 1995 年的 4 000万美元，竟增加了 100%。但 2000 年 2 万台电脑的购买力是半导体生产设备一套，因此同 1995 年一样。这样，因交易条件恶化，实际贸易损失达 4 000 万。因此，2000 年的实际 GNI 是实际 GDP(8 000 万美元)减去这一损失的 4 000 万美元，即同 1995 年一样。

实际 GDP＋因交易条件变化的贸易损失＝实际国内总收入(GDI)
实际 GDI＋国外纯收取要素收入 ＝实际国民生产总值(GNP)

现在考察一下 GDP 的计算方法、相关概念及存在的问题等。

如何计算 GDP？ 有人认为，国内生产总值的一切都加在一起就成为 GDP。但并非如此。因为，如果这样，有些产品会重复计算无数次。假定所有小麦都用于制作面粉，所有面粉都用于制作面包。这时，如果把小麦和面粉及面包都加在一起，那么小麦就被重复计算三次，面粉则被重复计算两次。因为，在面包价格中包括面粉价格，而在面粉价格中又包括小麦价格。因此，如果只计算面包价格，就可以避免二重计算或三重计算。因为，为了进行面包这一"最终财货"的生产，才生产了小麦和面粉这一"中间财货"。

再举一个服装生产的例子。假如 A 公司只生产化学纤维，B 公司用这一纤维织布，而 C 公司用这些布料制作服装。如果这时把这三个公司的产值都加在一起，那么纤维是三重计算，布料则为二重计算。因为纤维和布料包括在服装里面。这时如果只计算服装的价格，就可以避免二重和三重计算。在这个例子中，纤维和布料都是"中间财货"，服装是"最终财货"。因此，如果要计算国民生产总值，就应该减去中间财货并只核算最终财货就可以了。就是说，各种最终财货的量乘以价格并把这些加在一起就是国民生产总值。即"2 000 万个面包×150 韩元＋2 000 万件服装× 5 万韩元＋…"等，就是选择一切最终财货，并用其价格乘以生产量，再把这些都加在一起就是国内生产总值。

但在无数产品中如何选择最终财货呢？区分最终财货和中间财货并不是一件很容易的事情。如在家庭中消费的苹果是最终财货，而在果汁工厂使用的苹果则是中间财货。家庭中使用的收音机是最终财货，但在汽车上用的却是中间财货。由此可见，有些产品在一定条件下既可以成为中间财货，也可以成为最终财货。但有一种能够区别这两种财货的简便标准。是什么呢？

不管是什么产品，只要不再进入大韩民国境内的生产厂家，那么不管其商品的特征，都是最终财货；而哪怕只进入一次生产厂家并经过制造加工过程的，就是中间财货。这里，为了再次销售而购进的产品也是中间财货。那么，再不进入生产工厂的产品都有哪些呢？是在如下四种用途上使用的产品。因此，使用于这种用途上的任何产品都是最终财货。

①民间消费用。通过消费而消失的面包、服装、笔等。
②政府支出用。用于政府业务的电脑、电话机、警用车辆等。
③投资用。虽然钢筋、水泥等在其性质上是中间财货,但如果用于桥梁、大厦等建设,就不能再次进入生产工厂。
④出口用。钢筋、水泥、汽车等因出口而离开韩国的产品。

最终财货:由最终使用者购买的产品
中间财货:为再次销售或其他财货的生产而购买的产品

因此,用于这些方面的一切产品都加在一起,就可以计算生产总值。用于这四种用途上的包括私有财产和天气预报、警察服务、国防服务等公共财货。在实际计算它的时候,民间消费(C)根据家庭调查统计,政府支出(G)则根据政府结算资料,投资(I)根据企业的会计资料,出口(X)和进口(M)则通过贸易统计计算就可以。不过,能不能把这四种之和看做是100%的国内生产总值呢?当然不可以。因为,在生产用于这四种用途上的最终财货的过程中,使用很多钢铁、木材、原油、进口机械设备等进口货。由于进口货不在韩国国内生产,因此应该从这四种用途之和中减去进口产品,这样才能成为国内生产总值。不过,消费品的生产总额等于消费者支出额、政府用最终财货是政府支出、而投资额则等于投资支出额,因此也可以表示如下。从出口中减去进口,就称为净出口。

国内总生产=民间消费支出+政府支出+投资支出+出口-进口

$$\text{GDP} = C + G + I + X - M$$

GDP 意味着什么呢? 如果把上述内容加以整理,所谓 GDP 是:

· 从国内生产的最终财货中,减去一切不在国内生产的进口产品(参见上述方程式)。

- 由于最终财货(汽车、收音机、苹果、服装等)也不能直接把实物加在里边,在其市场价格上乘以各自的产量并加在一起就是。在没有市场价格的公共财货的情况下,为了生产实际支出的成本就为其生产额。
- 只包括一定时期(一般是一年,但也有以6个月或3个月为单位计算)内生产的产品。因此,购入二手货或者今年消费去年生产的,也不能包括在今年的GDP之中。
- 最终财货不仅包括财货,还包括服务(立法服务、交通服务等)。

计算GDP的三种方法。在GDP的计算上,这种以最终财货为中心的计算方法被称为最终财货法。从使用者的立场看,最终财货总额同最终支出总额一样,因此也把它称为最终支出法。

我们考察一下生产的含义。所谓生产,就是把价值附加在产品或原料上的行为。汽车公司的生产,就是在零部件公司制作的发动机、照明、轮胎等无数的零部件上附加价值。在零部件的价格为500万韩元的情况下,如果汽车价格为700万韩元,那么其差额200万韩元是由汽车公司附加的。这一附加价值就是汽车公司的生产额。从汽车这一产品中减去不是由汽车公司生产的一切零部件价值,就是附加价值或生产额。又如,牛肉汤专门店的附加价值,就是从牛肉汤中减去不是由这一饭店生产的牛肉、大米、作料等一切材料价格。这一饭店的生产,就相当于附加价值的数量。

把所有汽车公司的附加价值合在一起,就是汽车产业的附加价值(即生产)。正如在面包的例子中所看到的那样,面包生产者的生产相当于在面粉上所附加的价值。就是说,在面包价格中减去面粉价格就是面包的生产。由于面粉生产者的生产是附加在小麦上的价值,因此从面粉价格中减去小麦价格就是。纤维例子中也一样,布料生产者的生产是在纤维上附加的价值,服装生产者的价值是在布料上附加的价值。把所有企业的附加价值合在一起,就可以得出韩国的国内总产值。把这一方法称为GDP计算的“附加价值法”或“生产法”。

分配国民收入。国内的各种产品由谁生产呢，即由谁创造附加价值呢？是各种经济主体。劳动者献出劳动、资本家拿出资本、地主提供土地、企业家是发挥企业家才能来进行附加价值的行为，即进行生产行为。附加多少价值呢？附加相当于其代价的工资、利息、地租、利润的价值。政府也由于为经济活动提供各种服务，因此也应该说参与这一生产活动。到底参与多少，这可以通过作为其参与代价的税收来计算。国内各经济主体生产多少呢？可以认为相当于所得的收入程度。把各主体所分配的收入合在一起，就成为国内生产总值。因此，GDP 还可以从分配层次上进行计算。由此可见，GDP 从生产、分配、支出等任何一个方面都可以把握，而这三种只能是一致的。我们把这称为国民所得三维等价规律。

也许有人认为，大韩民国的 GDP 是瞎扯，事实并非如此。任何国家由于统计上的问题，GDP 总会产生误差。但由于从生产、分配、支出等三个方面来把握并予以检查，因此不会与现实产生很大的差距。

这里，由于上述根据支出方法计算的 GDP 是最终支出的合计，因此可以知道这就是最终需求。GDP 从另一个角度上看是劳动者、资本家、企业家等的生产总额，因此也可以说是总供给。归根到底，总供给与总需求是一致的。

生产了的收入会得到分配，而被分配了的收入会支出。在有了收入的支出以后，生产活动才得以进行。收入的“生产→分配→消费→生产”循环往复，称为收入的循环。

人均 GNP 的国际比较。在判断国民的平均经济成果方面，主要使用的是用国民生产总值（GNP）除人口数的人均 GNP。韩国 1999 年的人均 GNP 相当于同年世界平均值的约两倍，但比发达国家还低很多。

人均 GNP：		
	韩　国	8 490 美元
	世界平均	4 890美元
	发达国家平均	25 730美元

不过，人均 GNP 使用国民人口除国民所生产的一切，因此这只不过是平均值而已。就是说，这并不是说所有的人都分配到同样的收入。因国家的不同，国民实际分得的 GNP 在不同国家间有很大的差距。还有，在人均 GNP 的国际比较上，还要考虑到各国的物价水平。

过去和现在的 GDP。在国内总生产到底增加多少的问题上，如果比较现在和过去的 GDP 就可以知道。例如，假定只生产农作物的某个小的不发达国家（如东帝汶）的 GDP，在过去的 10 年间（1991～2001 年）增加的情况如表 14.2 所示。

在这一期间，如果农产品的总生产量从 500 万吨增加到 600 万吨，而每吨的价格则从 160 美元增加到 200 美元，那么 GDP 增加了多少呢？从 8 亿美元增加到 12 亿美元，增加了 1.5 倍。这里，把当年的生产量乘当年价格的 GDP8 亿美元和 12 亿美元称为经常 GDP（＝货币 GDP＝名义 GDP）。在经常 GDP 里边，同时包括“实物增加成分”和“物价上升成分”。从经常 GDP 中减去物价上升的成分，就是“实际 GDP”。在这一期间，物价上涨了 1.25 倍，因此用 1.25 除 2001 年的经常 GDP 之商，即为 9.6 亿美元（＝12 亿美元÷1.25），就是实际 GDP。实际 GDP 增加的并不是 1.5 倍，而是 1.2 倍。实际 GDP 是在假定物价不变的前提下计算的，因此称为“固定 GDP”。正如拧紧洗衣物挤出水一样，只有在全部挤出物价上涨的部分，才能反映生产的实际情况。不同年份以同样价格计算的就是不变 GDP，而用当年的价格进行计算的就是经常 GDP。

表 14.2　东帝汶 GDP 的变化情况

	1991	**2001**	**倍数**
A. 农产品总生产量（百万吨）	5	6	1.2
B. 每吨价格（美元）	160 (100.0)	200 (125.0)	1.25
C. 经常 GDP（＝A×B，美元）	8 亿	12 亿	1.5
D. GDP 物价指数	100.0	125.0	1.25
E. 实际 GDP（C÷D×100）	8 亿美元	9.6 亿美元	1.2

实际 GDP＝经常 GDP÷GDP 物价指数＝固定 GDP

(9.6 亿)＝ (12 亿)÷ (1.25) ＝ (9.6 亿)

所谓实际 GDP 的增加，就是总生产的实际的增加。在这个例子中，就是从 500 万吨增加到 600 万吨。从金额上看，从 8 亿美元增加到 9.6 亿美元。这个例子中只有一种产品，因此只比较其数量就可以马上知道。但在产品很多时不能这么做，因此先计算 GDP 物价指数(＝GDP 兑换指数＝GDP 紧缩指数)，以此除经常指数并计算实际 GDP。

不过，不是以 1991 年标准而是以 2001 年的标准，也可以计算 1991 年的实际 GDP。这时，1991 年的每吨价格不是 160 美元，而是 200 美元(作为基准年份的 2001 年的每吨价格)。GDP 物价指数必须有标准年度，而标准年度的数值是 100.0。因此，以 1991 年为标准年度(100.0)的 1991 年的物价指数是 125.0。相反，以 2001 年为标准年度(100.0)的 1991 年物价指数是 80.0。GDP 实质上到底增加多少，是以各年度的实际 GDP 为标准计算。

经济增长率是用 GNP 和人均 GNP 计算。这两者都重要。世界银行在其《世界发展报告》(2000/2001)中叙述的 1999 年人均增长率如下：

世界平均 1.3%，发达国家平均 2.1%

韩国 10.1%，中国 6.3%，德国 1.2%，美国 3.1%，日本 0.8%

在 GNP 中处理可能的部分。很多人认为，GNP 是国民可以实际消费的，事实并非如此。在 GNP 生产中，各种机械设备和工厂等资本设施也被消耗掉。在 GNP 中减去固定资产消耗额余额的称为“国民纯生产”。韩国整体固定资产消耗额(折旧费)不到整个 GNP 的 10%。

GNP－固定资本消耗＝国民纯生产(NNP)

在国民净收入中，也包括以税收形态存在的政府份额。由不是政府的国民得到的收入，即“国民收入”是从中减去间接税，这是由国民，即企业和家庭部分所占收入。由于在国民收入中包括企业收入，因此在国民收入中减去企业所占部分(法人税和公司内保留收入)，就是“个人收入”。

个人从企业或政府那里得到收入上的帮助，把这称为转移收入。从个人收入中减去个人所得税，就是“个人可支配收入”。这是家庭中可以通过储蓄或消费等来处理的收入。很多人认为 GNP 是国民直接可以消费的收入，这是错误的想法。个人可处理的收入只占 GNP 的 65%，家庭的消费支出只不过占 GNP 的 53%(1995 年)而已。

三、计算 GDP 时需要注意的几个问题

计算 GDP 时，需要注意以下几个方面的问题：

(1)在 GDP 中，只包括在市场上进行交易而具有市场价格的产品。如果在洗衣店洗衣服，由于进行市场交易而包括在 GDP 中，但如果家庭主妇在家里洗衣服就不包括在 GDP 中。主妇的家庭劳动也一样。根据统计厅的统计，如果评价 1999 年韩国主妇的家庭劳动，就达到 106.6 兆韩元。因此，如果把这一部分包括在 GDP 中，那么就不是 484.0 兆韩元，而是增加到 590.6 兆韩元。主妇的家庭劳动竟占到 GDP 的 18%。

(2)地下经济也不包括在 GDP 中。哥伦比亚是南美毒品的集散地，哥伦比亚的一位公务员曾很自豪地承认这一事实。海地的贫民财产曾达到外国人国内投资资本的 1.5 倍。但这些经济活动是在法律范围之外进行的。贫民虽然是文盲，但他们以自己的方式进行交易，因此不进入政府统计。在不发达国家肯定有贫民窟这种政府不许可的居住区的居民，把这些人称为擅自占地者。马尼拉市的屯堵是著名的擅自占地者地区。前不久，如果犯人逃到这个地方，警察也很难抓住。美国纽约市的哈列姆地区，也是以地下经济比重高而著名。在开拓美国西部时，西部的地下经济也占很大比重。不久前，巴西的水泥销售额曾达到了 20%，但建筑业却没有实现一点儿增长。什么原因呢？因为虽然水泥的销售额进入到正式

统计中,但购买水泥的城市贫民的非法建筑却没有进入正式统计。城市贫民修建房子是地下经济活动。

在发达国家中,地下经济规模最大的国家是意大利。意大利是世界性犯罪团伙,即美国黑手党的原产地。日本黑帮经济活动的相当部分也是地下经济。任何一个国家都存在不同程度的犯罪组织、贩毒、卖淫、走私等。公务员的腐败也一样。与这些有关的交易都是地下经济。俄罗斯有些地方的地下经济竟达50%。这种地下经济并不进入政府的正式统计。

(3)不考虑闲暇时间。虽然人均收入都是1万美元,但不同国家的闲暇时间会有区别。但计算GDP时并不考虑这点。

(4)环境破坏或污染物不包括在GDP中。GDP不反映因环境破坏或污染物引起的生活质量下降问题。

(5)GDP不表示因交易条件变化产生的国民福利或收入上的损失和利益。由于GDP的这种局限性,就制定了GNI。

四、用GNI弥补GDP的缺陷

GDP包括出口和进口的差额。因此,在同样数量的情况下,如果出口产品的价格高进口产品的价格低,那么对我国国民是有利的。如果相反,当然就不利了。根据《韩国经济新闻》卢成泰主编的“半导体和大米”的例子,可以说明这一问题:

假定韩国只出口半导体。去年生产两个半导体,一个留在国内使用出口另一个并进口了一袋大米。但今年生产三个半导体,一个留在国内使用出口两个并进口一袋大米。因为半导体的价格下跌了。这样,虽然在GDP上今年比去年增加了50%,但国民福利却没有发生变化。为了考虑到交易条件变化而带来的变化,韩国银行从最近开始制定GNI(国民总收入 Gross National Income)指标。在上述例子中,今年的交易条件比去年恶化了50%。因此今年的实际GNI与去年相同。

五、物价指数

国民生活的稳定与否也与物价有密切关系。很多商品价格的普遍(或平均价格)上涨称为通货膨胀,普遍(或平均价格)下跌则称为通货紧缩。如果发生通货膨胀,很多人会有一种被剥夺感,认为自己成了傻瓜。这样,劳动者和使用者之间的关系也日趋紧张,政府和国民之间的不信任感增大,家庭中的夫妻吵架也常常发生。而且,对经济的未来也感到不安,人们会失去信心并感到悲观。还有,由于对整个经济感到不安,企业也不会制订长期计划,而是更注重短期的投机行为。

如果通货膨胀极其严重,那么这些问题就会更加严重。1923 年德国发生两张邮票价为 1 兆马克的恶性通货膨胀,德国人一天发两次工资,一拿到工资马上跑到商店购物。但由于物价继续上升,商人们就不想卖货。要卖的话就必须多支付钱,因此通货膨胀继续加速。还有,如果物价严重上涨,那么推销人员的工资就直线上升。结果,在金钱上是马上就成为富翁,因此要交高额税收。严重的通货膨胀根本动摇了经济结构和国民生活。

"价格"是表示特定商品或服务的一种价格,而"物价"则表示很多商品或服务的价格。那么,商品的平均价格如何表示呢?能不能简单地以一辆汽车 1 000 万韩元,一个苹果 1 000 韩元来表示呢?不能。应以物价指数表示。

平均价格和相对价格。如何测量通货膨胀呢?测量通货膨胀的典型指数是消费品物价指数(CPI:Consumer Price Index)。这是消费者所消费的财货和服务价格的平均值。所谓通货膨胀是"平均价格"的上涨。这并不是把某种商品的价格同其他商品的价格相比较而表示的"相对价格"的上涨。这里,我们来考察一下相对价格和平均价格的区别。

假如,手提式电脑与台式电脑相比更贵,即相对价格上涨表示需求者更喜欢前者的信号。事实上,市场经济的优点就在于它告诉我们如下的必要性,即不管什么产品的相对价格,根据其变化必须相应地改变供给的必要性。因此,某种产品相对价格的上涨在很多情况下是值得的。并不是因为手提式电脑相对价格的上涨台式电脑价格下跌，就会发生通货膨胀。即使这两者的价格都下跌，如果手提式电脑价格下跌的小，那么其相对价格就会上涨。即使在这时，相对价格的上涨和通货膨胀也没有关系。手提式电脑一种相对价格的上涨，并不引起通货膨胀。有必要说清楚，通货膨胀是在手提式电脑的价格、台式电脑的价格、打印机的价格、打印机用纸的价格等几乎一切产品的“平均价格”上涨时才发生。

消费品物价指数(CPI)的计算。如何把握消费者所需的大米、白菜、海产品、牛肉、服装、鞋、笔、公共汽车服务等众多财货和服务的价格变化呢？以消费者使用的产品为例。现在，统计厅是根据调查全国36个城市消费者消费的509种产品的价格计算消费品物价指数。这509种商品大体上分为农畜水产品、工业品、服务等三项。根据统计厅的解释，城市消费者大体上把消费支出的14％用于农畜水产品、37％用于工业品、49％用于各种服务。以2000年为标准年，这一年的消费品指数是什么样的呢？如下述为100。

2000年消费品物价指数：(0.14×100)＋(0.37×100)＋(0.49×100)＝100

如果2001年农畜水产品价格上涨3％、工业品价格上涨4％、服务价格上涨5％，那么2001年的消费品指数和通货膨胀如何呢？

2001年消费品物价指数：(0.14×103)＋(0.37×104)＋(0.49×105)＝104.4

因此，2001年的通胀率是(104.4－100)÷100＝4.4％。这就是物价指数的增长率。

由于消费品物价指数是全体消费者使用的各种消费财货价格之加权平均值，因此从某一消费者的立场上看，不可能与消费品价格指数相同。这如同成绩90分的学生和成绩60分的学生平均分数75分，同这两个学生的成绩没有关系一样。学生数量少时，平均成绩既可以同其成绩很接近，也可以相差很大。消费品物价指数也一样。如果制定得好，可以很好地反映消费者所使用的产品平均价格的变化。

韩国统计厅每月制定 CPI 并予以公布。现在所使用的 CPI 的基准年是 1995 年。不过，在 509 项商品中，农畜水产品为 76 种，工业品为 298 种，服务则是 135 种。不过把在 CPI 中各种财货或服务所占的比例(即加权值)假定为 1 000，那么农畜水产品的加权值是 144.8，工业品的加权值是 369.2，服务的加权值是 486.0。由于韩国现在基准年是 1995 年，因此 2001 年的 CPI 每种商品的加权值也假定为和 1995 年一样。但能不能因此认为每种商品的加权值规定得都如此一样呢？在制定物价指数上，总是伴随着加权值问题。除此之外，物价指数还受所包括的产品选定、调查价格的场所和时机等不少因素的影响。因此，不能指望物价指数百分之百地表示物价变化。学者们一般认为，物价指数大体上能很好地表示一般物价变化。

生产者物价指数(PPI：Producer Price Index)。相对于消费品物价指数的物价指数，是生产者物价指数。最近还称它为批发物价指数，这是为了把握企业之间交易的商品，即为了把产品的价格变化放在生产者销售价格或工厂价格层次上把握的指数。PPI 也根据产品生产阶段划分为如下三种制定：即煤炭、木材、原油、铁矿石等“原材料”，钢筋、钢板等“中间财货”，以及服装、电视等“最终财货”。

从长期看，PPI 或 CPI 一般以相近的比例上升。因此，通过哪一种指标都可以把握通货膨胀。但是从短期看，PPI 比 CPI 更早捕捉物价变化。因为，生产者物价的上升反映到消费品物价指数，还需要时间。因此，为了弄清今后的消费品物价将发生什么样的变化，需要考察生产者物价的变化。

GNP 物价指数。在物价指数中，最具包容性的是 GNP 物价指数，它也称为“GNP 换价值数”或“GNP 紧缩”。它不仅包括消费财货，还包括投资财、政府消费财、出口财货等包括在 GNP 上的一切最终财货的价格变化。还有，它与 PPI 或 CPI 不同，不受财货或服务的固定约束，而随着人们的消费发生变化。CPI 或 PPI 只反映物价变化,但 GDP 紧缩还反映物价变化及与此相伴的消费方式的变化。因此,在 GNP 紧缩上所表现的通货膨胀率,比 CPI 的情况更低。

稳定物价的目标。把一年的物价上涨率控制在百分之几才是稳定物价的目标呢?美国从罗斯福总统以来,都把稳定物价当作首要的经济政策。但没能把物价上涨率明确地表示为一种数字。把稳定物价的目标明确地表示为一种数字,是在 1978 年制定的《充分就业和均衡发展法》。这个法律规定,物价稳定的目标是"通货膨胀在 3%以下"。承担控制美国通货膨胀政策的机构,即中央银行的埃伦·格林斯潘主席曾把 20 世纪 90 年代的物价稳定目标规定为"零通货膨胀"。但"零通货膨胀"既不具备现实性,也不值得。为什么呢?

· 为了使通货膨胀等于零,要付出增加失业率等太多的代价。所谓"充分就业",是在维持物价稳定水平状态下的最大就业,并不是在通货膨胀等于零的状态下的最大就业。美国国会也把"3%以下通货膨胀"定为安全的目标。
· 通货膨胀计算上的正确性问题。如以前的国产车由于频繁出故障而要修理很多次并花费很多钱。现在的车虽然贵一点儿,但不常发生故障。这时的价格上涨能说只是价格上涨吗?这里还包括汽车质量的提高。但 CPI 却不能很好地包括产品质量的提高。
· 现在,很多人经常使用手机、电脑、互联网等新产品,物价指数并不能很好地反映这些。

如果物价上涨率为负值,会怎么样呢?一般在物价水平下跌的情况下,即通货紧缩的情况下,企业家或消费者希望物价进一步下跌,因此延期消费而使经济失去活力。这是最近的日本在泡沫经济中表现出来的现象。事实上,轻微的通货膨胀给企业的生产活动注入活力。因此,零通货膨胀并不是政策目标。那么,韩国的物价稳定目标应该是什么程度呢?

在韩国既有很多产品质量的提高,也有不少新产品的产生,因此在高速增长的状态下应该是“年通货膨胀率控制在4%以下”。这也是埃德温·米尔斯教授的主张。艾尔玛·阿德尔曼教授曾经说过，“通货膨胀的全球标准是3%”。

六、就业与失业

经济活动人口与失业率。评价国家经济成绩的另一个重要标准，是就业或失业。与就业相关的评价标准，是想做工的人就业多少工作岗位的问题。不过，韩国的失业率增加1%，就意味着失业的人达到21万。先看一下有关概念。

韩国的总人口(1999年为4 686万人)可分为可能就业的人口和不可能就业的人口。对可能就业的人口，韩国和日本规定为15岁，美国规定为16岁。国际劳工组织(ILO)认可这两种情况。在韩国，不可能就业的人口是不到15岁的人。

就业可能的人口(15岁以上)又分为经济活动人口和非经济活动人口。经济活动人口也叫劳动人口，这包括就业者和失业者。就业者是指在调查对象中一周劳动1小时(家庭从事者是18小时)的人。还包括如下人员：即虽有职业或有自己的企业，但在调查对象中因疾病、劳动争议等不能工作或休假的所有人。所谓非经济活动人口，就是那些非就业者和失业者的学生、学龄前儿童、老年人、残疾人、放弃求职的人、自发地参与慈善及宗教团体的人。

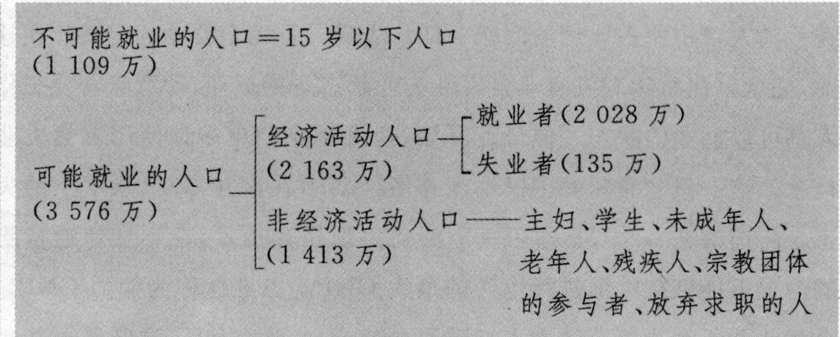

那么,2 028 万名就业者(1999 年)都做那些工作呢?有如下就业者:

各产业就业者		从事不同类别的就业者	
·从事农业者	235 万	·个体业者	584 万
·从事矿业者	403 万	·从事家庭服务者	192 万
·从事建筑业者	148 万	·常住及临时职业者	1 023万
·其他	1 242万	·日常劳动者	229 万

失业者是指如下的人:

① 积极进行求职活动,并马上可以就职的人;
② 等待求职结果的人;
③ 因暂时得病或准备开办个体企业等,在调查期间没进行积极求职活动的人。

经济活动人口的大小取决于经济活动参与率,在可能就业的人口中经济活动人口的比率。不过,韩国的失业率比欧洲还是低很多。

失业率:韩国 6.3%,台湾(地区)2.9%,日本 4.7%,美国 4.2%,
德国 10.5%,阿根廷 18.8%,法国 11.4%,西班牙 16.6%

那么,适当程度的失业率,即预期的失业率是多少呢?这与完全就业在劳动人口中所占比例的问题一样。先看一下完全就业的定义。在这之前,完全就业意味着没有非自发性失业状态下的就业,即意味着要工作的人都可以就业的状态。但最近开始,经济学家们更多地使用自然失业率概念。这一概念意味着国民生产总值(GNP)在潜在 GNP 水平上的失业率。所谓潜在 GNP,是指用一定劳动力规模和技术,在不加速通货膨胀的前提下能够持续地进行生产的最大 GNP。也把这称为能力 GNP。完全就业并不意味着劳动力人口的百分之百就业。而且,这既不可能也不值得。在下面我们考察失业种类时，我们将考虑一下其原因。

- 摩擦性失业。所谓摩擦性失业，是在人们从一个工作单位转到另一个工作单位时暂时发生的失业，这是不可避免的。只要有这一条，失业率也不可能为零。摩擦性失业在契约性职业或暂时性就业很普遍的美国比较高，而在长期就业的比例较高的韩国和日本则比较低。
- 结构性失业。如在煤炭业衰弱时，很多煤炭工人成为失业者。虽然信息产业非常缺乏人力，但煤炭工人却不能到这个部门去就职。在美国，据说2000年信息通信产业领域所需的人力竟达35万名。在技术结构和产业结构转型很快时，这种结构性失业者是不可避免的。
- 周期性失业。这是在经济不景气时，由于对工人的需求减少而发生的失业。
- 季节性失业。这是同夏日旅游季节或同滑雪、火炉、取暖等冬季商品相关产业的人们，因季节已过而失去工作的失业现象。在过去的韩国，很多人夏天务农冬天失业。但现在由于利用塑料大棚种菜等先进技术进行四季种地的人多了起来，因此农业部门的季节性失业减少了很多。

以上是四大种类的失业。也有人认为前三者为失业的三大种类。由于这些失业，任何一个国家的失业率都不可能为零。同样，完全就业也不是劳动力人口的百分之百都能工作的状态。事实上，不可避免地产生某种程度的失业者，而且某种程度的失业率是值得的。

美国的完全就业，在20世纪60年代肯尼迪总统时期意味着4％的失业率。在完全就业状态下的失业率被称为“完全就业失业率”，这一失业率在20世纪70年代增加为5％。1986年，美国总统经济咨询委员会把它上调到6.5％。就是说，把失业率在6.5％状态下的就业称为完全就业。那么，完全就业失业率增长的原因是什么呢？

· 人口结构的变化。随着不到 20 岁的青少年、有色人种及妇女参与经济活动的比例增加，失业率相应增加了。

· 失业补贴。这种补贴竟达到工资的 50%，很多失业者愿意失业。

· 结构性失业的增加。由于冷战结束国防工业衰退，并由于日本等外国的电子或汽车产业的高竞争力，美国电子或汽车产业出现了不少失业者。

但最近美国的失业率下降到 4.0%。这是由于最近的技术发展产生了很多新产业，并由于企业结构调整提高了竞争力。不过，由于美国的个人主义，失业率有些偏高，而“就业的分离”现象也比较严重。就是说，与全职就业相比，更多地采取小时制和临时兼职的就业。但在韩国和日本由于其共同体主义而失业率低，而且比临时兼职更多地采取全职制度。

失业的影响。根据奥肯（Okun）法则，每当 GNP 从潜在的 GNP 下跌 2%时，失业率就增加 1%。失业的增加不仅意味着巨大的经济损失，而且其社会影响也很大。美国的一项研究结果表明，如果失业率从 6%增加到 7%，就发生如下的事情：

> 自杀 920 起、凶杀 648 起、20 240 起心肌梗塞、495 起肝硬变死亡及肝硬化死、4 227 起精神病住院、3 340 宗犯罪
>
> ——布莱德里 · 舒勒，《今天的宏观经济》

七、国家竞争力与生产性及国际收支

关于国家竞争力，人们最为认可的定义，是由美国总统主管的产业竞争力委员会所界定的定义：

“一个国家的所谓竞争力，是其国家在自由而公正的市场条件

下，扩大国民的实际收入的同时，能够生产符合国际市场要求的产品和服务的程度。”

所谓国家之间的竞争力，是把各国的劳动生产性像美元一样用一个货币单位表示的。生产性也表示国家经济的效率水平。生产性（即效率水平）高的国家由于其出口比进口多，因此国际收支为顺差。生产性低的国家进口比出口多，因此国际收支为赤字。

由于直接参与国际市场的是企业而不是国家，因此有人认为探讨国家竞争力没有什么意义。保罗·克鲁格曼认为，竞争力这一概念本身就是错误的。事实并非如此。如果说国家竞争力不重要，那么国家什么事都不做也可以吗？还有，由于国内市场完全开放，甚至小卖店都败在同外国流通企业的竞争而国民的生活和工作都不稳定的情况下，国家只强调比较优势而把这些放任下去也是可以的吗？绝非如此。

先看一下商品的全球竞争力。如果一双鞋在韩国售 8 万韩元，在美国是 80 美元，那么，国产鞋是否比美国产的鞋更具全球竞争力？回答是，根据汇率的不同而不同。如果汇率是 1 美元兑换 800 韩元，那么国产鞋就为 100 美元。就是说，比美国鞋贵 20 美元。这样，国产鞋就不具竞争力，因此不能出口。实际上，由于 1999 年美元汇率下跌到这种程度，反而降低了国产商品的竞争力以至贸易赤字超过了 200 亿美元。但在亚洲金融危机时，美元汇率上涨到 1 美元兑 1 600 韩元，这样国产鞋的国际价格下降到 50 美元。因此，国产鞋的竞争力比美国鞋高了。现在大家已经知道汇率的什么样的变化，将削弱国产鞋的全球竞争力。

每种商品的全球竞争力应该这么计算，那么国家整体的全球竞争力是如何计算的呢？根据劳动生产率计算。假如英国汽车公司劳动者的年薪为 40 000 美元，而韩国汽车公司劳动者的年薪是 4 000 万韩元。这时如果汇率是 1 美元兑 800 韩元，那么，韩国劳动者的年薪就为 50 000 美元，比英国多 25%。一次英国的《经济学家》刊物说，韩国制造业的平均薪金比英国制造业的平均薪金多 30%。但由于爆发亚洲金融危机韩国的汇率为 1 美元兑 1 500 韩元，韩国汽车公司劳动者的平均年薪就下跌到2.7万美元。这使韩国汽车公司具备全球竞争力。就是说,汽车生产和从前一样,但韩国劳动力价格比英国劳动者的人力资源费更低,因此韩国汽车具备了全球竞争力。韩国其他产业的竞争力也和汽车工业差不多,因而开始具备竞争力。这样,韩国整个国家的竞争力也得到提高。

为了提高国家竞争力,需要做很多事情。如新加坡为了把新加坡港口和航空公司的竞争力提高到世界一流水平,作了很多积极的努力。其结果,新加坡航空公司和港口也使其他国家的国民和企业得到许多好处。瑞士在明确"永久中立与和平"这一国家长期目标之后,为适应这一目标提高金融业和钟表业的全球竞争力,做了大量工作,并通过这些产业的发展,对其他国家的发展也提供了很多帮助。瑞典也相信走向富裕的道路在于提高全国人民的外语能力,为此作出了很多努力。

事实上,美国拥有很多全球竞争力很强的企业和产业。可以说,在地球上几乎在所有产业上具有全球竞争力的惟一国家就是美国。因此,美国是几乎没有必要由国家直接出面为提高企业和产业的全球竞争力而作特别努力的国家。因此,像保罗·克鲁格曼这样的学者认为,没有提出什么提高国家竞争力的必要性。但麻省理工学院的莱斯特·索洛教授反驳克鲁格曼的这种观点,强烈主张提高全球竞争力的必要性。事实上,美国早已设立归总统直接管辖的强化国家竞争力委员会。美国事实上也通过反垄断法等促进了企业间的竞争,并为维持世界第一的国防力量,在强化国防工业的竞争力方面作了很多努力。在国家竞争力方面,20世纪90年代后美国之所以能够超过日本的原因之一,是因为美国学者首先把提高国家竞争力的理论和战略系统化的缘故。

建设全球竞争力强的社会的十条黄金率

只有社会竞争力强时,企业或产业的竞争力才会强。任何国家都有以自己的文化或传统为基础的社会结构,因此必须开发具有自己特色的社会模式。在提高企业和产业竞争力的过程中,应该很好地保存国民的热情和价值观。IMD把这些为了建设全球竞争力强的社会的黄金率揭示为如下十条：

- 建造稳定和可预测的法律环境
- 柔韧而有弹性的经济结构
- 对传统的基础结构和技术型基础结构的投资
- 促进国民储蓄和投资
- 同时提高对海外市场的攻击性(激励出口等)和国内市场的吸引力(对国外高附加值产业)
- 在政府的行政和改革上要调整好质量和速度
- 维持工资水平和生产性,以及税赋之间的平衡
- 减少工资差距并通过中产阶级保持社会凝聚力
- 对教育,特别是高等教育的大力投资,以及对继续教育和训练及为提高劳动者素质方面的大力投资
- 通过“世界化了的产业”和“街头零售业”之间的平衡增进国民财富并维持社会凝聚力和国民的价值观

资料来源:IMD,《世界竞争力报告》,1995。

国家的全球竞争力并不是“零和游戏”,不像在游戏场那样,是一方多得一方必失的游戏。韩国如果集中培育某个产业(如半导体产业),决不意味着给其他国家带来危害。相反,为了提高半导体产业的全球竞争力,从美国、日本、德国等国引进很多技术设备。还有,向美国或日本等国的电子企业出口竞争力强的半导体产品。由此可见,提高某个产业的竞争力,对其他国家提高产业竞争力是有所帮助,而不是带来危害。要发展韩国具有优势的产业并把它提高到世界水平,而不是要实施重商主义式的政策。

那么,依据什么标准判断国家竞争力呢？根据国家的生产性。为什么以生产性为标准呢？韩国人的“人均GNP”表示韩国人的平均生活水

平。如果说韩国具有竞争力,那么意味着韩国国民的平均生活水平比其他国家提高得更快。为了提高国民的平均生活水平,必须提高韩国的"就业者人均 GNP"。这一人均 GNP 就是劳动生产性,它的提高就成为判断全球竞争力的标准。

> 就业者人均 GNP(=劳动生产性)——→国民人均 GNP(=国民的生活水平)

- 如果"韩国的生产性"比其他国家增长得更快,那么韩国商品的平均生产成本就更低,因此就可以提高国家竞争力。如果韩国的生产性和其他国家的生产性以同样速度增长,那么国家竞争力将维持现状;如果更低,那么就落后于其他国家。这当然以汇率不变作为前提。

汇率变化对国家竞争力发生重要影响,因此汇率在国家竞争力的比较上很重要。这如同下列情况,即由于韩国的出口产品同日本差不多,因此如果日元走强,那么韩国商品的全球竞争力就会得到提高;相反,如果日元走弱,那么韩国的全球竞争力也将弱化。

八、人的发展指数和社会指标

人的发展指数(HDI:Human Development Index)。HDI 是为了以人为中心评价社会经济发展水平,是由联合国发展项目(UNDP)从 1990 年开始每年制定并发表的指数。不过,如果社会经济得到发展,那么人们在哪些方面会更好,而且在哪些方面必须更好呢?比什么都更重要的是,在人们的健康、知识、物质生活等方面会更好。那么,如何评价人们在健康、知识、物质生活上的提高呢?UNDP 所使用的标准分别为:健康的评价标准是"平均寿命",教育的评价标准是"受教育程度",物质生活所使用的评价标准是"人均 GNP"。把这三种标准整合在一起制定了一种指标,就是人的发展指标。就是说，根据这三个方面就可以知道因经济发展人们的生活提高了多少。因此，HDI 在扩展的意义上成为生活质量的评价标准。

0.0～0.50：低水平
0.51～0.79：中等水平
0.80～1.0 ：高水平

制定人的发展指数的根本宗旨在于测量是否达到由 UNDP 制定的社会经济发展的最终目标，即提高健康、教育、物质生活的三种指标。韩国的 HDI 是 0.852，是世界第 30 位(1997 年)。在 HDI 占世界第一的是加拿大，指数为 0.932。不过，人均收入水平高的国家一般其 HDI 也高，但也有例外。如加纳比肯尼亚在 GNP 上高得多，但在 HDI 上却相反。

社会指标(SI：Social Indicators)。作为制定韩国 SI 机构的统计厅，在《1999 年社会指标》报告中把社会指标界定如下：

> "所谓社会指标，是在历史的流逝中，把我们所处的社会状态从总体上集中地予以表示，以此测量生活的质和量两个方面，从而把握国民生活整体上的福利程度的尺度。"

这个报告还说明，社会指标的作用在于测量国民生活水平、综合测量社会状态、预测社会变化、测量社会发展政策的成果。

从 1978 年开始，统计厅每年都制定社会指标。作者也曾经参与这一工作。1999 年，韩国的发展水平分为人口、家庭、收入、劳动、教育、保健、居住、交通、信息通讯、环境、文化、闲暇、安全、社会参与等十三个领域，并以总共 497 种细分指标测量。在这些指标中，包括人均 GNP、平均年龄、平均家庭成员数、离婚率、工会的组织率、国民的平均受教育程度、平均寿命、住宅普及率、人均汽车拥有率、公路整治率、空气污染物排放率、自来水普及率、公积金适用率、图书发行数、读书人口比例、各种类型的犯罪人数、宗教人口比例等指标。

因此，社会指标可以在多方面测量国民生活质量得到提高的状况。社会经济要发展，不仅仅是人均 GNP 的提高，应该是这些指标要一同得到发展，而能够综合评价这一点的标准就是社会指标。其中，表示生活质量的指标有很多。不过，世界银行在《世界发展报告》(2000/2001)中，作为表示生活质量指标使用的是人均消费增长率、儿童营养失调状态、5 岁以下儿童的死亡率、平均寿命、成人文盲率、城市人口比例、城市自来水普及率等七项。我认为，这是为方便国际比较统计选定的。

第十五章 国家整体的生产、物价及就业由什么决定?

一、国家整体的需求、供给、物价、生产

在韩国,有无数的财货和服务,对它们进行交易的市场也一样众多。能把这么多市场从国家整体的层次上整合为“一个巨大的市场”吗?当然可以。那么,在这一市场中被决定的财货和服务的生产量能不能也以一种产品来整合呢?这么做的就是“总生产”。在无数的市场中被决定的财货和服务的平均价格,也通过一个叫做物价指数的价格予以整合。那么,在我国整个市场整合为一个巨大市场的时候,在市场中被决定的是什么呢?是物价水平和国内总生产。以个别市场上的苹果为例,在苹果市场上被决定的价格是500韩元或1 000韩元等金额,而其交易量却是几个或几箱苹果那样的“实物”。在“国家整体市场”上被决定的总生产也是实物。不过,并不把这称为“实物总生产”,而是称为“实际总生产”。由于这时的总生产是国内生产总值,实际总生产就是国内实际生产总值。由于国家整体市场的需求和供给是无数财货和服务的需求和供给“总”合在一起的,因此也称为总需求(AD:aggregate demand)和总供给(AS:aggregate supply)。这里,首先说明一下总需求和总供给的含义。

在国家整体层次上,物价水平和国内总产值是如何被决定的呢?为了能够明白这一点而开发的,就是总需求-总供给理论,或者 $AS-AD$ 模型。我们通过构成上的谬误这一概念,已经懂得了我国整体层次(在这里是总生产)和构成整体部分(在这里是个别商品)层次上的逻辑,也有可能

不一样的道理。因此，经济整体层次上的总生产和物价决定规律，不能通过个别商品的价格和交易量的规律予以说明。这就需要有另外的理论，而这就是总需求和总供给理论或模型。对任何人来说，理解好这一理论是非常困难的。但如果理解好了这一理论，对理解在国家整体层次上所发生的各种经济问题将大有益处。我们现在就来考察这个问题。

从个别商品和从国家整体层次上看供求(需求和供给)原理。决定个别商品的价格和生产量的原理，同决定国内生产总值和物价水平的原理是不一样的，这两者之间存在很大差距。

首先，以苹果为例说明个别商品的情况，在需求曲线和供给曲线相交的点上被决定，这就是如上所述以 500 或 1 000 韩元来表示的价格，以及以几个或几箱实物来表示的量。但在整体经济的情况下，不是以实物来表示，而是以金额来表示国内生产总值，其价格是以 100.0、110.0、150.0 等来表示的物价指数。因此，表示个别商品供求的图 15.1 和表示总生产的图 15.2 上的横竖轴上的单位是不一样的。图中的 GDP 并不是经常 GDP，而是从经常 GDP 中减去物价上涨部分的实际 GDP。

那么，如何计算在我国生产的一切商品的价格呢？把一辆汽车2 000 万韩元、一个苹果 500 韩元等商品价格直接加在一起，并没有什么意义。这里必须引入物价指数概念。个别商品的价格是根据相对价格决定的，但总需求是根据“一般价格”或“平均价格”决定的。

其次，对个别商品需求的情况下可以使用需求规律，但在 *AD* 的情况下就不能使用需求规律。如果牛肉价格上涨，消费者可以猪肉替代牛肉，因此对牛肉的需求减少。但从国家整体的层次上看，肉类需求量(＝猪肉需求量＋牛肉需求量)也许不会发生变化。因此，*AD* 曲线对个别商品的需求曲线差不多，但其原理如同下述的那样完全不同。

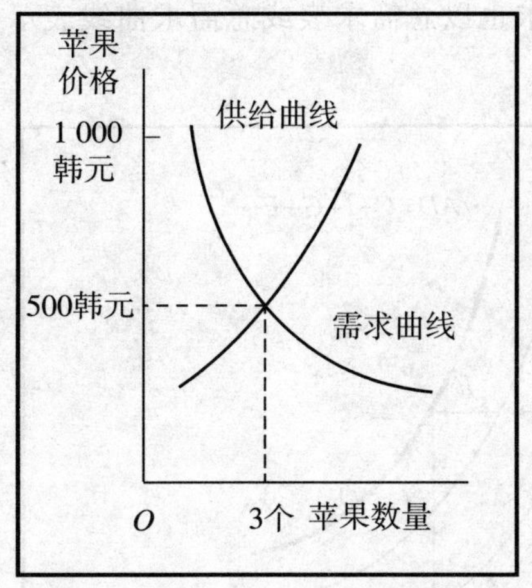

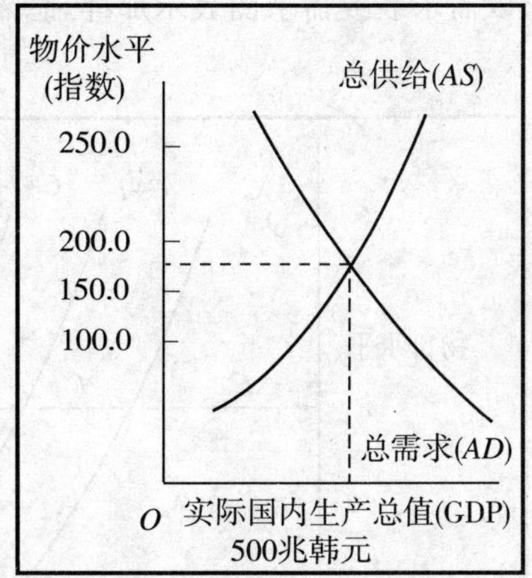

图 15.1 个别产品的价格和交易量的决定　图 15.2 总产品的物价水平和平均量的决定

最后，在个别商品的情况下，如果价格上涨则供给量就会增加，但在整个经济的情况下，由于一般物价上涨，那么其生产成本也会增加，因此不一定所有企业都会增加供给量。整体层次上物价上涨时供给量如何发生变化的问题，取决于生产成本的变化。现在开始依次考察总需求和总供给。

二、总需求

所谓总需求是一切经济主体，即国内消费者、企业、政府及外国购买者在几种可能的物价水平上愿意购买、而且实际能够购买的财货和服务的总量。在某一物价水平上经济主体愿意购买的财货和服务的总量，是“总需求量”。像图 15.3 那样，某种物价水平，假定在 P 点上所有的经济主体所愿意购买的财货和服务总量是 OQ。这是作为民间消费的 C、作为企业投资用的 I、作为政府消费用的 Q，以及作为出口用的 E 等各自所需要的。所谓“总需求”，说明的是各种可能的价格，以及在各自的价格上经济主体愿意购买的财货和服务的总量之间的所有关系。因此，总需求正如图 15.2 或图 15.3 中的那样，表示为总需求曲线。如对个别商品的需求以需求表或需求图表示那样，总需求也以总需求表或总需求曲线表示。

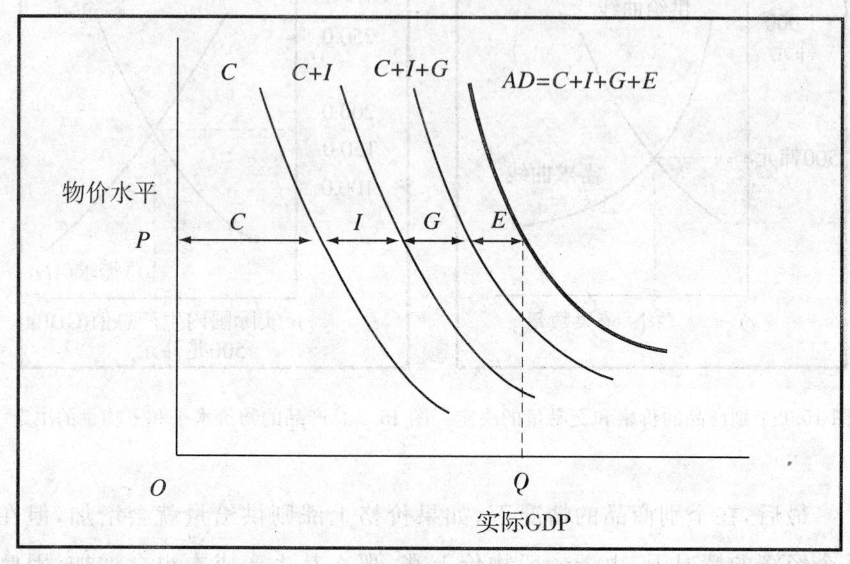

图 15.3 总需求(*AD*)及其组成部分

注：*C*＝民间消费，*I*＝投资，*G*＝政府支出，*E*＝纯支出＝出口(*X*)－进口(*M*)

总需求曲线的图形。总需求曲线表示经济主体的总需求量在物价下跌时增加，在物价上涨时减少的现象。物价和总需求量如同个别商品的需求量和价格那样，是逆向的关系。但其原因完全不同。在作为个别商品的牛肉的情况下，如果其价格下跌，那么原来购买猪肉的人就会转而购买牛肉。以牛肉来替代猪肉的现象称为“替代效果”。购买牛肉的人的实际收入增加，实际收入的增加将增加牛肉消费，把这称为“收入效果”。因此，个别商品的需求曲线向右下方移动是由于替代效果和收入效果。但总需求曲线向右下方移动却不能用这两种效果说明。用什么因素来才能说明它呢？有以下三点：

- 财富的效果：如果整体物价上涨，那么由于个人所用的钱、银行储蓄、股票等资产的实际价值下跌，因此消费就会减少。如果物价上涨，那么财富的实际价值就下跌，因此总需求量就减少。相反，如果物价下降，那么总需求量就会增加。这称为财富的效果。

- 利率的效果：在国家整体货币量一定的情况下，如果物价上涨，那么货币的价值就上升。因此利率就上涨，利率的上涨就减少投资或消费者的购买（特别是与利率关系大的信用购买），因此总需求就会减少。因此，物价水平的上涨会引起总需求的减少，而物价水平的下降会引起总需求的增加。利率直线上升投资急剧下降的现象，是在亚洲金融风暴之后我国经济经历过的。一爆发经济危机，国际货币基金组织和韩国政府废除了把年利率限制在25%以下的利率上限制度。结果，利率一度急剧上涨，企业投资则急剧减少。
- 国际贸易效果或汇率效果：如果国内物价比国外物价上涨得更快，国产品比国外品的价格就更贵。这样，各经济主体更喜欢购买进口货。外国人当然也比韩国商品更喜欢购买其他国家的商品。如果出口（X）减少进口反而增加（M），那么净出口（$X-M$）就会减少，因此国产品价格整体上涨，就表现为国产品总需求的减少，国产品价格的整体下跌则表现为国产品总需求的增加。

总需求的组成部分。总需求的组成部分有如下四种。为什么是这四种呢？我们在学习GDP概念时，懂得了GDP只包括最终财货。而且，还懂得了在最终财货中包括民间消费、投资、政府支出、净出口等四种最终产品的事实。因此，总需求的组成部分也是这四种。下面我们简单地考察一下这四个组成部分：

(1)民间消费（C：consumption）。指的是国民为日常生活消费的耐用品（汽车、家具等）、非耐用品（饮食、衣服、能源）及服务（交通、通讯、保健医疗等）。决定民间消费的因素有：现在及以后的收入、家庭资产、消费者金融、社会保障制度、对将来收入或物价上涨率的心理预期、租税等。作为总需求组成部分的民间消费，意味着实际民间消费。这是把名义民间消费以消费品物价指数除的商。

(2)投资(I:investment)。这意味着购买建筑物(工厂、办公室、大厦、仓库等)或生产设备及库存储蓄的支出。决定投资的因素有:利率、预期收益率、预期心理等。

(3)政府支出(G)。是指政府购买各种财货(战斗机、电子政务用电脑、小轿车等)和服务(法官和检察官的服务、国立学校教师的服务、警察服务等)。政府购买的多少,完全取决于有关财政支出的政府意图,而不是由需求者和供给者一起决定。

(4)净出口(E)。是出口(X: exports)和进口(M: imports)之差。出口取决于汇率、韩国商品和其他国家商品的相对价格、出口对象国的收入水平等。韩国的进口意味着其他国家的出口,因此把这作出相反的解释即可。

这种总需求的四个组成部分用图 15.3 表示。

三、总供给

所谓总供给,是所有生产者都愿意在可能的几个价格水平上予以供给,而且可以做到这一点的总生产量。所谓“总供给量”,是指在某一物价水平上所有生产者愿意供给的总生产量,而“总供给量”是在可能的几个物价水平和在各物价水平上愿意供给的总生产量之间的一切关系。因此,总供给以曲线表示,总供给量以曲线上的某一点表示。这里表示的是如下现象:在总供给曲线上,如果物价水平上升,那么总供给量就增加;如果物价水平下降,那么总供给量就减少。是什么原因呢?

(1)利润效果。物价上涨在短期内提高企业利润。例如，如果劳动者和使用者之间的工资协议在春天达成，那么这一年的工资水平在春天就被决定。但如果此后产品价格上涨，这就意味着企业的利润增加了。这样，生产者就增加供给量。由此可见，短期的物价上涨会增加供给量，因此总供给曲线向右上方倾斜。

(2)成本效果。如果在工资问题上达成协议工资确定，那么企业的人力费也就确定了。但如果生产量增加，因劳动者加班或机器运行时间增加而产生的机器故障就会增加，因此必然提高平均生产成本。因此，生产者只有在产品价格上涨的情况下才能增加供给。

关于总供给曲线的图形，经济学家有很多争论。总供给曲线共有三种典型的形态。即，古典学派的总供给曲线、凯恩斯学派的总供给曲线，以及短期总供给曲线等。下面简要地介绍一下。

古典学派的总供给曲线。古典派经济学家相信，如果失业者多，那么工资就自动下跌，这样企业就以低工资增加就业，因此总是走到完全就业的状态。它们认为，GDP 总是处在完全就业或潜在 GDP 水平上。这样，总供给曲线就成为像图 15.4 上的垂直部分一样。就是说，就成为作为垂直部分的古典学派总供给曲线、作为水平部分的凯恩斯总供给曲线，以及一般形态的短期总供给曲线等结合在一起的。

凯恩斯总供给曲线。由于经济不景气失业者非常多的时候，即使不提高工资或物价也可以增加国内生产总值。因此，供给曲线就可以成为水平线。但如果是完全就业的状态，那么总供给曲线就成为垂直状态。在图 15.4 中，只表示了凯恩斯的水平部分，但如果同垂直部分也一起表示，那么凯恩斯的总供给曲线就成为把 L 字放在相反方向的形态。

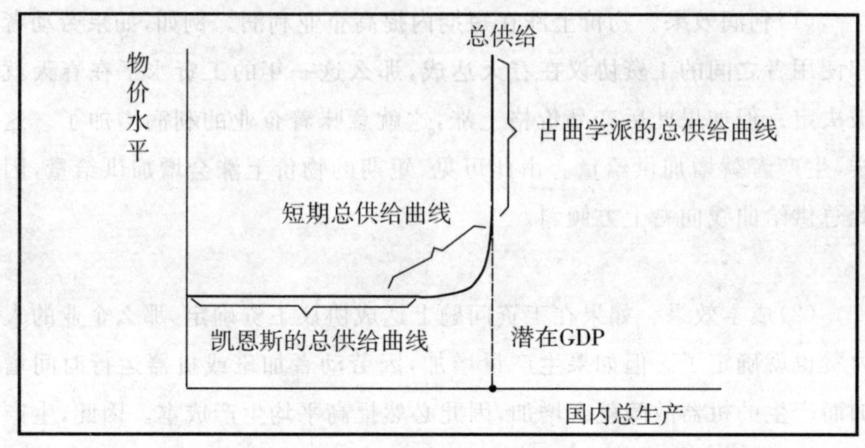

图 15.4 总供给曲线

短期总供给曲线。这是图 15.4 中间部分的向右上方倾斜的曲线。韩国经济是由无数产业产品的生产市场和生产要素市场构成的，在无数产业部门中很难同时实现完全就业。如有些信息通信产业部门可能缺乏人力，但在烟筒产业中也可能人满为患。因此在现实中，总是存在着某种程度的失业者。这种状态下的物价上涨，就接连到企业的生产增加。因此，关于总供给曲线，还要更详细地说明。

不过，完全就业并不意味着失业率为零。这是指在考虑到劳动市场的摩擦性因素或结构性因素的状态下，失业率正常状态下的就业。这也称为自然失业率。在自然失业率状态下的就业，是完全就业。美国的自然失业率是 5%～6%，因此完全就业是指劳动力 94%～95%的就业，把完全就业状态下的 GDP 称为完全就业 GDP。把这称为能力 GDP 或潜在 GDP。

完全就业 GDP＝能力 GDP＝潜在 GDP

四、物价水平和国内生产总值的决定

我们现在已经知道了总需求、总供给量及总供给的含义。我们学习这些，是为了弄清在国家整体层次上的物价水平和 GDP 如何被决定的问题。那么，它们是如何被决定的呢？

如上所述，这是在 AD 曲线和 AS 曲线相交的点上被决定的。在图 15.5 中，均衡物价水平是 P_e，均衡交易量是 Q_e。那么，为什么 P_e 是均衡价格而 Q_e 是均衡 GDP 呢？如果物价水平下降到 P_1，生产者希望的总供给量是 OQ_1，但经济主体所希望的总需求量是 OQ_2。这里，就发生像 Q_1Q_2 那么多的"超额需求量"。这时，由于购买者希望提高价格购买，因此物价就会上涨。上涨的物价将促进企业生产。这会持续到什么时候呢？达到 P_1 和 Pe 为止。如果物价水平上涨到 P_2，会怎么样呢？在 P_2 水平上由于总需求量比总供给量多，生产者不能出售其差额，即不能出售相当于"超额总供给量"的程度。因此，生产者就降价，购买者的购买量就会增加。这会继续到什么时候呢？将继续到 P_2 和 Pe 相一致时为止。因此，在物价水平为 P_e、GDP 为 Q_e 时，总需求一方的因素和总供给一方的因素就会达到均衡状态。

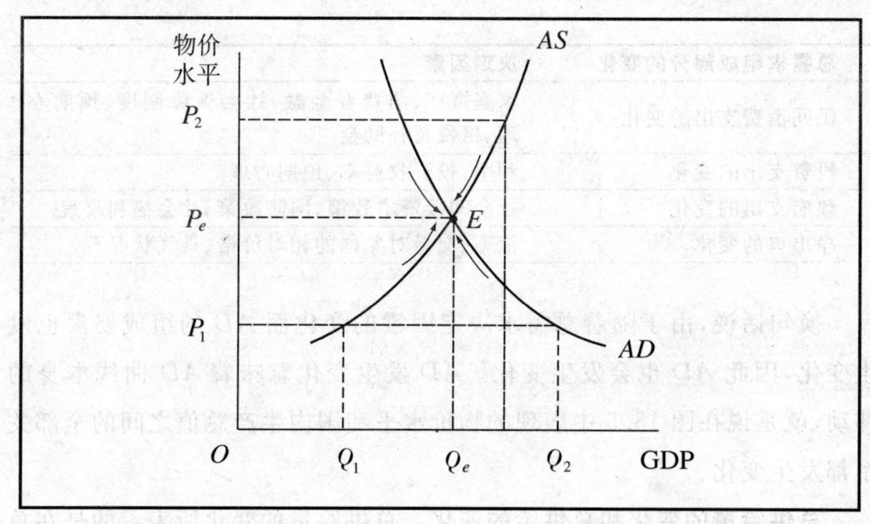

图 15.5 均衡物价水平和 GDP 的决定

五、物价水平的变动和 GDP 的变化

在个别商品的情况下，我们知道了均衡价格和均衡交易量在需求的决定因素和供给的决定因素发生变化时都可以发生变化。同样，均衡物价水平和均衡 GDP 也在总需求和总供给的决定因素发生变化时，发生变化。那么，*AD* 和 *AS* 的决定因素，即促使 *AD* 曲线和 *AS* 曲线发生变化的因素是什么呢？

总需求量的变化和总需求的变化。我们已经知道了对于个别商品来说，需求量的变化是在需求曲线上的某一点向另一点的变化，而总需求的变化是需求曲线本身的移动。同样，总需求量的变化也是在 *AD* 曲线上的某一点向另一点的变化，而总需求的变化是 *AD* 曲线本身的移动。那么，发生总需求变化的因素是什么呢？在构成 *AD* 的如下四个组成部分中任何一项的变化都会引起 *AD* 的变化。促使引起这一变化的因素被称为总需求的决定因素，把它整理如下：

总需求组成部分的变化		决定因素
民间消费支出的变化	：	家庭资产、消费者金融、社会保障制度、预期心理、租税及补助金
投资支出的变化	：	利率、投资收益率、预期心理
政府支出的变化	：	社会间接资本政策、国防政策、社会福利政策
净出口的变化	：	汇率、交易对象国的相对价格、景气状况

换句话说，由于随着总需求决定因素的变化而 *AD* 的组成要素也发生变化，因此 *AD* 也会发生变化。*AD* 发生变化意味着 *AD* 曲线本身的移动，就是说在图 15.5 中表现的物价水平和国内生产总值之间的全部关系都发生变化。

总供给量的变化和总供给的变化。总供给量的变化所表示的是在总供给的决定因素不发生变化的状态下物价水平发生变化时，实际 GDP 如何发生变化的问题。这说明在总供给线上的某一点向其他点的移动。但由于总供给的变化使物价水平和实际 GDP 关系都发生变化，因此意味着

AS 曲线本身的移动。那么,导致 AS 曲线移动的因素,即总供给的决定因素是什么呢? 大体上可分为如下四种:

①投入物价格的变化;②生产要素可用量的变化;③技术变化和生产性的增加;④法律制度环境的变化等。这里,总需求的决定因素和总供给的决定因素相比,如表 15.1 所示。

表 15.1 总需求和总供给的决定因素:促使 AD 和 AS 曲线变化的因素

总需求的决定因素	总供给的决定因素
1. 民间消费支出的变化 ①家庭资产 ②消费者金融 ③社会保障制度 ④预期心理 ⑤租税及补助金	1. 投入物(=生产要素)价格的变化 ①国产投入物价格的变化 · 工资的变化 · 房地产价格的变化 · 利息的变化 · 租税及准租税的变化 ②进口投入物价格的变化 · 进口原材料价格 · 进口机械设备等的变化
2. 投资支出的变化 ①利率 ②社会福利政策 ③预期收入 ④预期心理	2. 生产要素可用量的变化 ①劳动力的质和量上的变化 ②投资的变化 ③企业家才能的变化
3. 政府支出的变化 ①社会间接资本政策 ②国防政策 ③社会福利政策	3. 技术变化和生产性的变化 ①技术革新 ②要素生产性的变化
4. 净支出的变化 ①汇率 ②韩国和外国价格的比率 ③韩国和外国的景气状态	4. 法律的和制度上的企业环境的变化 ①对企业的政府规制的变化 ②有关租税、公平交易制度等企业环境的变化

不过,可以把韩国的总需求和总供给之决定因素概括为如下三个层次来考察。

- 经济因素：储蓄、资本、消费、政府支出、净支出、通货、收入、需求、供给等
- 经济政策因素：通货政策、利率政策、财政政策、汇率政策、产业政策、贸易政策、社会间接资本政策、公平交易政策等
- 经济以外的政策：美元或日元价格的变化、技术变化、东南亚经济危机等对韩国有影响，但不受其影响的因素就是经济以外的因素。在国际环境发生急剧变化时，这些因素的重要性就增大。

这里重要的是，这三种因素对物价、国内生产总值、经济增长及经济稳定发生什么样的影响。如20世纪60年代的日本经济高速增长，是由于经济以外的因素(世界经济环境)及政策因素(产业及贸易政策)好的原因。那么，能不能在没有具备经济以外因素和政策因素的条件下，也可以发展和稳定经济呢？在这个问题上，经济学家持有很大的不同观点。美国经济学家通常更强调经济因素而不是经济政策因素和经济以外的因素。但在韩国经济发展上，这些因素看来都重要。事实上，很多不发达国家，在没有具备政府政策因素或经济以外因素支撑的情况下，必须只根据经济因素发展经济的例子很多。因此，也有不少经济发展不太好的情况。

经济学家的观点相对立的部分，是国家经济能不能只根据市场经济的因素来发展和稳定的问题。亚当·斯密、大卫·李嘉图、马尔萨斯等古典学派的经济学家们，对这个问题给予了肯定的回答。与此相反，宏观经济学的创始人凯恩斯则主张，只根据市场经济因素的观点具有局限性，因此认为政府政策是必不可少的。在这个问题上，古典派经济学家同凯恩斯经济学派之间是针锋相对的。哪一个主张正确呢？现代大部分经济学家，在达到经济目标上承认经济政策的重要性，但并不像凯恩斯所强调的那种程度。关于这个问题，将在最后部分重新探讨。

不管怎么说，决定总需求和总供给的因素，即促使 *AD* 曲线和 *AS* 曲线移动的因素很多，而且，随时都可能发生变化。因此，我国的均衡 GDP 也可能

随时发生变化。韩国的每分期 GDP 增长率持续发生变化，就说明了这一点。

到现在为止，我们考察了决定总需求和总供给的因素，从中明白了随着这些因素的变化均衡物价水平和均衡 GDP 也发生变化的道理。虽然有很多情况，但这里只考察总需求的变化、总供给的变化、总需求和总供给一同增长经济发展的三种情况。

总需求的变化。在总供给不发生变化的情况下只有总需求发生变化时，对物价水平和 GDP 发生影响的，是根据总供给曲线的图形如何，即依竞争状态如何而不同。

首先，如韩国在亚洲金融风暴后所经历过的那样，在失业者很多的情况下，总需求的增加与物价上涨无关而直接使 GDP 增加。这相当于图 15.6 中的 *AS* 曲线中的水平部分。在 *AS* 曲线为水平状态时，*AD* 的增加在没有物价上涨的情况下直接表现为 GDP 的增加。

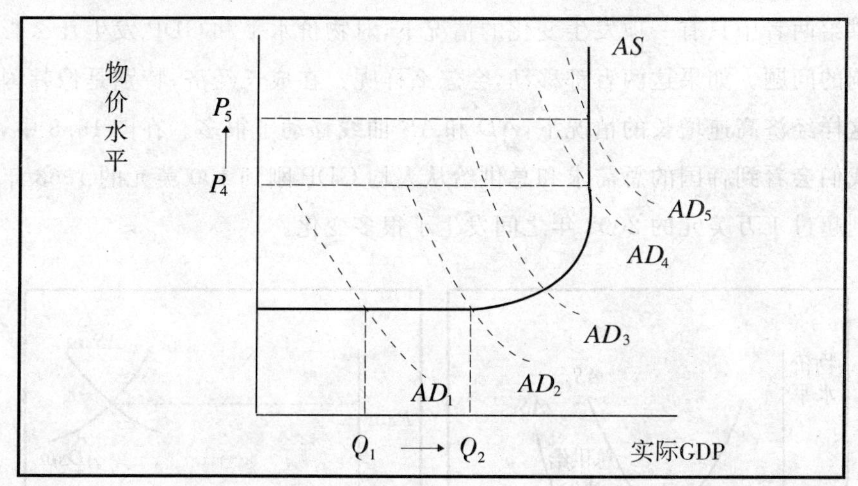

图 15.6　总需求变化的影响

其次，20 世纪 90 年代初，韩国在短期内急速推动 200 万户建设计划失业率下降到 2%，建筑业人力和其他领域人力都严重不足时，*AS* 曲线同图 15.6 中的垂直部分差不多。在 *AS* 曲线垂直时，由于 GDP 已经达到了潜在 GDP 水平，因此 *AD* 的增加只提高物价水平。

再次，*AS* 曲线如图 15.6 中的 *AS* 曲线之中间部分那样向上倾斜时，总需求的增加促使物价和 GDP 一起增加。

总供给的变化。我们来看一下如下情况，即在总需求不变情况下只有总供给减少的情况。亚洲金融风暴后，韩国的汇率直线上升进口品（石油、粮食等）价格暴涨。结果，总供给曲线如图 15.7 那样，从 AS_1 减少到 AS_2。这样，物价是从 P_1 上升到 P_2（通货膨胀），GDP 则从 Q_1 减少到 Q_2（经济不景气）。这意味着发生了停滞和通货膨胀同时发生的滞胀。我们在亚洲金融危机时曾体验过它。但在美国，由于新经济而出现了与此相反的现象。即，AS 曲线从 AS_2 增加到 AS_1，从而出现了经济景气而物价下跌的现象。

停　　滞：总生产从 Q_1 减少到 Q_2
通货膨胀：物价水平从 P_1 上升到 P_2
→ 滞胀

成长经济和总需求及总供给。到现在为止我们考察了在总需求和总供给两者中只有一项发生变化的情况下，对物价水平和 GDP 发生什么影响的问题。如果这两者都移动，会怎么样呢？在成长经济，特别是像韩国这样经济高速增长的情况下，AD 和 AS 曲线移动了很多。在图 15.8 中，我们会看到韩国的总需求和总供给从人均 GDP 刚到 100 美元的 1963 年到超过 1 万美元的 2002 年之间发生了很多变化。

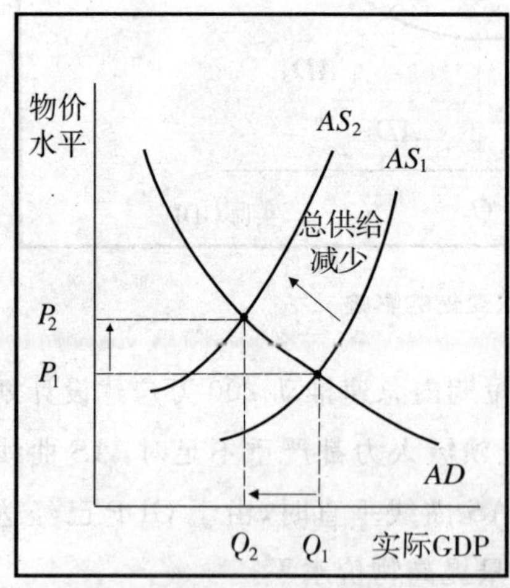

图 15.7　总供给减少的影响：滞胀

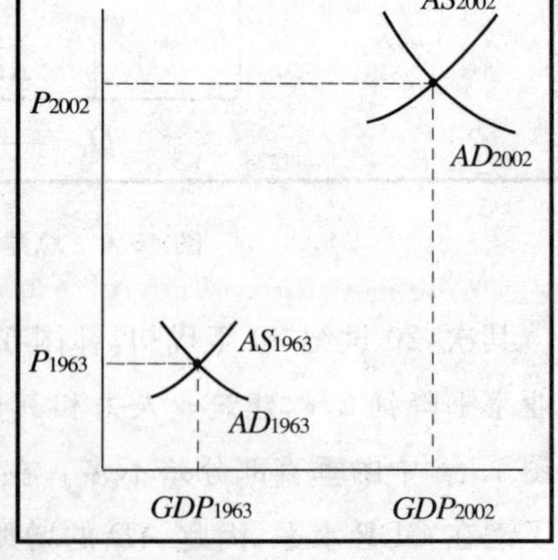

图 15.8　成长经济的总需求和总供给

六、短期和长期的总供给曲线

到目前为止，我们主要利用短期 *AS* 曲线考察了物价水平和 GDP 是如何决定的问题。从现在开始，我们再一次明确短期曲线的意义，并考察它同长期总供给曲线的区别。那么，短期和长期的区别是什么呢？

短期是指即使产品价格发生变化，但只要投入到产品生产上的投入物的价格（特别是工资）不发生变化，那么就与其期间无关。长期是反映投入物的价格，特别是工资的变化反映全部产品价格变化的期间。长期是一切投入物价格发生变化的期间。

那么，即使产品价格上涨也不能反映这一点而原封不动地固定的原因是什么呢？有两点。一是工资通常是在年初通过劳动者和使用者的协商并考虑到当年物价上涨率定下来，而其后也可能比原来的物价上涨得更高。在这种情况下，企业可以通过增加供给量增加利润。二是劳动者的无知。就是说，不知道由于通货膨胀自己的工资下降了，因此没有把这一点反映到工资协议上。

短期 AS 曲线。短期 AS 曲线，第一，是以一定的物价水平为前提；第二，以这种物价上涨率在今后也将继续上涨为假定。

在图 15.9 中，短期 AS 曲线同潜在 GDP 一同表示。假定国家经济处在 *b* 点，由于这时的工资是固定的，而且产品价格的上涨意味着利润的增加，因此企业把供给量从 *b* 点增加到 *c* 点。相反，如果产品价格下跌就受损，因此企业把产品的供给量从 *b* 点减少到 *a* 点。因此，短期 *AS* 曲线如图 15.9 的 *AS* 曲线一样。从短期上看，供给量可以越过潜在 GDP 水平。因为，企业可以通过加班加点，并充分利用退休者或主妇们的劳动把总供给量增加到潜在 GDP 水平以上。

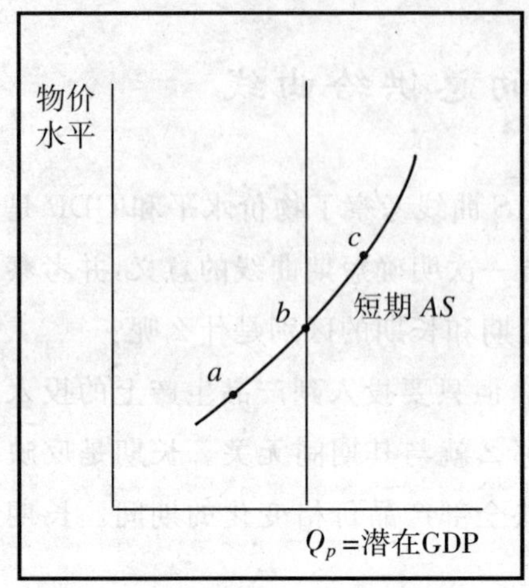

图 15.9 短期总供给曲线

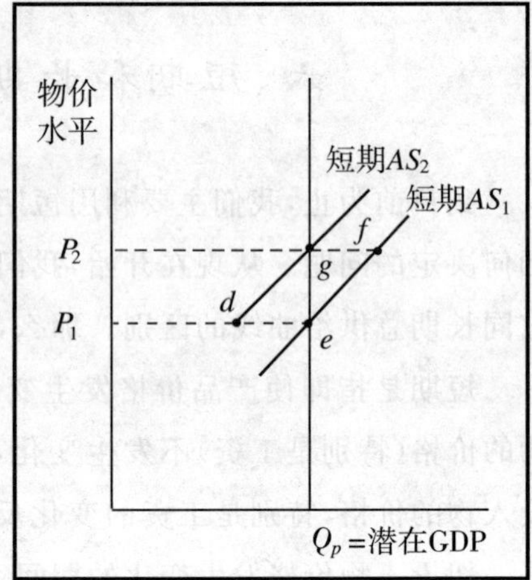

图 15.10 长期总供给曲线

长期 AS 曲线。如果工资等投入物的价格发生变化，那么与期间无关的是长期总供给曲线。在长期总供给曲线上，工资等投入的价格反映物价上涨的一切因素。在图 15.10 中，假定经济在 e 状态，即物价水平是 p_1，而 GDP 在 Q_p。如果这时物价水平上涨到 P_2，那会怎么样呢？经济沿着 AS 曲线从 e 向 f 移动。就是说，由于物价上涨到 P_2 的程度，因此 GDP 就成为越过潜在 GDP 水平的状态。不过，由于劳动者懂得物价上涨实际工资减少的道理，因此要求提高工资。如果工资反映物价上涨，那么 AS_1 曲线向 AS_2 移动。如同我们已经在图 15.7 中看到的一样。这样，经济从 f 点向 g 点移动。

可以把物价下跌的情况解释为相反状况。假定经济在 g 点，即物价是 P_2，GDP 在 Q_p 点。这时的工资是在不变的状态下，由于从 P_2 到 P_1 的物价下跌意味着工资下跌，因此 AS_2 曲线向 AS_1 移动。这样，企业就把生产量减少到 d 点上。因此，经济状态是从 d 点向 e 点移动。而经济就重新恢复到 GDP 水平上。因此，从图 15.10 中联接 e 点和 g 点的线就成为垂直线，这就是长期 AS 曲线。

七、国家经济有自我治理的能力吗？

正如在谈到有关需求因素变化时所说的那样，在关于国家经济是如何运作的问题上大体上有两种不同的观点。一种是古典学派经济学家们(大卫·李嘉图、萨伊等)的观点，认为经济在出毛病时可以发挥自然治理或自我克服的能力。他们主张，国家经济可以自由放任。另一种观点是凯恩斯的观点，认为由于国家经济没有自然治理的能力，因此如果加以放任，那么在缺乏需求而潜在GNP远远不够的状态下就有可能在很长时间内不能摆脱这种状态。这样，就会产生很多失业者。

古典学派的经济学家们相信，不管财货和服务生产多少，为购买这些所必需的收入也同时能够生产出来。因此，萨伊主张，"供给生产出自己的需求"，并把它称为"萨伊定律"。古典学派经济学家相信，即使收入中的一部分以储蓄的形态溜出去，同样的投资还会流入经济领域。这样供给量和需求量就会一致，因此不会产生什么问题。因为，如果从经济领域中流出的储蓄多于流进的投资，利率就会下跌。这样，储蓄就会减少投资就会增加，从而重新恢复一致。还有，他们认为失业是因为工资太高。失业者会接受低工资，因此失业者也自然会减少。

那么，持有这种观点的古典学派学者们有关政府经济政策的观点又是什么呢？一句话，就是自由放任。就是说，如果政府不干预国家经济使之自由放任，那么GDP就接近潜在GDP，而且就业也将达到完全就业的程度。他们认为，国内总生产不是由总需求管理政策，而是由生产要素的可用量及其生产性决定。

但1929年经济大危机一爆发，美国的GDP就减少近一半，失业者增加到全体劳动者的1/4。认为国家经济可以自然地治理或可以自我克服其困难的古典学派经济学家们的观点，被判定是错误的。凯恩斯主张，为了治理陷进恐慌的国家经济，政府需要进行积极的政策干预。他认为，如果从长期看，国家经济正如古典学派经济学家所主张的那样会恢复到潜在GNP水平上，但那时谁都会死掉。还有，国家经济发挥自我克服能力并恢复到潜在GNP水平上，在长时期内要付出的代价太高。

经济学派	国家经济的自然治理能力	对经济的政府干预	能否达到完全就业
古典学派经济学者	有	自由放任	可以自己达到
凯恩斯经济学派	无	积极干预	不可能自己达到

事实上，很多学者对宏观经济学的主张，本质上是与总需求和总供给曲线的形状及移动有关的。把这些观点分为强调需求的理论、强调供给的理论、两者折衷等三种。

- **强调需求的理论。**强调需求的理论最具代表性为：①凯恩斯理论。凯恩斯认为，总需求不足任何时候都可以发生，这意味着经济不景气。总需求不足可起因消费支出、投资支出、政府支出、纯支出等任何一方，而支撑景气的途径就是支撑总需求。作为支撑总需求的方法，凯恩斯极力主张大幅增加政府支出。凯恩斯强调财政政策的重要性，并主张政府的积极干预，从而造成了市场经济成为混合经济（＝市场经济＋政府控制）的契机。强调总需求理论的另一个重要理论是，②货币主义的理论。他们在总需求管理上强调通货的重要性，他们认为，根据通货量，总需求会过多或过少。通过通货量的变化把总需求曲线移动到所希望的位置上，可以把物价水平和GNP变化到所希望的水平上。也有人极端地主张，宏观经济的成败取决于如何管理通货量。
- **强调供给的理论。**重视供给的人主张，供给因素上的错误使得经济脱离完全就业的水平。他们强调，由于物流成本上涨、土地价格上涨、政府规制的增加等原因，如果企业投资不积极，那么总供给就会减少。
- **折衷理论。**他们并不偏向需求因素或供给因素。就是说，他们主张，GNP和物价是这两个因素相互作用决定的。

不过，如果把总供给曲线划分为短期和长期，那么很多学者的主张就更加清楚。主张从长期上看 AS 曲线为垂直的学者，否定在 GNP 上总需求的作用，认为 AS 曲线是水平的学者则重视总需求的作用。但认为从短期看 AS 曲线向右上方倾斜型的人，则同样重视总需求和总供给的作用。

第十六章　经济增长与经济结构的变化

“如果经济不能得到增长，那么探索宇宙的奥秘又有什么用呢？”

“在邪恶中最不好的和在犯罪中最坏的，就是贫困。贫困的人们在购买东西时，只能一点一点的购买，因此不能实现规模经济。”

适当的增长率。韩国经济的适当增长率是多少呢？

- 趋势增长率为7.7%。正像世界银行所计算的那样，是在假定遇上亚洲金融风暴以前的韩国经济增长率(1985～1995)今后将持续时的增长率。
- 必要增长率为7%以上。如果要给现在的失业者和每年的毕业生提供无数的就业机会，今后一定时期的增长率看来应达到7%以上。
- 增长的潜力是7%＋α%。韩国经济在经济危机后曾一度为负增长。如果恢复发展潜力后，在今后几年可能有较大程度的增长。

不过，像半导体产业，即使增长很大也对整个经济的物价或就业不产生大的影响的情况下，也可以大大提高国家经济的增长率。经济增长率会根据其增长是由于包括烟筒产业和知识产业等整个产业的均衡增长的结果呢，还是像半导体、造船等少数产业集中发展的结果，而会产生很大差别。因此，在全球化知识经济时代，韩国经济的增长率可以不用考虑通货膨胀而提高到相当大的程度。

一、经济增长和经济增长率的含义

经济增长的含义。经济增长是用GNP计算的。我们已经在第14章中考察过GNP。这里，再一次考察一下其要点。去年的GNP是根据去年的物价，而今年的GNP是根据今年的物价计算的。根据当年的GNP计算的GNP称为经常GNP(=货币GNP=名义GNP)，这里包括物价上涨部分和实物增加部分。因此一看其增长趋势，就表现得非常快(见图16.1)。只有实物增长部分才是有意义的经济增长，因此物价上涨部分应该从经常GNP中减去。从经常GNP中减去物价上涨部分就是实际GNP，而经济增长是以实际GNP为标准计算的。

不过，在实际GNP增长时人口也一起增长，因此应考虑到这一点。用实际GNP除人口数，所得的商就是国民人均GNP，这并不增长得像实际GNP那么多(见图16.1)。

因此，经济增长首先是从经济整体层次上和国民人均层次上计算。人均GNP是每一个国民的平均GNP。

(1)国家整体上的经济增长:GNP

韩国整体经济增长率是根据世界银行在其《韩国——向知识化经济的转型》中的记述，从1966到1996年的30年间，以美元(固定价格)为标准，以平均每年6.8%的速度增长的。还有，根据金光锡和洪锡德的《韩国的高速增长因素分析》(1977)，以韩元(固定价格)为标准，韩国的年平均增长率为7.9%(1963～1995)。

(2)国民人均经济增长:人均GNP

根据世界银行《世界发展报告》(2000/2001)，韩国和美、日、中等国家的经济增长率以人均GNP为标准(1985～1995)计算如下：

韩国	10.1%	世界平均	1.3%
美国	3.1%	发达国家平均	2.1%
日本	0.8%	中等发达国家平均	1.5%
中国	6.3%	最不发达国家	2.5%

不过，即使实际GNP增加了，如果人口的增长比这更快，那么国民的平均GNP，即人均GNP反而会下降。非洲有一个国家因干旱GNP下降了，但由于严重的疾病人口下降更多，因此这个国家的人均GNP有一次反而增长了。在经济原地踏步时，如果人口减少了，那么人均GNP就会增长。但这种经济增长并不是值得的。值得的是，GNP或人均GNP一起增长的情况。

(3)经济增长＝伴随生产(设施)能力扩张的实际GNP增长

韩国经济在1997年曾生产423兆韩元的GNP，遇上亚洲金融风暴的第二年只生产395兆韩元。在这种状态下，如果下一年的GNP增长为423兆韩元，那么能不能说经济增长了7%(＝(423－395)÷395)呢？7%并不是经济整体根据生产设施能力的扩张产生的增长。这是根据生产设施运行率的增加产生的，是经济恢复性质的增长。因经济恢复带来的GNP的增长不是真正意义上的经济增长，伴随生产能力扩大的GNP的增长才是真正意义上的经济增长。如图16.2，把经济增长用生产可能性曲线的移动说明，讲的就是这个。

以经济增长研究而获得诺贝尔经济学奖的西蒙·库兹涅茨，曾把经济增长非常广义地界定如下：

(4)经济增长＝国家生产能力的长期扩大＋不断的技术进步＋与之相适应的国民意识结构和经济制度的改善。

以几何级数增长的含义

假如我们的工资、财产等以每年7%的比例增长，那么几年后增长为两倍呢？还有，如果以10%增长呢？这种计算有一个简单的公式。70除增长率(7%)，其商为两倍所需要的年份。就是说，如果以每年7%的速度增长，那么增加为两倍所需要的时间是10年。如果以5%增长，那么就需要14年。那么，如果每10年增加两倍的财产，那么每年应增加的百分数是多少呢？同样，如果70除以10，那么其商就是7，因此每年要增加7%。

70÷增长率＝为增长为原来两倍的年数

70÷年 数＝为增长为原来两倍的增长率

如果要用7年时间增长为原来的两倍，那么应该每年增长百分之几呢？答案是10%。韩国经济以人均GNP为标准，从1963年到最近为止每年增长7%。如果每年增长7%，那么每10年收入就增长为两倍。还有，每20年增长4倍，每30年增长8倍。韩国人均GNP1963年只有100美元，现在已为10 000美元。这是一个经济奇迹。在用比一代稍微多一点的时期内解决绝对贫困问题的国家和地区，只有韩国、台湾、新加坡等。

再来看一下增长率的另一面。假如有台湾(地区)那么大的莲花池，并有一种每天增长两倍的莲花。如果莲花池的一半长满莲花需要364天，那么长满另一半莲花池的时间是多少呢？仅需一天。一到第365天，莲花池将全部长满莲花。那么，第二天会发生什么情况呢？如果再长出来的花要正常生长，这么大的莲花池还要有一个。其后的第二天又怎么样呢？所需要的莲花池以1、2、4、8…的几何数增加。

上述例子中的经济增长是几何数增长。但莲花池的数量不能这么增加。怎么办呢？或者花长为畸形，或者环境将被严重污染。这是一个警告人们由经济增长所带来的严重环境污染的例子。

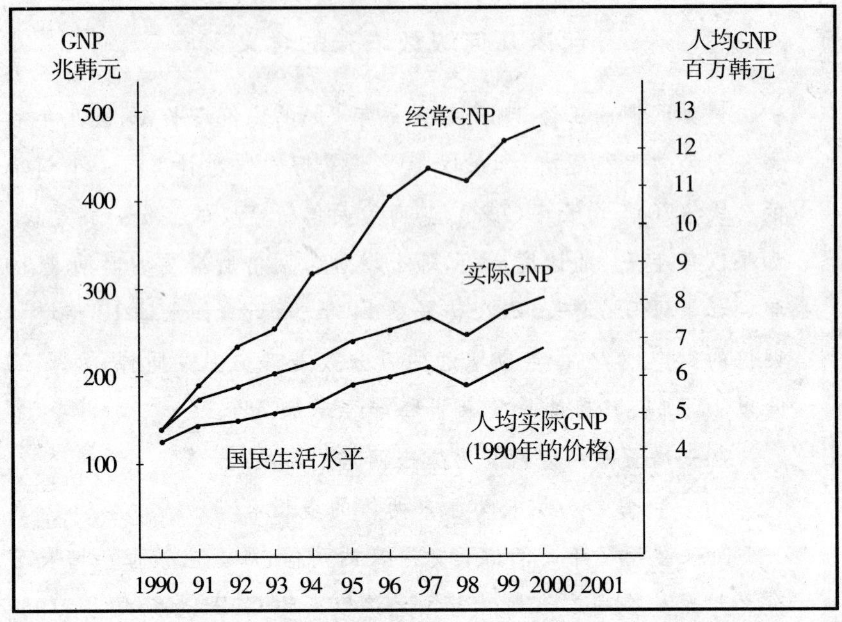

图 16.1 韩国经常 GNP、实际 GNP、人均实际 GNP 增长趋势

资料来源:统计厅,《韩国主要经济指标》,2000.9。

上述的四种定义中,一般使用最多的是前两种。

二、韩国走向高速增长道路的原因,必须走这条路的原因

韩国在 20 世纪 60 年代初开始实施第一个经济发展五年计划(1962~1966),并走上了高速增长道路。原因是什么呢?

(1)国家安全保障。首先朝鲜半岛正如托夫勒也在他的《韩国与第三次浪潮》中指出的那样,是在共产主义和资本主义严重对峙的世界中最危险的地方。因此,韩国虽然贫困,但从经济发展初期开始不得不维持 60 万军队。国防经费不仅在贫穷落后的条件下成为严重负担,而且每年还增长很快。解决这种重要国家安全问题的最好出路,只有经济增长。为此,政府几乎强迫企业成长。蒂博尔·西托夫斯基在《韩国和台湾的经济

发展》中指出，韩国的经济发展是被强迫的成长。就是说，政府强迫企业成长。这一论文被评价为最好地评价了韩国和台湾初期经济发展的文章。

国家安全问题现在当然也是一个很重要的问题。在现代战争中，尖端武器决定战争的成败，为了保障拥有尖端武器，经济力量是绝对重要的。世界上，必须在美、日、中、俄等四大强国中生存下去的国家只有韩国。就是说，韩国处在如下的地缘政治位置上：即只有在继续强化其经济力量，并把生活水平提高到比周边国家更好的条件下，才能比较安全地生活下去。

哈佛大学教授爱德华·梅森指出，朝鲜之所以成为日本的殖民地及解放以后被分割成两个国家，是因为韩国人的收入水平比中国和日本低的缘故。在人均收入上，现在虽然比日本低，但比中国高。

(2)解决紧迫的失业问题。当时，每年有 20 万退役军人需要就业。只要五年不能实现经济增长，那么仅失业退役军人就要超过 100 万。还由于每年毕业的年轻人也需要就业机会，因此高速增长是不可回避的事。韩国现在每年出生 60 万婴儿，就是为了他们的就业，也要发展经济。如果不发展经济，整个国家就成为失业者的天堂。在失业率超过 20%的东欧圈国家中，到处都是犯罪行为。西班牙的失业率也超过 20%，因此各种犯罪成为一个很大的问题。

(3)摘掉贫穷的帽子。韩国到 1963 年为止，是个人均收入只有 100 美元的极贫国家。那时候的国民，有很多没能过麦口期饿死的人。当时的总理金钟弼曾说，韩国与其说是国家，倒不如说是穷要饭的。因没有经济发展收入水平低，收入水平低就难以储蓄，因不能储蓄就不能进行投资。没有投资经济就不能增长，没有经济增长收入水平就低，收入水平低就不能储蓄。这称为贫困的恶性循环。国家整体摆脱贫困的途径，只有经济增长一条路。

(4)经济体制的稳定。到 20 世纪 60 年代初为止，在人均收入、汽车生产、钢铁生产等方面，韩国远远落后于朝鲜，甚至连国家经济体制都很不稳定。为了赶上朝鲜并稳定体制，必须促进增长。当时的很多大学生和知识分子都说，资本主义并不适合韩国。还有不少人认为，韩国的出路只有共产主义。

(5)克服失败意识。经济增长初期，由于长时期的残酷殖民统治和惨烈的朝鲜战争，国民既对国家的未来感到悲观又不信任国家领导人，而且互相之间也不信任，陷入了“韩国人不行”的失败意识中。在长达36年的日本殖民统治时期，日本给韩国人注入了劣等意识，使韩国人接受命运般的殖民统治。在为此目的而采取的种种措施中，就有故意流行的“朝鲜人实在没有法子”的话。为了给这些人注入希望，也需要高度的经济发展。当时的经济发展，就是在这种非常紧迫的状况下不能不选择的惟一出路。

上述几点是在经济发展初期不能不进行高度增长的理由。但即使不是这些理由，还有几个我们今后也必须继续进行经济增长的理由。我们来看一下这些理由。

(1)增长是人的本能。要活到老，活得更好，是人的本能。亚当·斯密在《国富论》中说，这是终身难以摆脱的人的本能。经济增长能使国民活得更好更长。韩国人的平均寿命从1940年的44.7岁增加到1999年的73.5岁。经济增长还能提高国民的素质。1949年时，韩国人的文盲率占整个国民的80%，现在几乎为零。韩国的GNP已经超过500兆韩元，如果再增长1%，那么国民每年就能享受5兆韩元(等于价值1亿韩元的高楼5万套)的利益。

经济增长还能提高国民的自由。因经济增长而能够增加的自由有：能够消费更多更好的货物和服务的自由、能够旅行更多地方的自由、能够选择更多职业的自由、能够生产更多产品的自由等。经济增长还大大促进民主化。

(2)提高人价、钱价、自信心。因亚洲金融危机汇率一再暴涨，到韩国通常住一般旅店的日本人住进了最高级饭店，而到日本原来住高级宾馆的韩国人则住到一般旅店。这是韩国某公司驻东京分公司员工的一句话。亚洲金融危机爆发以前，外国人到韩国来以低息借钱，但一爆发金融危机，即使很高的利息也不再借钱，反而每天都催着还债。经济增长提高人的价值。如果经济不景气，失业者增多收入减少，因此人的价格、钱的价格、土地价格等都下降。增强国力(经济力量和国防力量)和提高国家地位的途径,只有经济增长。

日本通过"收入倍增计划"等,到20世纪70年代超过了全部西欧先进国家,现在已成为仅次于美国的世界第二经济大国。即使1964年东京奥运会后,世界一流学者都没把日本当回事。只把日本当成艺妓的国家而已。因此,当然没有进行关于日本经济的研究。但现在如果有人不懂日本经济,别人简直不把他当作学者。瑞士的人均收入水平为世界第一,新加坡、香港等不发达国家比过去的宗主国英国过得还好,都因为经济增长的缘故。

都说今后的世界经济中心将是东亚,其主要理由也是很高的经济增长率。最近,俄罗斯和中国等大国也对韩国提出了援助要求。韩国比朝鲜更受重视,也是因为经济增长。韩国人在国外能够受到像样的接待,也是因为经济增长。特别是汽车出口,更促进了这种结果。汉城大学的一位教授说,韩国汽车第一次向美国出口那天,在美国留学的韩国留学生聚集在一起痛哭了一场。到20世纪70年代初为止,如果韩国的某个社长到欧洲发达国家,当地的社长连面都不见,能见到副社长或理事就很幸运了。但现在,不用说社长副社长,连政府的内阁成员也热烈欢迎韩国的大公司社长。过去外债很多的时候,听说如果韩国的某一位内阁成员到当地,当地的银行高级官员们都回避他。

(3)成长使经济社会健全并走向稳定。只有有恒产的时候,才能有恒心;而且只有丰衣足食的时候,才能懂得礼节。俗话说,米仓出人心。在丰衣足食的时候比生活困难的时候,民心更为厚道,而且国民的凝聚力更强。在经济不景气的时候,政府和企业都互相抱怨,但在经济增长得很好时互相引以为豪。

如果经济得到增长,那么其他的也都一同得到成长。企业的数量随之多了起来,规模也壮大了。不仅就业机会多,职业的种类也多了起来。而且,国民的收入和财产也多了起来。青少年的身高和能力也得到提高。人们的印象也好了。还有,汽车的数量、电话的数量、信用卡的数量等也多了。国民能够旅行的地方和交通手段也多了起来。国内外的市场规模也大了。不仅如此，经济增长还使人们更为高尚和人性化。只有在经济持续增长时，才能实现真正的稳定。

> “妈妈直到年三十晚上还卖糖稀，并为我们五个兄弟姐妹买了一斗大麦和一升大米，她那么高兴。但是，那天晚上这些东西都被人盗走了，过年没有可吃的东西。遇到这种情形，妈妈发愣地坐在地板上悲哀地痛哭的样子，我至今还历历在目。”
>
> ——一位家庭主妇

经济不能得到增长的国家，是丧失创造国民财富能力的国家。在这种国家里，“低头的男人”多而且失去活力。国民失去信心，社会就不稳定并陷入停顿状态。在美国，经济增长不好时社会也不稳定，而且总统也换下来。没有一个人会支持使自己丢掉职业的政治家。最近日本经济增长也不太好，这样一来就有很多人批评说国家失去了方向。由此可见，经济增长是健全社会的必要条件。

在增长不太好经济萎缩的情况下，如果发生通货膨胀就称为滞胀，人们通常把它说成是“经济癌症”。如果这一疾病严重了，就爆发革命并更换政权。共产主义的创始人马克思也说，持续的经济增长和扩张对资本主义是绝对必要的。不久前，韩国经济增长率下降到7%以下时，负责经济的长官被更换了。

(4)增长使经济问题解决更容易。只有国家经济增长得更好，政府才能增加税收等收入。只有在政府收入多的情况下，才容易解决经济社会所面临的各种问题。在治理各种社会问题上，再没有比良好的经济增长更好的了。像朝鲜战争结束之后和朝鲜王朝时期那样，在国家经济没有成长好的时候，即使个人或企业再怎么努力也不能解决好自己的经济问题。只有在国家经济增长好的时候，个人或企业的经济增长才会顺利，做生意也更加容易。

只靠朝鲜半岛上生产出来的东西，不可能满足整个国民的生活需要。为了赚取生产活动所必需的能源及矿物资源的进口所必需的外汇，也必须实现经济增长。

(5)经济增长提高分配公平性。如果经济得不到增长，失业者就会增加分配就趋于恶化。再没有比失业者的增加更加恶化分配的了。不管是总统或平民百姓、生活好的人或生活不太好的人，在衣服、饮食、家电产品等消费上的平均化就是因为经济增长。现在只要有一定的职业，任何人都可以穿好的衣服、吃好的食物。经济增长能够把改善分配的事情做得更加容易。比起小块饼的分配，大块饼的分配就容易多了。

(6)为全球化时代的生存所必要。在没有国境的无限竞争时代，不能得到成长的企业只能在同世界级的国外企业的竞争中败下阵来。在政府逐渐消除保护政策的全球化时代，如果倒下一次就很难再爬起来。政府也很难把倒下去的企业或经济扶起来。这样，韩国的市场就转到其他国家企业的手中。

经济增长和发展。经济增长通常意味着国民收入水平的上升，但经济发展具有比经济增长更多的含义。马科尔·托达罗在《经济发展论》(第5版)中指出，经济发展上有如下三个重要方面：

- 国民生活水平的提高
- 自信心的提高
- 自由的增加

就是说，经济增长应在国民生活水平、自信心、自由都能得到提高的方向上得到实现。世界银行在《世界发展报告》(1991)中指出，发展是人类所面临的最重要的挑战。韩国的外债到1985年为止急剧增加。当时很多知识分子说，经济增长是国际收支及很多经济问题的根本原因。但现在就没有人这么说。国民很好地理解经济增长的重要性，这本身就是经济增长的重要成果。经济增长提高国民对于经济或经济学的认识。

三、经济增长的因素

在经济增长上有很多因素起作用，把这些因素分为以下三个方面：**经济增长的三大要素**。促使韩国经济得到增长的因素都有哪些呢？

- 供给方面的因素：①劳动的量和质；②自然资源的量和质；③资本（生产资本及社会间接资本）的量和质；④企业家才能；⑤技术
- 需求方面的因素：民间消费；政府消费；投资；净出口（＝出口－进口）
- 效率方面的因素：管理；产业及企业；国际化；自由经济体制等

这里所说的效率方面的因素，是指同供给方面和需求方面的因素结合在一起，并能够有效地实现经济增长所必需的一切因素。因为，即使具备了供给和需求方面的因素，经济增长也不会自然而然实现。俄罗斯连续几年负增长或非洲几个国家的经济继续下降的原因，并不在缺乏需求或供给因素，而是缺乏效率因素。

我们的全球竞争力模式（第 10 章），在经济增长上除了供给因素和需求因素以外，还指出了八个方面的因素。这八个方面的因素有：管理、政府、企业和产业、国际化、自由经济体制、人力资本、政治稳定及偶发性因素。这些就相当于这里所说的“效率方面的因素”。

这里，我们通过生产可能性曲线来考察这个问题。在图 16.2 中，通过 P 点的生产可能性曲线，表示 2000 年韩国动员所有资源和技术能够最大限度地生产的消费财货和投资财货的结合量。还有，如果以 P 点表现的消费财货和投资财货的结合量是韩国社会所希望的，那么这就满足了达到效率的条件。假定，2005 年韩国使用资源和技术并能最大限度地生产出的消费财货和投资财货的各种结合量，是经过 Q 点的生产可能性曲线，国民所希望的消费财货和投资财货的结合量以 Q 点表示。那么，

韩国经济从 P 点达到 2005 年的 Q 点，需要发挥哪些因素的作用呢？

第一，上述供给方面的因素能够增加到以下程度，即可以生产出以 Q 点表示的消费财货和投资财货的程度。

第二，总需求也要相应增加。如果总需求增加的不充分，那么生产量不是到 Q 点，而是有可能增加到 U 点。U 点是失业者多，而且经济也不景气的状态。

第三，与此同时，还要满足上述达到效率的各种条件。

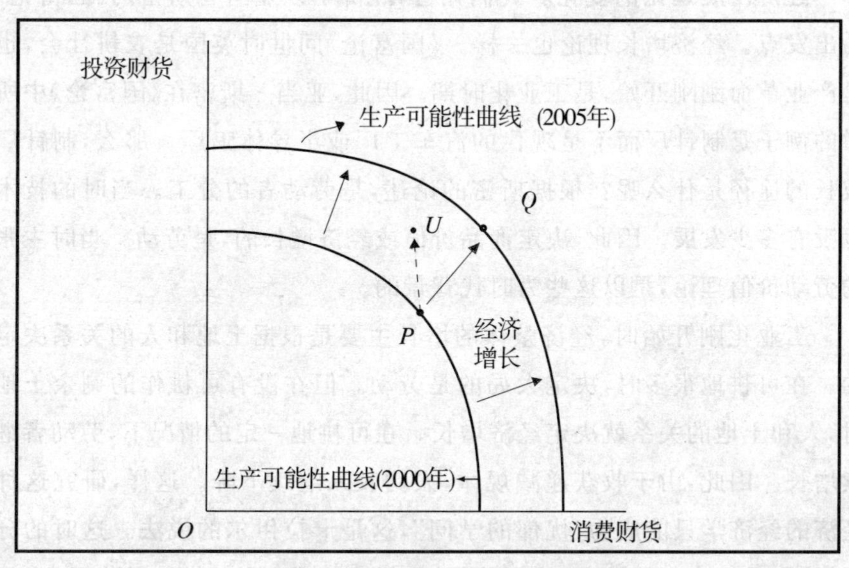

图 16.2　经济增长和生产可能性曲线

不过，正如把韩国的经济增长称为出口主导型增长那样，在经济增长过程中起作用的不仅有供给方面的因素，还有需求方面的因素，特别是出口起到了重要作用。在韩国，很多企业为了增加出口扩大了供给能力。实际上，现在很多韩国制造业企业，生产能力不是以国内需求为重点，而是以国外需求为重点增加。在主要企业的总生产中，出口所占比重(1999 年)如下：

企业	比重	企业	比重
三星电子	66.1%	现代汽车	56.8%
LG电子	74.4%	现代重工	77.8%

这些企业的成长,与国内需求相比,更依赖于海外需求。

四、提高生产性——经济增长的核心

经济发展理论的变化。我们知道,经济学以亚当·斯密的《国富论》为出发点。经济增长理论也一样。《国富论》问世时英国是农耕社会,也是产业革命刚刚开始,是工业化时期。因此,亚当·斯密在《国富论》中所举的例子是制针厂而不是现代的汽车工厂或半导体工厂。那么,制针厂成长的途径是什么呢?根据斯密的论述,是劳动者的分工。当时的技术也没有多少发展。因此,决定商品价值或经济增长的,是劳动。当时主张的劳动价值理论,是以这些为时代背景的。

工业化刚开始时,经济整体的增长主要是根据土地和人的关系决定的。在可耕地很多时,决定大局的是劳动。但在没有可耕作的剩余土地时,人和土地的关系就决定经济增长。在可耕地一定的情况下,劳动者继续增长。因此,由于收获递减规律,人均收入继续下降。这样,研究这种经济的经济学只能成为“忧郁的学问”,这是卡拉伊尔的说法。这时的分配问题,是拥有土地的人(地主阶级)和没有土地的人(劳动者阶级)之间的分配问题。

但随着工业化的进展,生产要素中的资本比土地的重要性更大了。还有,经济学从欧洲越过土地富饶的美国,并在工业化迅速发展的时候发展起来。在美国,土地并不太重要。因此,与劳动者的数量几乎一定或稍微增长的情况相比,资本的重要性剧增。这样,收获递减规律就发生在资本上。这里成为问题的,是资本收益率继续下降。资本家认为,因此而产生的损失部分只好从劳动者的工资中进行剥削并得到补偿。马克思的《资本论》所阐述的核心内容之一,就是这一点。因此,分配问题成为资本家和劳动者之间的分配问题。

但到20世纪70年代,一出现石油及资源价格的暴涨问题,不少人提出了自然资源是经济增长的最重要因素的主张。最近有些人还提出了以下观点,即由于环境污染,进一步的经济增长是不可能的。现在已经到了必须在维持生态系统或自然环境的条件下实现经济增长的阶段,即已经产生出可持续发展理论的地步。

综上所述,经济发展理论在生产要素中,一开始最重视劳动。后来,更重视土地和劳动或劳动和资本的关系。但正确的发展理论并不是在生产要素中偏重哪一个要素,而是能够说明这些要素的相对重要性如何的问题。

在经济增长中,经济学家传统上重视供给方面的因素。因为,经济增长最重视生产能力的扩大,而这取决于供给方面的因素。因此,偏重供给因素的经济增长,认为取决于作为供给方面因素的①生产要素的量的增加和②生产要素的生产性增加这两个方面的因素。但在生产要素中最重要的还是人,以人为中心的经济增长取决于①劳动量的增加和②劳动生产性的增加。所谓劳动生产性的提高,是指每单位劳动的产品生产量的增加,或使用在一定量产品上的劳动量的减少。

由此可见,国民生产总值是劳动总量乘单位生产性,而劳动总量是劳动者的数量乘劳动时间。

国内总生产＝劳动总量×劳动每单位的生产性

劳动总量＝劳动者数量×劳动时间

国内生产总值的增长率＝劳动增长率＋劳动生产性的增长率

那么,劳动生产性取决于什么呢?取决于技术水平、人均物资资本的量、人力资本(教育、训练、经历等)等。这三个决定因素是从企业或产业的层次上来看的。另一方面,经济层次上的劳动生产性也可以在以下的情况下得到提高,即把劳动者从生产性低的农业重新分配到生产性高的工业。

由此可见,如果把资源从生产性低的部门重新分配到生产性高的部门,其生产性也可以得到提高。如果消除阻碍国际贸易的因素,也可以提高生产性。还有,把原来从事内需产业的劳动者安排到出口产业上去,其劳动生产性也可以提高。由于经济增长企业或产业的规模增大,也由于专业化、分工及规模经济的实现而提高生产性。如果政府更好地制定为企业生产活动服务的法律制度或废除各种妨碍生产活动的规制,也可以提高企业的生产性。因此,从经济整体的角度看,规模经济、资源的再分配、人的或制度环境的改善等,都可以提高生产性。

正如在表16.1中所示,劳动生产性取决于六个因素。有人揭示出了这些要素各自对生产性贡献多少的可计量的方法,这就是爱德华·丹尼森的源泉成长方法或根源成长方法。

爱德华·丹尼森是一生专门研究各生产要素对经济增长贡献问题的学者。使用他的成长源泉研究法,以劳动为中心比较考察成长源泉的结果表现在表16.1中,从表中,我们可以知道以下事实:

· 韩国和美国的经济增长,生产性的增长比劳动量的增长起了更大的作用。

· 对劳动生产性的提高起到最重要作用的,是技术进步。但在其相对重要性上,美国比韩国大得多。

表16.1 韩国和美国生产性增加的源泉

	韩国	美国
1. 劳动量的增加	35%	32%
2. 劳动生产性的提高	65%	68%
①技术进步	19	28
②资本量	17	19
③人力资本的形成	6	14
④资源分配的改善	5	8
⑤规模经济	18	9
⑥人及制度环境等	−0.2	−9
合 计	100%	100%

资料来源:美国在1929～1982年期间,爱德华·丹尼森,《成长的源泉》及麦克尔和布鲁,《经济学》(第13版)上的资料。韩国在1963～1995年期间,金光锡和洪成德,"韩国高速增长因素分析",1997,8(英文)资料。这一期间的年平均增长率,美国是2.9%,韩国是7.9%。

· 在劳动生产性上居第二位重要性的因素，美国是资本量的增长，韩国是资本量增加和规模经济两种。在韩国，这两者都起到了重要作用。

· 其次重要的因素是人力资本，它对美国的作用比韩国大得多。

现在我们更仔细地依次考察劳动生产性的决定因素。

技术进步。技术进步是“经济增长的发动机”。技术进步大大提高了劳动生产性，这方面的例子很多。机器人、推土机、复印机、传真机、电子邮件、手机等都大大提高了劳动生产性。技术进步不仅包括制造技术，还包括管理经验和企业组织上的进步。如西方国家组织自从组建公司之后，把劳动生产性提高到东方国家无法比拟的程度。日本组织开发了自己的综合商社，大大提高了劳动生产性。技术进步通过投资连接到生产性上。如企业购买最新电脑是投资，通过这种投资可以充分利用最新技术。如果要引进最新制造技术，必须重新购买机械设备。韩国在相当长的时期内投资到 GNP 的成本占世界第一，这说明通过投资的很多技术进步。

物资资本的增加。物资资本量的增加，在生产性的增加上占有很大的比重。发达国家劳动者的生产性之所以高，是因为各种社会资本已经建设很多的缘故。在各种产品的生产上直接使用的，是在第 9 章中说明过的那样，称为直接生产资本，把那些虽然并不像直接生产资本（DPC：directly productive capital），以及像道路、港湾、设施等那样直接使用于生产活动，而是间接地使用于生产活动的叫做社会间接资本（SOC：social overhead capital）。因为这两者的关系相互补充，因此应同时加以扩大。韩国制造业部门的直接生产资本，在亚洲金融危机以前以每年 20％的速度递增。韩国的半导体、造船、钢铁、石化等产品之所以最近能够获得全球竞争力，是因为国际规模的工厂建设，即在物资资本设施上进行活跃投资的缘故。

人力资本（教育和训练等）的增加。据说，日本之所以能够超过英国，是因为管理人员和劳动者中的大学毕业生比例更高的缘故。日本产业的全球竞争力之所以高，因为工程师出身的人比例高；德国机械业的竞争力之所以高，是因为德国大学生最喜欢的专业是工程学。为了提高劳动者的生产性，所使用的机械设备更多更好固然重要，但应在对劳动者的教育和训练上进行更多的投资。在以色列和中东国家之间的战争中，特别是空战中以色列军人远远超过中东国家，据说是因为以色列军人很好地受到有关的教育和训练，并能更好地操纵具有尖端设备的飞机的缘故。

如果考察韩国人的学历，高中毕业生的比例1975～1995年期间从14%增加到38%，大学生的比例则从6%增加到20%。劳动者中大学毕业生比例和这个也差不多。

资源分配的改善。中国在文革期间，迫使那些受过一流工程训练的人下放，并使他们在农村养猪或种田。农业是生产性低的产业，而工业是生产性高的产业。如上所述，与中国的下放不同的是，把劳动者从生产性低的农业转向生产性高的工业、金融业、电脑业、游戏业等，经济增长会更高。卢森堡之所以生产性高，是因为国际金融产业；日本任天堂公司的人均销售额不久前之所以能够超过50亿元，是因为游戏机产业的高生产性。

规模经济。随着企业和市场规模的扩大，劳动生产性也随之增加。如饭店业，在投资几千亿韩元并建设世界规模的高级饭店后，劳动者的生产性上升到国际水平，其竞争力也随之提高了很多。汽车、造船、钢铁、化学、半导体等产业，如果其规模达不到世界水平，劳动者的生产性就不能提高到世界水平。市场规模也一样。在农村乡镇层次规模的市场上，不能存在软件业、金融业、游戏业、文化产业等。一般来说，越是小规模的城市，只存在那些食品店、加油站、五金店、饮食店等基本生活所需要的服务行业，这些大部分都是劳动生产性低的产业。但随着经济的成长，不仅企业的规模增大，而且生产性高的产业会得到更多的发展。

人及制度环境。日本公司的员工，工作做到甚至过劳而死。已经崩溃的共产国家人的根本问题，是回避干活。一次，笔者见到某个共产国家首都小巷中很多人聚集在一起，就问他们在干什么。导游回答说，共产国家必须给国民提供工作，因此有100名工人就可以的工厂被安排了1 000名员工，分配给1100名工人的工资也就分配给1 000名工人。这样，人们就既不能做工作，也不想做工作。原来给这个导游安排的工作远离这个地方10 000公里，她给人送礼在这里做导游工作。在这种人和制度的环境下，劳动生产性只能是低的。

学者关于韩国等东亚国家生产性的观点

麻省理工学院教授保罗·克鲁格曼曾说，东亚国家和地区(韩国、台湾、香港、新加坡、马来西亚、印度尼西亚)的经济增长，是起因于量的增长，因此谈不上什么经济奇迹。还有，由于生产要素的量的增长不可能持续，其经济增长将遇最后限度。他并没有直接进行过这一研究，而是引用了阿尔文·勇的研究。经济学家把因更有效地使用而增加生产(而不是生产要素的量的增加)称为总要素生产性(TFP：Total Factor Productivity)。阿尔文·勇认为，亚洲的总要素生产性没有比发达国家更高，因此其生产性主要是起因于劳动和资本量的增加。不少人认为，亚洲金融危机证明科鲁格曼的主张是正确的。果真如此吗？

如果他的主张是正确的，那么东亚国家和地区的增长应该逐渐减低，但实际上是因金融危机急剧减少的。还有，他说生产要素的持续增加会连接到收益递减规律上。那么，收益递减和经济增长率的下降，应该在香港或新加坡首先发生。但这些地方并没有发生这种现象。另外，在总要素生产性上也有问题。在总要素生产性上，把不能直接计算的部分并把经济增长不能用劳动和资本来说明的部分都认为起因于总要素生产性，这种研究方法存在着严重的计算问题。

苏詹·科林兹和贝利·鲍兹沃滋也进行了同样的研究，但他们发现东亚国家和地区的生产性继续得到提高，而且比发达国家的水平更高的事实。东亚国家和地区今后还有很多能够进行资本积累的余地。因此，不会像克鲁格曼所说的那样即将遇上最后限度。这两位研究人员所得出的结论，是同克鲁格曼的主张恰好相反。

在很多不发达国家中，如果不给公务员送礼就不能办企业。生产性高的产业也不是以能力为本，而主要由那些同政治家或公务员具有某种密切关系的人才能做。即使在发达国家，如果劳动者结成强有力的工会并致力于为争取自己利益的运动，劳动生产性就不会得到提高。在韩国，劳动者回避 3D 行业或劳动意愿下降已成为问题。

其他因素。在很多不发达国家中，人们对物质上的繁荣抱有反感并把企业的利润当作罪恶。人们轻视企业和企业管理人员，而走政治家或公务员的道路。任何国家，如果瞧不起企业和企业管理人员并由政治家或公务员掌握国家，那么劳动生产性就必然下降。在这种国家中，行政服务或政治产业是生产性很低的产业。

稳定的政治制度也是经济增长的必要条件。很多不发达国家经济得不到发展的原因之一，是政治不稳定。企业的投资行为是从长远的观点进行的，政治不稳定阻碍企业的投资活动。除此之外，促进或阻碍经济增长的因素很多，如同在第 10 章中说过的那样。

五、总需求、总供给和经济增长

根据总需求和总供给的模式，也可以说明经济增长。总需求是经济主体（家庭、企业、政府、外国人）在一定的物价水平上愿意购买并实际能够购买的财货和服务的总量。把这画成图，就是总需求曲线。相反，所谓总供给，就是一切生产者用一定的价格愿意供给的财货和服务的总量，把它画成图就是总供给曲线。

为了使国家经济最大程度地发挥其生产财货和服务的能力，必须存在充分的需求，这是经济增长的需求条件。不仅如此，各种财货和服务应为国民所希望的（分配效率），并且必须用最低成本生产（生产效率）。这就是效率条件。在图 16.3 中，需求的因素表示为总需求曲线，供给因素表示为总供给曲线。垂直线 AS 是长期供给曲线。向右上倾斜的 AS' 是短期曲线。图 16.3 所示，是 1963 到 2002 年期间的经济增长。

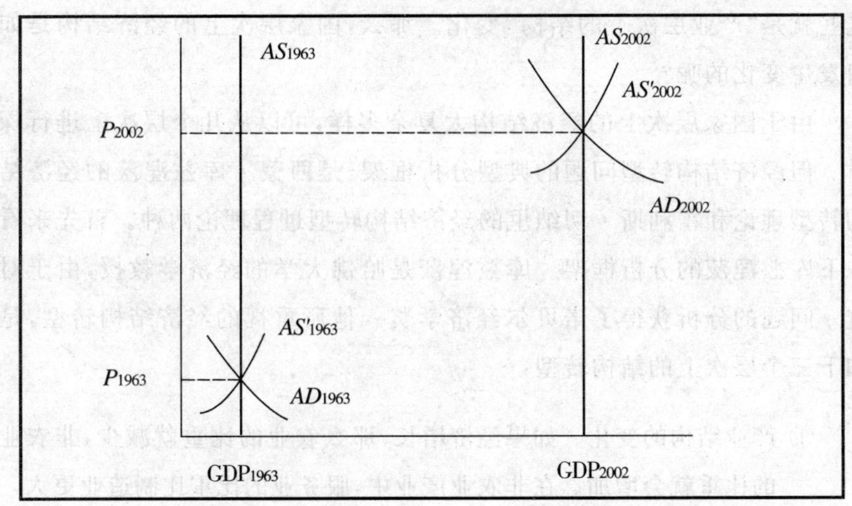

图 16.3　经济增长和总需求(AD)与总供给(AS)曲线

六、经济增长与经济结构转型

三星电子一开始进行半导体生产,其产品结构就发生了变化。随着海外市场的不断扩张,公司员工的人种结构也发生了变化。继续开发新产品,因而产品结构也连续发生变化。由于生产利润多,还出现负债比率变化导致财务结构的变化。要同美国的因特尔公司、日本的索尼公司等世界一流企业进行竞争,公司的组织结构也必须变化。这样,公司员工的意识结构也随之发生变化。这些就是"企业层次上的结构"转型。韩国爆发亚洲金融危机之后,开始重视企业的财务结构,特别是负债比例和管理结构。

三星电子一成为世界第一的半导体内存生产者,韩国的半导体产业得到了很大发展。这样,产生了韩国原来没有的半导体产业,随着其比重的增大,韩国的电子产业结构发生了变化。现代集团创业者郑周永一建立起世界性的造船公司,韩国造船业的结构就发生了变化。SK 通讯公司普及了很多款式的手机,韩国通讯产业的结构也发生了变化。美国的汉堡包、多纳圈、比萨饼等公司一进入韩国,韩国的饮食结构就发生了变化。世界性的金融公司一进入韩国,韩国的金融产业结构就发生了变化。

这些就是“产业层次上的结构”变化。那么,国家层次上的经济结构是如何发生变化的呢?

由于国家层次上的经济结构太复杂多样,可以从几个层次上进行探讨。但经济结构转型问题的典型分析框架,是西蒙·库兹涅茨的经济结构转型理论和霍利斯·切纳里的经济结构转型过程理论两种。首先来看一下库兹涅茨的分析框架。库兹涅茨是哈佛大学的经济学教授,由于对这一问题的分析获得了诺贝尔经济学奖。他所重视的经济结构转型,是如下三个层次上的结构转型:

① 产业结构的变化。如果经济增长,那么农业的比重就减少,非农业的比重就会增加。在非农业产业中,服务业的比重比制造业更大。

② 职业结构的变化和就业条件的变化。随着产业化的发展,农民成为办公室职员、生产工作的员工、管理人员、企业家等,而且随着从农村进入城市,职业和办公人员的空间安排结构就发生变化。

③ 生产单位的扩大。随着经济增长,微小企业和中小企业成长为大企业。个体企业和家庭企业由于法人化,其结构就走向扩大。

与库兹涅茨教授的这种把国家经济结构的变化划分为三个层次的方法不同,切纳里教授主张应从以下十个方面进行探讨。不过,他说这十个方面可以概括为三个层次。他认为,韩国的经济结构要向正确的方向发生变化,应该在以下“十大基本经济结构”上向正确方向上变化。

十大基本经济结构

① 生产结构
② 国内需求结构
③ 贸易结构
= 资源分配过程

④ 储蓄和投资结构
⑤ 教育(人力资本)
⑥ 政府收入(社会间接资本)
= 积累过程

⑦ 就业结构
⑧ 城市化率
⑨ 人口结构
⑩ 收入分配结构
= 人口及分配过程

经济结构转型(=经济增长)的特征

如果人们普遍使用手机,那么通信结构就发生变化。这里,在手机普及以前有线通信网继续得到增长的称为经济增长,把因无线通信的普及发生的通信结构的变化并继续成长叫做经济发展。切纳里把经济发展说成是经济结构的转化过程。就是说,把经济结构不断转化的过程称为经济发展。因此,他的发展理论称为“经济结构转化过程理论”。那么,经济结构转化(=经济发展)的特征都有哪些呢?可以概括为以下四点:

(1)经济结构转化是不断变化的过程。发达国家是经济结构转化200年以上才发展为发达国家的。说今年年底或明年上半年就完成经济结构转型的话,比所谓把小学生到那时候培养成一流大学生的话更没有说服力。国家经济如同生物。果树在正常生长的情况下,才能开花结果。说在春天才播下种子的苹果树上,到年底或明年上半年就会结出丰硕的苹果,这样的话是很不妥当的。

(2)经济结构的转化是多元的,是在相互密切联系的情况下得到实现的。像霍利斯·切纳里主张的那样,经济结构是在十个层次上发生变化,这些变化是相互联系的。如我们来看一下韩国经济结构的转化过程。以出口主导型战略而发生的“贸易结构”变化,可以联系到出口产品为主的“生产结构”和“就业结构”的变化。而且,因农村人口向城市转移,“城市化比例”发生了变化。另外,造成城市和农村收入差距的“收入分配结构”也发生了变化。由此可见,十种经济结构是相互在不可分割的关系中发生变化的。这意味着,要把其中的某一个,如只把收入分配结构同其他的经济结构分离而能治理好,是不正确的想法。

(3)各种结构转化在速度和方式上有所区别。如韩国采取出口主导型工业化战略增加工业品的出口，马上拉大了工农业之间(以及城乡之间)的差距。这是由于农村人口快速转移到城市因而“城市化率”剧增的缘故。还有，“就业结构”也发生了急剧变化。但“人口结构”或“教育”在变化速度或方式上就不同。

(4)经济结构如图16.4所示，变化得像成长曲线一样。成长曲线也称为逻辑曲线(logistic curve)或S字形曲线。举例说明。再穷的国家，国民都要吃饭生活，这就必须生产服装和餐具，并要盖房，因此，必须具备最起码的工业。最起码的工业化水准、最起码的城市人口比例等，意味着成长曲线的下向线(下部的点线)。还有，再怎么发达的国家，工业在GNP中所占的比重还是有上限的。韩国的工业化水平1988年已接近上限。把这称为成长曲线的上限线(上部的点线)。韩国的工业化在20世纪60年代初经过B点到C点发展得很快。但从这时期以后，发展得非常缓慢。收入分配和人口结构的变化也一样。在住宅的情况下，如果住宅数和家庭数一样，那么新住宅建设速度就会大大减缓。

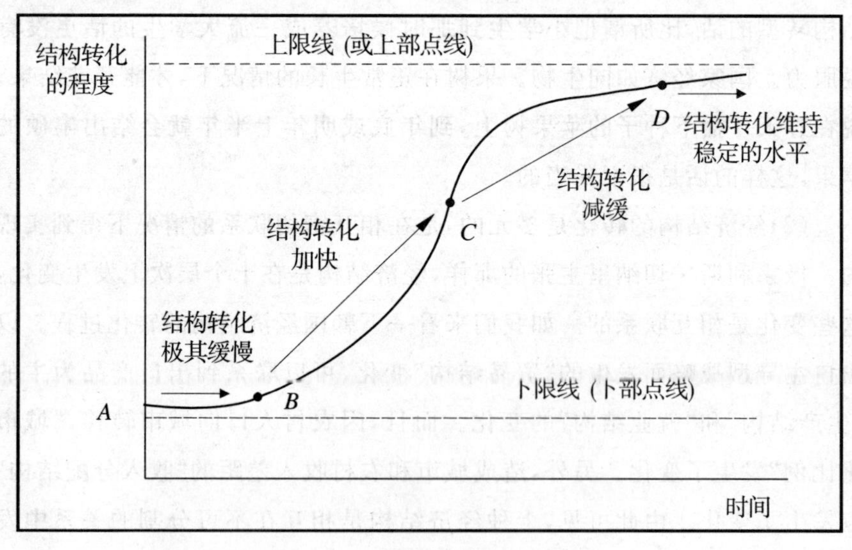

图16.4 增长曲线和经济结构变化

注：增长曲线也称为逻辑曲线或S形增长曲线。

韩国的工业化在很长时期内几乎没有什么变化，但自从1962年第一次经济发展五年计划(1962～1966)开始，就急速进行。这是指从增长曲线开始到C点为止的一段时期。但超过一定水平，工业化的速度减缓，这是指从C点到D的变化。从D开始，工业化非常缓慢。因此，包括工业化在内的任何经济结构的变化，正如S形曲线上所示，一开始进行得很快，但到了某一点后速度就减缓，在达到发达国家水平时，就进行得非常缓慢。霍利斯·切纳里所说的"十大基本经济结构"的转化，也以这种方式，即以增长曲线的形式进行。

亚洲金融危机爆发后，人们听到无数有关经济结构改革的话，还听了到什么时候为止完成结构改革的话，但从经济结构改革的四种特征上看，可以懂得这并不是那么容易完成的事情。

日本1991年泡沫经济破灭以后，一看经济萧条持续时间很长，就试图进行六大结构改革，就是行政改革、财政改革、社会保障改革、金融系统改革、经济结构改革、教育改革。改革的根本原则是，把重视结果和平等的日本体制向重视"机会均等＋竞争"的美国体制转型。就是说，要强化国家竞争力。这和我们在第10章中所揭示的全球竞争力系统的宗旨完全一样。韩国经济结构改革，以及韩国体制改革的基本方向，也应是强化其全球竞争力。从这种意义上看，韩国的结构改革是强化第10章中的S模式的三大基本条件和七大竞争力决定因素为基本方向。就是说，"政治改革＋教育改革＋市场经济体制改革"是基本结构改革，而"政府改革＋管理改革等"是七大竞争力结构改革。在全球化知识经济时代再怎么强调也不为过的，是韩国结构改革的基本方向和目标，是提高韩国的企业、产业及国家经济的全球竞争力。

第十七章　经济稳定

"人在找到了工作的时候才感到最幸福。"

——本杰明·弗兰克林

全球化知识经济时代的经济不稳定主要起因于以下三个因素，即全球化、国内的规制强化和技术进步。玛丽娜·惠特曼在《新的世界，新的规则》一书中说，这个时代消除经济不稳定的途径，是提高生产性并实现持续的经济增长。

美国从 1991 年到现在为止，经济持续 10 年上升。相反，日本从 1991 年泡沫经济破灭后到 2000 年为止，一直没有摆脱经济不景气的局面。在过去，包括经济上升和下降的经济周期变动，小周期是 40 个月，中周期是平均 8 年到 10 年。但这种说法同美国和日本的情况相比，看来并不吻合。还有，虽然说资本主义世界包括美国在内将会周期性地遭遇像 1929 年经历过的那种大危机，但事实并非如此。现在由于资本主义发达国家开发好了各种制度和政策手段，因此不会再经历像过去所经历过的那种大危机，这已成为定论。

经济稳定在开放经济中更为重要。只有整个经济稳定，企业的投资活动或消费者的心情才能趋于稳定。日本企业之所以在很长一段时期内在世界竞争中走在前面，是因为经济稳定。台湾地区经济之所以能够高速增长，就是因为经济政策稳定。经济稳定可分为生产(或就业)稳定、物价稳定、国际收支稳定三个方面。关于国际收支我们已在第 13 章中考察过，因此在这里只考察前两个方面。

所谓生产稳定，第一是把现在的 GDP 稳定到潜在 GDP 水平上的短期稳定问题，第二是同伴随经济增长而出现的景气循环相关的稳定。先看一下前者。如果把生产稳定从就业方面看，就是雇佣的稳定。

一、当前 GDP 和潜在 GDP 之间的沟

以学生成绩为例，如果说原来达到平均 85 分的学生现在只能达到平均 75 分，那么这个学生的“短期问题”是什么呢？就是尽快把成绩恢复到平均 85 分的水平。那么，长期问题是什么呢？就是在把平均成绩恢复到 85 分之后，把成绩再提高到 85 分以上。这里，85 分是能力或潜在成绩，而 75 分是实际成绩。国家经济也一样。如果完全利用可用资源，那么就可以把 GDP 提高到 850 兆韩元，但现在只能生产 750 兆韩元，短期问题是尽快把 GDP 提高到 850 兆韩元的水平。这时，把 850 兆韩元水平的 GDP 称为潜在 GDP，或能力 GDP。750 兆韩元是实际 GDP。把这两者的差距称为 GDP 沟。

GDP 沟＝能力 GDP－实际 GDP

能力 GDP＝潜在 GDP＝完全就业 GDP

换句话说，短期问题是当前 GDP 低于潜在 GDP 时把它提高到其水平上，相反，因经济过热等超过潜在 GDP 水平时，把它降低到其水平。就是说，是消除 GDP 沟的问题。把现在 GDP 稳定到潜在 GDP 水平上，是短期问题和“经济稳定”问题。

但当前 GDP 如何越过潜在 GDP 呢？以教室为例。教室的能力以正常上课为前提容纳学生的能力，一般以桌椅决定。但在必要时，还可以多放一些椅子，学生甚至可以坐在教室地板上或站着听课。这时，实际学生数就超过作为教室潜在能力标准的学生数。同理，在国家经济过热时，可以增加机器和人的数量。此外，在劳动者加班并使机器更多地开动时，实际 GDP 可以超过潜在 GDP。

那么，长期问题是什么呢？学生把现在的学习成绩提高到潜在水平以上的问题，就是把潜在成绩提高到更高的水平上。对经济整体来说，是把当前 GDP 提高到潜在 GDP 水平（上述例子中是 850 兆韩元）之上，再把潜在 GDP 提高到 900 兆韩元、950 兆韩元等。

二、GDP 和就业稳定

GDP 和失业率的关系如下。GDP 的增加意味着就业的增加或失业率的减少。潜在 GDP 和就业或失业率的关系则如下。把潜在 GDP 水平的就业称为完全就业。潜在 GDP 水平上发生的失业率叫做自然失业率(完全就业失业率或正常失业率)。在当前 GDP 处在潜在 GDP 水平以下时,当前失业率就超过自然失业率。因此,在这种情况下的问题,是把失业率减少到自然失业率水平。这种问题是短期经济稳定问题。长期问题是增加潜在 GDP,从而创造更多的工作机会。

不过,并不是说完全就业意味着一个失业者也没有。在动态的现代经济中,新的工作机会不断地创造出来同时又在消失。在这一过程中,工作岗位调动的人也会多起来。因此,即使在完全就业状态下,失业者还是存在的。在工作机会数量和找工作的人的数量一样时,即使失业者很多也不会成为什么问题。工作岗位数量和寻找工作的人的数量同样时的失业率,称为自然失业率。

对于就业稳定,可以从以下几个层次上进行考察:

- 失业者增加使经济不稳定。
- 短期就业(临时雇佣、定时就业等)和契约就业的增加,将增加经济不稳定性。韩国的雇佣在亚洲金融危机以前,通常是永久性的雇佣。但在亚洲金融危机后,很多企业采取了美国式的雇佣制度,因此成为短期就业形态。短期就业增加就业不稳定。
- 随着越来越成为信息化社会,组织结构也在发生变化。更多的人以临时形式工作。还有,企业提高资源外取的比率。
- 随着越来越成为知识社会,知识劳动者的比例越来越高。

三、判断景气与否是我们的日常生活问题

图 17.1 是用 GNP 除总固定资本投资的数字,即从总投资率看韩国

经济整体的周期。不过，综合证券价格或房地产价格，其运行也与这种周期差不多。就是说，在经济上升时证券价格或房地产价格上涨，经济下降时则下跌。但是，并不一定这些上涨和下跌的时间都相一致。下面举几个这方面的例子。

首先请确认一下在图 17.1 中的 A、B、C 等点。某位做房产中介生意赚了不少钱的人，在证券价格最高的 F 点上以 800 万韩元购买并在 H 点上出售，只剩下 26 万韩元。他拿着 26 万韩元说，再不搞证券投资了。如果有人劝他景气在 A 点时让他购买，他是决不会购买的。在 B 点时也一样。但如果到了 D 点就会开始动摇。而在 E 点时，经过深思熟虑用全部的家产在 F 点上购买证券。一购买证券，证券价格马上就开始下降。虽然即使在 C 点上卖出去，但觉得可惜没有卖。在最后实在承受不住卖出去的时候，其景气点在 H 点上。此后，下决心再不购买证券，但如果证券价格经过 J、K 点而达到 M 点，再一次好好考虑之后在 N 点上购买证券。这回也一购买股票价格就再次下跌。

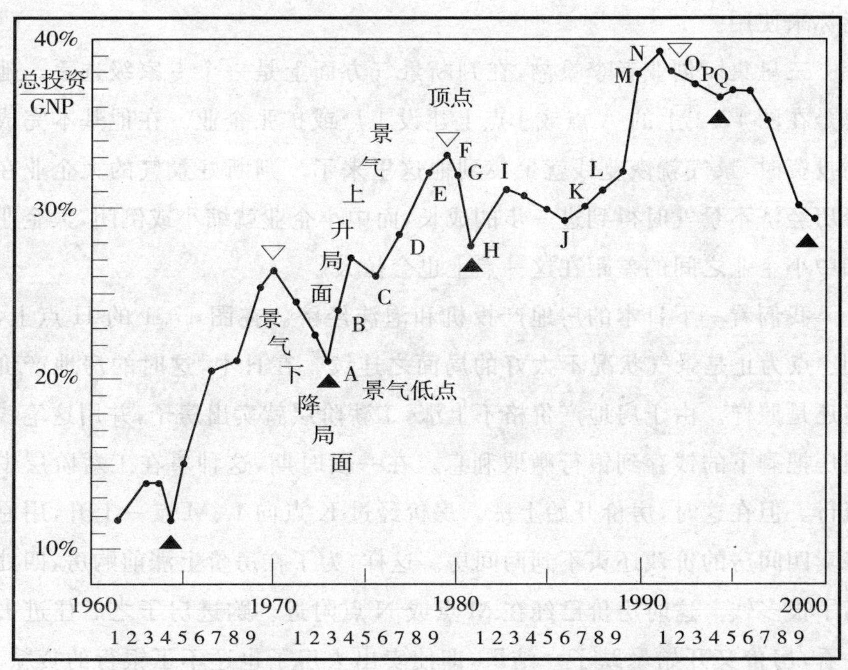

图 17.1　从总投资方面看韩国经济的景气周期——10 年周期说

做过房产中介所的这个人,对景气的判断只是业余水平。大部分主妇也一样。证券市场的有关人员,把做证券买卖的主妇称为“手提包部队”。在手提包部队聚集到一起购买证券时,就是职业运动员级别的人卖出证券并离开证券市场的时候。

很多中小企业管理人员在对景气周期的判断上,可被喻为手提包部队。因没有判断好景气周期而倒闭的企业也不在少数。举例来说,因没有搞好工厂设备投资而历经景气下降的中小企业家们,如果对他们说现在证券景气处在 A 点,是进行投资的最好时机,他们是不会听进去的。在 B 点和 C 点上也一样。但是一到 E 点,就认为证券景气是确定的,因此就自作主张新建工厂或扩张企业的规模。到工厂新建完毕要祝酒的时候,证券景气就到 F 点。证券景气经过 G 点到 H 点时,不少中小企业就倒闭了。正如手提包部队大量购买证券时,正是职业选手抛出时一样,在中小企业家大规模扩张工厂或扩张经营规模时,是景气上升局面快要结束时。因此,日本经济企划厅把企业投资超过一定水平当作景气结束的指标来使用。

三星集团创业者李秉喆,在判断景气方面上是一个专家级选手。他总是在图 17.1 上的 A 点或 J 点上建设工厂或扩张企业。在他基本完成新投资时,景气就恢复钱就聚集到他这里来了。判断好景气的大企业在经历经济不景气时得到进一步的成长,而中小企业就缩小或倒闭,大企业和中小企业之间的差距在这一点上也会拉大。

我们看一下日本的房地产投机和泡沫经济。在图 17.1 的 H 点上,到 J 点为止是景气状况不太好的局面之连续。在日本,这时的房地产价格还是照样。由于房地产价格不上涨,工薪阶层就卖出房子,并用这笔钱租房把剩下的钱存到银行赚取利息。在一段时期,这种事在工薪阶层中流行。但在这时,房价开始上涨。房价经过 K 点向 L、M 点一上升,用原来卖四间房的价钱还买不到两间房。这样,为了在房价上涨前购房,四处借了很多钱。这时房价已经在 M 点或 N 点附近。购进房子之后住进去一看,房价又开始暴跌了。结果,即使卖出去房子也还不了银行的贷款。日本的很多房产公司或金融机构,也做了这种买卖蒙受了惨重损失。最近很多这类日本公司的倒闭,就是由于这一原因。日本的房价从 1986 年开始上涨,1991 年达到顶点,之后泡沫就开始炸开了,泡沫逐渐消失而经济也恢复到原位,是 1997 年以后。根据英国《经济学家》的统计,因泡沫暴涨又消失的证券价格或房产价格,竟达 17 兆到 24 兆美元。如果考虑到日本的 GNP5 兆美元程度的事实,就可以知道泡沫经济的后遗症是巨大的。

再举一个例子。不久前,在图 17.1A 点上成为经济长官的某个人说,由于不管增加还是减少通货,景气一直处于上升状态,因此经济学家的理论没有什么用。就是说,虽然是随便实行的政策,但景气一直上升到 B 点或 D 点,因此信心十足。不管周围人怎么说,他都听不进去。事实上,亚洲金融危机之前,也有这种负责经济政策的官员。相反,在 F 点时当上长官的人却主张,不管采取什么措施,景气还是下降,因此经济学也没什么用处。由此可见,这些人根本不懂得景气周期或经济学的基本知识。

> "资本主义经济如同既有水波也有因暴风而起大浪的大海一样。但经济变动是有规律的,而且景气的变化是循环往复的。"

对韩国经济来说,第一,在高速增长过程中经历过无数次变化;第二,虽然经历过无数变化,但经济变化是有规律可循的。这称为景气循环或经济周期。我们来看一下为什么韩国经济经历过无数变化。

四、韩国经济经历很多变化的原因

- 由于很长一段时期的增长第一主义,政府在政策层次上对经济稳定重视不够。
- 由于高速增长带来急速的产业及经济结构的转型,加深了部门间的不平衡成长。
- 由于对海外的依存程度高,世界性的石油冲击等海外经济变化直接对韩国经济产生了影响。

- 经济增长初期，由于经济规模较小，因此受建设京釜高速公路[①]、浦项制铁等大型工程的影响。
- 小小的政策变化和政策错误，也是经济变化的重要因素。建设200万户住宅计划掀起了景气过热。还有，1989年的《租房者保护法》为了保护租房者的利益，租房时间规定为2年，但租金却暴涨。在文民政府时期，由于国政目标随时改为强化国家竞争力、世界化、纠正历史等，因此国民的不安情绪加重了。
- 政策反应不足。最近的亚洲金融危机或外汇危机，起因于政府经济政策没有灵活地反应外部环境。
- 韩国人的特征。韩国人对GNP和通货膨胀倾向于过高预测，并对通货膨胀或通货膨胀率作出过分敏感的反应。中秋[②]时，国民因探亲访友而流动。白菜波动、辣椒波动、猪肉波动、牛肉波动、大蒜波动等，都与韩国人的国民性有密切关系。某位日本人说，"韩国人如果安静3个月，那就太奇怪了"。
- 好几次的宪法修正。美国撤军政策、10·26事件、6·29宣言等非经济性因素，也导致了很多经济变动。
- 政策负责人由于性格太急随时更换政策。因此，景气、不景气、国际收支顺差等一般都不会长久。

五、韩国的景气周期

韩国的景气周期。景气是经济进入上升阶段后到达顶点，然后重新进入下降阶段。继续下降并达到最低点之后又重新进入上升，重复这种过程叫做景气循环或景气周期。美国、日本、德国等现在的发达国家，经历过很多这种景气循环而成长为发达国家。韩国也经历过这种景气循环

---

① 京釜高速公路，是从汉城到釜山的高速公路。——译者

② 中秋即农历八月十五，中秋和春节是韩国的两大节日。——译者

了吗？当然是。看图 17.1 和图 17.2，就可以知道韩国从 20 世纪 60 年代开始，曾经历过明显的景气周期。

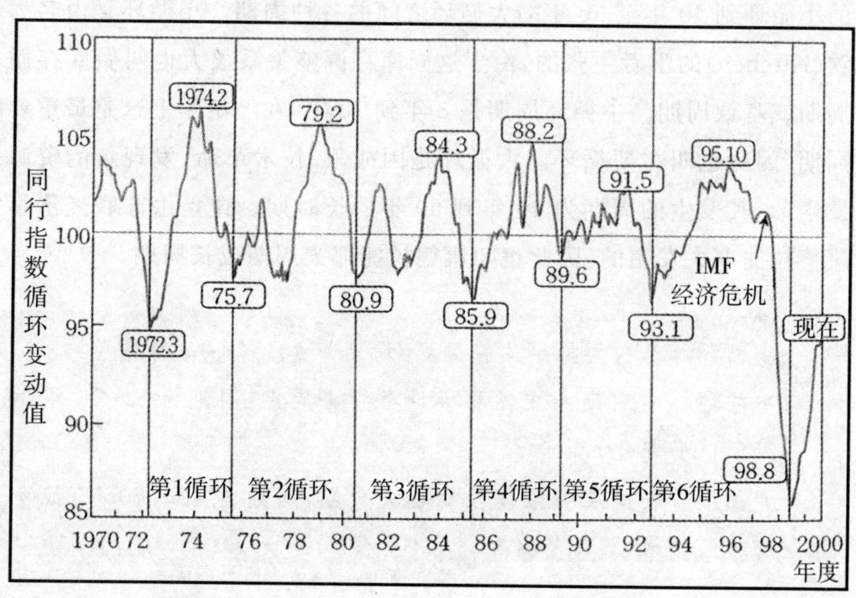

图 17.2　韩国的景气周期（小循环）

资料来源：韩国银行，《简易经济指标解说》，2000 年 6 月 12 日，三星经济研究所，《对现在景气周期判断及对今后的展望》，2000。

注：过去平均循环周期 53 个月；过去平均扩张期 34 个月；过去平均萎缩期 19 个月。

有个在证券市场上赚了很多钱的人说，根据自己的理解，韩国在 20 世纪 60 年代末、70 年代末和 80 年代末都遇上了景气上升局面，并认为发现了景气的十年周期律。他询问，经济学教授是否知道有这种周期。事实上，正如第 5 章所说，经济增长和变动是从经济整体层次上看的第二大经济问题。经济学家天天在想着景气周期问题过日子。韩国正如在图 17.1 所显示，20 世纪 60 年代初、70 年代初、80 年代初，以及 90 年代初都处于经济不景气局面。相反，20 世纪 60 年代末、70 年代末、80 年代末（90 年代末除外）则经历了景气上升阶段。韩国经济经历过几次景气周期为十年的“主要循环期”。在经历这种循环期的过程中，也经历过很多小循环，如图 17.2 所示。

在景气周期上，存在着景气周期（从低点到低点的期间）为 40 天左右的小循环到 40 年至 60 年的大循环之间的各种周期。小循环是由名为基钦（Kitchen）的学者主张的，由于这同库存调整关系很大也叫做库存循环周期或基钦周期。中循环周期是 8 年到 10 年，在经济学上这是最重要的周期，因此也叫主要循环。大循环是因战争、技术革命、发现新的资源等发生的，其发生的周期为 40 年到 60 年的长时期。这是由苏联经济学家康德拉捷耶夫发明的，因此也叫康德拉捷耶夫周期或长周期。

小循环＝基钦周期＝库存循环：周期为 40 个月（库存调整）

中循环＝中周期＝主循环＝设备投资周期：周期为 8～10 年（投资变化）

大循环＝长周期＝康德拉捷耶夫周期：周期为 40～60 年（战争、技术、发现资源）

康德拉捷耶夫本人，由于在斯大林时期极力反对私有财产国有化被处死刑。在各种循环中，经济学家们最重视的，是图 17.1 中所表现出来的周期，即 8～10 年的主循环。促使这种周期产生的，是投资变动。那么，如何把握投资变动呢？这就要仔细地观察 GNP，观察投资的重要性多大和发生什么样的变化。因此，表示用 GNP 除投资之比变化的，是图 17.1。

日本经济问题专家篠原三代平在《日本经济的动态性》中指出如下事实，即韩国、日本、台湾地区在差不多的时期经历过几次同样的主循环。房地产问题的世界专家，也研究过不少韩国房地产问题的普林斯顿大学教授埃德温·米尔斯曾主张，日本和东亚及东南亚国家的房地产景气周期几乎同时发生。事实上，日本的经济如果不景气，日元的价格就会下跌。因此，出口和日本类似的出口产品，如半导体、汽车、电子、造船、化学产品等的韩国，出口也会不顺，经济也走向不景气。相反，如果日本的经济景气日元走强，韩国的出口也会顺利其经济也会好起来。

事实上，如果东亚或东南亚的经济不景气，那么把出口的30%以这些地区为对象的美国经济也会走向不景气。经济紧密地连接在一起的国家，很可能会遇上同样的景气局面。全球化时代，全世界经历同样景气循环的可能性更大了。

景气周期是如何判断的？把景气循环的一个周期，定为一个景气低点到下一个景气低点之间，也可以把一个景气顶点到下一个景气顶点之间当作一个周期。但一般倾向于以景气低点为基准规定景气周期。景气周期有四个阶段。首先把景气最不好的时点叫做景气低点。从这一点上景气走向恢复，把它叫做景气上升阶段。景气达到最好状态的时点叫做景气顶点。景气顶点上景气开始不好的阶段称为景气下降阶段。那么，现在的景气是在景气周期中的哪一点上呢？如何判断这一点呢？在判断景气阶段的问题上，有以下三种方法。

现在来考察这三种方法。

景气指标法。在景气指标上有先行指标、同步指标及滞后指标三种。
企业调查指数。
计量经济模型。

景气先行指标。在把握景气动向时，使用景气指标。那么，把握学生示威使用什么指标呢？这里，用掌握景气动向和把握学生示威动向相比考察这一问题。在20世纪70年代生活困难，发生很多学生示威时，政府经济部门竭力把握经济动向，治安部门则尽力把握学生示威动向。当时对付示威的负责人曾说过这样的话：要把握每天都可能发生的学生示威，这样才能对付学生示威，但这并不是一件容易的事。于是，他们每天早晨都在上学时间在大学正门仔细观察到校学生的衣服和鞋。如果大部分学生都穿牛仔裤和运动鞋，那么这一天就肯定发生大规模的示威。这里，牛仔裤和运动鞋是告诉将发生示威的动向指标。由于这先行于示威，因此称为“先行示威”。在判断景气动向上也有这样的指标吗？有好几种。我们来看一下。

出口信用证的明细单是景气上升的先行指标。如果要求从韩国进口的信用证从国外向韩国提出很多,那么韩国企业向国外的出口将多起来,因此景气只能向好。综合证券指数也是先行指标。如果人们预料今后的景气向好企业的利润也会增加,那么综合证券指数比景气提前上涨。

通货量也是先行指标。如果政府增加通货量,那么利率就会下降,利率下降就促进企业的投资活动,景气会好起来。建筑许可面积也一样。个人或企业从政府那里获得建筑许可,就说明今后的建筑活动会相应增多。由此可见,通货量、综合证券指数、出口信用证明细单及建筑许可面积等,是预测景气很实用的先行指标。其中,建筑许可面积表示内需景气,而出口信用证明细单表示韩国经济同世界经济的联系。这四种指标在把握经济动向上非常有帮助。

景气同步指标。当前韩国景气如何,通过什么指标判断呢?使用景气同步指标。如果现在的景气好,那么工厂就运行得好,产业用电量就会多。因此,如果联系韩国电力公司并了解产业用电量,就可以知道景气情况。因此,用电量是与景气一同走的指标,即同步指标。

景气滞后指标。那么,根据什么指标判断不景气呢?看景气滞后指标就可以。假如在早晨上学时见到校门口的催泪弹粉,这是表示前天发生过学生示威的指标。因为这是在示威之后留下来的,所以催泪弹粉是后行于示威的指标。在景气的情况下,库存增加等是景气滞后指标。由此可见,如果掌握好先行指标、同步指标和滞后指标,那么在很大程度上可以预测景气情况。

> 景气先行指标:通货量、出口信用证明细单、建筑许可面积、综合股票指数等。
>
> 景气同步指标:用电量(制造业)、产业生产指数等。
>
> 景气滞后指标:库存指数、机械类的进口额。

企业调查指数(BSI)。判断景气的第二种方法是 BSI(Business Survey Index)法。这是向企业家调查今后的景气将会怎样的问题,并把其答案指数化的方法。例如,年末向企业家提出,在就业新员工的规模或销售额规模上,新的一年比上一年增加或减少多少,并把其答案指数化。这如同向学生提出今天下午或明天上午会不会示威,来调查是否发生示威的方法一样。

计量经济模型。第三种方法是通过计量经济模型的预测。例如,如果景气,那么企业必然进行很多投资。如果增加企业投资,必须要降低利率。但如果要降低利率,还必须增加通货量。如此把利率的变化对投资、投资的变化对国民收入会发生什么影响等问题,进行计量化。之后,政府在采取紧缩通货政策或扩张通货政策时,就可以掌握这些政策对景气会发生什么样的影响。

对出口景气的影响,也可以通过同样的方法把握。当前,这一问题的世界性专家是劳伦斯·克莱因。现在,韩国很多民间企业和政府研究机构都参照他的研究。但计量经济学家的景气展望,在不少情况下常常发生错误,在经济环境剧变的时代更是如此。因此,甚至有句话说,在搞不好经济预测的计量经济学者写的书中的数字,全是错误的,正确的数字只是书页上的数字。不过,要正确地预测景气动向,应该适当地全部使用这三种方法。

六、韩国的通货膨胀

“通货膨胀的全球标准是一年3%。”

——加利福尼亚大学教授艾尔玛·阿德尔曼

10·26事件是1979年第二次石油危机通货膨胀严重时发生的。据说,蒋介石政府在中国大陆失败而被赶到台湾并不是败给了共产主义者,而是败给极其严重的通货膨胀。法国革命是在通货膨胀严重时发生的,因通货膨胀严重获得成功。德国严重的通货膨胀,使希特勒掌握了政权。严重的通货膨胀,使货币相应贬值,因此人们有严重的被剥夺感。如果通货膨胀严重,人们对钱和政府的信任就消失,结果就会发生政变,因此在很多情况下更换政权。即使不到那种地步,经济社会也将陷入严重的不稳定。

物价水平。东京为什么比汉城的物价高呢？汉城的物价为什么比美国的芝加哥或华盛顿高呢？瑞士的饮食价格为什么那么高呢？在探讨物价时，可以分为现在的“物价水平”怎么样和“物价上涨率”如何这两个方面进行考察。

瑞士由于国土条件恶劣，因此农畜水产品和饮食产品的价格非常贵。日本农耕地只有国土的13%，由于这种恶劣的国土条件，农产品价格很贵，特别以米价昂贵著称。韩国也大同小异。不过，全世界的猪都吃同样的饲料。因为，喂的都是从美国进口的饲料。因此，韩国或日本畜牧产品的价格大部分都比美国贵。新加坡进口水和动物园的鸟。但它们搞好了进口政策和土地政策，因此以物价低著称。

国土条件好而且进行了很多农业技术革新和投资的美国，农业生产性比制造业更高。美国是食品价格世界上最低的国家之一。很多农产品几乎出口到全世界。美国还有很多世界性的制造业企业，而且进口也自由化了。这样，世界各地的商品进口到美国与美国商品进行竞争。因此，美国是世界上工业品的价格最低的国家。

根据IMD专家的观点，瑞士的物价之所以高，是因为在冷战时期，每个建筑物都建设了防核设施并严格控制环境污染，因此各项成本都上涨的缘故。在美国，各种产品由生产者直接运送到零售店。但在日本，各种产品从生产者经过批发商、仓库保管业者等运送到零售商，每次经过流通阶段时，价格就上涨。

在德国，城市周边的农民把自己生产的农产品直接销售给消费者，从而减少农产品的流通成本。德国法兰克福机场离城市只有15分钟的路程。德国的大部分机场离城市只有这么远的距离。泰国的曼谷机场离市中心有两个小时的距离。日本东京机场远离市中心。荷兰有号称世界第一的阿姆斯特丹港和世界第一机场的斯基帕尔机场。这里各种间接设施建设得很好，各种产品的物流成本降低到很便宜的程度，被称为欧洲物流中心。由于没有搞好社会间接资本设施，物流成本非常高的国家也不少。

日本的高物价主要起因于很高的土地价格。日本自民党执政了很长时间，其选票来源是农村。为了保护农民，他们积极遏制了农用土地向城市用地的转换。结果,各种城市用地严重不足。著名经济评论家大前谦一说,迫使日本75%的国民生活在2%国土上的土地政策,搞坏了日本。不过,日本的宅地面积已增加到国土的4.6%。日本神户市以正宗的神户牛肉著名,这是在陡峭的山和大海之间狭小的平地上建设的城市。由于城市用地不足,不久前还填平近海扩张了城市。但就在那个地方发生了神户地震并破坏了它。像日本这样国土如此狭小的国家,土地价格一般很高。韩国也一样。只有搞好土地政策,才能从根本上遏制物价上涨。

纽约、洛杉矶等世界性城市,市中心半径在市场经济体制下增加到60～70公里。但由于汉城离市中心不过15公里的地方设置了绿色地带,因此城市不可能正常发展。这样,在半径15公里以内的城市地区的混乱非常严重,土地价格也达到世界水平。汉城已成为土地价格达到世界水平的城市,因此外国企业回避到汉城来。汉城是服务业城市,而各种服务的生产成本取决于土地价格。汉城江南地区的有些建筑物,在其价格中地价竟占到90%的程度。由于房租高,就不得不提高餐饮的价格。世界银行说韩国20世纪70年代通货膨胀的因素有以下三种,其中两个与地价有关。

农畜水产品价格的上涨
住宅和房地产价格的上涨
能源价格的上涨

这通过表17.1中的资料可以确认。那么,同美国和日本相比,韩国的通货膨胀是怎么样的呢?从消费品物价指数上看,可以知道以下事实。

- 韩国的物价上涨率与美国或日本相比高得多(见表17.2)。这也是由于其经济增长率比美、日高得多的缘故。一般来说,如果增长率高,那么由于各部门的瓶颈(bottleneck)或收支不平衡,物价上涨率就高。还有,到目前为止,韩国商品的质量提高了很多,韩国物价上涨率高也是由于很多商品质量得到提高的缘故。

表 17.1 按项目分类的消费品物价指数

	1990	1995	2001
消费品物价总指数	100.0	135.1	170.9
农畜水产品	100.0	138.1	176.3
工业品	100.0	120.0	148.3
房租	100.0	137.2	145.6
公共服务	100.0	144.1	187.8
个人服务	100.0	161.3	194.3

资料来源：韩国银行，《经济统计年报》，2002。

· 韩国物价上涨率高，是由于农畜水产品和服务价格的上涨率高。这是由于，韩国的工业品生产性由于国际竞争大大提高了，但农畜水产品和服务的生产性非常低。在这期间，日本由于消除了经济泡沫物价没有上涨多少。韩国服务价格上涨率高，看来主要起因于人力费、地价、物流成本的增加。

表 17.2 消费品物价指数的国际比较

		1995	2000
韩国		100.0	121.5
美国	G5	100.0	113.0
日本	G5	100.0	101.5
德国	G5	100.0	107.0
法国	G5	100.0	106.3
英国	G5	100.0	114.2
意大利		100.0	112.8
瑞士		100.0	103.8
新加坡		100.0	104.6
台湾地区		100.0	104.0
中国		100.0	130.8

资料来源：统计厅，《韩国主要经济指标》，2002.3。日本总务厅统计局，《世界统计 2001》。

从生产者物价指数(PPI：producer price index)角度看的韩国物价上涨率,在1985～1995年期间同美国的PPI上涨率差不多。这意味着在世界市场上进行激烈竞争的韩国工业品的生产性,已经同美国差不多了。但日本由于所谓的经济泡沫导致房地产及股票价格大幅下跌,生产者价格反而下降了。韩国的PPI比美国略高,是由于食品价格上涨的缘故。在除了食品以外的其他商品上,韩国的物价上涨率反而比美国低。生产者物价指数,从长期看取决于工业生产性和全球竞争力。它与通货量的直接而密切的关系,如果不是在通货量急剧膨胀的情况下,看来是弱的。

七、通货膨胀的休眠火山时代

如果说20世纪30年代是大危机时代,那么70年代则可以说是“滞胀时代”。因为由于第一次和第二次石油危机和各种资源冲击,全世界都经受了严重的通货膨胀。虽然通货膨胀在80年代也继续了,但进入90年代开始,发生通货膨胀的因素弱化了。于是,很多人认为通货膨胀成为休眠火山了。莱斯特·瑟洛教授是这种观点的代表。如果说他的主张是正确的,那么可以把韩国的通货量加以扩大并大大降低利率。我们来考察一下他的主张及有关通货膨胀的注意事项。

虽然现在美国几乎没有通货膨胀,但如果从消费品物价指数角度看,通货膨胀表现得很严重。但从CPI角度上看通货膨胀很严重的主张,在以下几个方面却错误的。

例如,个人电脑性能以每年7%的速度增长,但消费品物价指数不能反映这一点。CPI不用说反映商品质量的提高,连服务质量也不能很好地反映。因此,把由于产品质量上升价格得到提高看成是通货膨胀,是错误的。

手机、电脑、电子手册、电子词典等,由于技术革新不断出现新产品,但物价指数不能恰当地反映这一点。

消费者增加对价格下降或便宜商品的消费,但CPI却不能很好地反映这种情况。因此,物价指数对通货膨胀的评价比实际情况要高。

保健医疗成本的通货膨胀，并不是通过通货政策或遏制经济增长政策就可以治理的问题。

那么，导致通货膨胀的因素都怎么样了呢？石油资源的主要供给国，在冷战时期主要是中东产油国。但现在，俄罗斯、哈萨克斯坦等国也成为重要的供给源。现在 OPEC 国家的世界石油垄断能力有所减少。但根据能否形成石油卡特尔的能力，油价上涨的可能性还是很充分的。关于粮食的情况，冷战以后作为世界粮仓地带的乌克兰和哈萨克斯坦成为新的世界粮食供给源。粮食价格现在比较稳定。

汽车、电视等主要工业品的生产能力，全世界已处于过剩状态。现在的问题是需求，生产能力不成问题。因此，工业品价格上涨的空间也没多少。

在美国，由于很多企业都在大力解雇员工以及有从全世界涌进来的移民劳动者，因此提高工资的压力几乎消失了。

现在，很多企业不用提高机器运转率就可以增加生产。例如，通过 OEM（以贴上订购者商标的方式进行生产），可以使自己产品的生产依赖其他公司。这时，工厂的运转率与通货膨胀是没有关系的。

服务产业的生产性也在大大提高。“经济服务化”不同于过去，它不会引发通货膨胀。

美国房地产价格的下降，日本消除泡沫现象等，从根本上遏制了世界性的物价上涨因素。

第十八章　我国有多少通货，或应该有更多通货吗？

"现金是穷人的信用卡。使得傻瓜光彩照人的东西。贫民窟经济或不发达国家的经济是现金经济。"

"商务是很好的游戏。比分用钱来计算。"

——诺兰·布西涅尔

我们要很好地懂得经济学原理，为的是要很好地解决根本经济问题。但货币同增长、稳定、效率等根本经济问题有密切关系，因此为了很好地解决根本经济问题，就必须很好地了解货币。我们在前面懂得了经济是循环的水流，而在水流中货币的流向与实物的流向相反，因此只有在货币很好地循环的时候，实物的循环才能顺畅。货币同人的血液一样，应该适量。在这一章中，我们要考察货币的功能和范围、货币和中央银行及储蓄银行之间的关系、货币的适当数量、有关货币的经济政策等。我们先考察一下个人的钱和国家的货币之间的关系。

一、个人的钱和国家的货币

"俄国革命的主导势力，在共产革命之后继续印制了所有人需要的货币量。结果，货币价格下跌到纸价以下。国民一不信任货币，就马上抓住机会根除了资本主义货币经济，代之种下了以'配给票'来控制国民的共产经济之种子。"

"苏联崩溃时，市场和货币(卢布化)也一同崩溃了。"

在我国，少女家长、无人抚养的老人等没钱的人很多。政府能不能印制很多货币提供给他们呢？还有，政府不要辛苦地搞什么各种经济政策，给国民印制他们所需要的货币行不行呢？印制一万韩元面值的货币不需要多少成本。只要成本继续印制货币，行不行呢？苏联政府在建立起共产主义体制时，按人们的需要印制了货币。结果，货币价格暴跌，人们则不相信货币了。20 世纪 80 年代，拉丁美洲迎合民心的领导人随便印制货币分给了国民。结果，物价上涨率甚至还有年百分之数千的时候。如果人们对货币的信任一消失，对国家和社会的信任也随之消失。如果货币不能履行自己的功能，市场经济就会垮台。

只从某个人的立场看，可以说现金越多越好，但从国家整体的角度看，如果货币太多就会因严重的通货膨胀导致经济不稳定，投机行为也会盛行，国产商品的对外竞争力就会下降。这样，所有的人就会遭受损失。因此，从国家整体看，货币的数量应该是适当为好。那么，多少才适当呢？经济是实物和货币的循环水流，因此货币的数量应该和实物的规模完全一样。从个人的角度看，也许货币与生产活动没有什么密切的关系，但从国家整体角度看，它与生产活动有着密切的关系。国家整体的货币，必须与国民总生产相比具备适当的数量。我国货币总量和国民人均货币量，如表 18.1 所示。正如即将说明的那样，货币有现金通货、总通货等几种类型。

表 18.1 我国通货的种类和数量(2001 年末)

	总额(兆韩元)	占 GNP 的比例(%)	国民人均(万韩元)
现金通货	19.5	4.1	42
通货(M_1)＝现金通货＋储蓄通货	53.5	9.8	113
总通货(M_2)＝通货(M_1)＋准通货	467.6	86.0	988
总流动性＝总通货(M_2)＋ M_2 以外的流动性	1 017.7	187.1	2 150

资料来源：韩国银行，《经济统计年报》2002；储蓄通货是通货金融机构应求支付储蓄金。

我国的通货总量，在经济危机以前有些不足。总通货对 GDP 的比例，是计算货币适当量的一个标准，韩国在 1997 年是 40.9%。这与其他国家相比是很低的。结果，韩国的利率(市中银行的一半贷款利息)竟达到了 15.3%，这是世界发达国家的几倍。这更加重了债台高筑的我国企业的资金负担。

表 18.2　韩国爆发经济危机时主要国家的通货总量

占 GDP 的比例(1997)			
韩国	40.9%	德国	62.0%
美国	59.4%	瑞士	126.3%
日本	112.7%	法国	64.4%

但对 GDP 的总通货比例在经济危机以后提高到 68.9%(见表 18.1)，因此韩国的利率就下跌到一个百分点。1999 年韩国企业相对多的利润，起因于低利率。但考虑到作为激烈竞争对象国的日本利率为 1%左右，韩国的利率还是偏高的。

不过，各国对总通货(M_2)的界定有略微的差别。因此，只根据总通货对 GDP 的比例来判断韩国的货币是多还是少的讨论，还是有些不妥。但利率的高低取决于货币的多少，因此同利率相比较，这一比率就成为在判断货币的适当量方面很有用的标准。我们来考察一下什么叫货币和通货，以及通货都有哪些种类等问题。

二、什么是货币，它有什么职能？

关于钱的一些格言。不管什么国家，人价随着钱价的上下变化而上下摇摆。使人区别于动物的，是钱。蜜蜂和蚂蚁虽然过的是群居生活，但不使用钱。

钱和傻瓜是互不相容的，两者一见面就分手。如果不想和钱分手，只是人喜欢钱还不够，钱也必须喜欢人。挣钱需要很长时

> 间，但消费是一瞬间的事。
>
> 如果一个人赚很多钱，世人就会称他为绅士。钱能说话。钱能赚钱。在礼物中，最好的礼物是现金。人为了钱，钱为了人可以做任何事情。
>
> 只想赚钱的企业肯定不是好企业。地球上的很多冲突，都是钱和血的冲突。

有句话说，“只要发挥货币职能的，都是货币。”那么，货币的职能是什么呢？是以下三种：

(1)交换媒介。一种商品和另一种商品的直接交换，即物物交换不仅极为不便，而且也难以实现。例如，可以考虑一下养猪业者用一头猪购买感冒药的情形。如果这一交易要成立，养猪业者必须寻找拥有感冒药并购买猪的人。就是说，交易双方都必须拥有对方所希望得到的东西。即在这里需要的是需求的双重一致。但如果用猪兑换货币，然后用货币购买感冒药，这一交换就很容易了。

由此可见，货币发挥交换媒介之职能。货币的最重要的功能就是这一点。资本主义是市场经济，市场经济是无数财货和服务进行市场交易的经济，是以货币为前提的经济。因此，把市场经济称为货币经济。在物物交换的经济中，生产者自己必须懂得人们需要什么并进行生产活动。但在货币经济中没有必要这么做，可以把自己喜欢并能够做好的产品生产专业化。从这种意义上说，货币经济促进分工和专业化。

(2)计算的单位。如何计算 100 克牛肉、一坪土地、一枝笔、一斗大米、一本书、一双皮鞋、一块豆腐、一条鲷鱼等单位不同的产品呢？这些都是以货币计算的。而不是以一套西服等于二十桶石油、一本书等于两斗大豆、出租车的基本价格为两个南瓜等的方式来表示其价值。能够成为市场交易对象的任何东西都可以用货币计算，因此货币可以成为计算的单位和价值的尺度。

(3)价值的储藏手段。日本 1991 年爆发泡沫经济后，一坪千万日元的土地甚至跌到了200万日元。在泡沫经济时，很多人认为增值财产的途径只有土地，这样购买土地的人受到了很大的损失。但持有现金的人反而获利了。因为货币比土地更有保存价值。物价下跌时，现金是一个很好的价值手段。但物价上涨时就不同了。

也有人认为，应该把银行储蓄、土地、股票予以三分。在过去，中国人主要用黄金保存财产，韩国人用土地保存财产，日本人则以储蓄的形式保存财产。把财产在土地、股票、银行储蓄等方面如何分配才是最好的增值财产的问题，称为财产选择问题。正如不要把所有的鸡蛋都放在一个篮子里一样，应该采取分散的方法达到财产增值的目的。再举一个无关紧要的例子，犯罪者使用最多的价值储藏手段，就是现金。腐败严重的国家，对现金的需求也多。

如上所述，由于货币最重要的职能是交换媒介，因此对货币的定义也常常以此为根据。例如，认为只要履行一般交换手段职能的，都是货币。从人类历史看，履行货币职能的有金、银、大米、盐、石头、家禽等。销售员的“销售”在拉丁语中的含义是盐。实际上，罗马人曾把盐作为薪水，这里盐起到了货币的职能。

最近在原苏联崩溃时，由于严重的通货膨胀，货币的价值也崩溃了，在某个地方香烟代替了货币的职能。作为货币使用过的，在农耕社会中主要是家禽、大米、贝壳等农水畜产品，随着技术的发展，还用金、银、铁等矿物。使用纸币是造纸术发展以后的事情。事实上，纸张刚出现时，纸本身也具有相当大的内在价值。由于当时不能随便生产纸，因此很昂贵。但现在随着社会进入信息化时代，电子货币的重要性越来越大了。

金银作为货币使用时，量很重要。但自从发明了中央银行制度后，纸币就确立了自己牢固的货币地位。像纸币那样没有具备内在价值的，称为法定通货。由于纸币是法律规定的货币，因此称为合法货币。韩国银行用法规的形式作了如下规定，即韩国银行券是“韩国的法币，因此在一切交易中不受限制地通用”。不过，虽然法律上规定所有国民必须在一切交易中接受它，但如果通货膨胀像原苏联崩溃时那样严重，那么人们就用物品来代替货币。

不过，美国联邦储备银行发行的美元，在多的时候竟达80%左右在其他国家流通。在全球化时代，不仅韩元，美元、日元等货币也在韩国履行货币的职能。

信用卡是不是货币？

信用卡并不包括在通货量的计算里。因为，它不是货币，而是暂时延期支付的手段，或者说是暂时借贷货币的手段。用信用卡支付的货币，是从银行账户上扣除的。储蓄在银行账户中的货币包括在通货里，而卡本身并不包括在通货里。但信用卡使我们可以少带现金或应求支付储蓄金。还有，它使货币的使用更经济。

三、通货有很多种类

到目前为止，我们使用的是"货币"一词，从现在开始要介绍的是"通货"一词。在这里，要明确钱、货币、通货的含义。货币英语是money，韩国人和日本人把money一词在钱、货币、通货等三种含义上使用。那么，其中区别是什么呢？我们通常说很有钱的人时，"货币"不仅仅是指现金，还包括各种财产。货币是指履行交换手段和计算单位及价值储藏单位职能的某种东西。通货则意味着通用的或流通的货币。下面再概括一下。

钱　：货币、通货及各种有形或无形资产

货币：履行交换的手段、计算的单位、价值储藏手段等职能的叫做货币

通货：通用或流通的货币

钱是日常用语，货币和通货是学术用语。货币和通货具有明确的含义。如通货(M_1)是把现金通货和储蓄通货(=应求支付储蓄金)合在一

起（见图 18.1）。不过，在各种金融资产中，到底哪一种能起到与货币或通货差不多的职能，对此可能存在很多不同意见。但与现金差不多的事实意味着什么呢？由于现金最重要的特征是流动性，因此在这一点上差不多。那么，什么叫流动性呢？

> “所谓流动性，是表示某种财产在不失去其价值的情况下快速方便地现金化。”

不少形态的财产可以根据它的流动性进行划分。流动性最大的是现金。其次是应求支付储蓄金、储蓄性金钱、转让性储蓄金股票或公司证券、汽车、住宅、工厂等，依次排列（见图 18.1）。流动性越低，在现金化上需要越多的时间和成本。流动性越近于现金，那么其功能就越近似于现金。

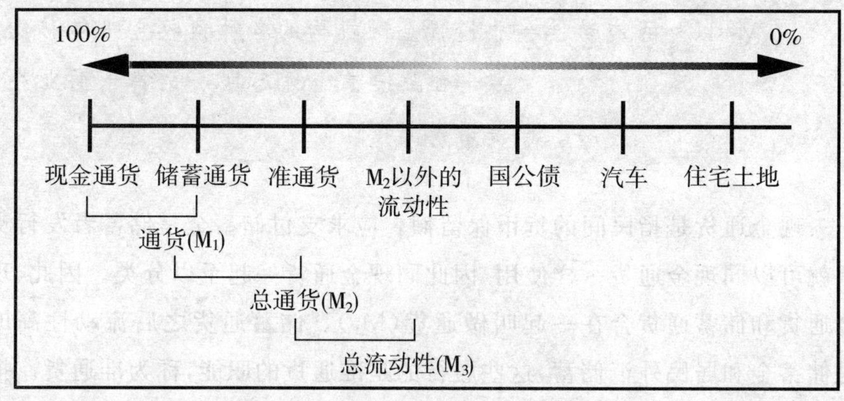

图 18.1　各种财产的流动性程度

如图 18.1 所示，通货的种类有好几种。即现金通货和储蓄通货，以及把这两者加在一起的通货（M_1），通货（M_1）加准通货的总通货（M_2），在 M_2 上再加其他流动性的总流动性（M_3）等。

为什么通货有这么多种类呢？在韩国，朝鲜战争刚结束时，由于国民生活非常贫困，因此几乎没有什么银行储蓄金，而且也没有怎么使用支票。因此，一提通货主要指的是现金通货。非洲的几个国家由于比较贫穷而没有多少金融资产，因此这些国家的通货概念还比较简单。在东帝汶,最近还没有像样的银行。在韩国,随着收入的提高和金融业的发展,履行同货币差不多职能的金融资产继续增加,因此通货的种类也越来越多。现在简单地看一下通货的概念。

主要通货概念

现　金　通　货＝民间通用的货币

通　　　货(M_1)＝现金通货＋储蓄通货(＝通货金融机构应求支付储蓄金)

总　通　货(M_2)＝通货(M_1)＋准通货(通货金融机构储蓄金＋居民外汇储蓄)

总流动性(M_3)＝总通货(M_2)＋M_2 以外的流动性

* M_2 以外的流动性＝非通货金融机构的各种预收金＋转移支票＋金融债券＋标志期票销售＋商业期票销售＋购回债

现金通货是指民间的货币保留额。应求支付储蓄金是储蓄者发行支票就可以同现金通货一样使用,因此同现金通货一起予以分类。因此,现金通货和储蓄通货合在一起叫做通货(M_1)。储蓄通货之后流动性高的是储蓄金和居民外汇储蓄,这些履行的是准通货的职能,称为准通货。把通货(M_1)和准通货合在一起,就是总通货(M_2)。准通货之后流动性高的,就是非通货机构的各种预收金、转移支票、金融债券、购回债、商业期票销售、标志期票销售等。为了方便起见,把这些称为 M_2 之外的流动性。把总通货(M_2)和这些合在一起叫做总流动性(M_3)。金融机构和非金融机构,如表 18.3 所示。

此外,把 M_1 称为狭义上的通货或交易通货,而把 M_2 称为广义上的通货或资产通货。

不过,这些货币都是从什么地方产生的呢?现金通货是作为法权银行的韩国银行发行的,而储蓄金通货是我国银行在通货制度内制造出来的。所谓通货制度,是作为创造出本位货币的中央银行,即由韩国银行和创造出储蓄通货的储蓄银行构成。这些银行是一个通货系统,决定我国的通货量(见表 18.4)。我们先看一下中央银行的职能。

表 18.3　韩国的金融机构

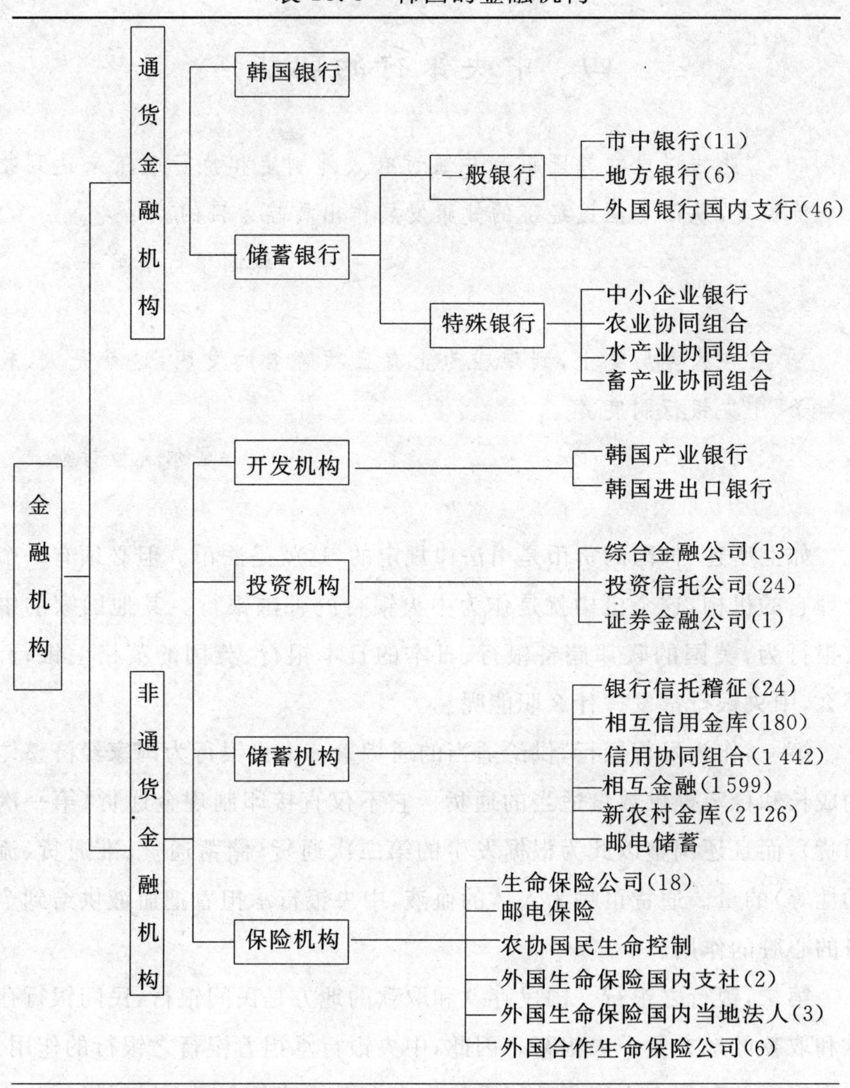

资料来源:韩国银行,《简易经济指标解说》,2000. 6. 12。

注:1999 年 12 月末。

M_1＝狭义上的通货＝交易通货

M_2＝广义上的通货＝资产通货

四、中央银行的职能

"此法以设立韩国银行并通过有效地制定和执行政策来达到物价稳定,从而为国民经济的健康发展作出贡献为目的。"

——韩国银行法第一条

"在人类历史上,到现在为止有三项著名的发明,这就是火、轮子、中央银行制度。"

——威尔·拉哲斯

如上所述,韩国的货币是由法律规定的,这就是法币。但必须有一个管理它的机构,这个机构就是作为中央银行的韩国银行。其他国家的中央银行为,美国的联邦储备银行、日本的日本银行、英国的英格兰银行。那么,中央银行都发挥什么职能呢?

第一,作为发行银行,供给适当的通货量。中央银行为国家经济整体的成长和稳定提供数量适当的通货。它不仅直接印制现金通货(第一次通货),而且还调整以此为根据发生的第二次通货(储蓄通货、准通货、流动性等)的量。通货可喻为人体的血液,中央银行承担着把血液供给到全身的心脏的作用。

第二,银行之银行。国民存款和取款的地方是民间银行,民间银行存款和取款的地方是中央银行。因此,中央银行承担着银行之银行的作用。民间银行储存到中央银行的货币称为中央银行储备金。而民间银行从中央银行那里贷款时所负担的利率称为再贴现率。

表 18.4　有关通货及金融的术语

储备通货＝高能货币＝现金通货＋银行准备金（储备银行的支付储备金和库存金）

银行准备金＝库存现金＋支付储备金

金融：货币流通划分为如下两种：在购买实物的情况下，同实物流相反方向流程的“产业性流通”；同实物流通毫无关联地以获利为目的，从借贷者向贷款者方向流程的“金融流通”。金融指的是后者。

金融市场：指的是使资本的需求者和供给者决定其价格的机构或装置。金融市场可分为以下几种，即短期资本交易的货币市场，长期资本交易的长期借贷市场和证券市场，交易外国货币的外汇市场等。金融市场又分为贷款期限为 1 年以下的短期金融市场（短期同行拆借市场、打折市场）和 1 年以上的长期金融市场（证券市场、长期贷款市场）。那些为企业活动所必需的设备资本或长期运作资本交易的市场称为资本市场。在这一市场中，包括长期贷款市场和证券及公司债券发行和交易的证券市场。

金融制度：由使资本的需求者和供给者之间的交易成为可能的各种金融机构（financial intermediaries）构成。金融机构由各种金融市场和金融中介机构构成。所谓金融中介机构，是间接地中介资本需求者和供给者之间交易的机构。

通货（货币）制度：是与基础货币及通货（M_1）相关联的制度，由中央银行和储蓄银行构成。

通货金融机构：这是创造出作为支付手段使用可能的现金通货和储蓄通货的机构，韩国银行和储蓄银行相当于这种机构。M_1 和 M_2 是由这些金融机构的金融商品构成的。

非通货金融机构：这是除了通货当局和储蓄银行以外的金融机构，根据其资本筹措和运用形态可分为开发机构、投资机构、储蓄机构及保险机构等。非通货金融机构被称为第二金融圈（见表 18.3）。

第三，政府银行。政府也进行活期存款、发行支票、借贷款等活动，这些活动都是通过中央银行进行的。还有，中央银行替政府发行通货稳定证券或国债，还承担政府所有有价证券的报关、管理及国库收纳等业务。

第四，对外金融业务。中央银行管理汇率、外汇资本的保存和出纳、公共对外支付储备金等，还承担对国际货币基金组织、亚洲发展银行、世界银行、欧洲开发银行等国际机构的出资或捐款等业务。

第五,为正确的金融市场和制度运行的措施。中央银行为金融制度或金融市场为整个经济提供适当数量的通货,并为各种金融机构进行正常的交易采取必要的监管措施。

不过,作为世界各国中央银行代表的美国中央银行,即联邦储备银行并不属于立法机关、司法机关、政府等独立机构。形式上的所有者是会员银行,但实际上是独立机构。联邦储备局局长,被人们认为是仅次于美国总统的美国实权人物。由于他的权力巨大,被称为"经济总统"。

可以把上述的职能划分为稳定地供给适合于国家整体的通货量,即"宏观经济功能",以及金融业和金融市场的健全发展,即"微观经济功能"两种。那么,再看一下作为通货制度另一个组成部分的储备银行(见表18.3)。不过,从根本上说储备银行是追求利润的企业。但在这一过程中创造出通货。在做钱买卖的过程中增加国家货币的数量,这是多么令人惊讶的事情啊!银行在追求利润的观点上和其他企业一样,但在创造出通货这一点上区别于其他企业。

五、储蓄银行和创出通货

"不流动的货币就不再是货币。货币是国家经济的血液。只有适当的数量并能够很好地循环,才能使经济更加健康。"

这里我们考察一下储蓄银行在进行日常追求利润行为的过程中,是如何创造出通货(储蓄通货)的问题。储蓄银行把利润最大化的途径,就是尽量接受更多的储蓄并进行更多的借贷。还有,给存款者尽量支付低利率,而从贷款者那里尽量收回高利率。这里,把银行创造出通货的功能,分为一个银行的情况和整个银行的情况两个方面进行考察。

一个银行的通货创出。假如像几年前的东帝汶那样只有中央银行没有储蓄银行,并且只有流通现金 100 亿元的国家。那么,这个国家的通货量一共有多少呢?现金通货只有 100 亿元。假定又产生了一个银行,人们把这 100 亿元全部在这个银行设账储蓄,那么通货量将发生什么变化呢？如果这个银行不把全部存款借贷出去，并为取款者准备 100%的现金，会发生什么情况呢？通货量本身不会发生任何变化。只是现金通货全部变为储蓄通货而已。

银行把全部储蓄金以支付准备金形式保存，叫做"100%支付储备制度"。不过，假如这个银行对存款人的取款行为进行了一段时期的考察发现了如下事实：即只要拥有 20%的支付准备金，那么应付存款人的取款便没有什么问题。于是，把 80%的存款都贷出去了。那么，通货量将发生什么变化呢？存在银行的储蓄通货还是 100 亿元，再加上 80 亿元贷出的现金，因此现金通货就相应增加了。因此，通货量是储蓄通货 100 亿元加现金通货 80 亿元的 180 亿元。

银行只把储蓄金的一部分作为支付准备金，这叫做"部分准备制"。通过这种制度，银行的贷款就能够增加通货量。为了预备存款人取款，应该储备支付准备金。通过法律形式规定这一比例，叫做需要支付准备比率或法定准备金比率。因此，一个银行的储蓄创出是超过法定支付准备金的部分。在上述例子中，如果说法定支付准备金比率为 20%，那么从 100 亿元减去 20 亿元，80 亿元就是这一银行能够创造出的通货量之最大数量。

银行挤兑＝大量取款

由于部分准备金制度，银行把储蓄中的相当部分借贷给顾客。因此，如果许多存款人同时取款，银行就承受不住。这称为银行挤兑（＝涌进银行＝大量取款＝蜂拥而至银行支付窗口）。

如果小道消息说，某个小银行即将处于困境，那么人们为了取走以前存在这里的钱蜂拥而至。这样，这家银行由于要支付的钱不足而处于困境。现代企业也做大规模信用交易。如果这个企业快要倒闭的消息传出去，在这个企业里存钱的人为了拿回钱聚集到这个企业来。那么，这个企业的处境就会很困难。如果严重，也可能倒闭。

整个银行(或银行系统)的通货创出。不过,假如有很多银行,而贷款人又重新把钱存到银行里。假如上述例子中贷款80亿元的人又把这笔钱存到银行里,那么这个银行为支付准备金留下其中的20%其他的钱又借贷出去。就是说,80亿元中保留16亿元为支付准备金,剩下的64亿元可以贷出去。贷款这64亿元的人又把这笔钱存到其他银行,那么这个银行又把其中的80%贷出去。如果这种存款和贷款继续重复,那么通货量会增加多少呢?就会增加到如下计算公式所表示的那么多。即,

100亿元+80亿元+64亿元+51.2亿元+…=500亿元

第一次的100亿元是中央银行发行的现金通货,它叫做"基础货币"。中央银行发行并离开中央银行窗口的货币,就称为基础货币。在准备金比率为20%的情况下,整个银行就创造出500亿元,即相当于5倍的储蓄通货。因此,整个银行就创造出相当于基础货币的乘倍数那么多的储蓄通货。在这种情况下,通货乘数(储蓄乘数或信用乘数)是5(100÷20%=5)。如果准备率为10%,那么通货乘数就成为10(=100÷10%),而如果是5%,那么通货乘数就是20(=100÷5%)。通货乘数5是把1.0作为准备率除的数字。

储蓄通货创出额=通货乘数×基础货币
(500亿)　(5)　(100亿)
通货乘数=1÷准备率
(5)　(0.2)

如果基础货币减少,那么储蓄通货就会减少,储蓄通货的减少也是同样的道理。即,储蓄通货的减少相当于基础货币减少额的乘倍数。不过,信用创造并不是某个人提取一个银行的钱又转到另一个银行时发生,而是在基础通货增加时发生。还有,不是在一个银行时发生,而是在整个银行形成一个系统时发生。这样创造出来的储蓄通货叫做"银行货币"。

我们通过上述说明,知道中央银行使准备金率发生变化,从而促使创

造出来的储蓄通货的数量发生变化。整个银行到底能够创造多少通货，这根据通货乘数的大小决定，这取决于以下三种因素。即，

① 支付准备金比率的大小

② 银行的贷款取向：银行也许并不把除了支付准备金以外的货币全部贷出去。中央银行不可能一一控制民间银行的贷款。

③ 国民的储蓄倾向：个人也不会把钱全部存到银行，而是以现金保留一部分。中央银行不可能强求国民应该储蓄多少。

韩国银行通过控制基础货币调节市场上的通货量，其大小取决于上述三种因素的影响。不过，银行创造储蓄通货，一方面是增加称为通货的金融资产，但一方面还增加贷款者的负债，因此从整个经济的角度看并不是增加国民财富，而只是增加经济内部的交换手段，即增加流动性。到现在为止，我们考察了某一个银行和整个银行如何创造出通货的问题。从中也知道了以下问题：即，在这一过程中，中央银行如何改变通货量。这是通货政策问题。我们来考察这个问题。

六、通货政策

“金融业正在越过传统的储蓄贷款业务，成为收集、处理、供给为企业或家庭的资本交易所需信息的信息产业。”

——高丽大学教授朴永喆

直接规制和间接规制方式。决定应该增加多少通货量有两种方法：

- 直接规制方式。就是说，通过银行规制供给民间部门、政府部门、国外部门等的资本数量。这如同过去我国所做过的以下事实，即如果认为民间部门的资本供给太多，政府就使银行设定民间信用

额度，从而规制对民间的贷款。

- 间接规制方式。这是通过韩国银行窗口调节要放出去的一次性货币的供给量，从而维持市场上的通货量的方式。在间接规制政策上，有准备金率政策、同行拆借市场政策、再贴现政策三种。

到1981年为止，韩国采取的主要是直接规制方式的通货管理。但从1982年开始，把直接规制方式转换为间接规制方式。韩国通货当局认为，M_2与实物经济有最密切的关系，因此从1979到1997年把它当作通货管理的中心指标使用。还有，制定了在总通货(M_2)中包括通货机构转让性储蓄证书(CD)和金钱信托，即称为MCT的新指标，从1997年到外汇危机以前，和总通货(M_2)一同作为中心通货指标使用。但在爆发亚洲金融危机后，根据同国际货币基金组织达成的协议，把总流动性(M_3)当作中心通货指标使用。使用通货指标，意味着在测定韩国财富时，根据这一指标计算。

还可以把通货政策分为一般政策手段(变更准备金率、同行拆借市场操作及变更再贴现率)和选择性政策手段(贷款限额制度、利率的规制)。过去，与产业政策相联系，我国更多地使用了选择性手段。不管是直接规制还是间接规制，其目标都是适量的通货供给，但在通货上也有几种。那么，以什么为基准或中心供给适当通货量呢？我国的通货指标在这段时间内发生过以下变化。

1957～1969	通货(M_1)
1970～1977	国内信用
1978	通货(M_1)
1979～1997	总通货(M_2)中心指标，M_2A和M_3B时补充性的指标
1997	总通货(M_2)和MCT
1998～	根据同国际货币基金(IMF)达成的协议，总流动性(M_3)

* M_2A＝总通货－长期储蓄性存款

MCT＝M_2＋转让性储蓄证书＋金钱信托

三种通货政策手段。通过以下三种一般政策手段可以改变通货量。

第一是准备金率的变化。

第二是同行拆借。这是韩国银行在公开市场上以一般银行或一般人为对象进行国家公债或有价证券的买卖，为了使一般银行更多或更少地拥有通货量而进行操作。例如，如果认为市面上需要更多的货币，那么就购买国家公债等有价证券，从而增加市场上的通货量。在相反的情况下，则做出相反的行为减少市面上的通货量。在美国，同行拆借是最重要的通货政策手段。韩国由于证券市场不发达没有多少可操作的证券对象，因此没有把同行拆借当作政策手段充分利用。但从 20 世纪 80 年代开始，通过财政证券、通货证券、稳定证券及外汇平衡基金债券等，逐渐开始使用这一手段。

第三是再贴现率的变更。所谓再贴现率，就是民间银行从中央银行那里借贷货币时所支付的利率。韩国银行把再贴现率调整得高一点儿或低一点儿，可以调节民间银行货币借贷的规模。中央银行也把贷款作为救济处在危机中的金融机构的手段。例如，如果某个民间银行被“处在破产前”的小道消息困扰，这时那些存款人一下子都聚集到那个银行的话，这个银行就会破产。出现这种情况时，中央银行可以通过贷款给予帮助。

通货政策的最终目标，是经济增长、经济稳定、国际收支等。为了达到这一目标，决定把通货量、利率、汇率等维持到什么程度，这是通货政策之中间目标的设定。在中间目标中，包括通货量、利率和汇率三项。通货政策的最终目标、中间目标及政策手段之间的关系如下：

表 18.5 我国通货金融政策的目标和手段

政策手段		中间目标		最终目标
同行拆借 准备金率的变更 再贴现率的变更	→	通货量 利率 汇率	→	经济增长 经济稳定 国际收支等

韩国 1997 年经济危机前，作为中间目标使用的是通货量。但在此期

间,根据金融改革、国际金融环境的急剧变化以及信息化的进展等,作为中间目标的通货量之效用下降了很多。从 1997 年 12 月发生经济危机后,韩国为了稳定汇率采取了高利率政策,在克服经济危机的过程中又采取了低利率政策。在这个过程中,韩国经济的利率表现出很大的灵活性。这样,作为中间目标,韩国现在更重视利率了。

利率固然重要,通货量也依然是重要的中间目标。不过,虽然把通货量当作中间目标,还存在着在增加量和增加率之中哪一个作为标准的问题。韩国现在更重视增加率。这一点概括如下:

- 作为通货政策的中间目标,1997 年 12 月经济危机以前,更重视通货量,其后更重视利率。
- 增加通货量时,与增加金额相比,更重视增加率。

通货、物价及总生产之间的关系。1999 年韩国的经常国内生产总值(GDP)是 484 兆韩元,通货(M_1)是 44 兆韩元。就是说,经常 GDP 是国内一切最终交易总额,为这么多的交易使用的货币以通货为标准是 44 兆韩元。因此,货币平均周转 11 次。这称为通货的周转速度。因此,货币(M)和周转速度(V)及 GDP 的关系如下:

$$\underset{(11)}{V} = \underset{(484)}{\text{GDP}} \div \underset{(44)}{M} \text{ 或 } MV = \text{GDP}$$

不过,经常 GDP 是实际 GDP($=Y$)乘物价指数 P 的积。即,GDP=PY。因此,上述式子可表示如下:

$$MV = PY$$

这是表示物价或通货之间关系的交换方程式。为了考察通货增加时物价如何增加的问题,可以把式子表示为如下的增加率关系:

$$\dot{M} + \dot{V} = \dot{P} + \dot{Y}$$

通货增加率　周转速度增加率　物价上涨率　实际 GDP 增长率（=经济增长率）

在上述式子中，其周转速度增加率为零，即如果周转速度不发生变化，那么通货增加率和物价上涨率之间的关系如下：

$$\dot{P} = \dot{M} - \dot{Y}$$

物价上涨率　通货增加率　经济增长率

例如，如果通货增长率是13%，经济增长率为10%，那么物价上涨率成为3%。

但现实中周转速度总是处于变化之中。那么，这时的通货供给目标会怎么样呢？如上所述，作为通货供给目标，相比通货的绝对金额来说，更重视通货的增长率。因此，可以把通货供给目标表示如下：

$$\dot{M} = \dot{P} + \dot{Y} - \dot{V}$$

通货增长率　物价上涨率　经济增长率　周转速度增长率

在规定作为通货政策中间目标的通货增长率时，正如上述的那样考虑物价上涨率、经济增长率、周转速度等的，叫做 EC 方式。这是因为欧洲共同体（EC：European Community）理事会在1972年劝告会员国采纳并使用的缘故。韩国也采取 EC 方式。因为，根据韩国银行的说明，以2000年的通货增长率 M_3 为标准，通货增长率是7%～10%，而物价上涨率约为2.5%，并预料将有略微的周转速度增加。

凯恩斯和弗里德曼及货币

古典学派经济学家相信，在 $MY=PY$ 中，V 和 Y 是一定的，因此物价(P)和通货量成比例。但凯恩斯认为，随着通货量的变化，M 和 Y 会发生变化。因此，他对通货政策抱着怀疑态度。凯恩斯重视的是财政政策。弗里德曼则相信，通货量的增加能够带来经常国民收入的变化。因此，把他的理论称为新货币数量理论。

不过，由于通货政策的最终目标之一是物价稳定，因此先设定物价上涨的目标，然后没有中间目标而寻求通货政策手段的国家多了起来。韩国也采取物价稳定目标制度。但现在同物价稳定及其目标一起，也发表通货(M_3)增长率目标。

当今世界已进入全球化时代。在韩国有很多美元或日元等国外货币。就是说，国外货币对韩国的物价、利率及证券市场等产生很多影响。我们在第 6 章中已经知道货币和实物是紧密联系在一起的事实。不过，从全世界的角度看，货币和实物逐渐走向分离的倾向很强。如 1999 年的世界出口总量是 7 兆美元，因此，全世界出口所必需的货币只是这个数目。但世界金融市场上的很多情况是，这一规模的货币往往在 3～4 天内就成交。

当今世界，作为投机性资金(即，游资)的数量越来越多。这些货币在任何时候都可以使国家经济不稳定。韩国证券市场上，有很多外国资本，如果这些资本一下子都流出国外，那么韩国的证券市场就有可能马上陷入大混乱。从这一点看，今后能够达到通货金融政策目标的可能性越来越小。那么，怎么办呢？在全球化、无限竞争时代的政府通货金融政策，应该把重点放在强化企业和产业的全球竞争力上。因为，从长远的观点看，只有在我国的产业和企业健康并且其全球竞争力强的情况下，真正意义上的全球竞争力才会强。国家竞争问题的世界权威机构，即瑞士的 IMD 在过去的数十年一直主张的，就是这一点。

韩国金融的优势和弱点(在世界 47 个国家中的名次)

优　势	世界名次	弱点	世界名次
信用卡发放率	6 名	金融教育	46 名
高新技术风险资本	13 名	股东的权利与义务	45 名
证券市场交易	18 名	金融机构的透明性	45 名
证券市场	20 名	保障金融交易秘密	41 名

资料来源：瑞士 IMD，《世界竞争力报告》，2000。

第 五 篇

各种产品和生产要素的价格及生产量的决定

第十九章　完全竞争市场中的价格和产出的决定

"要想知道一个国家,就先去看其市场。"

到现在为止,我们知道了市场上有需求和供给两个方面,这两个因素一起发挥作用时,就会决定某种财货和服务的价格及交易量。韩国有无数的产业产品,但其价格和产量并不是在完全相同的市场上决定。要考察每种产品的价格和产量如何被决定,实际是不可能的。那么,怎么办呢? 因市场形态不同,价格和产量的决定也会不同,因此如果把市场划分为几种类型,就可以相应地把与之进行交易的产业产品加以分类。

那么,都有哪些市场形态呢? 有以下四种市场:即,①完全竞争市场;②完全垄断市场;③垄断竞争市场;④寡头垄断市场。我国企业生产的一切产品,无论哪一种都是在其中的一种市场上进行交易。因此,如果懂得了这四种市场如何决定产品的价格和交易量,就可以知道韩国企业生产的各种财货和服务的价格和交易量是如何被决定的问题。现在,我们从完全竞争市场开始一一考察。

一、什么叫完全竞争市场?

完全竞争市场是理想的市场,或称为市场天国。但这同现实是有距离的。我们之所以考察它,是因为只有懂得了理想的市场,才能懂得现实市场同理想市场有多大距离。那么,什么叫完全竞争市场呢? 就是具备以下四种特征的市场:

(1)无数小规模销售者和购买者。由于销售者和购买者的数量很多,任何人都不能对市场价格发生影响。购买者不能因购买量小降低价格，也不能因购买量多提高价格。销售者也不能通过增加销售量影响市场价格。因此，不管销售者还是购买者，只能根据在市场上决定的价格进行交易，即成为所谓的价格接受者或随行逐市的商人。运行得很好的证券市场、农产品市场、外汇市场等是比较接近于完全市场的市场。

不过，从全世界的范围看，很多国家具备竞争力的产业之特征就是生产其产业产品的国内企业多，这些企业之间的竞争也非常激烈。瑞士在国家竞争力方面引以为豪的金融业，竟有390多家银行。各种银行的分店也有4 000多家。在钟表业，竟有350个著名商标。在日本，全球竞争力很强的产业有无数个竞争企业。造船业有33家企业、半导体产业有11家企业、汽车产业有11家企业、通信产业有25家企业。当然也有例外。韩国的半导体产业虽然具有全球竞争力，但生产企业的数量却是少数(麦克尔·波特，《国家的竞争优势》；阿部正树，《读懂因外资企业的入侵而发生变化的企业系列产业地图法》，1999)。

欧洲发达国家电子产业的全球竞争力有一段时期之所以弱化，是因为政府整顿电子产品生产企业减少其数量，并予以保护的缘故。日本政府也在一段时期要整顿汽车、电脑、机械工具生产企业，由于企业的强烈反对没有成功。很多日本经济问题专家认为，如果当时这种整顿成功的话，那么日本这些产业就不能具备现在的世界竞争力。经过亚洲金融风暴，韩国也有与企业集团调整相关的问题，不少人主张，应整顿企业予以整合。这些主张有很多是错误的。有人甚至主张整顿造船企业，这些人忽略了竞争的重要性。造船企业反对说，“对那些在世界市场上同日本争第一的造船企业，即对具有相当强全球竞争力的造船产业有什么不满要进行整顿呢?”在市场经济中，重要的是很多企业之间的激烈竞争。

(2)产品的一致性。在销售者销售的商品之间没有差异。如果某个销售者的商品更好，那么他就可以提高价格，完全竞争就不能成立。

(3)完全信息(perfect information)。交易当事者非常熟悉商品的价格和交易量。就是说，不应该有由于不懂得这一点消费者多给钱，或者销售者售价便宜而受损失的事情。

(4)进入和退出市场的自由。不管是什么商品,愿意生产的企业不受阻碍任何时候都可以进行生产,不愿意继续干时可以不再搞企业。某个企业在任何商品的生产上可以自由地生产叫做进入自由,可以不干的叫做退出自由。这种进入或退出,任何企业不得阻碍,政府也不应对此有任何法律上的干涉。为了能够进出自由,购买者应有以最低价购买商品的自由,销售者也应有以最高价出售的自由。各种资源的所有者,也必须具备最有效地使用资源的自由。但由于技术上的原因,企业进出不自由的情况也有。这点将在有关垄断的问题上讨论。

根据亚当·斯密的论述,在完全竞争的市场经济下,"看不见的手"引导销售者和购买者,从而不仅对双方,而且对社会也有帮助。那么,现在我们来考察在完全市场经济中,产品的生产量和价格如何被决定的问题。

二、完全竞争市场的价格和交易量的决定

短期均衡。所谓产业,就是生产同样或差不多的产品的企业集团。如韩国的电子产业是由 LG 电子、三星电子、现代电子等电子公司群或集团。所谓短期,是指在企业层次上,生产工厂规模固定的情况,这将同生产成本一起加以说明。产业层次上的短期,是指生产企业的数量固定的情况,这也是指其产业所属企业没有进出的情况。

为方便起见,这里把完全竞争企业称为 C。由于 C 企业的产品销售量只是整个市场的极小部分,因此即使产品全部出售也不影响市场价格。即,市场价格不变。市场价格不变,意味着购买者对其产品的需求曲线如图 19.1 所示是水平线。但 C 企业的供给曲线却如图中所示,向右上方倾斜。下面我们将予以说明。C 企业的短期均衡价格和交易量,是在需求曲线和供给曲线相交的地方被决定的。这时的均衡价格是 11,均衡交易量是 5 个。

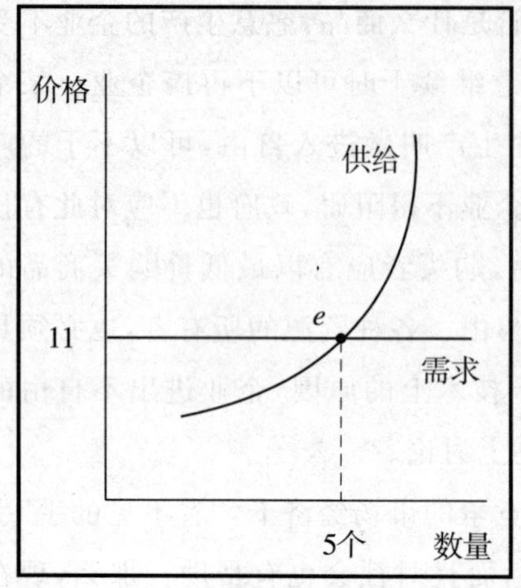

图 19.1 个别企业的短期需求和供给

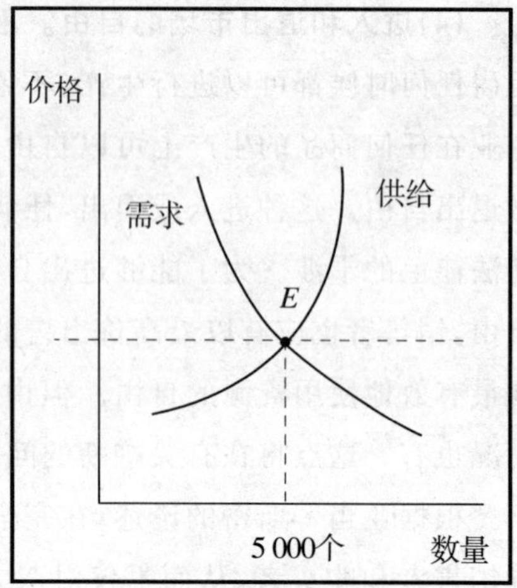

图 19.2 产业的短期需求和供给

不过,即使在完全竞争市场,把所有企业的需要合在一起的产业需求曲线,如图 19.2 所示向右下方倾斜,市场供给曲线相反向右上方倾斜。因此,在这两条曲线相交的 E 点上,均衡价格 11 和均衡交换量就被决定。这意味着产业的短期均衡价格和交换量。如果把这两张图相比较,C 企业的交易量是 5,那么这只不过是整个市场交易量 5 000 个的 1‰。这说明在这一产品市场中,和 C 企业一样的企业有 5 000 个这一事实。那么,某一个商品的价格和交易量的决定是这样,这意味着什么呢?我们看一下长期均衡来考虑这一问题。

长期均衡。所谓长期,是指在个别企业层次上,工厂规模可以随意变更的情况。在产业层次上,原有企业既可以中止产品生产也可以开始新的企业生产期间,即企业的进出都可能的情况。

短期上,完全竞争企业可以多赚经济利益,也可以蒙受很大损失。经济利益很大这一事实,意味着产品的市场价格比短期平均成本高。在这种情况下,才能出现生产这一产品的企业。这称为新企业的市场进入。新企业的进入意味着供给的增加。供给的增加意味着供给曲线向右移动。那么,到底有多少企业进入,供给线向右移动了多少呢?到经济利润等于零为止。如同图 19.4 所示。即因新企业的进入,市场供给曲线从

S_1 增加到 S_2。结果，价格从 P_1 下降到 P_2，而交易量从 Q_1 增加到 Q_2。P_2 是平均交易量为最小的价格。

因此，从长期看完全竞争市场，交易产品的价格同最低水平的平均总成本一致。平均总成本最小的事实，意味着贵重的资源最小、因而最有效地被使用。这也意味着经济利润为零。换句话说，如果韩国某企业生产的产品交易的市场是完全竞争市场，那么这一企业以最便宜的成本来生产其产品并把它销售到市场上，而购买其产品的消费者也是以最低的价格购买它并使用。无数企业间的激烈竞争，能够把这些变成现实。这是我们所希望的。

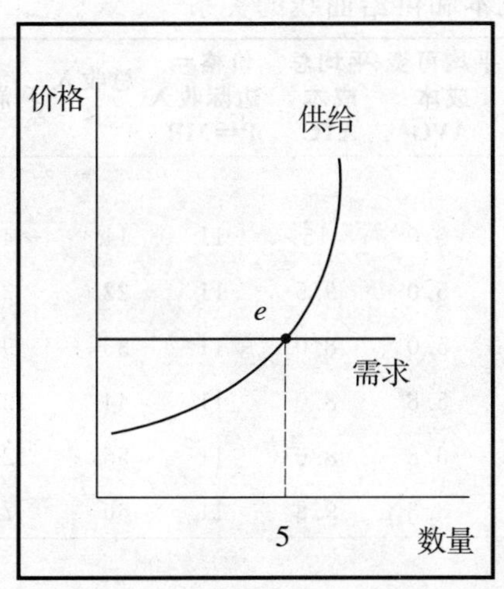

图 19.3　个别企业的长期需求和供给

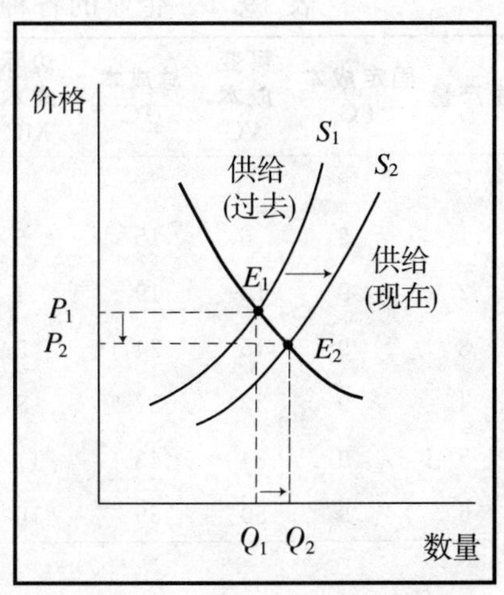

图 19.4　产业的长期需求和供给

到目前为止，我们把完全竞争划分为个别企业和由这些企业构成的产业，并考察了所生产的产品价格和数量在短期和长期如何被决定的问题。从现在开始，我们考察企业供给曲线同生产成本有什么关系的问题，并附带考察一下各种成本概念及其关系。

三、供给曲线的背后是生产成本和成本曲线

现在开始探讨各种成本的概念,以此为基础并通过具体的数字考察下企业成本曲线和供给曲线的关系。

如上所述,所谓短期,是生产工厂规模固定时期。但一般来说,只是指一部分生产要素被固定的时期。因此,在短期总有固定成本和变动成本。这样,在这里重要的是固定成本和变动成本的关系。这里先以表19.1为参考并好好把握各种成本的概念。

表19.1 企业的各种成本和供给曲线的关系

生产量	固定成本 FC	可变成本 VC	总成本 TC	边际成本 MC	平均可变成本 AVC	平均总成本 ATC	价格＝边际收入 P＝MR	总收入 R	利润
0	9		9						
1	9	6	15	6	6.0	15	11	11	－4
2	9	10	19	4	5.0	9.5	11	22	3
3	9	15	24	5	5.0	8.0	11	33	9
4	9	23	32	8	5.8	8.0	11	44	12
5	9	34	43	11	6.8	8.6	11	55	12
6	9	50	59	16	8.3	9.8	11	66	7

- 固定成本是同工厂租金、机械购买费等生产量的变化无关的一定成本。
- 可变成本(材料费、电费、工业用水成本等)随着生产量的增减而增减。
- 总成本是固定成本加可变成本之和。它随生产量增加。
- 边际成本是在生产量增加一个单位时总成本增加的部分。
- 平均可变成本是用生产量除可变成本的商。
- 平均总成本是用生产量除总成本的商。
- 完全竞争企业的产品价格同边际收入一样。所谓边际收入,是每出售一个单位产品中所附加产生的收入。不过,完全竞争企业交

易量在市场价格中占很少的部分，因此即使把产品全部卖出去，也不会对市场价格发生影响。因此，多出售一个单位而得到的收入同市场价格一样。所以，其价格同边际收入一样（价格＝边际收入）。

· 总收入是销售量乘价格（＝边际收入）的积。

· 利润是从总收入中减去总成本的差。

· 企业为了利润最大化再生产一个单位收入到的追加收入（＝边际成本），如果比再生产一个单位而发生的损失（＝边际损失）更大，那么还会继续生产。如果两者一样，即边际收入＝边际成本，那么利润就最大化。在表 19.1 中成为这种情况的生产单位是 5。这时，利润为 12。

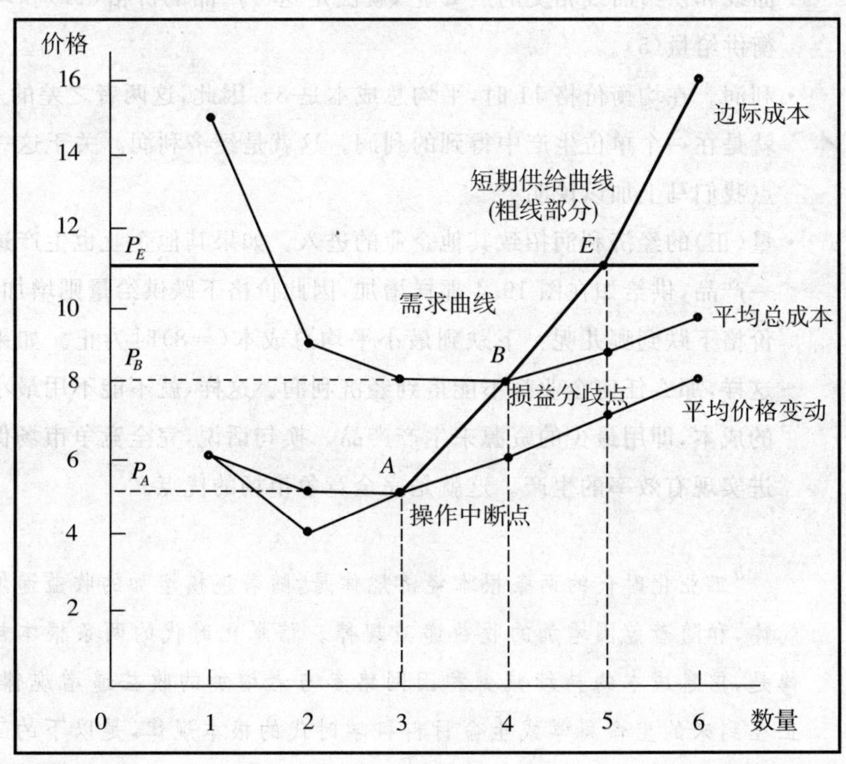

图 19.5 企业的供给和边际成本

· 操作中断点是价格同最小的平均可变成本一样的点。例如，如上所述，如果M经营一家面包店，在制作面包出售所赚的钱还不到面粉的价格和材料价格时，还是关闭面包店为好。制作面包以后负担这些成本，之后如果还有剩余，那么用这些钱可以保全固定成本的一部分。这时候只有继续生产才能减少损失。

- 因此，这一企业的生产曲线，是图19.5中的边际成本曲线中A点开始并通过E点的部分。A点是平均可变成本最小的点。
- 企业的需求曲线。在图19.5中，如果产品的价格是11，那么通过表示这一点P_E的水平线，即$P_E E$为企业的需求曲线。对于完全竞争企业来说，如上所述，即使把产品都销售出去，市场价格也不会发生变化。因此，表示价格11的直线就成为需求曲线。在需求曲线和供给曲线相交的点E上，就决定这一产品的价格(11)和均衡供给量(5)。
- 利润。在均衡价格11时，平均总成本是8。因此，这两者之差的3就是在一个单位生产中得到的利润。这就是经济利润。关于这一点我们马上加以说明。
- 量(正)的经济利润招致其他企业的进入。如果其他企业也生产这一产品，供给如在图19.4那样增加，因此价格下跌供给量则增加。价格下跌到哪儿呢？下跌到最小平均总成本(＝8)时为止。如果这样，那么任何企业都不能得到经济利润。这样，就不能不用最小的成本，即用最少的资源来生产产品。换句话说，完全竞争市场促进实现有效率的生产。这就是完全竞争市场的优点。

“工业化时代的两条根本经济规律是，随着规模增加的收益递增规律，和随着范围增加的收益递减规律。信息化时代的两条根本规律是，信息成本的持续减少和因网络参与者增加的收益递增规律。正在到来的生命科学或生命材料科学时代的根本规律，是以下的三点：第一，知识每天增加两倍；第二，比其他任何革命更世界性、更广泛、更强有力；第三，以生命科学为基础的经济将会垂直上升。”

——理查德·奥利波，《即将到来的生命科学时代》(2000)

第二十章　生产性和生产成本

"最简单的方法是最好的方法。"

——美国陆军

"所有一切尽量要制作得简单。但不应该超过其限度。"

——阿尔伯特·爱因斯坦

我们已经知道了所谓市场,就是不管什么商品,促使购买的人和销售的人都愿意并能够决定价格和生产量的机制。此外,根据商品价格,交易者决定不同的购买量和销售量。

我们还懂得了商品供给量的决定因素是价格。不过,商品价格取决于生产成本,生产成本则取决于生产量和生产性。现在开始来考察一下生产和生产成本的关系。

一、生产成本的含义

我们知道,生产曲线以曲线为基础。因此,想了解供给曲线,有必要很好地了解各种成本概念。在财货和服务的生产上,使用的是人力和物资资源,表示使用资源多少的是生产成本。想知道生产成本,首先要明白机会成本的含义。

机会成本是真正的成本。我们已经在第 1 章中考察过机会成本(opportunity cost)的含义。这里,要更加明确对此的理解。假如某个学生的父亲 M 在汉城江南开了家面包店,并雇用一流面包师。那么,应该给这位面包师多少薪水?如果说汉城市一流面包师的月薪为 300 万韩元,那么就应该给这么多。这位面包师要在这个面包店工作，那么就必须抛弃在其他面包店工作的机会。因此，这一面包师的机会成本是300万韩元。不能给这个薪水，就不能继续聘用他。假如这个面包师每月得到350万韩元。这时350万韩元是会计成本。市场运转得越好，越接近于机会成本。

所谓机会成本，就是为了一个工作机会而抛弃能够得到其他利益的机会。再举个例子，大学生A在大学学习的机会成本是多少呢？是因大学学习而抛弃的，即就职于公司所能得到的薪水之机会。在资源、产品、服务等方面，都有机会成本。假如大学生B在汉城市的一流饭店里，从饭店主人那里每天免费吃午饭。午饭真的是白吃的吗？不然。如果把这一午饭卖给外国游客，就可以赚得宝贵的外汇。大学生B所吃午饭之机会成本，就是所抛弃的外汇，这并不是白吃。资源、财货、服务等方面都有机会成本。从经济学的角度看，世界上根本不存在白得的东西。

现付成本和隐含的成本。假如一流面包师M自己直接经营面包店。如果他在其他面包店工作，可以得到月薪300万韩元，但自己经营时，计算各种成本(应给他人的)之后只剩下了100万韩元。M在面包店的经营中是不是赚钱了？没有。他应把自己工资最低考虑到300万韩元。这称为隐含成本(implicit cost)。假如M把自己房子的一部分当作面包店。如果把这个店出租给其他饮食店，就可以得到200万韩元。这时，这200万韩元也是隐含成本。不过，如果M以200万韩元租他人的房间办了面包店，那么这200万韩元是“明确表示”的成本，因此称为现付成本(explicit cost)或会计成本(accounting cost)。

M应把自己的劳动价格、建筑物价格、所投资的钱等都计算为相当于机会成本的成本。因为，这些都是隐含成本。M由于经营自己的店，因此比在其他店里更努力工作。因此，假如他赚了比工资更多的500万韩元。即使做了其他买卖，也可以比自己工资多挣200万韩元。这500万韩元和工资300万韩元之间的差额200万韩元，是对他企业家才能(entrepreneurial ability)的隐含成本。可以把它说成是正常利润(normal profit)。

企业家应该给劳动者支付多少工资呢？应该支付给相当机会成本的钱。土地、资本、企业家才能等其他生产要素的情况也一样。劳动的机会成本是隐含工资、土地的机会成本是隐含地租、资本的机会成本是隐含利息、企业家才能的机会成本是正常利润。所有这一切的合计，就是经济成本。

正常利润和经济利润。在M的面包店经营上所花费的成本到底是多少呢？这就是现付成本加上隐含成本之和。再说明一下，在M出售面包得到的钱中，也就是从总收入中应该减去必须明确支付给他人的部分，即现付成本首先要扣除。还有，应一一计算自己隐含的工资、隐含的租金、隐含的利息、正常利润等，并从总收入中扣除。在总收入和这样计算的总成本一样时，对企业家才能的报偿就成为正常利润。

难道正常利润是成本吗？当然是。如果M不办面包店而搞其他企业也可以赚得200万韩元的利润，那只是正常利润，也是对M企业家才能的正当成本。M如果在经营面包店的过程中倒闭，那么就有可能真的家破人亡。这种奉献的代价，就是正常利润。是一种正当成本。

这里，把利润的概念再明确一下。利润是由两个部分构成的。一是称为企业家才能的资源之机会成本，另一个部分是超过它的部分。相对于企业家才能的机会成本部分是正常利润，超过它的利润是经济利润。重复一遍，正常利润是经济成本的一部分。在经济成本中，包括工资、地租、利息及正常利润等。

经济成本＝工资＋地租＋利息＋正常利润＝总机会成本

＝现付成本＋隐含成本

经济利润＝总收入－经济成本

某企业的销售收入比经济成本多时，这一企业就相应地实现经济利润。大部分企业设定为短期目标利润最大化，就是经济利润最大化。不过，利润最大化是在很好地遵循其规律时，才能实现的。其规律就是把产品的生产再多销售一个单位产品时所实现的收入，即边际收入(MR：marginal revenue)比再生产一个单位产品时所产生的成本，即比边际成本(MC：marginal cost)更大时继续生产。如此继续扩大生产而这两者达到一致，那么就是利润最大化。

利润最大化的条件＝MR＝MC

附加价值和增值价值及利润。我们现在懂得了各种成本和利润的含义。那么，实际怎样计算利润呢？还有，附加价值和增值价值有什么不一样呢？现在开始通过数字来考察这些问题。

销售额(＝收入)	100 亿韩元
1. 投入物成本	55 亿韩元
2. 附加价值	45 亿韩元
①人力成本	18 亿韩元
②金融成本(利息成本等)	9 亿韩元
③折旧(机械磨损等)	9 亿韩元
④税金	4 亿韩元
⑤利润	**5 亿韩元**

假如 A 公司一年多销售产品得到的钱(＝收入＝销售额)总共达到了 100 亿韩元，为生产这么多产品所使用的各种投入物(中间财货)的总成本是 55 亿韩元。这里，投入物(中间财货)是这个公司为产品生产从其他公司那里购买的一切产品或服务支付的总额。从 100 亿韩元中减去 55 亿韩元的金额就是 A 公司的“附加价值”。这是这个公司能使用的钱。其中减去人力费 18 亿韩元、补充机械的磨损(＝折旧)方面的 9 亿韩元，以税金形式支付的 4 亿韩元等，剩下的就是利润，即 5 亿韩元。

这时，公司挣的钱是多少呢？所谓“挣”的含义是什么呢？据说，在共产国家，有人把销售额认为是这个公司挣来的钱，主张要对半分。

例如，在莫斯科开办的一家韩国饭店年销售额是100亿韩元，当地人认为这就是饭店挣的钱。但要制作饮食，需要有肉、菜、作料等各种材料费，还有水电费。从销售额中减去一切投入所得的结果，是饭店所附加的价值，即附加价值。附加价值是这一饭店生产的。我们知道，如果把一切企业的附加价值加在一起，就成为国内生产总值。

也有人认为附加价值是A公司"挣的钱"。但这是附加价值，而不是挣的钱。这笔钱还得支付人力费、税金、贷款的利息、折旧费等。支付这些成本之后所剩下的5亿韩元，是"利润"。可以把这一利润看成是这个公司"挣的钱"。销售与利润之比，在美国制造业中平均是6%，韩国则是3%。如果以此为标准，那么上述例子中的A公司赚了2亿韩元的利润。这2亿韩元称为超额利润。也可以把这"超额利润"说成是A公司"挣的钱"。这是经济利润(economic profit)，管理学者也称为EVA(economic value added=经济附加价值)。很多企业是以EVA最大化为目标的。

再明确一下这个概念。假如，我们办公司从国外进口55亿韩元原油，把原油加工成汽油并卖到100亿韩元。那么，这时的附加价值和价值附加各多少呢？

- 增值价值：把原油或55亿韩元的价值予以增值的，即附加的是45亿韩元。
- 附加价值：在附加价值45亿韩元中的人力成本、金融成本、减价折旧成本、税金等，即为了办企业而必须都支付出去的钱。如果说留在A公司的钱只有2亿韩元(抛出正常利润3亿韩元)，那么管理学家们把这称为附加价值或经济附加价值。

附加价值是经济学家经常使用的概念，而增值价值是管理学者经常使用的概念。那么，税金应该"附加"到销售额100亿韩元呢，还是应该附加到附加价值45亿韩元呢？当然应该课税到附加价值上。这称为"附加价值税"。从国家整体层次看，企业为了赚钱而增加的是附加价值，从企业利润最大化层次看是"增值价值"。

二、短期成本和收益递减规律

短期成本和长期成本。 多长的时期是长期，多短的时期是短期呢？有些产业的企业环境是急剧变化的，在很短的时间内会发生很大的变化。相反，有些则几乎没有什么变化。例如，有些面包店，从我们小学到大学时期在同一个地点做同样规模的买卖。一般来说，作为生产要素的资本或劳动的一部分不变的情况下，即使岁月再流逝也把它称为短期。相反，在资本、劳动等生产要素都发生变化时，与时间无关地称为长期。长期是指生产工厂的规模发生变化，而且原来的企业退出或新企业能够进入的时期。那么，为什么划分短期和长期呢？

在短期，由于生产要素中有不发生变化的要素，即固定的要素，因此固定成本(fixed cost)显得很重要。对于面包店来说，像制作面包的机器、建筑物等是固定要素，与之相关的成本就是固定成本。但劳动和面粉等是随着生产量的变化而增减的，这些称为可变要素，而把其使用成本称为可变成本(variacle cost)。如信息财货，其固定成本是很多的，但其可变成本却很少。例如，把 1 亿美元的电影刻录到光盘上的成本还不到 1 美元。

不过，在制作面包的机器一定的情况下，如果增加劳动者的数量，那么在一定程度上可以提高劳动者的人均追加产品，即劳动的边际产量(MPL: marginal product of labor)。但如果把劳动者的数量增加到一定程度，那么 MPL 就开始减少。这称为收益递减规律(law diminishing returns)。为什么会有这个规律呢？如果没有这个规律，我们不就可以在一个花盆里栽培全体国民都够吃的粮食了吗？每台制作面包的机器，都有在最高限度上提高效率的劳动者数量。即，机器和劳动者之间有最佳搭配。在这个限度以前，如果增加劳动者的数量就会提高劳动的边际产量，如果达到这个限度，劳动的边际产量就开始下降。即发生收益递减的现象。

在短期，由于这种固定要素和变动要素共存，因此在这里，固定成本和变动成本及其关系发生何种变化的问题就显得很重要。还有,如果增加变动要素数量,那么就发生收益递减现象。这从成本方面来看,意味着每追加单位生产时成本的增加。那么,长期情况会怎么样呢?

在长期,如果是面包店,那么制作面包的机器和面包店的建筑物都会发生变化。因此,在这里重要的是如何决定面包店规模的问题。以汽车生产厂为例。如果是小型汽车,那么在最佳生产规模为 30 万台时,生产厂的规模 20 万台比 10 万台,30 万台比 20 万台,每台汽车所需要的生产成本更少。

如图 20.1 中的短期平均成本曲线,在建设 10 万台汽车生产规模时,其平均成本曲线为 A,建设 20 万台汽车规模工厂时,平均成本曲线为 B。在建设可以生产 30 万台汽车的工厂时,平均成本曲线是用 C 表示。这时,每台汽车的平均生产成本最小。在建设生产 40 万台汽车的工厂时,每台汽车的平均生产成本就会增加。根据增加生产量的长期平均成本生产曲线,把各自的短期成本曲线往下包抄联结。有关规模经济的问题将在下面加以说明。

那么,汽车公司的情况又如何呢?如果要成为具有全球竞争力的汽车公司,就不可能只生产小型车,还要生产中型车和大型车。由于以整个世界市场为对象,生产工厂不可能只建在一个地方,而应该建在好几个地方。因此,有人说,当今的世界性汽车公司(不是工厂)应具备生产 200 万台或 400 万台汽车的规模。这里以汽车工厂的规模来考察这一问题。

> 短期:固定要素+变动要素→收益递减规律
>
> 长期:一切因素都是变动因素→生产规模发生变化→规模经济

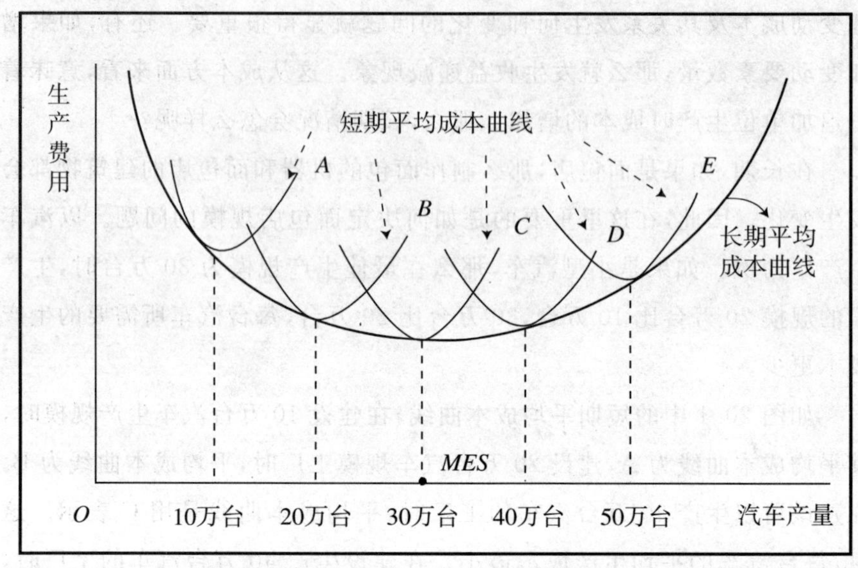

图 20.1 长期平均成本曲线

三、长期成本和规模经济

如上所述，在生产要素都发生变化时称为长期，这些变化是规模的变化。但正如前面的例子，每台汽车的生产成本，到最佳规模生产量的限度为止减少的原因是什么呢？是因为规模经济＝大量生产经济＝规模收益递增。发生这些现象的原因是什么呢？

· 资本效率的增加。在生产汽车的情况下，拥有可以实现大规模生产的尖端生产设备、电脑、机器人工厂的自动化等.

· 劳动的专业化。随着劳动者数量的增加，分工和专业化更加发达，可以使用专业技术人员、劳动者、技工等。

· 经营的专业化。随着生产规模的扩大，可以充分利用销售、市场经营、金融、人事问题专家等更优秀而专业化了的管理人员。

但生产规模如果超过适当的规模，那么由于经营阶层的官僚化、沟通的困难、员工缺乏凝聚力等原因，每台汽车的生产成本将上升。这称为规模非经济。从规模经济到规模非经济，用同样的成本可以进行相当程度的生产。这称为规模收益不变。

不管是面包厂、制鞋厂、钢铁厂、汽车厂和任何生产工厂，都有最小效率规模（MES：minimum efficient scale）。所谓最小效率规模是长期平均生产成本最小的生产规模。不管什么样的商品，要想在国际竞争中更有力，至少要建设一定规模的工厂，只有这样才能在成本上竞争，而这时的规模就是最小效率规模。汽车厂的最小效率规模如图 20.1 所示。

最小效率规模是产业结构的重要决定因素。饭店、文具店、菜店等最小效率规模很小。因此，这些产业的商店（企业）数量很多。相反，半导体、造船、钢铁等企业，最小效率规模很大。因此，这些产业只能存在为数不多的企业。

> “通用电气公司利润规模世界第一（1999 年为 107 亿美元）、股票价格总额世界第一（1997 年），在多样化经营世界第一。所涉足的部门为，⑴飞机发动机；⑵家用电器；⑶资本服务；⑷产业系统；⑸信息服务；⑹照明器具；⑺医疗系统；⑻广播；⑼塑料；⑽发电系统；⑾运输系统。这才是章鱼爪式的经营。如果这些部门都独立，那么其中的九种可以进入世界 500 强企业。”
>
> ——斯图俄特·克雷尼，《杰克·沃尔奇式的经营》

> “同韩国财团最相近的美国公司是通用电气。”
>
> ——诺贝尔经济学奖获得者 G. 贝克尔

第二十一章　寡头垄断市场和不完全竞争市场

前面我们考察了完全竞争市场，这一章先考察一下与完全竞争市场相反的垄断市场，再考察与垄断市场差不多的寡头垄断市场。寡头垄断市场在有些情况下可以成为完全竞争市场，在有些情况下又可成为同垄断市场差不多的市场，因此有不少难以理解之处。最后我们考察与完全竞争市场差不多的垄断竞争市场。一提起垄断竞争市场，人们就可能认为它与垄断很相近，实际上它是更相近于完全竞争市场的形态。

所谓完全竞争市场，如上所述是理想形态的市场，而现实世界中的市场是不完全竞争市场。那么，什么叫不完全竞争市场呢？是那些不能满足上述完全竞争四项条件的市场。即，

· 由于销售者和购买者数量少影响市场价格时；
· 由于产品互不相同，供给者可以得到不同价格时；
· 对市场条件没有完整信息时；
· 在进入市场和退出市场上没有自由的情况下形成的竞争。

在满足这些条件的市场上，存在着上面提到的垄断、寡头垄断、垄断竞争三种市场。

一、为什么出现垄断？

产生垄断的原因如下：

(1)技术优势。美国的微软公司，在技术上使其他公司望尘莫及，因

此在相当长的时间内享受着垄断地位。不管什么企业,只要制造出革命性的产品,就可以享有垄断地位。以"Intel Inside"商标著称的因特尔公司或IBM公司,由于保持了技术优势曾享受过垄断地位。经营技术上的优势也可以创造出垄断。据说,哈佛管理学院的罗伊斯·威尔兹教授在给学生讲课时,总是说在管理公司时要努力成为垄断企业。

(2)规模经济。这可分为供给方面的规模经济和需求方面的规模经济。

供给方面的规模经济,是由于企业的最佳生产规模大生产量能够增加到一定水平时,可以继续减少每单位的平均生产成本的经济。如电力公司必须具备发电、配电、送电等设施,因此必须进行庞大的投资。在投资后的产量增加到一定程度以前,每单位的平均生产成本继续减少。由于电力公司的最佳生产规模很大,在能够满足市场需求时,自然地形成垄断,因此称为自然垄断(natural monopoly)。

但自然垄断企业不一定是大企业。中小企业,甚至微小企业都可以成为自然垄断企业。在很多不发达国家中中小城市中惟一的剧场、五金店、专门医院、书店、加油站、银行分支机构、药店、饮食店、远离市中心的学校食堂等,都近乎于自然垄断。重要的是,与某种财货或服务相比,这些企业在其生产规模达到某种程度的情况下,自然垄断企业往往比很多竞争企业更有利。韩国有40万个饮食店。根据地点的不同,其中也有发挥相当大的垄断力的企业。为什么会这么多呢?假如把汉城的无数家饮食店都整合为一家饭店,那么会发生什么情况呢?请大家把这种问题同垄断、垄断竞争及规模经济联系在一起考虑。

需求方面的规模经济是指像软件包一样,使用者的数量越多,其价值就增加得越多的情况。假如我们所认识的人都使用微软产品,我们使用它就更方便。使用者的数量越多,其价值就越大。这称为网络经济(network economies),这有利于消费者。就其重要性而言,这通常比传统经济更大。促进这种经济发展的企业和传统的垄断企业不同,可以降低价格并增加产量。如果政府规制这种垄断,也许会给消费者带来损失。但这种企业最终也可以行使垄断力。

(3)锁定效果。我们如果熟悉某种软件，就会继续使用它。因为，要学会其他软件的使用方法，需要很多时间和精力。这称为锁定效果。因此，其他企业开发新产品并说服消费者很困难。这样，先开发项目的公司往往成为垄断企业。

上述每一点，都可以成为垄断的原因。但对于从事信息产业的企业来说，这三种条件同时发挥作用才能形成垄断。微软是典型例子。

(4)法律上的限制。韩国的人参烟草公司，在香烟和人参产品上享有垄断地位。这是以政府赋予的垄断权力为根据的。

(5)专利权。政府为了用技术革新促进新产品的开发，对新产品的开发者提供一定时期的垄断生产权。因此，被赋予专利权的企业在新技术的商品生产上，享有垄断权。

(6)对稀有资源的垄断所有。南非的德比尔斯(De Beers)砖石公司，因垄断砖石这一稀有资源成为垄断企业。肯尼亚的镍公司控制着全世界镍蕴藏量的90%，从而享有垄断地位。在位于海边前景特别好的位置的饭店或宾馆，同样享有垄断地位。

(7)故意设定的进入壁垒。某个新企业产生时，原来的大企业支付大量的广告费，从而使新企业难以生存，这样的措施就是故意设置的进入壁垒。

(8)像日本的垂直系列的企业之间的双方垄断。参见前面第10章中的说明。

(9)企业及产业组织的垄断。垄断有两种形态。一是水平垄断，如把一定地区的好几个商店整合为一个时所发生的垄断；二是垂直垄断，像化学公司制造化纤布、做服装一样，把那些进行原料生产、中间财货生产、成品生产的企业垂直结合在一起时产生的垄断。

(10)真正的垄断是政府各部门的垄断。金融监督院、国家税务厅、公平交易委员会等几乎一切政府机构都是公共服务的生产机构。这些都是韩国绝无仅有的公共服务生产组织，任何时候都可以行使垄断权。不发达国家的经济之所以难以发展，很大程度上是由于政府的垄断权力太大。美国的优点之一，就是政府机构在给企业或国民提供服务时，不得行使垄断权力。

二、垄断还有存在的必要吗？

垄断企业最大的问题是什么？这就是垄断企业所提供的财货和服务的价格高，产量或质量反而低的现象。这给消费者带来损失和危害，因而不能充分有效地利用宝贵的资源。

- 但垄断在因规模经济、专利权、技术优势等产生时，也有值得的一面。特别那些从事信息产业的企业，规模经济在供给和需求两个方面同时发生的情况下，只有增加产量降低价格才能使利润最大化。这些垄断企业的行为同夕阳产业的企业行为相反，追求利润最大化，这是有利于消费者的。还有一种主张认为，垄断企业在技术革新方面作出了很大贡献。因为，只有持续创造出新产品，才能继续享有垄断地位。很多人认为，无数小规模企业进行激烈竞争，才是最理想的状态。2000 年，韩国有 795 家小规模医药产品公司进行激烈竞争。所有这些医药公司的销售额还不到三星电子销售额的 1/3。在出口方面则根本无法进行比较。通常情况是，少数电子公司比多数的制药公司技术革新多得多。
- 日本人认为，对于垂直系列形态的双方垄断，在很多情况下也是值得的。但熟悉英美式企业及产业组织的人则认为，日本式的双方垄断应以解体。
- 在不少情况下，消费者希望垄断。“有没有什么新的？”或“有没有什么特别的？”等话，是人们希望得到特别的产品或服务，即希望得到垄断产品的意思。人们不断地向往新的东西，这可以促进发明和新产品的出现。

垄断企业的垄断力继续在下降。拿铁路服务来说，汉城到釜山之间的铁路服务是由铁路厅这一公共企业垄断着。其垄断力有多强呢？就汉城到釜山的交通服务来说，旅行的人除了铁路还可以使用高速公共汽车、飞机、自己的小车，甚至出租车等。因此，从铁路运输的观点看是垄断，但从乘客运输的方面看并不是垄断。

民间企业的垄断力，因全球化弱化了很多。过去的韩国，航空公司只有大韩航空公司一家，这当然是垄断企业。但当时从汉城到东京之间的航空服务除了大韩航空以外，还有日本航空、西北航空等很多航空公司激烈竞争。就是说，从世界市场的角度看，大韩航空并不是垄断。韩国的汽车或电子公司也一样，在国内是寡头垄断企业。但这些企业是同日本和美国等发达国家的同行业企业进行激烈竞争的企业。在世界竞争越来越激烈的过程中，可以继续行使其垄断力的，是政府各部门的各种公共服务。

三、寡头垄断市场的价格和产出决定

现在，我们考察一下生产某种产品的企业不是单独的垄断企业，而是因为少数成为寡头垄断企业和寡头垄断市场的情况。

所谓寡头垄断市场。这是在家电产品、电脑、手机、笔、皮鞋等，即在我们所使用的重要产品上做很多交易的市场。而且，在垄断市场和垄断竞争市场之间，决定这两个市场上不进行交易的财货和服务的价格及产出。寡头垄断市场具有如下特征：

- 竞争的企业是少数。也有少数的大企业和小企业进行竞争的情况。以竞争企业的数目从多到少为序，可以排列为完全竞争市场、垄断竞争市场、寡头垄断市场及垄断市场。
- 在产品上，既有差别化了的汽车或家电产品等，也有无差别的钢铁、铝等。
- 在很多情况下，由于巨大投资，进入新企业的门槛相当高。
- 寡头垄断市场的最重要特征，是由于寡头垄断企业的价格或产量的设定对竞争企业产生决定性的影响，因此竞争企业的对策必须仔细检讨之后才能作出决定。即使寡头垄断企业制定了产品价格，在很多情况下会根据竞争企业的策略重新加以修改。这样，处于相互依赖关系是其最重要的特征。

寡头垄断市场的价格和产量的决定。在寡头垄断企业形成凝聚力很强的卡特尔时，价格和产量可以与垄断企业一样决定。一般说来，寡头垄断企业把价格降低到比垄断企业更低，而比竞争企业提得更高。但对这种观点有两种不同的看法：

· 在全球化时代，同世界性的外国寡头垄断企业进行激烈竞争的国内寡头垄断企业的垄断力，只能极弱。因此，不能不尽量降低产品的价格，并尽量增加产量。从世界市场的角度看，一个国家的寡头垄断企业不能不把产品的价格降低到几乎完全像竞争企业那种程度，这种情况是很普遍的。
· 如果寡头垄断企业把产品价格长期维持得很高，那么很可能遇到新企业进入的风险，因此不能这么做。即，不得不把价格降低。

在寡头垄断企业重复生产同样产品的情况下，对国家经济所发生的影响主要是通过价格和产量表现出来。但在进行技术革新或开发出很多新产品的情况下，影响则不同了。那么，是什么影响呢？有以下两种观点：

· 寡头垄断企业为了生产现在的产品，过去必须进行庞大的投资。如果通过开发新技术生产新产品，那么这种生产设施就有可能过时。因此，即便只是为了充分利用原来的生产设施，也不能不进行生产新产品的技术革新。
· 持有与此相反观点的学者是约瑟夫·熊彼特和约翰·盖尔布莱斯。他们认为，在开发新产品或新技术上需要很多钱，能够承担这种负担的企业只能是规模大的寡头垄断企业。还有，即使寡头垄断企业进行技术革新，由于进入门槛问题其他企业难以开始这种生产。这样，寡头垄断企业占有技术革新的好处，就不断地努力进行开发新技术的技术革新。这被称为熊彼特—盖尔布莱斯假设。

这种主张的根据是什么呢？20世纪世界主要发明的约2/3，是个人或中小企业进行的。例如，空调、笔、杰特发动机、直升飞机等。结论是，与市场形态相比，技术革新通常更取决于所从事的产业。例如，不管把制砖产业、烟草产业、歌剧产业等的市场变成什么样的形态，这些产业的技术革新都是很难的。相反，电子产业、电脑产业、信息通信产业、生命科学产业等，不管其市场形态如何都是技术革新很快的产业。不过，技术社会的企业不管其规模怎样，都把技术革新当作经营战略的一个环节，因此有很多技术革新。寡头垄断企业也不例外。在技术革新很快的知识社会中，不能进行技术革新的寡头垄断企业很容易被淘汰。

四、相互勾结与卡特尔的形成

所谓卡特尔(cartel)，是为了在某种产品上进行相互勾结(collusion)控制产品的生产、销售、价格、交易条件等，从而享受垄断企业利益而形成的组织。世界上最著名的卡特尔是哪一个呢？是由十一个产油国(沙特阿拉伯、伊朗、伊拉克、科威特、利比亚、阿拉伯联合酋长国、委内瑞拉、卡塔尔、阿尔及利亚、尼日利亚、印度尼西亚)成立的OPEC(石油输出国组织)。石油输出国组织曾在20世纪70年代把每桶2.5美元石油价格，在80年代初提高到32美元。国际油价的决定权过去是由国际石油资本掌握，但从20世纪70年代起权力转到了石油输出国组织。OPEC在20世纪80年代没怎么发挥影响力，但在2000年又强化其凝聚力并开始对国际石油的产量和价格发挥很大影响。

那么，包括OPEC在内的卡特尔的凝聚力取决于什么因素呢？在某些旅游景点，各饭店相互勾结成功地抬高了价格。还有一些机构在计划这么做的过程中失败。也有些高层住宅的主妇们聚集在一起，共同商定出售房子的最低限价。那么,形成这种约定是不是容易,而且守约的情况又怎么样呢?如果要这么做,应满足什么样的条件呢?现在来考察这个问题。销售者能否成功地相互勾结并形成垄断力很强的卡特尔,取决于以下条件:

① 销售者的数量越少,凝聚力就越强。销售者的数量越多,在沟通、意见统一等方面就越难。

② 像石油那样,产品的同质性越强,生产企业的凝聚力就越强。不同产品生产者之间的企业要相互勾结,难度只能增加。

③ 产品市场的进入门槛越高,企业的凝聚力就越强。即在任何企业都不能很容易地生产和销售其产品的情况下,这种产品的生产企业之间的凝聚力就强。

④ 生产技术革新快的产品的企业,凝聚力弱。例如,旧型号手机的生产企业商定好了控制其产量和价格后,如果某家企业可以更低的价格生产和销售新型号手机,那么这个企业脱离这一约定就有利。

⑤ 如果销售者之间的产品生产价格差距越大,凝聚力越弱。

⑥ 经济不景气越严重,凝聚力越弱。越是经济景气对其产品的需求越是增加时,凝聚力就越强。

⑦ 法律上的限制越强,卡特尔的凝聚力就越弱。在韩国,公平交易法阻碍卡特尔的形成。

寡头垄断企业即使不形成卡特尔,往往也可以勾结在一起限制产品的价格和产量。如可以采取以下的相互勾结形式,即寡头垄断企业的负责人在高尔夫球场或会餐上一同商定对产品的销量和价格进行控制,并绅士般地约定遵守诺言,即作出所谓的绅士协定(gentlemen's agreements)。还有,在寡头垄断企业中如果领先企业决定价格,那么其他企业就有意地遵守这一价格。这称为有意识的追随行为(conscious parallelism)。不管寡头垄断企业做出什么形态的相互勾结,根本原因是贪心。

卡特尔自行解散的动因，也是贪心。重复一遍，相互勾结的程度取决于上述七条因素的作用如何。

产业的组织和集中程度。某个产业由几个企业构成，其竞争状态如何呢？为了回答这个问题使用的是集中率(concentration ratio)。这是判断寡头垄断力的尺度，表示生产某种产业产品的几个企业的销售额，在整个产业销售额中占百分之几。经济专家通常使用的集中率，是四大企业集中率(four-firm concentreation)。如韩国家电产品的集中率，是根据在总销售额中四大家电企业的销售额所占比例计算的。但在使用这一比例时，要注意以下事项：

- 计算市场集中率时，应很好地考虑寡头垄断企业在国内市场和世界市场上的比例。如韩国的家电企业向世界市场出口很多产品。因此，如果把出口额包括在国内市场销售额，就会过高估计其国内市场销售额。
- 假如对某个产业来说，虽然四大企业的集中程度高，如果竞争太激烈，四大企业每年都更换，那么情况就不同了。这种产业虽然集中度高，但企业之间的竞争非常激烈。
- 即使四大企业的集中度达到了 80%，但各占 20%或各占 60%、10%、5%、5%，那么情况也不相同。
- 根据产业不同，也可能同其他产业的竞争很激烈。如即使市内公共汽车产业和出租车产业的集中度很高，它们也必须同地铁竞争。因此，在只根据某个产业的集中度决定寡头垄断力时，不仅要考虑产业内的情况，还应考虑到有关产业之间的竞争力。
- 即使 A 产业和 B 产业的集中度都是 75%，也可能 A 产业的技术进步很快，而 B 产业几乎没有什么技术进步。因此，不仅要考虑现在生产旧产品的寡头垄断企业之寡头垄断力，还要考虑对技术革新的贡献。

五、垄断竞争

韩国的一些市场既不是完全竞争，也不是完全垄断。而是同时具有这两者的特征。把这种市场用“垄断”和“完全竞争”来形容，称为垄断竞争（monopolistic competition）市场。垄断竞争企业生产的产品有所不同，因此虽然具有若干垄断力，仍然进行激烈竞争。因此，在互相生产独特产品这一点上与垄断相似，但在进行激烈竞争这一点上却同完全竞争差不多。由于这些企业进出自由，从长期看，其经济利润等于零。

由于垄断企业可以行使垄断力，因此虽然弱却是价格的制定者。因此，其产品价格比完全竞争企业更高。如高层住宅区中的饭店、水果店、美容院、菜店等。这些店具有为消费者提供多种产品和服务的优点，但其代价是非效率。这些店在广告、设计、包装等方面浪费过多资源，这些被浪费了的资源在产品生产上原来可以使用得更为有效率。但另一方面，它具有任何人都可以经营，而且可以给消费者提供多种产品和服务的优点。这里重要的是，这种优点多少能弥补一些非效率的弱点。我们把上述三种类型的不完全竞争概括如下：

- 垄断市场：特征为具有一个销售者、差别化的产品、市场进入困难、对价格的控制、比完全市场经济性更高的价格和更低的产量等。
- 寡头垄断市场：只有少数大企业的情况，以及少数大企业和小企业共存的情况。产品同质或差别化，对新企业的市场进入有相当高的壁垒。与完全市场经济性相比，其价格更高产量更少。在需求减少时,寡头垄断企业更多地以减少数量来对付,而不是降价。

· 垄断竞争企业:相对于市场规模,存在着很多企业。市场进入比较容易,稍微能够控制价格。在广告、包装、设计等方面强调产品的差别化。与完全竞争市场相比,价格高产量少。

把我们考察过的完全竞争市场、垄断竞争市场、寡头垄断市场及完全垄断市场的主要特征概括在表21.1。

表21.1 四大基本市场形态的特征

	完全竞争	垄断竞争	寡头垄断	完全垄断
生产者数量	很多	多	少数	一个
产品种类	同质产品	差别化产品	同质或差别化产品	惟一的产品没有类似的替代产品
能否控制价格	不能控制	稍微控制	价格上相互依赖根据相互勾结控制有可能	在相当程度上予以控制
进入与退出	自由	相当自由	有相当程度的障碍	阻碍很严重
销售方法	市场交易或竞买	广告和质量的竞争	广告和质量的竞争	可能广告
例子	很多农产品	小卖商	家电产品、家具、钢铁等	电力、煤气等

"不发达国家在劳动力市场、资本市场、产品市场、政府规制制度等方面,比发达国家弱得多。因此,企业集团是为弥补这种不足存在的。如果不发达国家的企业在纽约或伦敦创办企业,不进行集团式的经营,而以核心力量为重点搞企业更有利。但在不发达国家,只能以企业集团的方式进行企业活动。"

——哈佛管理学院教授塔伦·坎纳和克里修那·帕莱夫

第二十二章　人的价格和土地的价格

人的(劳动的)价格、资本的价格、土地的价格,是作为生产要素的价格在市场上被决定的。现在我们考察一下生产要素价格的决定问题。

通过第6章的学习,我们懂得了同经济的循环相关,市场大体上可分为"产品市场"和"生产要素市场"。产品市场是决定要生产的各种产品种类的,而生产要素市场是决定如何生产这些产品的,即决定生产方法的。在产品市场的情况下,企业有可能设定所生产商品的价格,也有接受产品价格的情况。要素市场的情况也一样。在某个企业的生产要素量在市场占统治地位时,有可能对市场决定的要素价格发生影响,但不是这样的时候就必须接受要素价格。对某种产品来说,在生产企业数量少时,可以在某种程度上控制市场价格。但即使这种企业,在生产要素的情况下,往往必须成为价格接受者。因为,以劳动为例,对秘书、电脑技术人员、办公人员等的需求方面,即使寡头垄断企业也必须同政府、广播电台、大学、社会团体等竞争。

一、劳动力市场:决定人的价格

生产要素的价格,和产品一样根据供求关系而定,供给则受机会成本的影响。但生产要素之间是有区别的。我们先来看一下劳动力。

韩国做工作的人(就业者)超过2 000万,他们的工资是如何决定的呢?大部分是在劳动力市场上被决定的。所谓劳动,是指可以用于财货和服务生产上的人的肉体和精神的才能和努力。所谓劳动力市场(labor market),是劳动服务(labor services)的销售者和购买者决定劳动力条件或工资的机制。劳动力市场,有时局限于国内某一特定地区,以在加油站或茶室就业的计时制年轻人为例。全国规模的劳动力市场,以在大企业、中央媒体单位等就业的员工为例。世界性的劳动力市场,以韩国到美国挖来自己所需人才，美国或欧洲到韩国挖走韩国一流运动员等为例。

劳动力市场以人为对象，因此不同于产品市场、资本市场、房地产市场等。具体区别在哪儿呢？

- 劳动力市场以人为对象，因此不能像没有理性或感情的商品或机器那样对劳动力做买卖。
- 人为了劳动、闲暇时间、提高自己的能力等，可以自己安排时间。
- 不同的人，其职业观和所喜欢的职业等方面会有差距。劳动者有喜欢做的职业和不喜欢做的职业。大企业的员工、高级饭店的员工、会计师、律师、公务员等职业中，不同的人有不同的喜好。就是说，在职业喜好方面，与资本和土地不同。
- 工会(labor unions)有可能影响劳动条件或工资决定。
- 土地的总供给量是大自然形成的，因此不会根据价格的高低发生变化。但劳动力就不一样。
- 资本设施（工厂、生产设备等）具有可运作的条件和平均寿命。因此，在企业进行投资时，应考虑每年在资本设施上的收入。

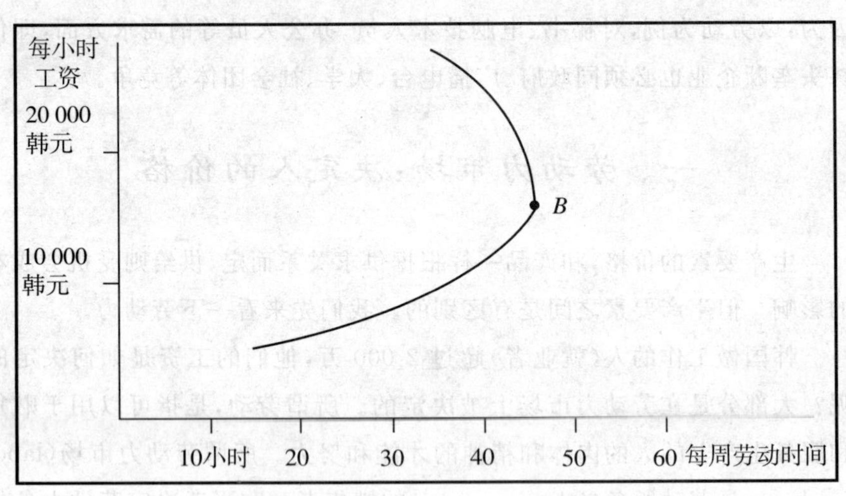

图 22.1 向后曲折型倾斜的劳动供给线

人把自己的时间分配在劳动、闲暇及提高生产型（教育、进修、培训）等方面。不过，提高生产性不只在劳动时可以进行，在闲暇时间也可以进行。从提高生产性的观点看，劳动者的时间分配大体上可分为劳动和闲暇两种。对劳动者来说，随着薪水的上涨，其时间价值也一同提高，因此闲暇的重要性也增大。但劳动者在工资提高到一定水平之前更重视收入，而不是闲暇。因此，这时随着工资的提高劳动供给增加，其劳动供给曲线同商品的供给曲线一样为向右上倾斜（图 22.1 的 B 点的下半部分）。但一旦超过这个水平（图 22.1 上的 B 点），就更重视闲暇而非收入了，因此劳动供给曲线就向后方倾斜。就是说，如果工资达到一定水平以上，劳动者反而工作得更少。

工资和生产性。在劳动需求曲线和供给曲线相交的地点，决定着均衡工资和均衡交易量。这里有必要区分工资中的货币工资和实际工资。货币工资是把劳动者的工资用金钱表示，实际工资是工资的购买力，它表示的是工资可以购买的财货和服务的实际量。即使在工资提高的情况下，如果物价上涨得更快，实际工资仍会下降。

二、工会能把工资提高多少？

工会的贡献。劳动者通过结成工会要达到以下两项目标：第一，得到更多的工资；第二，保障工作岗位。这是工会的两项一般目标。他们是要把这个条件通过团体协商迫使经营班子予以接受。在经营班子拒不接受时，他们就采取罢工的方式。但工会通过罢工，能够在多大程度上实现这一目标呢？根据向后曲折型劳动供给的曲线，如果工会把工资提高到一定程度，那么劳动供给反而减少。因此，工会为提高工资斗争的成功，将导致就业减少。从曲折的劳动供给曲线看，工会的两项目标有互相矛盾的一面。工会在提高工资上作出多少贡献，考察一下加入工会的人数变化就可以知道。韩国的工会加入率，到卢泰愚前总统作出民主化宣言①时为止，一直上

① 从 20 世纪 80 年代开始，韩国在野势力修改宪法要求和民主化运动逐渐扩大，最终于 1987 年迫使第五共和国政权通过民主正义党（执政党）的代表兼总统候选人卢泰愚发表了特别宣言（即“6·29特别宣言”），其主要内容为：把总统间接选举制改为直接选举制、保证言论自由、实行地方自治制、政府不得干涉大学、赦免反体制人士等。这是韩国民主化进程中的一个重要转折点。——译者

升到19.8%。但在1998年却下降到12.6%。在美国,工会的加入人数在20世纪50年代曾达到全体劳动者的1/4,但此后却持续减少。为什么呢?

第一,随着工业化社会向信息化社会的转变,服务行业劳动者数量越来越多。服务行业劳动者加入工会的比例,比制造行业的劳动者加入工会的比例更低。

第二,在整个劳动者中,工会加入率比较低的女性劳动者的数量在增加。

第三,由于工厂自动化,工会加入率高的工厂劳动者的数量逐渐减少。

那么,是不是按照工会的目的,可以提高工资并保障工作岗位呢?这取决于不同的国家和时代,以及不同的时期。

- 劳动者如果结成强有力的工会,那么工会就成为劳动力服务的法定供给垄断者,从而行使很强的垄断力。不过,劳动力服务的需求者是工会所属的企业,它成为劳动力服务的需求垄断者。因此,工会与所属企业就成为双方垄断者。在双方垄断的情况下,工资协商的结果就不可能只根据经济逻辑进行预测。而是根据协商当事者的心理状态、企业利润、景气状态等产生不同的结果。
- 有人说,在工会活动极其活跃时的英国,工会使英国经济走下坡路。英国前首相撒切尔夫人称之为英国病的根源,因此拼命弱化工会的力量。这种强硬的工会运动,对英国经济产生了消极影响。从长远观点看,不仅没有提高工资,反而产生了失业者。
- 韩国在亚洲金融危机前,由于工会的活动和政治家们扶持,工资在短期内提高了很多。当时英国的《经济学家》称,韩国制造业的平均工资比英国高40%。不管是什么企业的工会,只要工资的提高比其生产性哪怕是高一点,从长期看就会阻碍企业的成长。
- 根据麻省理工学院教授保罗·萨缪尔森的主张,工会在短期内为提高工资作出了贡献,但在长期并没有作出什么贡献。因为,提高工会会员的工资,就降低了没有加入工会的劳动者的工资。
- 韩国的SK集团,开发了被称为SKMS(SK管理体制)的独特管理体制。其要点之一,就是由于公司员工都是一个共同体成员,因此不管是劳动者还是经营人都为提高所属公司的竞争力作贡献。SK 集团的劳动者即使不进行工会斗争,也可以提高很多工资。三星集团也一样。不管是什么样的企业,只要存在着强硬工会,那么必须设有工会的专门负责人,并为教育和培训他们花费很多成本和时间。三星电子或 SK 可以把这些成本节约到最低限度。

世界上最贫穷的国家,是人均 GNP 只有 100 美元的埃塞俄比亚,其次是布隆迪、塞拉利昂等。如果这些国家的劳动者很好地结成工会,能提高多少工资呢? 人均 GNP 最高的国家是卢森堡,是 45 000 美元,其次是瑞士。不久前,韩国的电子公司不能制作好的产品,在海外只能出售廉价产品。在这时,韩国电子公司能不能组成工会这样的组织,使韩国的电子产品售价更高一点呢? 也许能提高一点,但由于外国的竞争产品很多,因此把产品卖到一定价格以上是不可能的。那么,韩国人能不能团结起来提高韩国人的身价呢? 决不能提高到劳动者的生产性以上。如果韩国人

SK 创业者崔钟贤关于劳动者与使用者关系的观点

使用者想让劳动者做更多的工作,并少给工资。这可以表现为更多的工作(More work)和更少的工资(Less pay)。相反,劳动者要更少的工作和更多的工资。因此,劳动者和使用者的关系必然存在冲突。

最好是劳动者和使用者能够形成为以下关系:即,劳动者自发地做更多的工作,使用者则自发地给劳动者更多的工资。这表现为更多的工作和更多的工资。

SK 所要达到的目标就是通过 SUPEX 活动(=发挥人所能发挥的最大能力)和 SKMS(SK 管理体制),形成这种劳动者和使用者的关系。

资料来源:崔钟贤,《面向 21 世纪的挑战——崔钟贤全国经济联合会会长在任资料集》,2000,8。

要求更高的身价，那么外国人就会离开韩国。韩国企业也会离开韩国。不能离开的韩国企业，竞争力只能下降。因此，最终谁都蒙受损失。

三、只有提高生产率，才能提高工资

长期提高实际工资的途径，只有提高劳动生产率这一种。提高劳动生产率，就可以提高财货和服务的产量，并增加实际收入。劳动生产率意味着每单位劳动投入的产量，劳动生产率的提高在以下两个方面具有重要意义：

- 使人们能使用更多的财货和服务。
- 因减少生产成本，因此遏制价格的上涨。

提高劳动生产率的因素，可分为企业内因素和企业外因素两种。劳动生产率是在第10章中所说的企业全球竞争力得到提高时，才能得到提高。我们先看一下内在因素：

① 一般来说，在劳动生产率上，资本密集型产业比劳动密集型产业更高，而技术密集型产业比资本密集型产业更高。
② 随着资本设备的量和质的增加得到提高。
③ 随着资源使用效率的增加得到提高。
④ 随着管理水平的提高得到提高。
⑤ 随着劳动者受教育水平的提高得到提高。

四、土地价格和地租

日本爆发泡沫经济前，土地价格达到了顶点。甚至有些日本人说，如果把日本列岛都卖出去，那么用这笔钱可以购买美国全部土地。在土地价格最高时，只要出售东京和横滨两个地方就可以购买美国。当时美国经济不景气、离婚率高，而且犯罪率也很高。因此有人开玩笑说，用出售这两个地方土地的钱购买美国，并迫使所有的美国人到这个狭小的地方生活。但1991年泡沫经济破灭后，日本地价暴跌。日本六大城市的平均土地价格，在其后的10年间暴跌一半。

租用土地或建筑物支付的代价，就是地租。不过，经济地租在经济学中是一个很重要的概念，它有非常明确的含义。举例来说明这一概念。如在第20章中说明的那样，面包店的主人，如果在汉城市内一流面包师的平均月薪为300万韩元时要雇用这种面包师，那么就必须支付300万韩元。这是面包师的机会成本。这是他不去其他地方，而在这个面包店工作的酬金。我们把它称为转移收益。但如果现在得到500万韩元，那么超过转移收益的200万韩元，就是经济地租。

不管什么样的生产要素都有机会成本，现在接受的代价中超过机会成本的部分就是经济地租。在地租的情况下，正如超过正常利润的部分是经济利润那样，在地租的情况下超过正常地租的部分就是经济地租。著名歌手、演员、运动员等也一样，能够使他们继续工作的最低水平的报酬就是转移收益。但在现在的报酬中超过的部分就是相当于经济地租的部分。

如图22.2所示，由于土地总量是固定的，因此供给曲线是垂直线。地租根据需求而定。如韩国的国土固定为约300亿坪。如果总供给需求曲线和A一样，那么每坪地租是20 000韩元。但如果需求曲线如B那样增加，那么地租就像图中那样增加很多。

如果实现土地单一税呢？ 即使大幅度减少或取消经济地租，韩国国土仍在。因此，叫做亨利·乔治的美国人写了《进步与贫困》一书，主张把经济地租全部以税收形式收回来。如果把这些全部以税收形式收上来，那么税收就很充分，因此再没有必要收其他税种的税金，只设一个土地税就可以了。亨利·乔治的这种单一税主张，在20世纪的美国得到了很多支持。这一单一税运动还曾发展到市民运动，但仅此而已，并没有反映到美国经济政策上。这种主张有以下几方面的错误：

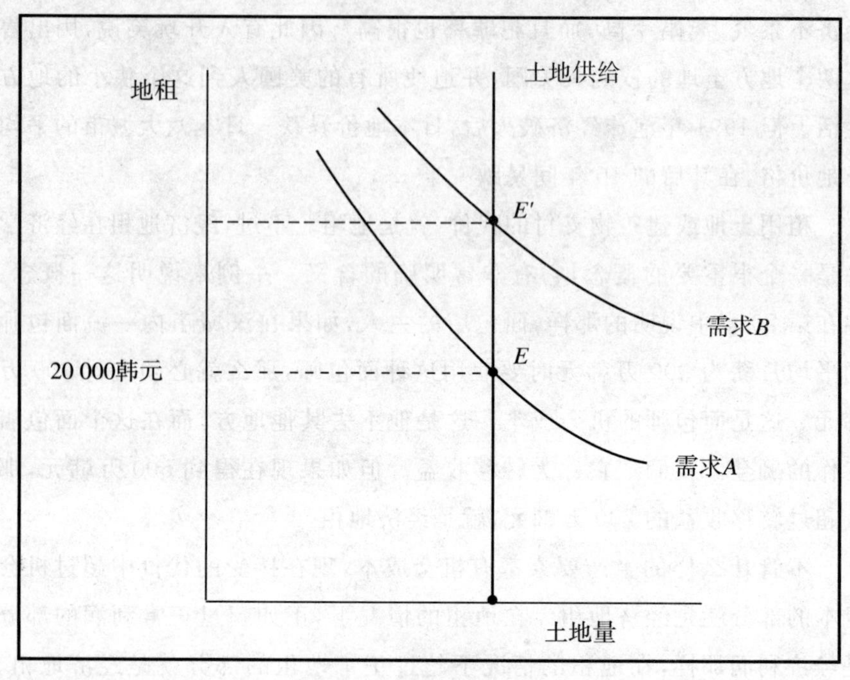

图 22.2 地租的决定

① 在工厂用地、居住用地、商业用地等很多土地上，为了提高土地的生产率，进行很多投资。因此，很难区分地租中哪一部分是纯粹地租，哪一部分是因投资而产生的。

② 只根据土地收取的单一赋税，难以承担继续增加的政府支出。

③ 社会上，不仅只有依靠地租获利的人，还有依靠证券获得很多不劳而获收入的人。这些人的收入是不是也应由政府没收呢？

④ 土地的主人也许经常更换。在这种情况下，对谁应该收多少税金呢？

⑤ 更为重要的是，如果对土地所有而产生的地租上涨部分由国家全部收回，那么人们就不会努力提高土地的生产率。

五、公共土地的概念和国有化是否妥当？

任何国家，如果地价暴涨，就有很多人主张应纳入公共土地的范畴，并实行对土地的国有化。这种主张的正确性有多少？关于这种主张，可能有以下的反驳意见：

- 韩国宪法第23条规定，韩国是保护私有财产权的资本主义市场经济体制国家。土地国有化侵害私有财产权，违背韩国经济体制。当然，行使财产权要符合公众利益。
- 越是像土地或房地产那样的贵重财产，越应该促使很多人参与并提高其价值。能做到这一点的，就是私有化并搞好市场经济。越是贵重的财产，就越有必要彻底实行私有化。
- 如果土地公有化，必须设立负责这一业务的部门并投入很多人力和财力。这本身就是一个很大的浪费。即使机构再大，要把全国各地的土地情况全部搞明白并制定好投资计划来提高其生产性，也几乎是不可能的。
- 如果说土地和房地产很重要，所以应纳入公共土地的范畴，那么其他资源也应这么做。如对韩国的半导体厂、造船厂、电子厂、在国际体坛上有名气的运动员、歌手、科学家等，难道也应纳入公共范畴吗？应好好理解土地具有以下两方面的特征。第一，土地不是由人生产的资源；第二，受相邻土地的影响。在这一点上，土地与其他生产要素不同。例如，如果在我的土地旁建一个高楼大厦，那么我的土地价格就上涨；但如果建设垃圾场，那么其价格就暴跌。因此，土地受周围土地使用的很大影响。这些问题上也许有必要进行政府干预。

实际上，韩国的国土并不是100％固定的，由于开垦土地而稍微增加了一些。但即使在土地总量固定的情况下，工厂用地或商业用地等个别用途的土地供给量，由于价格上涨完全可以增长。国家整体层次上的土地供给量和某一产业或企业层次上的土地供给量是不一样的。对于土地供给量来说，也会产生“整体和部分”层次上的构成的谬误问题。这样，人们就产生了要纳入公共土地范畴或国有化等错误主张。

再举一个例子。前不久由于建设住宅200万户的计划，全国的土地价格上涨了很多。暴涨的价格使土地所有者获得了很多利益。这时，有很多人主张所涨的部分价格应该全部以税金收回。但如果以税金全部收回上涨部分的土地价格，必须把土地全部卖掉。由谁来买呢？如果整个国民为了缴纳税金而一下子卖掉土地，那么全国的土地价格就会暴跌。

“比起总是正确，还是总当第一名更好。”

——皮特·威廉森

第二十三章 钱的价格和企业管理人员的身价

钱的价格是利息。利息使人们减少现在的消费。只有减少现在的消费，才能成为将来的投资资本。但即使有了资本，也不一定就能成为投资。还必须有企业经营人。企业经营人在承担着有可能遭受损失的风险的情况下，还要寻求好的投资机会的原因是什么呢？是因为叫做利润的代价。利润是对企业经营能力的代价。也可以说，是企业经营人的身价。

只有有了投资，才能增加财富，只有增加了财富，才能增加国民财富。我们这里考察在增加国民财富方面起决定作用的利息和利润问题。

一、钱的价格和利息率

资本和投资。资本（资本财货，capital goods）是人们为了用于生产财货和服务而生产出来的耐用品。劳动和土地不是由人生产出来的，因此称为原来的生产要素。与此相反，资本叫做“由人生产的生产要素”。物资资本分为以下三种。

- 直接生产资本（DPC）：机械装备、机器人、工厂建筑物等直接用于产品生产的资本。
- 社会间接资本（SOC）：运输、通讯设施（公路、港湾、机场、卫星天线）、水电设施等间接地支援“社会”所需的资本。
- 库存资本：以原料、半成品、成品形态库存的产品。

投资和资本的关系是什么样呢?以下例子能说明这个问题。某纤维公司去年100台机器正常运行,今年由于前景不错要增加到120台。那么,应购买多少台机器呢?也许有些人会说是20台,其实不然。因为这里存在着折扣的问题(资本磨损)。如果折扣率是10%,那么可以认为,在每10台中有1台,或者在每100台中有10台不能再使用。所以,应该购买30台。30台中的10台,是为了补充因不能再使用(折扣部分)的10台购买的,称为更新投资。在30台中,只有20台才是为增加资本(机器台数)的投资,即净投资。把这两种投资结合在一起的,就是总投资。

总投资=更新投资+净投资
(30)　(10)　(20)

今年的资本=去年的资本-折扣部分+今年的总投资
(120)　(100)　(10)　(30)

所谓投资,就是这种增加资本的行为。那么,能不能把购买其他人使用过的工厂,或在证券市场上购买证券的行为看成是投资呢?管理学者把它看成是投资。但经济学家却不把它看成是投资。因为,如果说购买工厂的人进行获利投资,那么出售工厂的人就等于进行赔本买卖。如果把这两种投资合在一起就等于零,因此从整个经济的层次上看并不是投资,只不过是所有权的转移而已。购买住宅也一样。经济学上所说的投资,是指那些机械、工厂、建筑物等的资本财货的生产或建设,以及库存的增加等实物资本的增加。

那么,钱也是资本吗?由于钱不是经济资源,因此并不是作为生产要素的资本(=资本财货)。钱并不能生产财货和服务。但在经营学上,把钱称为货币资本(money capital),以此区别于实物资本(real capital)。

投资和利息率。投资和利率的关系怎样呢?所谓利息,就是在一定时期使用钱或资金(funds)的代价。一般把本金用百分比表示。例如,借贷货币(或资本)1 000万韩元使用一年,作为其代价支付80万韩元,那么利息是80万韩元,利率则为8%。在利率中,有名义利率(nominal interest vates)和实际利率(real interest rates)。所谓名义利率,是指以现在的钱的价格计算的利率。但如果发生通货膨胀,那么名义利率的价值就下降。因此,有必要计算考虑到通货膨胀的利率,把这种考虑到通货膨胀的利率称为实际利率。

实际利率＝名义利率－通货膨胀率

5％ ＝ 8％ － 3％

决定投资的因素,有投资收入、利率及可预料的经济环境等三种。其中,决定投资中的最重要的因素,是利率。一般来说,投资在利率低时增加,在利率高时减少。那么,怎么决定利率呢?

利率的决定。利率是在资金市场或可贷出资金(loanable funds)市场上,在资本的需求量和供给量相一致时被决定的。所谓资本市场,是指借钱的人和借给钱的人聚集在一起,并能够决定其价格的机制。借钱的人在利率高时少借钱,在利率低时多借一些钱。因此,对资本的需求曲线和通常的需求曲线一样向右下方倾斜。相反,资本供给者在利率低时少贷钱,利率高时多贷钱。这样,资本的供给线也和通常的供给线一样向右上方倾斜(图23.1)。因此,在资本的需求曲线和供给曲线相交的点上,决定均衡利率和交易量。在图23.1中,资本的需求量和供给量成为一样的利率,就是8％。

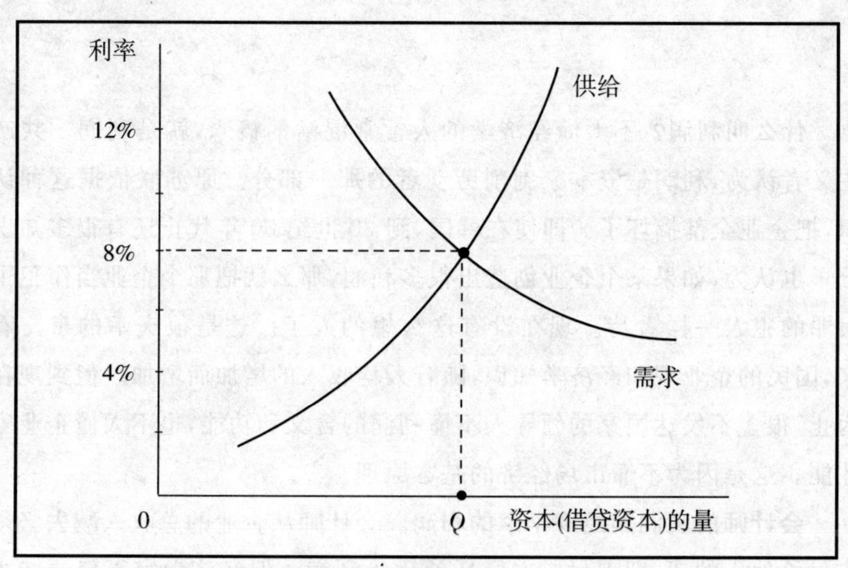

图23.1 资本的供求和利率的决定

为什么会产生利率差异呢？有多种利率，其原因是什么呢？

① 所借贷的钱在规模上的差异。在其他情况相同的情况下，少量的钱分多次借，比一次性借一大笔钱，利率更低。这时，资本的管理成本不一样。

② 风险程度的差异。借贷人不能还钱的风险越高，利率就越高。

③ 根据借贷的时期不同产生的差异。

④ 根据利息收入税的不同产生的差异。

⑤ 市场的不完整性。金融市场越是不完整，利率之间的差距就越大。

⑥ 利率政策。日本在工业化初期采取了低利息政策。韩国在亚洲金融危机前利息很高。亚洲金融危机后，韩国废除了把最高利率限制在25％以下利率限制。

⑦ 其他。日本在最近整个经济不景气状态下，年利率还不到1％，这是由于经济状态的缘故。

二、企业经营人的身价——利润的决定因素和功能

什么叫利润？不太懂经济学的人常常混淆的概念，就是利润。共产主义者认为，利润是资本家剥削劳动者的那一部分。原苏联依据这种认识，把企业全部搞坏了。即使在韩国，到20世纪80年代止还有很多知识分子也认为，如果某个企业创造出很多利润，那么就把那个企业当作犯了大罪的犯人一样看待。现在没有这么想的人了。这是很庆幸的事。看来，国民的企业观和经济学知识，随着人均收入的增加而增加。但到现在为止，很多不发达国家的领导人不懂利润的含义和功能，也不太懂企业家才能。这是因为不懂市场经济的基本原理。

会计师的利润和经济学家的利润。会计师从企业的总收入减去必须支付给他人的钱，即现付成本之后就称为利润。但经济学家不仅要减去现付成本，还要减去隐含成本（自己努力的代价、自己钱的代价、自己土地

的代价)才称为利润。这称为经济利润或纯利润。

> 会计师的利润 ＝总收入－现付成本
>
> 经济学家的利润＝总收入－(现付成本＋隐含成本)
>
> ＝总收入－经济成本＝经济利润＝纯利润

假如某人经营企业赚了钱,那么这里所说的钱意味着什么呢?

- 对企业、市场价格、会计等概念薄弱的人来说,还有些人把总收入当作所赚的钱。
- 有些人则认为正常利润就是所赚的钱。
- 会计师从总收入中减去现付成本的钱当作所赚的钱。
- 经济学家是从总收入中减去现付成本和隐含成本的钱当作所赚的钱。

由此可见,经济学家所说的经济成本中,包含着正常利润。关于这一点,我们已经在第20章中进行了说明。

企业家才能。企业家到底做了什么事情应获得作为代价的利润呢?因为企业家发挥了以下作用:

- 为生产人们所需要的财货和服务,把宝贵的资源(劳动力、资本、土地)和技术结合在一起。正如"玉不琢,不成器"一样,即使再好的资源,如果不把这些组织起来并投入到生产目的上,就没有什么用处。使这种事情成为可能的,是企业家。
- 搞创新。在创新中,包括新产品、新生产流程、开拓新市场、新原料开发、新生产组织等。
- 决定企业的基本经营方针。如不久前三星电子公司的海外工厂达到54个,这些工厂运行得好,是劳动者们努力工作的结果。但作出在世界各国建立起54个工厂的决策的,是企业家才能。

· 承担着同上述事情相关的风险负担。

利润的决定因素。为什么会产生利润呢？其决定因素是什么呢？这与企业家才能有密切关系。

① 作为隐含利润。如上所述，使用自己的钱和房子直接经营饭店或面包店赚来的钱，实际上同作为自己努力代价的工资、自己努力代价的隐含的利息、自己房子的租金是一样的。农民在自己的土地上用自己的钱认真种田赚的钱，同样也有很多是自己的劳动、资本、土地等的成本。如果把这些计算在内，那么面包店、饭店、农民等有不少是赔本的。

② 作为对创新的报偿的利润。即使很好地生产现在所生产的产品，也会得到很多利润。但也有像微软的比尔·盖茨、发明电灯的爱迪生、发明电话的贝尔那样，由于生产创新产品得到巨额利润的企业家也很多。这种利润称为熊彼特利润。韩国也有很多企业家通过新产品或生产流程上的创新赚了很多钱。

③ 作为风险报偿的利润。企业环境总在发生变化。现在则变得更快。景气在发生变化、经济结构在发生变化、政治和政策在发生变化、世界经济环境在发生变化。在韩国如果企业一倒闭，这个企业家就很可能家破人亡。因此，这种风险的报偿是利润。在风险中，像火灾或疾病等是可以预测的，因此可以加入保险。但企业家所面临的风险则难以预测，因此不能加入保险。因此，对不能加入保险的，即对这种风险的报偿便是利润。

利润的功能。利润起什么作用呢？起如下作用。市场经济是自由经济，这里企业起着重大的作用。由于企业的短期目标是追求最大利益，因此使企业这种组织存在并富有活力地运行的，就是利润。

① 信号的功能。利润是企业家才能的代价，是其机会成本。在市场

经济中，任何价格都起着信号的功能。从事信息通信产业或生命科学产业的企业赚很多利润的事实，是给企业家发出应该从事这些产业的信号。如果从事有关煤炭产业的企业损失大，那么就是应该赶紧退出这一产业的信号。由此可见，利润发挥着指出产业结构转换的方向，还揭示某种企业和产品是否正在生产的信号功能。

② 提高效率。企业只有以最低成本生产出消费者所需要的产品，才能把利润最大化。从这种观点看，要使利润最大化，就意味着尽量要把国家的宝贵资源有效地使用。可见，利润促使企业不断地提高效率。

③ 促进创新和成长。利润促使企业不断努力生产新产品、创新生产流程和生产组织、开拓新市场、开发新原料。这些创新是经济增长的基本动因。

④ 利润促使企业把韩国的人、土地、资本及技术适用于生产目的，从而使韩国社会更加走向建设性的和富有活力的社会。促使企业家、管理人员、劳动者等努力工作的，就是为了增加更多的利润。

第二十四章　收入分配

“如果你在秋收时忘了一捆，那么就不要回去寻找它。为了陌生人和孤儿寡妇，把它留在那里。”

——圣经(新铭记24—19)

“菲律宾的富翁比台湾(地区)的富翁更富，穷人比台湾(地区)的穷人更穷。菲律宾的马尼拉比世界任何发达国家城市都华丽，但农村除了农田以外什么也没有。城乡之间的差距很严重。”

——某位外交官

“如果不能帮助多数穷人，那么就不能挽救少数富翁。”

——美国前总统约翰·肯尼迪

“富翁和穷人是共生关系。穷人必须在生计和帮助上依赖于富人。而富翁们只有在穷人存在的时候，才懂得财产的意义。”

——塔尔姆德

一、韩国的收入是如何分配的？

收入的功能性分配和按人分配。劳动者得到劳动收入，企业家得到利润收入，这是他们参与生产并根据其功能分得的收入。到底分多少，取决于对生产的贡献有多大。地租和利息形态的收入也一样。我们知道，这些收入是要素收入，是在要素市场上被决定的。但如果把收入都根据生产功能进行分配，那么残疾人、没有劳动能力的老年人、受灾人群等就不能得到收入。因此，应该以人为标准进行收入分配，这就是所谓的收入上的按人分配。

这实际上是把高收入阶层的收入分配给低收入阶层，称为收入的阶层分配。收入的功能性分配，是根据要素市场上的要素价格和交易量的决定原理，收入按人分配则是通过十分位分配率或吉尼系数进行分析。现在考察一下按人分配的收入。

测量收入分配的平均程度（或不平衡程度）的代表性指标有两种。一个是十分位分配率，另一个是吉尼系数。先来看一下十分位分配率。把韩国所有家庭的收入水平按从低到高的顺序排列，分为十个等级，求得在韩国总家庭中40％的低收入家庭所占的收入比例和高收入家庭所占的收入比例。然后，用后者除前者而得的商，就是十分位分配率。

通过五分位分配率也可以计算十分位分配率。即把韩国所有家庭以穷富为序排列成一列，划分为五个等级。在总家庭人口中，最贫穷的20％家庭所占的比例是第一五分位分配率，而20％最富裕家庭所占的收入比例是第五五分位分配率。因此，把第一及第二五分位分配率的合计用第五五分位分配率除，就得到十分位分配率的商。表24.1的收入分配就是这么计算的。

哈佛大学教授霍利斯·切纳里说，40％的贫穷家庭是低收入阶层，20％的最富家庭是高收入阶层，而在中间的40％是中产阶层。十分位分配率由于是以高收入阶层收入比例除低收入阶层收入比例的商，因此表示低收入层比例与高收入阶层比例相比怎么样的问题。如果要帮助低收入阶层，那么这一部分的收入是从高收入者的腰包里掏出来的，因此使用这一比例。

低收入阶层＝第一及第二五分位家庭＝20％低收入家庭
中产阶层　＝第三及第四五分位家庭
　　　　　＝收入水平处在高收入阶层和低收入阶层中间的
　　　　　　40％的家庭
高收入阶层＝第五五分位家庭＝40％的收入水平最高的家庭
十分位分配率＝低收入阶层收入比例÷高收入阶层的收入比例

那么，从十分位分配率的角度看，韩国的收入分配是怎么样的呢？看一下如下的标准便可知道：

45.0%＜十分位分配率　　　　：高平均分配

35.0%＜十分位分配率＜45.0%：低平均分配

十分位分配率＜35.0%：不平均分配

十分位分配率如果超过45.0%，那么可以把收入分配称为"高平均分配"。因此，其价值越大，其高平均分配的程度就相应增加。韩国在1998年的十分位分配率是50.5%，根据上述标准，其收入分配为高平均分配状态。

在表24.1中，收入分配最平均的国家是日本。根据世界银行《世界发展报告》(2000/2001)，世界上收入分配最平均的国家是日本、丹麦、澳大利亚，其平均分配程度差不多。表24.1中收入比较高的平均分配的国家只有韩国、日本、德国、波兰等国。为了纠正收入的不平均分配采取了共产主义体制的俄罗斯和中国，在收入分配上的差距反而更严重。像埃塞俄比亚或尼日利亚等非洲不发达国家的收入分配，也处于低平均分配或不平均分配状态。

作为收入不平等的代表性国家，很多人首推南美洲的几国。在南美的大城市，可以看到两行队伍。一是为了移居美国而在美国大使馆门前等签证的富翁们的行列，另一条是为了免费饮食站着的贫民的行列。这两行排队表示收入不平等的程度。在世界范围内也是这样，富翁乘飞机到世界主要城市旅行，穷人则为了到更富的国家赚钱冒着生命危险越过国境线。

表 24.1　世界主要国家的收入分配情况

		第一五分位	第二五分位	第三五分位	第四五分位	第五五分位	合计	十分位分配率	吉尼系数
韩国	1970	7.4	12.3	16.3	22.4	41.6	100.0	47.4	0.33
	1980	5.1	11.0	15.9	22.6	45.4	100.0	35.4	0.39
	1998	7.3	12.8	17.1	22.9	39.8	100.0	50.5	0.32
美国	1997	5.2	10.5	15.6	22.4	46.4	100.0	33.8	0.41
日本	1993	10.6	14.2	17.6	22.0	35.7	100.0	69.5	0.25
德国	1994	8.2	13.2	17.5	22.7	38.5	100.0	55.6	0.30
英国	1991	6.6	11.5	16.3	22.7	43.0	100.0	42.1	0.36
法国	1995	7.2	12.6	17.2	22.8	40.2	100.0	49.3	0.33
中国	1998	5.9	10.2	15.1	22.2	46.6	100.0	34.5	0.43
台湾(地区)	1997	7.2	12.9	17.5	23.2	39.1	100.0	51.4	——
巴西	1996	2.5	5.5	10.0	18.3	63.8	100.0	12.5	0.60
墨西哥	1995	3.6	7.2	11.8	19.2	58.2	100.0	18.6	0.54
哥伦比亚	1996	3.0	6.6	11.1	18.4	60.9	100.0	15.8	0.57
俄罗斯	1998	4.4	8.6	13.3	20.1	53.7	100.0	24.2	0.49
波兰	1996	7.7	12.6	16.7	22.1	40.9	100.0	49.6	0.33
越南	1996	8.0	11.4	15.2	20.9	44.5	100.0	43.6	0.36
埃塞俄比亚	1995	7.1	10.9	14.5	19.8	47.7	100.0	37.7	0.40
尼日利亚	1997	4.4	8.2	12.5	19.3	55.7	100.0	22.6	0.51

资料来源:世界银行,《世界发展报告》,2000/2001。

注:收入分配在十分位分配率越大时,同时在吉尼系数越小时更近于平均分配。

统计厅通过“社会统计调查”,调查了在国民中自认为中产阶层的人数,这在 1994 年是 60.4%,由我国各机构调查的 20 世纪 80 年代的同种数值还不到 60%,看起来增加了一些。从韩国拥有自己住宅的家庭比例是 53.3%(1995 年),784 万辆小轿车(1999 年),医疗保险覆盖人口比例为 98.6%(1999 年)等数字来看,十分位分配率所指的收入分配平均程度与实际相差不大。

表示收入分配的另一个重要指标是吉尼系数(G),这在10%的国民收入为10%,20%的国民收入为20%等方式完全平等地分配收入的时候,实际分配同理想的标准之差距多少的数字。这一数字越大,就表示现实与理想的差距越大,即收入分配的不平等程度越严重。

0.5<G　　:高不平等分配
0.40<G<0.50:中不平等分配
G<0.40:低不平等分配

一般来说,根据这一标准,韩国的G数是0.32,属于低不平等分配状态。

二、韩国在收入分配上的平等因素和不平等因素

在收入分配的平等程度上,日本可以说当属世界第一。但从不久前其经济开始长期不景气,因此日本从"重视结果的形态"开始引进"机会均等+重视竞争"的美国机制。这样,日本在收入分配上的平均程度有所下降。不仅日本是这样。像台湾或韩国等东亚国家和地区的收入分配平等程度也相当高。亚洲金融危机后,由于韩国也引进美国体制,因而在收入分配的平均化程度上可能有所下降。我们现在分别考察提高和降低韩国收入分配平均化程度的因素。

促进平均化的因素。促使韩国收入分配平均化的因素如下:

第一,使所有的人都贫穷,并迫使从一张白纸的状态重新建设的朝鲜战争。

第二,1947～1950年实施的土地改革。当时韩国人的主要收入来源是农业,农业收入的决定因素是农业用地。在重新分配日本地主或亲日的韩国地主所占土地的问题上,社会抵抗并不那么大。因此,韩国的土地改革被评价为比较成功。

第三,韩国人的很高的教育热情。低收入阶层的很多子女也进入了

小学、中学及高中。在这种情况下,劳动密集型的工业化一开始,这些人不仅毕业后就直接补充到工业化的行列中去,还从工业化中受益。

第四,在人种和文化上的同质性。

第五,经济高速增长。经济增长创造出很多就业机会。帮助穷人的最好途径,就是给他们找工作。

第六,以平均化为定向的意识形态结构。企业家要尽力帮助员工,国家领导人则尽力解决国民的要求。

第七,与以平等为定向的共产主义竞争。西欧国家在同东欧国家的对立过程中,虽然没有像共产主义国家那样实行共产主义平均化政策,但强调了收入上的平均化。韩国政府为了杜绝把平均化当作最高课题的势力在韩国扎根成长,就不能不实行各种平均化政策。

促进不平等的因素。导致韩国不平等化的因素如下:

第一,产业之间的差距增加。经济增长初期,政府给出口产业提供了各种补贴。因此,造成了出口产业和内需产业之间的差距。这种差距在20世纪推动重工业和化学工业的过程中表现得很突出。在信息通信产业和生命科学等尖端技术产业和烟筒产业之间的差距正在拉大。

第二,企业之间的差距。以全世界为对象进行企业活动的全球性企业和以内需,特别是以国内特定地区的需求为对象进行企业活动的小型企业之间的差距越来越大。

第三,因急剧城市化带来的地价上涨,拥有土地等房地产的人和没有拥有房地产的人之间的差距正在拉大。

三、如何理解和处理地区之间的差距问题?

几乎所有的国家都存在地区差距问题。在美国,阿帕拉奇地区或南部的落后地区成为问题。在中国,发展快的沿海地区和内陆落后地区之间的差距很严重。在泰国,作为首都的曼谷市人口800万,而第二大城市的人口还不到100万,曼谷和其他城市之间的差距非常严重。在意大利,落后的南意大利地区和发达的北意大利地区之间的差距很严重。在韩国,人们谈论的地区之间问题,是所谓的岭南地区和湖南地区[①]之间的差距。

不少人主张,湖南地区和岭南地区的发展应该一样。这种主张是不是对呢?不对。假如为了搞平均化,以汉城为出发点,把国土准确地划分两半,使西部成为湖南,东部成为岭南,那么能不能说这两个地区正确地平均化了?不然。此外,蔚山、昌原等工业区属于岭南地区。那么,能不能从行政上把蔚山划到全罗北道,而把昌原划到全罗南道呢?这种划分并没有多大意义。

地区平均化的主张,到底对还是不对?前不久还有过说道,这就是如果出售一坪汉城明东的土地,就可以购买全罗南道丽川的土地 80 万坪。怎么使这两个地方的地价相同呢?应使国土均衡发展的主张也一样。因为,不管任何地区,其地区的第一大特征就是同其他地区在自然资源上有区别。不管如何划分地区,在自然禀赋方面同其他地区总会有区别。因此,要承认这种差距,充分地加以利用。这就是作为国际贸易基本理论的比较优势理论。地区不是平均化的对象,而且要做到平均化也是不可能的。需要达到平均化的,是人。就是说,湖南地区的人和岭南地区的人在人均水平或福利水平上要平均化。从今往后,不管什么地区,必须承认各自的差距。在这一过程中,努力把人之间的差距缩小。

在韩国,生活保护对象共有 151 万。其中,包括住房保护对象 3 万名、自理保护对象 113 万名、设施保护对象 8 万名。113 万名自理保护对象,是虽然具有工作能力却由于收入太低,由政府确定的保护对象。1999 年韩国的社会保障总额为 4.2 兆韩元,占政府预算的 6.2%,约占 GNP 的 0.9%。韩国劳动收入分配比例在 1993 年是 63.1%,这与 1975 年的 40.6%相比,一直在上升。

---

① 岭南地区,是指庆尚南北道地区,位于韩国的东南部;湖南地区,则指全罗南北道地区,位于韩国的西南部。——译者

四、全球化知识经济中的收入分配走向弱化

知识化经济是全球化经济，全球化经济由美国主导。美国体制是承认收入不平等的体制。美国重视机会平等，不像韩国或日本那样重视结果的平等。在美国，不管结果多么悬殊，都可以接受。还有，美国是多民族社会，因此还存在民族不平等问题。现在，韩国在很大程度上模仿美国体制，因此很可能在收入分配上趋于恶化。

知识化时代，很大程度上会把个人之间、企业之间以及国家之间的差距拉大。为什么呢？

第一，知识化经济是服务经济。服务行业的工资差距，比矿业部门的工资差距大。

第二，由于服务行业多种多样，因此很难组织工会。在美国，民间企业劳动者组成工会的比率还不到10%。韩国的工会组织率也继续下降，现在还不到13%。

第三，资本家阶级和劳动者阶级之间的收入差距也增加了。从世界的角度看，劳动力资源比资本资源更丰富。即使在劳动者中，熟练劳动者和非熟练劳动者之间的差距继续增加。例如，由于从中国进口廉价农产品，所以所谓不动脑筋的农民很容易被淘汰。只有知识农民才能生存。与数字化技术一同发展的人及企业同不能与数字化技术一同发展的人及企业之间的差距，只能越来越大。这称为数字化差距。这样，社会福利国家的平均化政策只能走向淡化趋势。在地球村的无限竞争时代，不能把国内工资提高到比其他国家更高的水平。如果对劳动者的各种利益定得比世界水平更高，那么外国企业就会离开，国内企业的竞争力也会下降。最近，OECD要尽力降低欧洲发达国家的工资。

第四，在全球化知识经济中，搞好技术创新的企业和搞不好技术创新的企业之间的差距也越来越大。以汽车公司为例，据说如果世界性汽车公司之间的纵横捭阖一结束，那么在世界汽车市场上能够生存下来的汽车公司只有6家。小的汽车公司已经消失了很多。金融公司也一样。世

界性的大型公司和小型公司之间的差距，现在越来越大。

第五，国家之间的差距也越来越大。领导知识产业革命的美国和没能做到这一点的国家之间的差距越来越大。发达国家和不发达国家之间的差距也越来越大。甚至美国和加拿大之间的差距也越来越大。现在，美国一家公司的股票价值，比很多国家的国民生产总值还多。

第六，金融危机也把差距拉大。具有全球竞争力的个人、企业、国家很好地承受住了金融危机，没有具备这种竞争力的个人、企业、国家则遇到了很大的困难。

欧洲重视平等，美国则重视效率。在收入分配问题上，欧洲重视政府干预，美国则重视市场的能力。

“贫困有很多根。但主要的根是无知。”

——美国前总统约翰逊

第六篇

经济政策

第二十五章　政府和政策

“在竞争日趋激烈的世界经济时代，政府所要做的首先是提高国家的竞争力。”

——皮特·德鲁克

“经济才是国家的根本。”

——前总统朴正熙

“无数证据说明，日本政府的模式是失败的原因，而不是日本奇迹的源泉。”

——麦克尔·波特

“条条大道通罗马。政府的一切政策都要通到增强企业和产业竞争力的道路上。”

在美国西部电影中常常显现的当时的美国西部，简直就是荒野上不法分子横行霸道的地方。在美国的土著居民（即印第安人）的土地上，人们从欧洲各地涌入这块土地定居时，并不存在美国政府。美国政府是随西部开拓者的增加设立的。事实上，美国中央政府是在独立战争胜利后产生的。作为中央银行的联邦储备银行（FRB），也是到 1913 年才产生的。美国自 1776 年独立到那个时候，还没有中央银行。在美国西部开拓时期抢手横行霸道暴力屡见不鲜的时候，或者像最近的东帝汶那样国家刚刚产生的时候，政府应该做什么事情呢？

关于政府的格言

最小的政府(治理最少的),而且使国民最安康的政府是最好的政府。坏政府的根是大政府。我们所担心的并不是大企业,而是大政府。在人类应得的福祉中,最大的就是好政府,但人类还没有享受过它(威廉姆·英格)。好政府奖励国民的生产活动,坏政府则助长国民的消费活动。好好照顾国民的生命与幸福,才是政府最重要的和理所当然的目标。在政府要做的事情中,最根本的就是保护国民。即使政府处于最高的状态,也只不过是必要的恶;而处于最坏状态时则是不可容忍的存在而已。

任何人都没有善良到在没有得到别人同意的情况下统治别人的程度(亚伯拉罕·林肯)。自由的敌人并不进行讨论,只是大喊大叫,并滥用暴力而已(威廉姆·英格)。因人们具有恶的一面,因此民主是必要的;又因人们具有善的一面,因此民主是可能的(莱豪尔斯·尼布尔)。如何治理竟有246种奶酪的国家(法国)呢(查尔斯·戴高乐)?在不存在有效政府的地方,必然存在独裁(亨利·杜鲁门)。

如果是离开政府就不能生存下去的人,政府就不应该雇佣他们。从张三那里抢走钱而给李四的公务员,只好依赖李四。我们的公务员为政府工作,那么重要的是政府能够继续给我们提供工资。摩西如果是公务员,以色列人怎么能生存下来呢(劳伦斯·皮特)?能够把废话说成花言巧语的,只有政治家。

拥有伟大学者的国家,如同还拥有一个政府一样(亚历山大·苏尔兹尼勤)。通常,违法的事情马上就可以做到,但要做出违背宪法的事情还是需要一段时日(亨利·基辛格)。之所以称为政治经济学,是因为无论对政治还是对经济都没有什么帮助的缘故(斯蒂芬·利考克)。

政府所要做的事情,根据国家发展的不同阶段,以及根据东方和西方的不同而不同。因此，学者的观点也有很多不同。但很多经济学家都同意诺贝尔经济学奖获得者詹姆斯·布坎南(James Buchanan)的以下观点，即任何国家的任何政府职能都可以划分为以下的两个方面：

·保护职能

·生产职能

但政府的任何职能，在全球化时代都大大减少。如在亚洲金融危机时，韩国、马来西亚、印度尼西亚等国政府都没有在金融危机中保护好自己的国民。当今世界，全世界金融机构一天的货币交易量超过韩国一年出口所赚钱的十倍。还有，像国际货币基金组织这样的国际机构对不发达国家政府的影响也大大增强了。如果国外投资者从我国证券市场上抽出钱，那么股市就会不景气，但政府所能做的事情却没有多少。外国资本通过电子交易来往国境线，政府却无法对此加以规制。韩国政府也没有多少能够保护国内投资者的力量。

世界银行以“处于变化的世界中的国家”为题的特刊中，即在1993年《世界发展报告》中指出，国家的五大基本职能是：①确立法律基础；②对国民的社会保障；③保护环境；④生产公共财货；⑤造成政策环境。前三项相当于政府的保护职能，后两项则相当于政府的生产职能。不过，与政府的生产职能有关的政策，还可以划分为促进竞争、经济的增长和稳定政策、信息政策等。

一、政府的保护职能

政府作为国民的保护者制定法律、制定游戏规则，进行审判和仲裁。保护职能是政府的最重要的规则，可分为以下三个方面：

第一，确立法律基础。即，通过维持秩序、治安、国防及外交等活动，形成在保护国民的生命与财产上所必要的各种法律及制度装置。

不过，保护国民财产和自由的经济活动，必须通过确立市场经济体制才可能。美国是与1776年的独立宣言一同开始确立这种经济体制的。

日本是在1868年、俄罗斯是1991年、中国是1979年,分别开始努力确立这种市场经济体制。

第二,对国民的社会经济保障。这可分为通过社会保障制度对一般国民的保护和保护灾民、扶助对象、缺乏生活能力者、极端贫困者等特定保护对象等两个方面。

第三,保护环境和对外部效应的对策。政府对包括环境保护在内的外部效应的对策有以下三个方面:

- 直接控制。直接控制有两个方面。一是用法律形式禁止在学校周围建设工厂或不健康行业的设施。二是虽然允许在所定规格的垃圾袋里装垃圾并倒放垃圾,但规定其程度和方法。
- 自发控制。政府不能一一规制国民在日常生活中,或者在爬山、钓鱼时污染环境的行为。对这种行为,只能呼吁国民的社会责任感或道德良知并使之能够自发地控制破坏环境或污染环境的行为。
- 通过课税或罚款等金钱上的对策。就是对很好地遵守环境政策的企业减免税,对违背环境政策的企业给予罚款等。

对我们的国民或企业产生污染物并互相产生不利影响的,称为"第一代环境问题";那些像中国的沙尘暴、酸雨、臭氧层的破坏产生的环境问题,只能在国际层次上或全球层次上加以解决的,这种环境问题称为"第二代环境问题"。

二、政府的生产职能

"要开创用互联网能够接受一切服务的'电子政府时代'"

——美国前总统比尔·克林顿

政府的生产职能是指政府生产那些市场不能生产或即使能够也生产不好的产品,这可分为以下几个方面:

(1)建设社会间接资本设施和公共财货。以美国西部开拓时期为例,和维持法律秩序同样重要的，是使国民经济活动成为可能的交通（公路、铁路等）、通信（电话、邮递等）、电力、供水（工业及生活用水）等有关的设施建设。把交通、通信及电力、供水称为“狭义上的社会间接资本”。在国民的经济生活中，不仅需要狭义上的社会间接资本，还需要教育设施和保健设施等。这一切称为“广义上的社会间接资本”。为此而生产的服务称为公共服务或公共财货。

不过，正如鱼中有海鱼和淡水鱼，还有在江和海之间来回游动的鱼一样，在资本设施中有的成为社会间接资本，有的成为个人直接生产资本。如学校教育，国立形式的教育和私立形式的教育都是可能的。再比如医院，国立医院和私立医院都是可能的。对这些部门，政府最好不要直接去经营，而是让民营企业去做。

政府奖励价值财货的生产，而阻止非价值财货的生产。所谓价值财货，是指那些对社会来说有价值的财货；所谓非价值财货，是指毒品、赌博等对社会来说无价值的东西。

(2)促进竞争。企业的垄断力，即市场影响力的增加会阻碍市场经济效率的提高和经济增长，因此很多国家的政府为了阻止它采取种种政策。美国是一个各种产业和企业得到均衡发展的国家，也是企业的竞争力具世界水平的国家。因此，没有必要特别采取促进产业或企业的政策。因此，美国政府通过其著名的《反托拉斯法（Antitrust Law）》一直采取阻止垄断的政策。韩国通过《规制及公平交易法》促进企业间的公平竞争。此法第一条明示这一法案的目的：

> “此法目的如下：防止经营者滥用市场上的统治地位及过分集中的经济力量，并规制不正当的相互勾结行为及不公平行为，从而促进自由竞争并助长创造性的企业活动和保护消费者的合法权益，及谋求国民经济的平衡发展。”

(3)解决信息问题。在信息社会中，迅速掌握信息无论对生产者还是消费者都很重要。信息通信产业在相当程度上是社会间接资本，因此政府应在其发展上起重要作用，还需要培育信息专家、信息中介人、信息公司等。在信息中介者中,有房地产中介人、保险代理人、旅行社、证券公司、拍卖人等。

上述政府生产职能,各自与市场失灵的因素相关。

(4)经济的增长与稳定。经济的增长与稳定对社会稳定很重要。但,真正意义上的经济稳定在经济增长好时才可能,持续的经济增长在很好地提高全球竞争力时才可能。在全球化经济时代特别重要的,是国家竞争力的提高和成长。

不管什么样的国家,如果有些物质严重不足价格暴涨,而有些物质则太多而价格暴跌,那么消费者和生产者的经济生活就不会稳定。如果失业者太多和经济不景气,那么社会也会走向不稳定。以前,在增长和稳定间美国政府重视稳定,韩国政府重视增长。最近,美国政府也开始重视增长了。另一方面,美国在1946年制定了《充分就业法》,把经济目标定为充分就业、物价稳定和经济增长。

政府的功能根据政府的性质有所不同。就是说,某一国政府根据起最小限度的职能还是中间程度的职能,或者积极职能,政府所做的事情会有所不同。这些内容如表25.1所示。表中内容,是世界银行在《世界发展报告——变化中的世界国家,第19章》(1997)中所阐述的内容。在这里要注意的是,世界银行并没有把收入分配的恶化看成是市场失灵。

表 25.1 政府的职能

区 分	纠正市场失灵			改善分配
最小限度的职能	提供纯粹公共财货 (国防、法律秩序、财产权的保护、经济稳定、保健、道路、供排水等)			保护穷人(消除贫困、救灾)
中间程度的职能	纠正外部效应 (技术教育、环境保护)	规制垄断和寡头垄断 (公平交易政策、规制公益性项目)	克服不完全的信息 (保险、金融规制、保护消费者)	提供社会保险 (再分配性的年金、家庭补贴、失业保险)
积极的职能	调整民间部门的活动(培育市场、造成产业群)			再分配(财产的再分配)

资料来源:世界银行,《世界发展报告——变化中的世界国家》,1997。

韩国的两种改革领域

韩国存在着重要而且必须实现的两个改革领域。一是铲除官僚主义。法律总是给公务员留下滥用的余地。

官僚主义的公务员阻碍繁荣,人为地制造障碍或自己搞特权的条件。应该马上把这些官僚主义的公务员从政府中赶走,使他们在民间领域中学会自己的生存方式。铲除官僚主义失败的国家,不可能拥有真正的经济社会开放经验。

另一个重要的是应把外汇管理法修改到使外汇出入自由的方向上。韩国的官僚们到现在还在规制海外资本进入。这是在为了克服金融危机迫切需要外汇的韩国现实中正在发生的事情。

——麻省理工学院经济学教授鲁蒂格·顿布斯

资料来源:朝鲜日报特别撰稿,1998.3.5。

三、在政府职能方面东西方的差距

1853年,日本在美国的先进武器面前屈服认输并开放了国门。日本处在当时有可能成为西方先进国家殖民地并且国家将被分裂的忧虑中,为了赶上先进国家,日本于1863年进行了明治维新。日本在富国强兵的旗帜下,官(官吏)、劳(劳动者)、使(使用者)等几个方面联合了起来。在这么做的时候,政府是走在前面的。日本的国民和企业坚信并紧跟政府。在外国人看来,整个日本成为一个株式会社,即日本株式会社。日本在第二次世界大战中战败之后,变本加厉这么做。日本政府制定了各种经济计划和产业政策,加快了追赶发达国家的步伐。结果,20世纪70年代,日本赶上了欧洲全部的发达国家,现已成为世界第二经济大国并跃居到同美国竞争的地位。

自从20世纪60年代之后,韩国也开始了政府主导型的经济增长。

到1969年止，韩国落后于朝鲜，我国不仅必须摆脱严重的贫困，还要负担巨额的军事费用，而且要克服国民的失败意识。在这种情况下，政府率先倡导了经济增长第一主义。哈佛大学教授爱德华·梅森在《韩国经济社会现代化》一书中说，如果把韩国经济比喻成汽车，那么掌握方向盘的是政府。就是说，政府掌握方向盘可以随便开车。在韩国或日本，经济发展初期是由政府主导并推动经济增长的。

韩国或日本都有强有力的中央政府传统。阿诺尔德·汤因比曾说，韩国和日本都是仅次于中国的历史悠久的独立国家。日本人在第二次世界大战中，被训练的高呼"天皇陛下万岁"而献出自己的生命。这两个国家都根据强有力的儒教传统重视对国家的忠诚，而且还强调共同体主义。美国的情况则与此相反。

美国是由来自世界各地的人缔造的国家。由于在传统、文化、语言等方面的差距太大，因此是一个很难团结起来的国家。而且，美国是基督教国家，因此强调个人主义。美国并不是先有政府后有国民的国家，而是相反。美国政府的基本理念是"保护个人自由"。而且，政府并不是为了国民积极出面，政府目的在于尽量减少给国民带来的危害。因此，他们认为既不能够也不应该采取韩国式的或日本式的产业政策。美国三权分立的根本宗旨在于，由于立法机构、司法机构、行政机构中的任何机构如果职能过大，必然给国民带来危害，因此必须使之互相制约。

历史上，中国的皇帝为了构筑长达6 300公里的万里长城强制动员国民。很多人在年轻时被征调，一生都没结婚，在山里构筑长城结束了悲惨人生。当时中国有一句流行的话，意思是离给老百姓只带来危害的皇帝越远越好，只降下雷电的天越高越好，即"天高皇帝远"。想想这句话，就可以理解为什么美国国民的基本政治理念之一是小政府。小政府或政府不能干预市场的美国人的思想，有以下三条根：

① 亚当·斯密的看不见的手的原理。这种主张认为，由于看不见的手能够解决经济问题，因此政府干预市场没有必要。

② 托马斯·杰弗逊的小政府思想。杰弗逊认为，最好的政府是治理

最少的政府。

③ 利卡多的比较优势理论。就是说，由于国际贸易是根据比较优势进行，因此政府没有必要进行干涉。

20 世纪 80 年代末期，看到美国企业在同日本企业的竞争中进行苦战，哈佛大学管理学院的十名教授组成一个研究团队，比较研究了美国政府和日本政府。结果，哈佛大学管理学院出版了名为《美国对日本》一书，托马斯·麦克劳教授把其内容概括为以下六点。这些对我们启示很大。

① 日本政府奖励提高日本产业全球竞争力和向世界市场进军，美国政府则重视国内竞争。

② 日本政府的经济政策制定者是世界水平的专家，其数量是少数。但由于美国的民主主义，决策者水平低，而且由于利益相关其数量很多。

③ 日本政府重视生产者（企业）的价值观，美国政府则重视消费者的价值观。日本重视共同体将来的投资和成长，美国则重视个人之当前的消费。

④ 在政府和企业的关系上，美国重视契约的、短期的、正式的成长，日本则重视人性化的、长期的、非正式的关系。

⑤ 日本政府把其他国家以经济上的竞争关系来对待，美国把其他国家从安全保障的层次上加以对待。

⑥ 在政治上，日本不能不重视农业和流通部门，美国则重视对夕阳产业的保护。

四、全球化知识经济时代的政府职能

“事实上，我想即使动员全部行政力量，也要解决我国的经济问题。”

——朴正熙，《国家与革命及我》

"政府的作用在于改善生产和竞争的环境,而不应该直接介入竞争过程。"

——麦克尔·波特,《日本能竞争吗?》

在全球化知识经济时代,政府所要做的首要事情就是提高企业和产业及国家的全球竞争力。如果全球竞争力垮掉,政府保护国民的职能或生产职能也会垮掉。即使不垮掉,在全球化知识经济时代的政府职能只会减少。我们来看政府职能趋于减少的原因。

政府职能的减少。在全球化知识经济时代,政府职能减少的原因有以下几点:

- 正如在1997年的亚洲金融危机期间所经历过的那样,韩国政府并没有在金融危机时保护好国民。即使不是金融危机,政府越来越难以管理整合到世界经济中去的韩国经济。韩国政府对那些影响韩国经济的外国企业和国际机构所能做的事情,是有限的。韩国政府也越来越难以跟随进军到全世界的韩国企业,也难以进行规制。
- 在网络经济时代,政府不一定比企业拥有更多的信息。而且,政府也越来越难以规制互联网上的交易。
- 在全球化经济时代,像国际货币基金组织或世界贸易组织这样的国际机构之影响力越来越大。经济危机之后,韩国政府在很多经济问题上只能同国际货币基金组织协商。
- 当今世界金融市场,一天交易的资本数量竟达到18 000亿美元。即使韩国的外汇储备达到了1 000亿美元,这只不过是世界金融市场交易的货币数量在30分钟就交易完的金额而已。韩国政府对世界金融市场发挥的影响力很少。
- 以色列为引进因特尔公司支付了600万美元,巴西为引进福特公司支付了700万美元。这说明在政府和跨国公司(TNC)之间的协商能力上,跨国公司占了有利地位。韩国政府也为引进跨国公司正在做大量的工作。

- 如果美国提高利率,会使美国证券市场不景气,这又直接影响到韩国证券市场不景气。美国政府的政策,几乎同韩国政府的政策一样影响韩国经济。日元或中国人民币价值的变化,也对韩国经济发生很大影响。但韩国政府却很难对美国、日本、中国等政府的经济政策发挥影响力。
- 往后,在韩国能够创造出就业机会的,是企业。韩国政府为了成为小而有效的政府,就不得不减少人员。赚取美元的是企业,能够凝聚并培育国力的也是企业。
- 如果政府给予企业研究开发(R&D)上的优惠,那么这种优惠不一定只是由国内企业享受。很可能国外企业享受这种优惠。
- 不仅如此,在全球化知识经济中,企业与企业之间的交易(B2B)和企业与消费者之间的交易(B2C)之增加,使政府课税更加艰难,因此有可能减少征税收入。特别是互联网加剧了这一点。

互联网的普及,在以下几个方面减少了政府职能:

① 企业与企业之间的交易和企业与消费者之间的交易等交易当事者之间的直接交易,使中间商没有多少必要。这样,从批发商和零售商那里征收的税金就会减少。还有,直接交易降低交易成本,因此也会使报税表减少。

② 如果韩国消费者通过互联网从国外购买商品,政府要对此一一查找并征税是很不容易的。特别是把国外的书、音乐、软件等通过互联网下载的情况下,更是如此。

③ 全世界购买者通过互联网购买商品时,总想购买价格最便宜的国家销售者的商品。企业也愿意到征税最低的国家里进行企业活动。这样,各国政府就要承受降低税率的压力。由此可见,互联网使征税困难并减少税收收入,因此很可能提高税源比较确定的财产税或继承税的税率。而且,全球化知识经济使利率政策效果

减半。因此,作为政府主要经济政策手段的利率和税率的效果,也会大打折扣。

强化全球竞争力。在世界经济战争时代,政府所要做的事情就是强化韩国企业和产业及各种组织的全球竞争力。为此,政府该做什么事情呢?哈佛大学管理学院教授麦克尔·波特认为,应做以下五件事情。就是说,只有这么做,才是最终同时做好政府保护职能和生产职能的途径。正如遇到亚洲金融危机时所经历的那样,如果由于国家竞争力弱化国家经济成为国际金融机构管理的对象,那么国民就会真正陷于失业和贫困的泥坑里去。在这种情况下,即使政府要好好保护国民,也会处于无可奈何的地步。

① 保持宏观经济和政治上的稳定。

② 提高道路、学校、信息通信等一般(微观经济上的)投入及组织的质量。

③ 创造出促进生产创新的激励机制和经济游戏规则。

④ 促使和强化产业团的形成。

⑤ 制定出能够动员政府、企业及市民的建设性的和独特的以及挑战性的长期经济前景和行动计划。

(参考:M. 波特,"建造竞争优势:来自其他国家的教训",1999)

"当今世界,恐怕州政府或地方政府的最重要的职能就是教育。"

——美国大法院审判官额尔·威廉

五、政府支出的筹措

"政府应该把征税权使用于为实现正确政府目标的收入源,而不应该把它使用于规制经济或者社会变化方面。"

——前美国总统里根

"瑞典和意大利,因政府的过多支出和借贷,整个国家曾陷入很大的不稳定。"

——皮特·德鲁克

政府为了履行这种职能需要很多货币,那么怎么筹措这些资本呢?有以下三种方法:

- 印制更多的货币。
- 从个人企业及外国筹措资本。
- 税收。

我们依次考察这些方法。

第一,政府印制更多的货币,这在通货量比实际所需通货量少时是可取的。但在实际通货量适当时,发行更多的货币不是可取的。因为,有可能引发通货膨胀。

第二,从个人企业或外国筹措资本。韩国从国外借了很多经济发展所需的资本。因此,过去有一段时期,经济增长是依赖外资型的增长。现在很多发达国家,发行国债或公债从个人或企业那里借入资本。因社会保障、医疗保险、社会福利、国防等原因,个人或企业一般都有很多贷款。在这些国家,对政府债务的利息支付成为主要的政府预算项目之一。

第三,税收。在韩国中央政府收入中,税收约占 78%左右(见表25.2)。在美国政府收入中,税收比重将近 95%。韩国的征税种类如表25.3所示。

表 25.2 我国中央政府财政

	金额(兆韩元)	构成比率(%)	对 GDP 比率(%)
财政规模	154.9	100.0	32.0
① 中央政府	120.0	77.5	24.8
一般会计	83.7		17.3
特别会计	36.2		7.5
② 地方政府	34.9	22.5	7.2
中央政府收入	105.4	100.0	21.8
① 经常收入	104.6	99.2	21.6
税收收入	82.1	77.9	17.0
税外收入	22.5	21.3	4.6
② 资本收入	0.8	0.8	0.2
中央政府支出及净融资	127.8	100.0	26.4
① 支出	99.8	78.1	20.6
经常支出	81.5		16.9
资本支出	18.3		3.8
② 净融资	28.0	21.9	5.8
中央政府支出的功能性分类	83.7	100.0	17.3
① 一般行政	7.8	9.3	1.6
② 国防支出	14.3	17.1	2.9
③ 教育支出	11.5	13.7	2.4
④经济开发支出	22.5	26.9	4.6
⑤社会开发支出	9.2	11.0	1.9
⑥ 地方财政交付金	6.7	8.0	1.4
⑦ 偿还债务其他	11.6	13.9	2.4

资料来源:韩国银行,《经济统计年报 2000》;《简易经济指标》,2000,6;统计厅,《韩国主要经济指标》,2000,9。

政府收入可分为经常收入与资本收入,其中经常收入包括税收收入和税外收入。税外收入主要是政府所收缴的各种手续费。资本收入是政府的土地或固定资产的销售收入。

不过,韩国有多种准税收。根据全国经济人联合会的调查,韩国企业负担的各种准税收达 637 种,严重时准税收竟达销售额的 19.5%。

表 25.3　我国的征税体系

国　　税	地　方　税
1. 国税	1. 普通税
①直接税	①道　税
所得税	获取税
法人税	登录税
继承税、赠予税	减免税
再评价税	竞赛、马权税
不当获利税	
②间接税等	②市、郡、区税
附加价值税	住宅税
特别消费税	财产税
酒税	汽车税
电话税	农地税
证券交易税	屠宰税
人头税	香烟消费税
综合土地税	
2. 关税	2. 目的税
	共同设施税
3. 目的税	地区开发税
教育税	城市计划税
农渔村特别税	办企业税
交通税	

资料来源：韩国银行，《简易经济指标》，2000。

一段时期，美国舆论指出，由于富翁们有很多游艇造成社会阶层之间的心理距离，因此美国政府对游艇生产征税很重。结果，游艇的生产减少了不少。这一打击由谁来承担呢？由于富翁乘飞机旅行并继续享受闲暇，因此并没有承受多少打击。但生产和修理游艇的很多劳动者却因此失业。深受其害的并不是资本家阶层，而是劳动者阶层。这样，美国政府又对游艇的生产按原先的标准征税。结果，曾经失业的很多劳动者又重新找到了职业。

我国政府如果听从舆论导向对高尔夫球场征收高额税金，那么会有很多高尔夫球场关门。那么，由谁承受打击呢？富翁们乘飞机到国外打高尔夫球就可以了。

六、政府如何花钱？

“在全罗北道某郡，人口从 1961 年的 11 万减少到 1996 年的 4 万，但郡政府的公务员却从 118 名增加到 667 名。另一个郡，人口从 1970 年的 12 万减少到 1996 年的 5 万，公务员却在同期从 200 名增加到 660 名。”

——《朝鲜日报》，1998.3.6。

“应减少官僚的数量。如应每两年减少 10%。此外，必须从根本上改变官僚的录用及补充程序。看一下日本的情况。毕业于东京大学并通过公务员考试被录用为公务员的官僚，现已成为日本经济发展的一大障碍。”

——麻省理工学院经济学教授鲁蒂格·顿布什

如上所述，政府为做事花钱。其支出内容如表 25.2 所示。由于韩国政府职能不同于美国的情况，在政府费用支出的内容上也有区别。美国政府支出中最大的项目是社会保障，韩国政府是经济项目。这是因为韩国的人均收入水平还很低，因此必须多发展经济，这样就不得不多做一些与此相关的事情。经济项目的支出超过政府支出的 1/5。其次大的支出项目是国防、教育、社会开发等。现在，中央政府财政规模约为 GNP 的 1/4，国民的税收负担约为 GNP 的 17%。

每个国家在政府性质、职能、历史及传统等方面都有所不同，因此财政的内容也会不同。

美国政府成立与存在目的，在于保护个人自由。它们认为，经济是由个人做的事情，不是政府要做的事情。但韩国的情况就不一样。在朝鲜王朝五百年间，韩国有一个强有力的政府。国王强大到对任何国民都可以赐毒药的程度。而且，在日本殖民统治的 36 年中，又实行过强硬的殖民统治。而且，在推动经济发展的过程中，政府也发挥了强有力的影响力。因此，在韩国政府的预算中，有关经济项目或住宅及地区开发的支出较多。这样，社会保障或医疗保险等方面的支出较少。从整体上看，总税收在GNP中所占的比重或税收在GNP中所占的比例，与美国或其他发达国家相比，还比较低。

政府的主要税源是征税，政府通过征税使用民间可以使用的资源。因此，国家经济深受政府税收方法的影响。政府征税方法有三种，这就是，逆进税、比例税和累进税。逆进税是让穷人缴更多比例税金的税种；比例税是不管穷人还是富人都缴同样比例税金的税种；而累进税是让富人们缴更多比例税金的税种。

有一段时期香港曾不管富人还是穷人都得缴同样税率的税金。这种做法的根据是，勤劳致富的人不应比那些因懒惰而贫穷的人们多缴税金的所谓香港征税原则。但韩国的税制是很高的累进税，因此富人缴更多的税金。美国也有人主张，应该废除累进税，通过消费税使穷人和富人都在消费商品时缴同样税率的税金。

七、政府的财政政策

> “具体地说，政府成为有可能发生突然而不可预测的经济和货币剧变的暴风雨之中心。这是以到1985年为止在西方世界中占统治地位的凯恩斯理论及其政策为基础的，也是凯恩斯式的福利国家在过去40年间的失败之遗产。”
>
> ——皮特·德鲁克

政府的经济政策如同个人的经济行为，既有立即产生效果的，也有产生二次效果的。这就像医生开出的药方，既可治患者的病，又有副作用一样。如过去一段时期，政府规定妇产科医生的接生费只能收37 000韩元。结果，通过剖腹产手术生产的韩国产妇的比率，竟达到发达国家的几倍。这样，婴儿刚生下来就得住几天院，用这种方式开始人生。不好的经济政策负责人只考虑政策的直接影响,好的经济政策负责人通常也考虑长期和间接的影响。

政府的财政政策有两种。一是自动的财政政策;二是裁量性的财政政策。

自动财政政策。当今世界的飞机,都装有自动驾驶装置。飞机起飞进入航线后,只用自动驾驶装置也可以运行。这时飞机驾驶员可以离开飞机驾驶室。对于复杂的现代财政来说也一样。平常,国家经济有可以自动地调节经济变化的装置,就如自动驾驶装置这样的装置。如累进税制。如果经济景气,很多人就会增加收入;如果收入增加,那么因累进税,很多收入作为税金征收进入政府金库。因此,自动地减少消费支出,就可以自动防止经济过热。

不仅如此,经济不景气时人们的收入就会减少,由于累进税缴到政府的税金也会减少。随之,消费支出就会减少。为了防止在经济不景气时消费减少的情况出现,就设有累进税制度。政府的转移支付或社会保障制度也同样起到自动安全装置的作用。不管经济景气还是不景气,政府的转移支付或社会保障制度仍然继续,因此这些制度自动发挥把景气平均化的功能。

裁量性的财政政策。再怎么精确的自动驾驶装置,在遇上异常气流或起飞和着陆时,最好还是由飞机驾驶员亲自操作。现代财政也一样。遇上严重经济不景气或经济过热局面时,政府应发挥其裁量权增加或减少税金,从而防止经济过热或经济不景气。

八、政府的金融政策

金融政策对通货价值、物价、投资及国内总生产等都有影响。如果通货量过大,利率就会下降;利率下降,投资和消费就会增加;如果消费和投资增加,总需求就会增加。因此,在其他条件不变的情况下,国民总生产和物价就会增加。这么想的人就是凯恩斯主义者。相反,认为通货量的变化不是对国民总生产或就业,而是对物价产生直接影响,这些人就是货币主义者。在通货对生产和物价发挥什么影响的问题上，存在着上述两种学说。

很多人不知不觉地成为凯恩斯主义者或货币主义者。有些人还成为顽固的货币主义者。但事实是，这两种学说都不符合实际，因此有必要把这两者结合起来。但这里，有必要先很好地了解这两种主张。

货币主义者的主张。我们先看一下货币主义的主张。那么，为什么货币主义者持有这种主张呢？因为以下的方程式。

通货量(M)×流通速度(V)＝物价水平(P)×实际国民生产总值(Q)

$$MV=PQ$$

在这个式子中，右边是总交易量左边是货币的总支出量，因此两者只能一样。我们再来更仔细地考察这一点。假如一个国家只有甲乙两个人，甲只生产粮食乙只生产蔬菜并互相进行交换。假如，甲花5万韩元从乙处购买了蔬菜，乙用这笔钱从甲处购买粮食，这样这5万韩元就回到甲那里去了。如果整个通货量就是5万韩元的话，那么总支出是多少呢？总支出是10万韩元。

不过，如果甲和乙用这5万韩元继续进行购买和出售商品的行为，那么每次进行这种行为时其销售额则继续增加。如果这笔钱更换主人为8次，那么甲和乙各销售20万韩元，因此总销售额是40万韩元。这样在$M\times V=P\times Q$中，M是5万韩元，V是8，因此PQ，即总销售额是40万韩元。在这个例子中，总销售都是最终财货，因此成为名义GNP。

在这个式子中，如果左边的通货量增加，那么右边的P或Q就会增加。如果要P或Q不增加，那么V就必须下降。但是，货币主义者们相信，即使在通货量增加的情况下，流通速度(V)是不会下降的。其根据是，流通速度取决于通货制度的结构性因素和国民使用钱的习惯，这两者并不会根据通货量的变化马上就发生变化。就是说，V很稳定而且可以预测。因此，M的增加最终以P或Q的增加或者以PQ(即名义GNP)整体的增加表现。

他们主张，由于增加通货马上就表现为 PQ 的增加，因此没有必要像凯恩斯主义那样考虑对利率的影响。不仅如此，利率是根据通货的需求和供给决定的，但货币当局又不能控制通货需求，因此也不能控制利率。这样，他们认为货币当局不应把政策重点放在利率上，而应放在通货供给量本身。这就是稳健货币主义者的主张。

不过，还有极端货币主义者。这些人主张，不仅是 V，而且 Q 也很稳定。因为 Q，即实际 GNP 是由企业的生产能力、技术、劳动力市场的柔韧性等结构性因素决定的，不取决于通货量的多少。因此，由于 V 和 Q 一定，因此通货量的增加直接导致物价上涨。这就是极端货币主义者主张的核心内容。这里，把上述内容概括一下。

- 温和货币主义者的主张。由于通货的流通速度一定，通货的增加直接表现为物价水平(P)或实际 GNP(Q)的上涨，以及名义 GNP(即 PQ)的增加。
- 极端货币主义者的主张。不仅通货的流通速度(V)一定，由于实际国民生产总值(GNP)也一定，因此通货量的增加直接表现为物价上涨。

作为政策目标的通货量和利息。这里，简要看一下利率的决定原理。利率是根据通货的需求和供给决定的。通货的需求可分为交易需求(根据交易动机或预备性动机的需求)和资产需求。不管哪一种需求，只要利率高就会减少，利率低就会增加。因此，货币的需求曲线像个别商品的需求曲线那样向右下方倾斜。但通货的供给由货币当局决定，因此，在货币需求一定的情况下，利率取决于货币当局如何改变通货量。

那么，作为货币政策的指标，通货量和利率应使用哪一个呢？我们已经知道了两者在这个问题上的主张。现再次说明，凯恩斯主义者认为，通货的需求和供给利率使投资发生变化，投资通过总需求的变化影响物价或国民生产总值。因此，凯恩斯主义重视利率的变化。但货币主义者主张，应该把政策的焦点放在调节通货量上，而不应该放在利率上。把这种主张的根据再概括如下：

- 通货量在 V 或 Q 一定的状态下，直接影响物价。没有必要考虑对利率的影响。就是说，通货量和物价之间没有利率可占的空间。
- 利率取决于对通货的需求和供给，但货币当局只能调节通货供给，而不能调节根据国民的流动性取向来回摇摆的对通货的需求。因此，不能调节利率。
- 名义利率是实际利率加预期利率之和，而实际利率取决于经济的实物变量，预期通货膨胀根据通货量的变化决定。不过，如果增加通货量，实际利率处在原封不动的状态，预期通货膨胀若增加，这时名义利率反而增加。因此，凯恩斯的以下主张并不正确，即为了降低名义利率必须增加通货量。把这些内容再仔细考察一下。

例如，某银行年初放款 100 万韩元，年末加上利息 8 万韩元收回 108 万韩元，那么这 8 万韩元是什么呢？是名义利息。那么，名义利率是多少呢？是 8%。假如通货膨胀率为 3%，那么实际利率是多少呢？就是 5%。名义利率、实际利率、通货膨胀率之间的关系如下：

名义利率＝实际利率＋通货膨胀率

8% ＝ 5% ＋ 3%

实际上，利率有很多种类，如已在第 23 章中说明过的那样。

遏制通货膨胀。那么，应如何对付通货膨胀呢？不管是凯恩斯主义者还是货币主义者，在以下的观点上是一致的：即，如果减少通货量就会减少总支出，因此就可以减少通货膨胀。但其理论根据有区别。凯恩斯主义者认为，减少通货量就能提高利率，利率提高会减少消费和投资，因此总需求就会下降，从而可以遏制通货膨胀。但货币主义者的核心主张是，名义利率是通货膨胀的表现，它不能成为通货膨胀的解决方法，他们因此主张，要通过利率遏制通货膨胀是不可能的。

凯恩斯主义者相信,通货量的变化马上表现为利率的变化。但货币主义者主张,只有在国民相信货币当局紧缩通货意志坚定时,通货膨胀的心理才能被遏制,因此名义利率只有在这时才下降。他们认为,通货量的变化对利率的影响是逐渐表现出来的。这样,货币主义者认为,需要货币的持续和可预测的增加,即需要每年增加3%的固定通货量。这称为货币主义者的通货原则。

减少失业。那么,如何遏制失业呢?凯恩斯主义者认为,如果增加通货量,利率就会下降,总需求即会得到增长,这样生产就会随之增长失业减少。但货币主义者认为,通货的增加直接表现为物价上涨,这就刺激人们的通货膨胀预期心理,因此名义利率会上升。因此,即使在经济不景气时期,如果通货膨胀起来,就会犯失业再加通货膨胀的错误。实际生产或就业是根据经济结构因素决定的,不取决于通货量问题。因此,货币主义者主张,不管经济景气还是不景气,应把通货量加以稳定并可以在对此进行预测的基础上增加。这就是前面提到的货币主义者的原则。他们认为,只有这样,人们才用不着考虑物价的变化而致力于实际生产。

哪一种主张正确呢?在货币主义者和凯恩斯主义者的主张中,哪一种正确呢?这里,有必要简要考察一下经济学的发展过程。经济大危机爆发前的经济学家们主要认为,只要构成经济整体的"部分"搞好经济行为,那么"经济整体"也必然会好。但一爆发1929年的经济大危机,即使作为部分的企业或个人再怎么搞好自己的经济活动,也没什么用。政府也束手无策。这就证明了"经济整体"不可能以"部分"的经济理论治理的事实。在没有宏观经济理论的情况下,一爆发大危机,美国的失业率就增长到25%,国民生产总值减少到一半。这时的根本经济问题,首先是把整个经济从不景气的泥潭中挽救过来。

关于经济整体的经济学,即宏观经济学的诞生是凯恩斯的功劳,也是同大危机这种时代背景及美国经济的特殊性相关。事实上,一提到宏观经济学,在前不久的全世界,只有凯恩斯一种经济理论。因此,很多学生认为,凯恩斯的经济学不大适合韩国国情。这里有必要懂得,凯恩斯经济学具有以下特征:

- 凯恩斯经济学是关于经济整体的理论。
- 它是适应挽救身陷严重不景气的经济之需要产生的理论。
- 它主张政府应该通过财政政策等积极进行干预的理论。
- 它是重视总需求的理论。

由于凯恩斯理论的这些特征，其在理论上有很多弱点。这样，凯恩斯理论在以下方面受到学者的批判：

首先是货币主义者的批判。凯恩斯主义者重视财政政策。但货币主义者反对这一点。正如"只有通货才是重要的"那样，只强调通货的重要性。还有，货币主义者否定凯恩斯主张的政府应根据情况干预经济的观点。

其次，凯恩斯理论致力于短期的经济稳定。哈佛大学教授马丁·费尔德斯坦主张，正确的宏观经济政策方向在于长期的经济增长，而不是短期的需求管理政策。因此，不应把经济政策的重点放在总需求管理上，而应放在奖励储蓄与投资、缓和政府规制、合理的制度改革等上面。这些实际上是韩国政府到目前为止所推动的内容，也是很多韩国学者的一致主张。供给派经济学者也持这种观点。

第三，由于凯恩斯的理论，政府对经济干预过多，结果政府压制了"市场"。英国的《经济学家》杂志曾强调指出，过分强调政府重要性的萨缪尔森的《经济学》一书的部分内容是错误的。因此，戈雷格里·蒙库出版的《经济学原论》，则从相反的角度相对于政府更强调了市场的重要性。

那么，批判凯恩斯经济学的货币主义学者的主张是否妥当呢？美国曾实验过货币主义政策，但效果并不好。如 1979 年，美国银行曾按货币主义的主张实行货币政策。虽然货币主义者主张货币的流通速度一定，但即使 1982 年一年的流通速度的变化，甚至与这一年以前的几十年的速度变化差不多。其原因之一，是高利贷创造出了多种创新性的金融产品。还有，这时开始对活期存款支付利息。这样，美国中央银行（联邦储备银行）在 1982 年就中止使用与 M_1 相关的流通速度，代之使用的，是与总通货（M_1）相关的流通速度，但这也表现得不稳定。这样，到 1992 年连 M_1

都停止使用了。这说明,并不像货币主义者所主张的那样,通货量的增加直接表现为物价上涨或实际GNP的增加。

通货与经济的景气相关,通常被比喻为一条绳。用一条杆子虽然可以推动东西,但不能把这个东西拉过来。相反,用绳子绑上东西之后虽然可以拉过来,却不能推动。美国在20世纪70年代中期为了恢复经济景气使用过货币政策,但其效果很微弱。货币虽然可以稳定经济过热,但不能把不景气的经济恢复过来,这是事实。

现代主流经济学。把凯恩斯主义中的正确观点和货币主义中的正确观点折衷起来并加以改善的,就是现代主流经济学。现代主流经济学认为,对货币的需求和供给决定利率,利率改变消费和投资,消费和投资的变化又改变总需求,总需求的变化则影响国民生产总值和物价。此外,对国民生产总值和物价发生影响的不仅有货币,还有政府支出、消费、投资、纯支出等好几种。而且,它还强调国民生产总值和物价不仅取决于通货量、消费、投资、政府支出、纯支出等构成的总需求,还取决于总供给(生产要素和生产技术等)的事实。这就是现代主流经济学所重视的根据总供给和总需求进行国民总生产和决定物价的原理。我们曾在第15章中探讨过这些内容。

九、经济增长和产业政策

在美国,关于美国是否应采取像韩国和日本那样的产业政策的问题,存在着很多意见。部分日本学者认为,日本的产业政策对工业化贡献很大。但大部分美国学者却持不同的观点。其代表性的观点如下:

实行日本产业政策的机构是通产省(MITI),通产省做错了的产业政策也很多。例如,家电产业是日本产业政策中最为成功的一个产业,但这在通产省的保护产业名单上却不存在。还有,通产省一段时期曾把日本汽车产业要整合在一起,如果这一企图获得了成功,日本的汽车产业就不可能具备世界性的竞争力。

在韩国的情况下,产业政策在韩国经济增长初期发挥了决定性的作用。特别是在社会间接资本脆弱的情况下，政府形成了工业园和出口产业园区，并制定了推动重工业和化学工业的计划。不仅如此，政府积极奖励出口有功单位和人员并提倡企业家精神，从而为韩国产业发展作出了积极的贡献。

十、政府的企业政策

不发达国家的政府既可以很容易使企业倒闭，也可以很容易办起企业。甚至还可以把企业卖给外国。对政府来说，最重要的是制定好法律。在不发达国家，由于法律不符合实际得不到遵守的情况很多。在韩国，地铁如果按法律运行是不行的。这样，地铁工会在一段时期罢工时提出的口号就是“遵法斗争”。越是贫穷的国家，越横加干预企业。相反，发达国家的政府给企业创造良好的环境。这种典型就是美国。那么，美国政府是如何给企业创造良好环境的呢？

为使企业更好地得到所需资本，美国政府充分利用证券市场。因此，美国政府在充分利用证券市场方面堪称世界第一。自1991年至今，美国证券市场的综合证券指数已增加四倍。结果，很多企业可以从证券市场上调动所需资本。相反，日本企业主要从主要交往银行那里调动资本。日本证券市场自泡沫经济破灭的1991年到现在，一直很不景气。

韩国证券市场从20世纪90年代到现在，也一直不景气。企业难以调动所需资本。不过，韩国政府最近开辟了纳斯达克市场，因此产生了很多高科技风险企业。资本主义的花朵与果实，是证券市场。通过股票价格的上涨，使企业能够调动所需资本并使国民也能增加财富，这就是摘着吃资本主义之果的途径。在这点上，美国政府起着最好的作用。

美国和日本的主要银行是由民间掌握的银行。政府无权指示这些银行如何经营。韩国政府虽不是银行的所有者，却强有力地影响银行业务，而且有时还通过银行影响企业的经营。政府指示很多银行向韩宝等不健全的企业贷款。经济危机之前，因官治金融金融产业没有能够发挥自己的作用，这就是当时韩国经济系统的主要问题所在。如果金融产业萎缩，其他产业也会萎缩。国家经济是一个巨大的系统，作为其中主要组成部分的金融产业一出现问题，其他部分自然就得不到正常的发展。

韩国政府曾经用高利息政策压迫在亚洲金融危机前欠债的韩国企业。如果利率高，证券市场就会陷入不景气。一方面，企业有沉重的金融负担；另一方面在证券市场上不能调动所需资本。相反，日本继续采取了低息政策。美国也把利息维持在比韩国低的水平上。在不发达国家，如果利息高，也许对那些因腐败而聚财的人来说是好事，但由于对企业不利最终会使国民蒙受损失。

美国政府对汇率根据进出口情况使之自行确定。但韩国政府在亚洲金融危机之前把应维持 1 200 韩元的汇率固定在 800 韩元的水平。这么做的原因之一，是担心听到以下评价：即，如果汇率为 1 200 韩元，那么根据美元计算的国民人均 GNP 水平会大大减少，因此有可能听到政治失败的评价。

美国政府决不会对经济进行具体的干预。在不发达国家，并不怎么懂得经济的政策负责人常常具体干涉经济，甚至还要干预企业的经营。这在资本主义经济中是不应做的事情。美国政府奖励教育、培养优秀人才，从而帮助企业，还通过搞好技术政策支持企业。但更重要的是，它使竞争更加激烈，从而使企业活跃起来。美国政府的主要企业政策就是其著名的《反垄断法》，这是通过规制垄断企业促进企业之间的竞争更加激烈。还有，搞好金融政策和证券市场政策，使美国企业能够调动好所需资本。

美国政府有关企业政策如下：

① 通过金融政策搞活企业活动的政策：证券市场政策、利率政策、通货政策等。

② 促进企业间竞争的政策。

③ 通过公共服务（治安、促进公平交易、维持经济秩序）促进企业活动。

韩国政府必须搞好，而且是最为重要的事情之一，就是缓和规制并提高企业竞争力。为此，首先要大幅度减少对企业的规制。根据全国经济人联合会(全经联)的“提高规制改革的实效性”报告，两个以上政府部门规制企业的法律竟达292个。如在工程现场安全方面，由劳动部、建设交通部等五个部门以60种法律重复进行规制。这一报告还说，韩国企业以附加税、定金、捐款、罚款等形式负担的法定准租税竟达637种。

还有一种主张，认为要大幅度提高公务员工资。SK集团创业者，前会长崔钟贤甚至认为，如果减少1/10的韩国公务员，就可以提高4～5倍的公务员工资。另外，必须禁止所谓的“政治实力派”暗中制定企业政策。这些人并不是经济问题专家。如果这些人制定企业政策，因不知道谁会怎么制定企业政策企业会感到不安。如果非正式组织介入企业政策，就不能保证政策的透明度。政府首先要正确地制定法律，并根据法律规制企业活动，并通过政府机构实施企业政策。

> “如果制定一条掐企业脖子的规定，那么我们部门的人就会过得很舒服。物价现在正上涨，就再制定一条这样的规定。”
>
> ——某不发达国家的公务员

十一、政府失灵

政府为纠正市场失灵，才介入市场。但我们有必要懂得，政府也会失败，而且有时可能经历巨大的失败。不过，所谓政府失灵，并不是由于公务员的无能或不道德，而是因为政府组织本身的特征产生的。所谓政府失灵，是政府在介入市场时，如果做得好就不会发生因做得不好而由市场参与者负担其费用的现象。产生政府失灵的原因如下：

(1)不完全的知识和信息。从1991年开始，美国进入了长期的经济上升时期，日本则进入了长期不景气时期。据说，其原因是因为美国有像联邦储备委员会艾伦·格林斯潘这样的有能力的经济政策负责人，相反在日本没有这么有能力的经济政策负责人。很多不发达国家的经济长期得不到发展并持续不景气的原因，在于政府政策负责人的无能和不完全的知识及信息。麻省理工学院教授莱斯特·索洛说，日本大学比美国大学晚22年开设生命科学课的原因，是因为没有得到政府的批准。

越南统一之后，把南部越南改变为北部越南体制。明白了这种做法的错误之后，现正在做把整个国家改变成为过去南部越南那种市场经济的工作。在这一过程中，出现了很多船上难民等问题，国民经历了千辛万苦。

韩国1997年遭遇亚洲金融危机前，很多政府政策负责人认为，韩国经济的根基非常牢固。虽然在同一年经历亚洲金融危机，马来西亚政府成功地克服了经济危机，印度尼西亚政府却没有做到这一点。这是由于印度尼西亚政府的经济政策负责人的无知和缺乏信息。当今世界是专家社会。在政府活动的范围内，政府公务员是专家。但他们在企业和市场问题上却难以成为专家。不是专家的人管理专家时，结果当然是失败了。

(2)政府组织和机构的僵化。政府公务员不大愿意承认失败。举一个例子，虽然很多公务员早就知道康科德飞机是一个赔本的买卖，但没有一个公务员公开承认这一点。即使政府承认错误并纠正这一错误，但实际做到这一点却需要很多程序、时间和精力。韩国政府在修改居民身份证方面，也花费了很多时间。

而且，当今世界是经济环境急剧变化的时代。过去政府所制定的很多法律和建立的很多组织，不符合这种时代的实际要求。但即使是不符合实际的法律，要修改它也很难。由此可见，处于这种时代的政府不能迅速灵活地应对环境变化，是导致政府失灵的重要原因。

(3)政府政策负责人的利害关系。过去的经济政策学者假定，政府本身不存在目标。但今天的经济学者认为，政府公务员也是正当的经济主体，因此是有自己明确目标并为此努力的人。一般来说，政府公务员以晋升、预算及组织的最大化为目标，而立法部门的公务员(国会议员等)通常以下次选举中再次当选为目标。

(4)政府各部门是垄断机构。公平交易委员会、国税厅等几乎一切政府部门，在韩国是绝无仅有的。因此，这些部门同垄断企业一样处在行使垄断力量的地位。如果行使垄断力量，那么很可能减少服务的数量但价格上涨。政策制定者很可能出现“念佛无诚意，一心想吃斋”的情况。

(5)公共选择的非效率。立足于一人一票制作出的民主经济政策决定，很可能取决于多数非经济专家的观点，而不是取决于作为少数的经济问题专家的意见。而且，还有可能不是根据多数人的利害关系，而受那些以自己利益为出发点莽撞行动的少数集团之影响。政治家善于迎合民心，在决策上更注重选票，选民则愿意选择代表自己利害关系的候选人。由于公共部门不存在明确的主人，利害相关者很可能不像民间企业那样努力工作。

> “很多不发达国家的人们制定某种原则并钻到其下边生活。但是，美国人则站在理论之上，并以实用主义为主过日子。”
>
> ——宋丙洛

> “新形态的竞争正扩张到全世界市场，这就是集团对集团的竞争。不管这些集团是网状、团状、块状、虚拟企业等，都以不同形态形成公司集团。”
>
> ——前哈佛管理学院教授本杰明·戈麦斯卡塞雷斯

> “我们终于找到了敌人。这个敌人就是我们自己。”
>
> ——珀戈

图书在版编目(CIP)数据

全球化和知识化时代的经济学/〔韩〕宋丙洛著;金东日译. —北京:商务印书馆,2003
ISBN 7-100-03874-X

I.全… II.①宋…②金… III.经济学—基本知识 IV.F0

中国版本图书馆 CIP 数据核字(2003)第 059290 号

QUÁNQIÚHUÀHÉZHĪSHIHUÀSHÍDÀIDEJĪNGJÌXUÉ
全球化和知识化时代的经济学
〔韩〕宋丙洛 著
金东日 译

商 务 印 书 馆 出 版
(北京王府井大街36号 邮政编码100710)
商 务 印 书 馆 发 行
河北三河市艺苑印刷厂印刷
ISBN 7-100-03874-X/F·464

2003年11月第1版　　开本 787×960 1/16
2003年11月第1次印刷　　印张 33 3/4

定价:45.00元